생수의 우물

생수의 우물

제시카 윤

THE WELL OF LIVING WATERS

규장

* 일러두기
  본문의 성구는 개역개정과 개역한글에서 인용함
  책에 등장하는 사람들의 이름은 가명을 사용함

주님의 피 값으로 새 생명을 주신
하나님의 은혜에 감사하며…
내 사랑하는 예수님,
어머니 윤귀순 권사,
남편 토니 목사,
그리고 딸 미셸에게 이 책을 바칩니다.

Dedicated to my beloved Lord Jesus Christ,

Loving mother and elder, Kwi Soon Yoon,

Supportive husband Tony,

& Beloved daughter Michelle.

살아 있는 물,
살리는 물을 찾아서

목이 말랐다.

맑고 시원한 물을 마시고 싶었다.

타는 갈증을 해갈할 생수가 필요했다.

생수를 열심히, 간절히 찾아다녔다.

여기저기서 들리는 소문을 좇았다.

하지만 생수가 아니었다.

물은 물인데, 그 안에 생명이 없었다.

'어디로 가야 생수를 찾을 수 있을까?'

그러다가 말씀을 발견했다.

예수께서 서서 외쳐 이르시되

누구든지 목마르거든 내게로 와서 마시라

나를 믿는 자는 성경에 이름과 같이

그 배에서 생수의 강이 흘러나오리라 하시니

이는 그를 믿는 자들이 받을 성령을
가리켜 말씀하신 것이라

요 7:37-39

머릿속에 환하게 불이 켜졌다.
내가 그토록 찾던,
영원히 목마르지 않을 생수가
바로 '성령'이며,
예수를 믿는 자에게는 반드시
그 생수가 흘러나온다는 걸 깨달았다.

'예수를 믿는다는 건 무얼까?
어떻게 해야 예수를 믿는 자가 될까?'

나는 빨리 그 생수를 마셔야 했다.
속히 성령님을 만나야 했다.
나의 구세주, 나의 구원자, 나의 주인님.
그분이 필요했다.
그분을 갈망하며 사랑했다.
예수님만이 나의 살길이기에 간절히 매달렸다.

그러자 말씀처럼 홀연히 성령님이 임하셨다.

내 배에서 생수의 강이 터져 나오기 시작했다.
할렐루야!

또 다른 강물이 있었다.
그 강을 따라가니 생수의 우물들이 있었다.
생수를 사모하고 사랑하는 사람들을 만났다.
맑은 생수로 가득 채워진 사람,
제시카 윤 목사님을 만났다.
그녀는 예수님이 기뻐하시는
또 하나의 생수의 우물이었다.
그 물을 목마른 자들에게 흘려보내고 있었다.

너는 동산의 샘이요 **생수의 우물이요**
레바논에서부터 흐르는 시내로구나 아 4:15

이 우물에서 기른 생수를 마셔본다.
어떤 맛일까?
이 생수를 마시면 내 앞에 무엇이 펼쳐질까?
이 생수의 강가에 어떤 세상이 기다리고 있을까?
궁금하다. 기대된다.

여진구(규장 대표)

영혼을 깨우고 삶이 바뀌며
성령이 전이되는 기록

"당신은 하나님을 사랑하는가?"

이 짧고 간단한 질문에 대부분의 크리스천은 무심코 "네"라고 답한다. 다시 묻는다.

"하나님을 진실로 사랑하는가?"

이에 대부분은 조금 당황해하며 "뭐, 그렇지"라고 답하고 고개를 끄덕거린다. 주위 사람들이 당신을 그렇게 보지 않는다면 마치 자신에게라도 확신을 구하듯이. 마지막으로 묻는다.

"하나님을 사랑한다면 지금 그분과의 관계는 어떤가?"

대개 이 명료한 질문을 받고서야 허둥거리며 답을 찾는다. 왜냐하면 그 답이 준비되지 않은 삶을 살고 있기 때문이다. 이는 하나님의 백성으로서 슬프고 안타까운 일이다.

그 이유로 나는 《생수의 우물》을 기록했다. 나 역시 한때 위 질문에 답이 준비되지 않은 삶을 살았고, 그 사실조차 깨닫지 못한 채 흐르는 세월에 무심히 몸을 내맡기고 살았기에. 이 책은 그런 삶을 향한 해답을 부드럽게 제시한다.

누구와 관계를 맺으려면 상대를 알아가는 단계가 필요하다. 상대를 알지 못하면 실제적인 관계를 맺을 수 없다. 마찬가지로 주님을 사랑하고 그분과 관계를 제대로 맺으려면, 그분을 알아가는 과정이 시작되는 동기 부여가 필수다.

하나님은 영이시다. 그러니 우리가 영의 세계를 배우고 알아야만 그분을 이해하고 관계가 생장하기 시작한다. 그러나 불행하게도 오늘날 성경에 기록된 영의 세계나 예수 그리스도의 신부의 영성에 관해 세밀하게 언급한 책은 찾아보기 힘들다. 종교나 신학, 간증 등을 주제로 한 책의 홍수에 둥둥 떠밀려 가고 있음에도 말이다. 게다가 대부분의 목회자나 교회 리더는 그런 '영적' 주제를 삼키지 못하며 언급조차 터부시한다. 그런 지식을 소유하지 못한 까닭이다.

그러나 주님 오실 때가 다 되어 종말의 시대를 살아가는 우리는, 영의 세계를 거부하며 손바닥으로 하늘을 가리는 짓을 멈추어야 한다. 《생수의 우물》은 하늘을 가린 손바닥을 주님 앞에 내려놓는 자를 위한 책이다. 이 책에는 우리가 사모하는 주님의 살아 있는 성품이 생생하게 역동한다.

우리는 영이신 하나님을 알아야 한다. 막연히 머리로만 아는 게 아니라 영혼육의 눈으로 알아야만 그분의 성품을 배울 수 있고, 좁은 길로 입장할 수 있다. 그러나 오직 성령님의 탄식의 도우심이 없으면 성경이 말씀하는 영의 세계는 이해되지 않는 차원의 세계로 남을 것이다. 위대하신 예수 그리스도의 신부로 빚어진다는 영성 자체가 우리에게는 불가사의하기 때문이다.

하나님 앞에 피조물인 인간이 다다를 수 있는 가장 높은 영성은 어디일까? 그 답은 '그리스도 예수의 신부'의 단계다. 목회자는 이것을 가르쳐야 할 의무가 있다. 그러나 신부의 영성은 그 영성을 소유한 자가 가르칠 때만 살아 있는 복음이 전이된다. 그저 입으로 논한다고 전이되는 게 결코 아니다. 이 책 전체에 '복음은 성경에서 시작해야 하며, 삶으로 살아낼 때 완성된다'라는 사실이 녹아 있다.

그리스도의 신부의 영성이란 무엇일까? 사실 나는 살아 있는 신부의 복음을 살아내는 이, 그래서 설명할 수 있는 이를 별로 보지 못했다. 그런 자는 바위 안에 감추인 보석처럼 숨어 있다. 하나님께서는 그들이 오염되거나 변질될까 봐 세상에 잘 드러내시지 않는다. 되려 우리는 변질된 자의 소식을 종종 듣는다. 보석이 아닌 굴러다니는 돌멩이들이 세상에 우뚝 드러나 있는 것을 본다. 이처럼 참 신부의 복음을 전하는 자가 거의 없기에 우리는 이를 이해할 능력도 없다.

사모하는 신부를 위해 목숨으로 대가를 치르는 신랑의 사랑! 이 위대한 사랑이 마지막 아담 되신 그리스도의 교회를 향한 사랑으로 다시 한번 확증된다. 아담은 하나님께서 창조하신 후에 심히 좋았다고 칭하신 자다. 그는 창조주로부터 꼼을 받은 자다. 선악과를 먹고 영의 죽음을 서서히 맞이한 아내 하와를 바라보는 신랑 아담의 심정을 생각해 본 적 있는가? 하와와 한 몸으로 분리될 수 없는 아담은 하와의 죽음이 자신의 죽음이라는 사실을 알았다. 그러니 그가 어떤 선택을 했겠는가?

첫 아담은 자기의 생명보다 귀한 신부 하와를 택하여 생명을 버렸다. 마지막 아담이신 예수 그리스도는 자신의 생명보다 귀한 교회를 택하여 생명을 버리셨다. 영의 세계인 삼층천을 다녀온 사도 바울이 왜 첫 사람 아담과 마지막 아담을 비교하며 언급했겠는가(고전 15:45)? 바로 그 안에 신부의 복음의 위대한 비밀이 감추어져 있기 때문이다.

이 책은 회개와 성결, 예수님의 실체와 육성, 그분의 성품, 감추인 그리스도의 신부에 관한 구체적 계시와 단계, 주님이 계신 영의 세계 등에 대한 질문의 답을 담고 있다.

그렇다. 인생에서 가장 위대한 일은 주님을 알아가는 것이다. 그분을 내 생명보다 사랑하는 것이다. 이 책은 주님과 일대일 관계를 맺길 사모하는 사람을 위한 기록이다. 그들의 영적 가치관에 지각변동과 지진을 일으킬 기록이다.

이제 하늘을 가리고 있는 손바닥을 내려놓고 행동하며 오라! 성령님과 신부가 살아서 대화하는 생수의 우물가로. 그들의 대화가 당신의 몸에 뿌려지고, 마음을 흔들고, 영을 깨울 것이다.

아멘. 주 예수여, 여서 오시옵소서!

제시카 윤(Jessica Yoon Ministries 대표)

3 박해의 서막이 오르다

4 그는 흥하여야 하겠고 나는 쇠하여야 하리라

흐르는 생수의 우물

1
PART

THE WELL OF LIVING WATERS

01 케냐, 그 붉은 사막에서

양떼의 발자취 - 간증

나는 한국에서 태어났고, 미국에 온 지 45년 정도 되었다. 남편 토니 목사와 미국에서 신학교 동기 동창으로 한날한시에 같은 교단에서 안수를 받았다. 우리는 협동 목회를 부임 받았으며, 오랫동안 꽤 큰 교단 소속 목사로 있었다.

사역 전반기에는 특수 목회를 선택하여 술, 마약, 도박 중독자나 노숙자를 교회 안에 마련한 기숙사와 각종 프로그램으로 섬겼다. 그렇게 수십 년간 일선에서 목회하다가 후반기에 총회 지도자급인 행정 목사로 사역할 시기에 접어들었다. 대부분 목회지는 남자 목사를 선호했고, 동양 여자 목사가 미국 백인 사회에서 사역한다는 건 결코 쉬운 일이 아니었다. 남자 목사보다 강해야 했고, 백인 여자 목사보다 몸 사리지 않고 더 뛰어야만 했다.

그런 각오로 지난 수십 년간 철저히 습관적인 종교인으로 살던 나는, 스스로 삯꾼 목사인 줄 깨닫지 못했었다. 그런데 정년 퇴임을 몇 년 남겨두고 창조주 하나님을 제대로 만나는 엄청난 사건이 터졌다. 그때 거의 반년 동안 매일 내 자아가 산산이 깨지는 통회와 눈물의 금식을 했다. 누가 내게 금식을 강요하거나 가르친 것도 아닌데, 식사를 거르는 날이 먹는 날보다 더 많았다. 당시 목회와 사역으로 지칠 대로 지쳐 있었고, 하나님의 임재에 진실로 목말랐다.

그 이후에 나는 겨우 영혼의 깊은 잠에서 깨어나는 경험을 했다. 자비하신 하나님께서 이 비천한 여종에게 그분의 음성을 거부할 수 없는 감동으로 듣는 은사를 허락해 주셨다.

그러던 중 하나님께서 내게 명을 내리셨다.

'모든 것을 내려놓고 낮은 곳으로 가서 소자를 섬겨라.'

많은 날의 두려움과 고민 끝에 순종하기로 했다. 순종은 언제나 대가를 요구한다. 생각에만 그치는 건 진정한 순종이 아니다. 자신을 속이는 것에 지나지 않는다. 결국 토니 목사와 나는 평생 소망했던 총회 행정직을 버리고, 아프리카 케냐로 떠났다.

우리는 교회에 속한 어느 시골 학교로 갔다. 그곳에는 지체 장애와 지적 장애 청소년 100여 명이 우리를 기다리고 있었다. 학교에서 아이들이 독립하여 생활할 수 있도록 여러 분야의 재활 기술을 훈련하는 프로그램을 운영했다. 교사와 교회 직원이 약 20명, 그들에게 딸린 가족 50명이 농사를 지으며 함께 살았다. 총 170명이 공동체 생활을 하는 작은 마을 같은 곳이었다.

주소조차 없는 케냐 시골에 도착한 우리는, 초반에 정말 많은 게 불편했다. 미국에서 일상식으로 먹던 샌드위치, 햄버거, 피자, 타코 등이 너무나 먹고 싶었지만, 케냐에서는 그 재료조차 구할 수 없었다. 읍내 재래시장에서 파는 식재료는 극히 한정되었다.

케냐인은 대부분 농업을 한다. 그들은 아프리카에서 선조로부터 전수 받은 재래식 경작법으로 주식량인 옥수수 농사를 짓는다. 그러니 서양의 다양한 먹거리 재료나 향신료 등이 없는 게 당연했다. 결국 우리는 채소나 과일의 씨를 인터넷으로 주문하거나 인편으로 조달했고, 경작할 줄 몰라서 집 뒤편에 아무렇게나 심었다.

케냐어(스와힐리어)로 샴바는 '텃밭'이라는 뜻이다. 나는 샴바에 배추, 무, 시금치, 파파야, 바나나, 파, 로즈메리 등을 심었다. 농작물을 키우면서 서양 식물은 연해서 열대의 벌레와 곤충, 동물과 전쟁을 치러야 함을 배웠다. 난생처음 농사를 지어보니 수많은 실패를 겪었다. 마실 물도 귀해서 농작물이 겨우 시들지 않을 정도만 물을 주었다. 씨에서 싹이 트고 자라 제법 조그만 배추 형상을 갖추니 정말 기뻤다.

그런데 어느 날 아침, 밭에 가보니 바나나 크기의 노란 달팽이들이 순식간에 출몰하여 배추를 다 뜯어 먹었다. 얼마나 놀라고 속이 상하는지 입이 쩍 벌어져 아무것도 할 수가 없었다. 일단 달팽이가 너무 크고 징그러워서 보기만 해도 얼굴이 찌푸려졌다. 손으로 뜯어내기조차 싫었지만, 눈 딱 감고 잡았더니 미끄럽고 끈적거리는 흰 액체를 실처럼 뽑아냈다. 또 시금치가 조금 자라자, 옆집 닭들이 우르르 몰려와서 다 먹어 치웠다. 원주민들이 연하고 부드러운 식물인 배추나 시금치류를 왜 경작하지 않는지 알 것 같았다.

토니는 바나나와 파파야 나무를 심었다. 그랬더니 익지도 않은 바나나는 원숭이들이, 파파야 열매는 새들이 다 파먹었다. 마치 우리가 전문 농부가 아님을 아는 것처럼 때마다 불청객이 찾아왔다. 그런데도 우리는 거의 모든 음식을 자급자족해야 했다. 텃밭에서 심

고 기르는 것들을 열대의 벌레, 괴물 달팽이, 닭, 원숭이, 새들과 나
눠 먹는 한이 있어도.

아프리카로 오기 전에 읽고 습득했던 열대 지방에 관한 문헌에 의
하면, 케냐에서는 껍질을 까서 먹을 수 없는 농작물은 절대로 입안
에 넣지 말라는 조언이 있었다. 우리 부부는 안전 표준 양을 넘는 농
약 살포와 회충, 벌레알 등의 징그러운 사진을 첨부한 책과 영상 지
식을 많이 습득하고 온 터라 샴바에서 직접 키운 채소와 과일, 향신
료 등만 주로 먹었다.

가끔 고기가 너무 먹고 싶을 때면 기르던 닭을 잡았다. 하지만 닭
잡는 법도 모르고, 피를 보는 것도 겁이 났다. 그래서 결국 함께 사
는 직원들에게 잡을 때마다 돈을 내고 부탁했다. 물론 큰 도시에는
외국인 전용 식품점에서 수입한 해외 음식을 팔았다. 그러나 우리는
교단 현지 원주민 목사와 동일한 사례금만 받았기에 음식을 사 먹기
에는 재정이 턱없이 부족했다.

더군다나 첫해엔 자동차가 없어서 장거리 외출은 거의 다니지 못
했다. 차를 타고 아프리카 여행을 한다는 건 언감생심 상상조차 할
수 없었다.

시간이 지나면서 케냐 전통 음식을 아이들과 같이 먹으려고 노력
했다. 그들의 주식은 주로 말린 콩이나 '우갈리'라는 옥수수빵이었
다. 가끔 조금 여유가 있으면 밥을 해서 먹거나 도시에 나갈 때 중
국산 라면을 사 와서 먹기도 했다.

한번은 친구 목사가 한국 라면을 보내주어서 정말 조금씩 아껴 먹었다. 국제 소포 상자를 찾으려면 우체국에서 수입품에 부과되는 세금을 많이 납부해야만 했다. 어떤 경우는 내용물보다 세금이 더 비싸기도 했다. 그런데도 아프리카에서 한국 라면을 먹을 수 있다는 것과 매일의 삶이 커다란 기적 같았다.

　우리는 수도인 나이로비에서 차로 1시간 반쯤 떨어진 '티카'라는 작은 마을에서 교회를 운영하며 장애 청소년 재활원 사역을 했다. 아이들은 주로 15세부터 25세였다. 25세여도 정신이 온전치 못한 아이들이 대부분이어서 어린아이를 돌보듯 세심하게 보살펴야 했다.

　케냐는 산아 제한 등의 교육이나 규율이 보편화되어 있지 않아서 원주민들은 주로 어린 나이에 아이를 많이 낳았다. 하지만 소아과 의사도 많지 않고, 의료 시설도 열악해서 아기들이 병에 걸려도 치료 시기를 놓치는 일이 빈번했다. 그래서인지 가난한 대가족일수록 신체나 정신이 온전치 못한 장애아가 있는 게 예사였다.

　게다가 의무교육이란 게 없었다. 그래서 아이가 많고, 부양해야 하는 노부모까지 있는 가족은 몸이나 정신이 온전한 자녀부터 먼저 학교에 보냈다. 그래서 장애아들은 교육받지 못한 채 집에 방치되는 경우가 허다했다.

　부모들은 그런 자식을 집 밖에 내보내는 걸 꺼렸다. 장애를 저주받은 것으로 여기고 숨기는 풍습 때문에 동네에서 집안의 수치거리로 여김을 당하는 경우가 많았다(내가 어릴 적 한국도 의료 시설이 열악했고, 비슷한 풍습이 있었던 걸로 기억한다. 사람 사는 데는 다 비슷한 것 같다). 재활원 아이들 대부분이 그런 가정에서 오다 보니 집에 가는 걸 별로 좋아하지 않았다. 방학이 되어 집에 돌아가야만 하는데도 안 돌아가겠다고 울며 매달리는 일이 많았다.

또한 케냐는 대중교통이 별로 발달하지 않아서 장거리 여행을 할 때는 작은 다인용 차량을 버스처럼 사용했다. 그래서 좌석이 가득 차기 전에는 출발하지 않았다.

이처럼 장애인을 위한 교통수단이 여의찮다 보니 학생들은 각 학기 수업 기간에 학교 기숙사에서 공동생활을 했다. 토니 목사와 나는 이웃이나 가족으로부터 소외된 아이들에게 교회 학교에서 직업 기술을 가르치며 복음을 전했다. 교회 터가 좀 큰 편이어서 우리 학교는 작은 마을과도 같았다. 깨진 유리 조각이 빼곡히 꽂힌 담으로 둘러싸인, 바깥과 분리된 느낌의 장소였다.

마치 내가 한국을 떠나기 전에 살던 동네의 담장을 보는 것 같아 정겹기도 했다. 우리는 하루 세 번 교대하는 경비원을 고용해 아이들의 바깥 외출을 제한했다. 아이들이 한 번 담 바깥으로 나가면 교회로 다시 돌아올 지적 상태가 아니었기 때문이었다.

아이들은 남녀 기숙사에서 따로 지냈다. 매일 우리와 함께 먹고 자면서 목공, 철공, 미용, 가죽 공예, 편물, 봉제, 간판 디자인 등의 생계 기술을 배웠다. 기술 자격증을 따는 국가시험이 정기적으로 있었는데, 다행히도 매년 그 시험이 우리 교회 학교에서 실시되었다. 아이들은 2년여 동안 한 가지 기술을 익힌 후에 정부에서 발행하는 자격증을 딴 후 졸업했다. 그리고 고향으로 돌아가거나, 직장에 다니거나, 시장 안에 작은 가게를 열어 자영업에 종사했다.

　토니 목사와 내가 하는 사역은 장애 아이들이 남에게 의존하지 않고 독립하여 먹고살 기반을 다지도록 돕는 것이었다. 물론 목회의 궁극적 목적은 그 사역을 하면서 아이들에게 하나님의 복음, 예수 그리스도를 소개하는 일이었다. 좋으신 우리 하나님께서는 이 모든 일을 가능하게 하셨다. 할렐루야!

02 자식을 가슴에서 파내어 버리며

✿ 생수 우물가의 대화

예수님　**그대 나의 어여쁜 자여, 수심을 거두어라.**

제시카　예수님….

예수님　**아무 말도 하지 않아도 된다. 내가 그대 안에 있고, 또한 내가 그대의 마음을 만들지 않았느냐. 그대의 마음에 무엇이 들어 있는지 그대보다 내가 더 잘 안다. 그러니 구태여 입을 열어 설명하지 않아도 되느니라.**

제시카　눈물이 자꾸 납니다. 슬픈 일이 없는데도 말이지요. 그저 당신께 진심으로 죄송합니다. 제가 아직도 당신 앞에서 버리지 못한 게 있습니까?

예수님 **그대의 눈물은 천 마디 말보다 내게 더욱 귀중하다. 미안해하지 마라. 그대가 지금 최선을 다하고 있는 걸 안다. 사람이 자신의 마음을 부인하는 행위가 얼마나 힘든지 잘 안다.**

제시카 내일이면 미국에서의 짧은 휴가가 끝납니다. 아프리카로 돌아가야 하는 날이 왔어요. 저는 지금 제 옆에서 곤하게 잠든 딸 미셸의 얼굴을 바라봅니다. 거의 2년 만에 처음 보는, 자는 모습입니다. 방금 잠결인데도 "엄마"라고 저를 나직하게 불렀어요. 아마도 곧 아프리카로 돌아가는 저희 때문에 마음이 아려서 그런 것 같습니다.

주님, 저는 이 아이를 제 가슴에서 파내어 이미 당신께 드렸습니다. 다시는 당신으로부터 도로 찾아오지 못하게 하옵소서.

예수님 **이 아이는 내가 받았다. 그대는 염려치 마라. 아이에 관한 모든 걸 내게 맡기고 떠나거라.**

제시카 그리하겠습니다. 아프리카에는 우리 장애아들이 있습니다. 주님께서 제가 함께 살기를 원하시는 아이들입니다. 당신 뜻에 순종하는 행위 외에 제 삶에서 중요한 게 무엇이 있겠습니까! 이제는 정말 아무것도 없습니다. 그러니 이왕에 하는 순종이라면 온전히 기쁨으로 당신께 올려드리는 순종이 될 수 있도록 제 마음을 빚어주소서.

예수님 나는 그대의 기쁨이나 슬픔을 모두 사랑한단다. 그것은 깨끗한 기쁨이고 슬픔이다. 그대에 관한 건 내게 사랑스럽지 않거나 기쁘지 않은 게 없단다. 그러니 그대는 있는 그대로를 내게 보이고 꾸미지 마라. 나의 어여쁜 자여!

제시카 그리하겠습니다. 이제 아프리카로 떠나면 딸을 언제 다시 볼지 모르니 자꾸 눈물이 납니다. 제가 너무 많이 울지 않고, 아이 곁을 떠나게 도와주소서.

예수님 그건 허락하지 않는다. 나 때문에 떨어뜨리는 사람의 눈물방울은 그 어떤 보석보다도 귀하단다. 그런 눈물은 결코 땅에 떨어지지 않는다. 내 천사가 모두 모아서 하늘나라로 가지고 온단다. 천국에 있는 그대의 눈물 병을 계수하여 채우는 일이니 그냥 많이 울거라. 언젠가 내 앞에서 그 눈물 때문에 상을 받을 순간이 있을 것이니라.

제시카 예, 그 또한 그리하겠습니다. 이 모든 건 지나갈 것이니 더 이상 사람의 관계에 연연하지 않겠나이다. 누가 제 이웃이고 제 부모이며 자식입니까. 당신의 명령 아래에서 맺어지고, 당신의 뜻 안에서 이루어진 관계만이 참된 관계입니다. 그 외의 인연은 모두 지나가는 바람과 같나이다.

예수님 참으로 그러하다.

제시카 지금 돌아누운 아이의 등이 제 눈에는 참으로 외로워 보입니다. 무남독녀로 태어나서 엄마, 아빠가 선교지로 떠난 후에 늙고 눈먼 개 진도만 의지하며 사는 저 아이를 기억하소서. 바라옵기는 당신의 마음과 합한 자를 배필로 허락하소서.

예수님 **내가 그리하마.**

제시카 당신께 진실로 감사합니다.

예수님 **그대, 나의 타작마당의 곡식이여! 나를 믿기에 저 아이를 가슴에서 파내어 버리고, 아프리카의 장애아들에게로 떠나주는 그대가 나 역시 고맙다. 나의 귀한 신부야!**

제시카 당신은 그런 선택을 받기에 합당한 권세와 존귀함을 가지신 분입니다. 당신의 나라가 속히 임하여 세세 무궁토록 저희를 다스리소서. 마라나타!

03 궁창에 있는 영의 세계 일곱 단계

🌹 양떼의 발자취 - 간증

몇 달에 걸친 깊고도 강도 높은 눈물의 회개 이후, 예수님은 내게 그분과의 첫사랑을 회복시켜 주셨다. 비슷한 시기에 주님은 내 영의 눈도 열어주셨다. 영의 눈이 열리는 건 다른 차원의 세계를 볼 수 있는 은사다. 성경에서 셋째 하늘에 다녀온 고백을 한 사도 바울은 영의 눈이 열리는 은사를 가진 대표적인 사람이다.

은사는 무상으로 주시는 하나님의 은혜다. 그분의 자비하심에 합당한 자격을 가진 자는 이 세상에 존재하지 않는다. 그런데도 주님은 변함없이 그분의 사랑 안에서 우리에게 은사의 선물을 허락하신다. 그러나 은사를 받은 자에게는 그것을 남용하면 안 되는 책임이 따른다. 은사를 통해서 반드시 사람에게는 덕을 끼치고, 주님께는 영광을 올려드리는 임무를 다해야만 한다. 즉, 우리가 유념해야 할 점은 은사를 가진 자를 보지 말고, 그것을 주신 하나님을 보고 그분께 영광을 올려드리는 것이다.

영의 세계는 각 영의 계급에 따라 다스리는 영토의 영역이 다르다. 어느 날, 주님께서는 내게 마귀의 영들이 지배하는 각 층에 존재하는 여러 다른 영토를 보여주셨다. 그날 내가 보았던 악한 영들의 세계는 일곱 단계로 나뉘어 있었다.

나는 무한한 모든 영의 세계를 언급하는 게 아니다. 단지 그날 내가 방문한 영의 세계의 일부만을 설명하고자 한다. 거대한 침묵 속에 가려져 있는 영의 세계를 아직 육신에 속한 내가 어찌 다 안다고 할 수 있겠는가!

◆ 영의 세계

나는 어떤 닫힌 공간으로 입장하는 문 앞에 있었다. 사방이 어둑한 것으로 보아 악한 영의 지배를 받는 장소임을 순간 알아차렸다. 그 공간은 매우 오래된 건물 같았고, 규모가 얼마나 큰지 마치 하나의 국가 같았다. 각 층에는 엄청난 규모의 대형 호텔처럼 길고 어둑한 복도가 끝없이 펼쳐져 있었고, 방이 줄지어 있었다. 각 방의 규모 또한 얼마나 큰지 마치 하나의 도시 같았다.

각 방에는 그 방을 다스리는 사악한 영들이 우글거렸다. 나는 방마다 각 도시를 장악하고 다스리는 더럽고 악한 영들이 산다는 사실을 알았다. 그 악령들은 악한 일의 특정 분야를 철저히 전문적으로 다스리고 있었다. 또한 방 안의 마귀들 사이에도 여러 계급 체계가 철저해서 상관 마귀의 영이 졸개 마귀들의 영을 부렸다.

모든 방의 도시를 방문하기에는 시간이 충분치 않았다. 또한 성숙하지 못한 내 영이 감당하기엔 역부족이었다. 나는 각 층의 나라를 장악하고 있는 영의 세계 제일 꼭대기인 7층에서 내려가면서 각 층의 영을 보려고 했다.

아래층으로 갈수록 악하고 더러운 영의 계급과 수준이 저급해진다는 걸 알았다. 거대한 건물 꼭대기 층은 옥상처럼 열려 있었고, 수많은 천사와 마귀의 영이 이륙하거나 착륙하는 정류장 같았다. 이 영의 세계에서 일어나는 선과 악의 전쟁의 승패에 따라 지구촌에 존재하는 각 나라의 흥망성쇠나 선악의 권세가 결정된다는 사실을 알게 되었다.

나는 거대한 옥상같이 보이는 장소에 있는 작은 문 앞에 있었다. 문은 열려 있었는데, 크나큰 옥상에 비하면 다소 작았다. 문 안쪽에 길고 어둑한 복도로 내려가는 계단 같은 공간이 있었다. 그곳 역시 악한 영들이 북적거렸다. 계단에 무리를 지어 앉거나 서 있었는데, 그중에는 사람처럼 생긴 영, 괴물같이 흉측한 모습의 영, 짐승 형상을 한 영도 있었다. 계단 아래쪽에는 짐승처럼 생긴 영이 더 많았고, 위로 올라갈수록 좀 더 사람에 가까운 형상의 영이 그 영토를 지배하고 있었다.

나는 컴컴한 계단을 통해 6층으로 내려갔다. 그리고 끝이 보이지 않는 복도로 들어가는 문을 열었다. 어느새 내 곁에는 나를 호위하며 안내하는 큰 백인 남자 형상의 두 천사가 함께하고 있었다. 나는 이들과 잘 아는 사이인 듯한 느낌을 받았다.

순간, 내가 영의 세계에서 이전보다 훨씬 담대해졌음을 깨달았다. 더 이상 예전처럼 흉측한 마귀들 앞에서 몸이 얼거나 무서워서 벌벌 떨지 않았다. 내 영은 성장하고 있었다. 이 모든 것이 나를 훈련하시는 주인이신 예수님 덕분이다. 주님, 감사합니다!

나는 좌우에 천사를 대동하고 복도를 한참 걸어갔다. 그러다가 어떤 방 앞에 이르렀다. 방문을 열고 들어가서 보고 싶었다. 내가 문고리를 잡고 두 천사의 얼굴을 좌우로 살피자, 그들이 서로 보면서 무언의 동의를 하는 게 느껴졌다. 한 천사가 나를 향해 고개를 끄덕였고, 나는 문을 열고 들어갔다.

방 안은 마치 도시처럼 엄청나게 넓었다. 그런데 그 공간 전체에 뿌연 연기가 가득 찬 것처럼 앞이 선명하게 보이질 않았다. 방에는 또 다른 수많은 방으로 들어가는 입구가 보였다. 그리고 모든 입구의 문이 활짝 열려 있었다.

내 영은 각 방에 있는 사악한 영들이 교활한 성품임을 알았다. 그 안에서 악한 영들이 우리를 쳐다보았으나, 우리와 전혀 상관이 없다는 듯 거만한 얼굴로 하던 일을 계속 이어갔다.

나와 동행한 한 천사가 문이 열린 어떤 방을 손으로 가리켰다. 그 방으로 나를 안내하는 듯했다. 우리는 함께 방 안으로 들어갔다. 연분홍색 불빛이 환하게 켜져 있었고, 방 안을 가득 채운 연기마저 분홍색으로 보였다. 사각형 방의 모든 가장자리에는 사람 허리 높이의 길고 좁은 테이블이 놓여 있었다.

그 위에는 아름답게 반짝이는 크고 값진 패물과 보석들이 쌓여 있었다. 그런데 마치 여자아이들이 공기놀이할 때 쓰는 돌멩이처럼 아무렇게나 무더기로 놓여 있었다. 기이하게도 패물과 보석 하나하나에서 연기가 뿜어져 나왔다. 각기 다른 재질의 마약에서 생성되는 물질을 태우는 듯한 독하고 역한 냄새가 났다. 값싼 비누나 싸구려 향수에서 나는 화학 물질의 냄새 같았다.

그리고 방 한가운데 커다란 침대 하나가 덩그러니 놓여 있었다. 그 위에는 백인 형상을 한 금발의 창녀 같은 여자가 누워 있었다. 나는 처음에 그 음녀가 자는 줄 알았다. 그런데 자세히 보니 그녀는 패물과 보석을 태우는 데서 나오는 역한 향에 취해 비몽사몽 중이었다. 순간, 그녀가 사람이 아니라 사악한 영 중에서 계급이 높은 영이라는 사실이 알아졌다. 그 음녀의 이름은 '이세벨'이며 영계에서 땅의 우상을 다스리는 영이 거하는 영토를 다스리는 우두머리 영이었다.

이 방은 지구촌에 만연한 각종 우상 숭배와 종교의 타락, 도덕적 타락과 세속화가 결정되고, 그 흐르는 방향이 바뀌기도 하는 장소라는 사실이 알아졌다. 나는 더 이상 그곳에 존재하는 다른 방들을 보고 싶지 않았다. 불현듯 나와는 상관없는 장소로 여겨지며 모든 궁금증과 흥미가 사라졌다.

나는 천사들에게 5층으로 내려가자고 했다(그 공간에서는 천사들과 말로 소통하지 않았다. 그저 눈을 맞춤으로써 서로의 감정과 뜻이 전해졌고 이해되었다). 우리는 함께 계단이 있던 곳으로 돌아왔다. 어두컴컴한 계단을 통해 5층으로 내려가서 또다시 끝이 보이지 않는 넓은 복도로 들어가는 문을 열었다.

한참 복도를 걷다가 어떤 도시의 방 앞에 이르러 문을 열고 들어갔다. 방이 엄청나게 넓고 밝았다. 그러나 자연광은 아니었다. 방안은 사치스러운 느낌이 들 정도로 모든 것이 휘황찬란했다. 천장의 샹들리에와 호화로운 가구, 침구, 벽에 걸린 명화와 각종 실내 장식, 작은 소품까지도 나무랄 데 없을 정도로 완벽하게 아름다웠다.

그 안에서 백인 여자 형상을 한 마귀의 영들이 한창 파티를 즐기고 있었다. 세련된 명품으로 온몸을 휘감고, 값비싼 액세서리를 걸친 여자들이 여기저기 삼삼오오 짝을 지어 앉거나 서서 웃으며 대화를 나눴다. 그 음녀들은 다들 위선의 탈을 쓰고 손에 여러 가지 모양의 술잔을 든 채 잔뜩 취해 있었다. 이 방은 돈과 권력과 재물의 힘이 결정되고, 그 흐르는 방향이 바뀌기도 하는 장소라는 사실이 알아졌다.

게다가 그들은 서로에게 우아하고 고상하게 보이려고 무진장 애쓰고 있었다. 바로 그때, 나는 그들이 사람이 아니고 지구촌에 존재하는, 그런 음녀의 영에 사로잡힌 자를 다스리고 부리는 사악한 영임을 알았다.

동시에 이 방이 세상을 장악한 거짓과 위선의 악한 권세가 결정되고, 각국의 권력자들이 바뀌기도 하는 장소라는 느낌이 들었다. 방 가운데 거만하게 서 있는 한 음녀의 이름은 '아달랴'이며 영계에서 땅의 권력을 다스리는 영들이 거하는 영토를 다스리는 우두머리 영이었다. 나는 더 이상 그 방에 있고 싶지 않아 진저리가 났다. 천사들에게 내 마음을 무언으로 알리고 미련 없이 방에서 나왔다.

우리는 또다시 계단을 통해 4층으로 내려가 끝없는 복도로 들어가는 문을 열었다. 그 안은 홍등가처럼 컴컴하고 붉은빛이 감돌았다. 왁자지껄하게 떠드는 사람들의 말소리와 웃음소리 그리고 이상한 신음이 가득했다.

긴 복도를 따라 각 방의 문은 활짝 열려 있었다. 방마다 문의 가장자리를 감싸는 문지방 위쪽에 문패만 한 돌판이 붙어 있었다. 거기에는 남녀가 성관계하는 형상이 정교한 삽화처럼 새겨져 있었는데, 다양한 체위가 그려져 있었다. 또한 각 방에는 오직 그 체위로만 성관계를 해주는 창녀의 영들이 손님을 기다렸다.

방은 매우 좁고 누추했다. 작고 거친 돌을 깎아 만든 돌침대가 벽

옆에 하나씩 놓여 있는 게 전부였다. 어떤 방의 침대 위에서는 남녀가 뒤엉켜서 문패에 그려진 체위로 관계하며 짐승 같은 괴성을 질렀다. 불편해 보이는 돌침대 위와 벽에는 남자의 정액이 여기저기 얼룩처럼 말라붙어 있었다. 순간, 이 장소는 술과 마약, 도박과 게임, 섹스와 포르노 중독자들 그리고 모든 합당치 않은 성관계와 성매매를 주관하는 영들이 거하는 장소라는 사실이 알아졌다.

그들은 그 누구도 남편과 아내의 관계가 아니었다. 심지어 그들은 천사들과 내가 활짝 열린 문 바깥에서 보고 있는 걸 빤히 알면서도 전혀 수치심을 느끼지 않는 듯했다.

문득 나는 오래전에 성관계 체위 삽화가 그려진 돌 문패가 달린 장소를 본 기억이 떠올랐다.

'도대체 그곳이 어디였지?'

기억이 가물가물했다. 나는 무심코 고개를 돌려 옆에 있는 천사의 얼굴을 보았다. 그와 눈이 마주치는 순간, 모든 것이 알아졌다. 천사들은 내 마음을 읽고 있었다.

나는 오래전에 고대 로마의 도시인 폼페이를 방문한 적이 있다. 그곳은 옛날 로마 귀족들의 휴양도시로 베수비오 화산 폭발 이후 멸망했고, 지금은 화산재와 분석에 묻혀 터만 남아 있다. 그런데도 폐허가 된 그 도시가 휴양지였음을 알 수 있는 고대 창녀촌의 흔적이 곳곳에 남아 있었다. 창녀 집이 있던 거리에는 집 문 앞 바닥에 남자의 발기한 성기를 형상화한 돌을 깎아 새긴 판을 곳곳에 박아두었다. 그 도시에 언어가 통하지 않는 외국인이 오더라도 신체 그림은 모두가 이해할 수 있으니까….

당시 폐허가 된 창녀의 집을 둘러볼 때, 각 방의 문지방 위에 동일한 돌판의 삽화가 새겨져 있었다. 남자가 남자와 더불어, 여자가 여자와 더불어 부끄러운 짓을 하는 괴상하고 음란한 삽화도 있었다. 폼페이는 '신의 벌'로 불리는 화산 폭발로 2,000여 명이 삽시간에 죽었다. 그렇다면 음란하고 타락한 도시 폼페이를 다스리던 영들이 오늘날에도 살아서 활동하고 있다는 것이다!

4층에 있는 악한 영들은 인간의 시간에 종속되지 않는 궁창에서 영의 세계를 장악하고 다스렸다. 그리고 지구촌에 존재하는 동일한 중독의 영을 가진 인간들에게 들어가서 그들을 종으로 부리며 그들의 영을 다스렸다. 이곳은 섹스 중독과 동성애, 변태, 성매매, 술, 마약, 포르노, 게임 등 모든 중독이 가진 영의 힘이 결정되고, 그 흐르는 방향이 바뀌기도 하는 장소였다.

방의 중앙에 교활하게 서 있는 한 음녀의 이름은 '들릴라'이며 영계에서 땅의 모든 중독과 성적인 타락함의 세상 영토를 다스리는 우두머리 영이었다.

땅의 피조물은 모든 것이 미흡하고 그 어떤 것도 완전한 것이 없다. 예를 들어, 인간이 느끼는 기쁨과 슬픔도 이 땅에서는 감정의 완전성을 이루지 못한다. 그러나 천사와 마귀 같은 영의 세계의 피조물은 완전성을 추구하고, 이룰 가능성이 있다. 영계는 선하면 선함의 완전성을, 악하면 악함의 완전성을 이룰 수 있다. 다시 말해, 인간이 아무리 선해도 천사처럼 선할 수 없고, 아무리 악해도 사단처럼 악할 수 없다. 그러므로 영계의 피조물은 늘 끊임없이 완전을 추구하고 이루어 나간다.

영계에서는 모든 감정과 느낌도 극대화되고 절정인 상태에서 전해진다. 그러므로 지옥의 불은 이 땅의 유황불과는 현저히 다르다. 땅의 것과 비교도 할 수 없을 만큼 뜨거운 유황 개천의 불이다.

나는 갑자기 속이 메스껍고 토할 것만 같아 더 이상 서 있기조차 힘들었다. 내 표정이 일그러지고 다리에 힘이 풀리는 걸 지켜보던 천사들은 아무 말 없이 서로를 잠시 보더니 황급히 내 양쪽 겨드랑이를 부축했다. 그리고 중독과 쾌락의 방에서 빠져나왔다.

나는 영의 힘이 소진되어 끌려가듯 나가면서, 문득 소돔이 멸망하기 직전 롯의 손을 잡고 황급히 탈출시킨 천사가 떠올랐다.

'아이고… 해 아래 새 일이 없다더니, 수천 년 전이나 지금이나 하나님 안에서는 아무것도 변한 게 없구나.'

우리는 계단이 있던 곳으로 돌아왔다. 나는 속이 뒤틀리고 맥이 빠지며 몸이 후들거렸다. 한 천사가 내게 물었다.

"신부님, 다음 층으로 내려가야 하는데 괜찮습니까? 계속 방문할 수 있겠습니까? 당신은 주님의 신부님인데 어찌 이리 연약합니까?"

나는 아래층으로 내려가고 싶지 않았다. 인간의 상상을 초월할 만큼 사악하고 흉측하며 더러운 영들을 더 보고 싶은 생각이 전혀 없었다. 속이 울렁거리고 메스꺼워서 이 여정을 계속할 자신이 없었다. 나는 울먹이며 대답했다.

"천사님, 더는 못 움직이겠어요. 저, 여기서 나갈래요. 제발 나가게 도와주세요!"

두 천사가 난처한 표정을 지었고, 한 천사가 입을 열었다.

"신부님, 영의 세계에 속한 7층까지의 방문은 주님의 신부로서 거쳐야 하는 필수 과정입니다. 그러나 신부님이 너무 힘들어하니 3층과 2층은 다음으로 미루겠습니다. 일단 1층으로 내려갑시다."

천사가 말을 마치자마자, 우리는 순간 이동하여 1층으로 갔다. 그 안은 커다란 시장통처럼 인파로 북적였다. 나는 맥이 풀리고 너무 피곤해서 한적한 곳에서 좀 쉬고 싶었다.

바로 그때, 내 앞에 어머니와 아버지가 나타났다. 돌아가신 아버지가 마치 살아 있는 사람처럼 어머니와 함께 있었다. 낯설고 이상한 장소에서 부모님을 만나니 뛸 듯이 기뻤다. 어찌나 반가운지 소리를 질렀다.

"아버지, 제가 지금 어디를 다녀왔는지 아세요? 영의 세계의 한 부분을 방문하고 왔어요!"

나는 부모님에게 내가 보고 온 걸 상세히 설명했다. 두 분은 말없이 미소를 띠며 열심히 들어주었다. 나는 마치 어린아이가 선생님에게 일러바치는 것처럼 내가 본 끔찍한 장면을 하나하나 설명했다. 말을 마칠 즈음, 아버지가 내게 말했다.

"이 영계에 사는 나와 친한 영들을 네게 소개해 주고 싶구나. 앞으로 네가 영의 세계를 출입할 때, 도움을 줄 수 있는 영들이란다. 나를 따라오너라."

두 분은 나를 데리고 다니며 여러 영을 소개해 주었다. 한참을 그러고 나니 피곤이 몰려와서 더는 서 있기도 힘들었다.

나는 부모님에게 말했다.

"저는 지금 너무 지쳤어요. 돌아가서 좀 쉬고 싶어요."

그러자 다 같이 순간 이동하여 어떤 한적한 길가로 갔다. 잠시 후에 검고 윤이 나는 커다란 고급 승용차 형상의 이동 물체가 엔진 소리도 내지 않은 채 우리 옆에 미끄러지듯 정차했다. 가스나 연료로 작동하는 차가 아니었다.

차 문이 열리며 검은 양복을 말끔하게 입은 남자 형상의 천사 4명이 내렸다. 아무 말도 하지 않았지만, 나는 그들이 천사라는 사실이 알아졌다. 그들은 부모님을 데려가기 위해 온 거였다.

부모님은 아무 말도 하지 않고 나를 한 번씩 가볍게 포옹하더니 천사들과 함께 차에 탔다. 나는 부모님을 태운 자동차가 엔진 소리를 내지 않은 채 천천히 어디론가 떠나는 걸 지켜보았다. 그리고 영의 세계로부터 조용히 눈을 떴다.

🌿 생수 우물가의 대화

예수님 스스로 구분되기를 간구하여 세상을 떠나와서 나의 정예 부대가 된 자야.

제시카 당신께서 먼저 저를 구별해 주신 덕분입니다. 진실로 고맙습니다, 주인님.

예수님 **나의 선택과 그대의 원함이 만났기 때문이다. 옆집에서 원자력 발전소의 전력을 돌려도 자기 집에서 스위치를 올리지 않으면 전기는 들어오지 않는다. 원자력 발전소는 나고, 스위치는 그대다.**

제시카 저는 고장이 난 스위치였습니다. 그런데 당신께서 고쳐주셨기에 뒤늦게 겨우 불이 켜졌습니다.

예수님 **그대의 세상에는 한평생 교계의 수장이나 목사 직분을 하고 죽었어도 그 불이 켜지지 않은 자들이 부지기수니라.**

제시카 제 인생에 불을 켜주신 당신께 감사와 찬양을 올립니다.

예수님 **그 스위치를 올리고자 하는 간절한 소망 안에 회개의 몸부림을 쳐준 그대가 나 역시 고맙다.**

제시카 주님께서 사용하시는 어휘로 '날아다니는 금속'인 비행기 바깥같이 지금 깜깜합니다. 주님, 이렇게 극한의 코로나 전염병이 전 세계적으로 창궐하는데, 저는 지난 몇 달간 지구를 두 바퀴나 돌았습니다. 케냐에서 에티오피아를 경유해 독일과 미국으로 갔습니다. 지금은 다시 미국에서 네덜란드를 경유해 케냐로 날아가는 중입니다.

요즘 지구촌 사람들은 전염병이 옮는다고 앞집에서 뒷집도 방문하지 않는 것 아시지요? 그 머나먼 거리를 돌 때, 이 여종을 코로나로부터 지켜주셔서 고맙습니다.

저는 시어머님의 장례식을 마치고, 평균 인구 1만 명에 의사 2명이 존재한다는 열악한 환경의 아프리카로 다시 돌아갑니다. 전염병의 우려로 봉쇄되었던 케냐의 국제 공항이 이제 해제되어 마침내 돌아갈 수 있게 되었어요. 전염병을 예방하려면 물로 손을 자주 씻어야 한다던데, 그 물조차 귀한 땅으로 들어갑니다.

케냐에 있는 미국 대사관으로부터 받은 이메일에 의하면, 정부의 명령으로 케냐 재래시장이 문을 닫은 지 오래되었다고 합니다. 그로 인해 대형 슈퍼만 장사를 하니 가난한 원주민들이 어떻게 식량과 생필품을 정가로 살 수 있겠습니까! 그래서 배고픈 서민들이 거리로 뛰쳐나와 범죄와 강도질을 일삼고 있다고 합니다.

특히 외국인들이 그런 범죄자들의 목표물이 되니, 절대 케냐로 들어오지 말라는 경고문을 받았습니다. 그렇지만 저는 이제 죽음이 두렵지 않습니다. 당신의 '콘투 스트라'(계명을 지키는 자)가 되어가고 있으니까요. 그 나라에서 저를 지켜주소서. 《봉한 샘》 81. 영적 세계의 언어 참조)

예수님 나는 졸지도, 자지도 않고 성별한 나의 정예부대원들을 지킨다. 만약 내가 나의 의지로 말미암아 잠시라도 그들로부터 눈을 떼면, 호시탐탐 노리는 원수 마귀가 번개처럼 그들을 낚아챈단다. 원수의 영은 나의 사랑이 머무는 모든 피조물을 저주하며 싫어한다. 그러니 너는 내게서 멀어지지 마라. 언제나 나의 눈을 주시하고 사모하여라.

제시카 그리할 겁니다. 그런데 어찌 당신의 눈을 콘투 스트라로부터 떼십니까? 저는 두렵습니다.

예수님 영의 세계는 그런 곳이다. 삼키는 자와 삼킴을 당하는 자, 다스리는 자와 다스림을 받는 자로 명확하게 구분되어 나뉘는 곳이다. 영의 세계는 끊임없이 역동하며 완전을 추구하는 곳이다. 나의 정예부대로 선택을 받았을지언정 초심을 잃어버리고 원수에게 자꾸 틈을 내어주면, 내 눈이 머무르는 자로 합당하지 않다. 슬픈 일이지만, 그런 자들이 존재한다.

사울이 그중 하나가 아니냐. 행구(行具) 사이에 숨어서(삼상 10:22) 자신을 낮추는 겸손 안에 거할 때는 내 눈이 그에게 머물렀다. 나는 사울이 스스로를 작게 여길 때, 이스라엘의 머리가 되게 했다. 내가 그에게 기름을 부어 이스라엘 왕으로 삼았다. 그러나 그는 변절해 아말렉 성에서 내 목소리를 청종하지 않았다. 피로 얻은 재물을 탈취하는 데만 급급했다. 그의 심중이 교만하여 순종하지 않았을 때, 나는 그로부터 내 눈을 떼었다.

나를 거역하는 것은 사슬의 죄와 같다. 인간의 완고한 마음은 우상 숭배와 같은 죄다. 그리하여 마귀가 결국 사울의 생명을 자살로 낚아채 갔느니라.

제시카 　주님, 절대로 당신의 눈을 제게서 떼지 마소서. 저는 당신을 위해 부모와 자식을 버렸습니다. 높은 직책과 안락한 환경과 집을 버리고 형제와 자매와 벗들까지도 모두 버렸습니다. 이제 제게 남은 것이 있다면 오로지 당신뿐입니다. 제가 소유한 모든 것을 팔아서 밭에 감추인 보물이신 당신을 샀나이다.

당신 안에 제 모든 인생이 들어 있습니다. 당신을 잃으면 모든 걸 잃는 것입니다. 제 생명이 당신 안에 감추인 바 되었으니 당신의 생명과 제 생명은 하나입니다. 앞으로도 영원토록 저를 버리지 마시길 약속해 주소서.

예수님 　내가 그리하마.

제시카 　주인님, 감히 청하오니 당신의 이름을 걸고 약속해 주시길 구합니다.

예수님 　나의 이름을 걸고 약조하마. 그대는 내 뼈 중의 뼈요 내 살 중의 살이다. 나의 누이, 나의 사랑, 나의 어여쁜 자여.

제시카 　지난번에 아프리카에서 나오는 순간에도 탈출 비행기를 타느라고 힘들었습니다. 그러나 그곳으로 돌아가는 순간은 더 힘들었어요. 병원에서 수백 달러나 하는 코로나 테스트를 일주일에 두 번이나 받았지요. 케냐 정부가 보건 규율을 하룻밤 사이에 바꾸는 바람에요. 하긴 그동안 봉쇄했던 공항을 어제 처음 열었으니 적응하는 과정에서 변화가 있었겠지요.

아아, 주님… 전 세계가 전염병으로 몸살을 앓고 있어요. 이왕이면 이 전염병으로 이 사악하고 더러운 땅에서 저를 조금 일찍 데려가 주시면 안 될까요. 예전에 제게 보여주셨던, 생명수 강가에 지어져 가던 그 성안으로 저를 입장시켜 주시면 안 될까요. 저는 죄와 정욕으로 오염된 이 지구에 오래 남아 있고 싶은 마음이 전혀 없습니다. (《동산의 샘》 82. 천국 도서관에 들어갈 책 참조)

예수님 **그대의 상을 잃지 마라. 앞으로 기록해야 할 우리의 책들이 남아 있지 않느냐? 그대는 태어나기 전부터 이 지구에 있을 날 수가 이미 정해져 있는 자다. 세월을 허송하지 마라. 그대에게 그 날수를 계수하며 사는 지혜가 있길 바란다.**

제시카 저는 가죽옷 안에 갇혀 사는 무식한 영을 가진 존재인데, 어찌 그날을 계수할 수 있습니까!

예수님 **그대의 육신과 마음은 모르지만, 그대의 영은 가죽옷으로부터 분리되는 정확한 날과 시를 알고 있다. 그대는 자신의 영의 음성을 듣는 법을 배우거라. 사람은 자신의 육체와**

마음의 소원을 듣는 법은 지나치게 잘 알고 있다. 그러나 무엇보다 자기 영의 소원을 살피고 들을 줄 알아야 한다.

제시카   제 영의 소원은 무엇입니까? 저는 아직 알지 못하나이다.

예수님   (주님은 내 눈동자를 찬찬히 보셨다) **그대의 영의 소원은 캄캄한 이 세상에서 참 빛이 되는 나와 가까이 있기를 절실히 구하는 것이다.**

제시카   맞습니다. 저는 주님을 진심으로 사모합니다. 당신은 참 빛이고 진리이시기 때문입니다.

예수님   **사랑하는 자여, 나를 굳게 잡고 내게서 멀어지지 마라. 나는 결코 그대의 영을 놓지 않는다. 나는 살려주는 영이다.**

제시카   제게 더욱 가까이 오소서.

예수님   **내가 그대 안에, 그대가 내 안에 있지 아니한가! 이것이 우리가 한 몸이 되는 것이다. 썩을 것이 반드시 썩지 아니할 것을 입고, 죽을 것이 반드시 죽지 아니할 것을 입는다는 말이다. 바로 그때, 사망을 삼키고 이길 수 있단다. 기록된 말씀이 이루어졌을 때, 영원의 나라에 우리가 함께 거한단다.**

제시카   사망의 승리가 이미 패배로 변했음을 믿습니다. 사망의 쏘는 것이 빛 가운데서 흔적도 없이 사라졌음을 믿습니다. 저를 당신의 피 값으로 사신 주인님이시여, 제 영의 소원을 가르쳐주셔서 고맙습니다.

예수님   **그대는 나를 사랑하니, 이것을 깨달은 마음으로 내 백성**

에게 가르쳐라. 나는 그대의 주군인 왕이다. 들을 귀 있는
자는 들을 것이다.

제시카   여종이 그리하겠나이다. 이 소명을 감당할 수 있도록 저를
도우소서.

예수님   내가 원하는 바다. 그대는 들었으니 이루리라.

제시카   아멘, 주 예수여. 어서 오시옵소서. 마라나타!

05 교회 안에 존재하는 어둠의 사각지대

영의 세계

    나는 영의 세계에서 다니는 학교에서 중요한 시험을 하루 앞두고
있었다. 시험 문제에 대비해서 학습이 거의 끝난 상태였는데 단 한
가지, 어느 왕족의 역사만 공부하면 되었다.

    내가 있는 장소에 엄마가 옆에 있었다. 엄마는 가끔 내 영의 세계
에 나타난다. 영의 세계에서 엄마와 딸의 영, 아버지와 아들의 영은
연결고리가 있다. 그래서 특히 세상의 엄마들은 딸을 위해, 세상의
아버지들은 아들을 위해 늘 기도할 사명이 있다.

만약 그 사명을 게을리하면, 언젠가 하나님의 때가 이르렀을 때 자기 눈을 스스로 찌르는 뼈아픈 후회를 할 것이다. 자녀는 우리의 소유가 아니다. 다만 우리가 이 땅에 살 동안에 하나님께서 우리를 훈련하기 위해 빌려주신 귀한 선물로 여겨야 한다.

나는 많은 사람과 교회 뜰 안에 있었다. 그런데 인파 속에 아주 어린 한 소년이 손을 뒤로 하고 무언가를 감추고 있었다. 소년은 교회 마당 뒤편에 자리한 크나큰 창고의 열린 문 앞에 기대고 서 있었다. 그는 빠끔히 열린 창고 문 안으로 감춘 것을 지닌 채 살금살금 들어갔다. 아이가 들어가자마자, 곧이어 날카로운 비명이 나더니 곧장 울음소리로 이어졌다.

'창고 안에서 무슨 일이 일어난 걸까?'

나는 깜짝 놀라서 황급히 창고로 달려갔다. 문을 열고 안을 들여다보니 실내가 컴컴했다. 문의 바로 안쪽에서 아이가 발을 동동 구르고 큰 소리로 울면서 말은 못 하고 한 손을 흔들어대며 컴컴한 창고 맞은편 안쪽을 가리켰다. 바로 그때, 어떤 여자 형상의 천사가 내 뒤를 쫓아 좁고 어둑한 창고 안으로 신속히 뛰어 들어왔다. 내 눈이 차츰 어둠에 익숙해지자 창고 안이 조금씩 보이기 시작했다.

창고의 지면은 평평하지 않았다. 흙으로 덮인 바닥 맞은편이 반대로 비스듬히 기울어져 있었다. 기울어진 흙바닥이 끝나는 지점은 빛이 없는 천 길 낭떠러지였다. 나는 천사에게 물었다.

"천사님, 여기는 어디입니까? 저 아이는 왜 울고 있나요?"

천사가 내게 말했다.

"신부님, 이곳은 지구촌의 각 교회 안에 존재하는 어둠의 사각지대입니다. 사람들 눈에는 띄지 않으나 모서리에 존재하는 실체를 가진 영역입니다. 즉, 성도의 출입이 금지된 장소인데도 철없는 어린 영들이 호기심에 빠져 유혹을 못 이기고 입장하는 곳입니다."

나는 깜짝 놀라서 물었다.

"아니, 거룩한 교회 안에 그런 곳이 있습니까?"

천사가 대답했다.

"모든 교회가 거룩하지는 않습니다. 영의 세계에서 이런 어둠의 사각지대가 교회 안의 예배당보다 더 크게 자리매김하는 교회가 부지기수입니다. 저 어린아이 형상을 가진 자는 영이 어릴 뿐 어린아이가 아닙니다. 그는 손에 굳게 붙들고 있던, 본인이 너무도 좋아하는 무언가를 이 캄캄한 경사지에서 놓친 것입니다. 그 놓친 것이 지금 절벽의 낭떠러지 바로 앞에 놓여 있습니다.

마귀에게 속아서 그것을 주우러 갔다가는 틀림없이 미끄러져 저주의 낭떠러지 아래로 굴러떨어질 것입니다. 우는 저 아이는 손에 브로콜리를 쥐고 있었습니다. 우리 눈에는 보잘것없는 물질입니다. 그러나 소년은 그 브로콜리를 다시 찾기까지는 이 창고에서 나가기를 거부할 겁니다.

주님의 크신 은혜로 신부님이 저 아이를 발견한 것입니다. 저 아이가 이 어둠의 장소 안에 입장했다는 걸 당신 외에는 본 사람이 없으니까요. 자, 이제 그 물건을 찾으러 갑시다. 신부님은 제게 매달리세요."

나는 두 손으로 천사의 한 손을 단단히 잡았다. 천사는 몸을 돌려 내리막의 경사가 진 장소로 미끄러지듯 내려갔다. 마치 지면에서 약간 떨어져 낮게 날아가는 것처럼 발의 움직임에 동요가 없었다. 나는 너무 무서워서 천사의 손을 젖 먹던 힘까지 동원해 굳게 잡았다. 천사는 맞은편 경사가 끝나는 지면의 낭떠러지 바로 앞에서 몸을 구부리더니 아이가 떨어뜨린 물건을 주우려고 시도했다.

나는 그 물건을 확실하게 보았다. 투명한 비닐 봉투에 든 오래된 브로콜리 한 뭉치였다. 떨어져 미끄러져 내려간 브로콜리 봉지가 놓인 지대는 경사가 매우 급했다. 천사가 손을 조금이라도 멀리 뻗치면 낭떠러지로 미끄러져 버릴 것만 같았다. 나는 천사에게 도움을 주어야만 한다고 생각했다. 그래서 한 손을 힘차게 쭉 뻗어서 천사가 브로콜리를 잡기 위해 떨리는 손을 조금이라도 더 멀리 뻗칠 수 있도록 했다. 최선을 다해 내 팔의 길이라도 보태고 싶었다.

자신의 한 손으로 내 손을 굳게 잡아 의지한 천사는 팔을 조금 더 뻗쳐서 마침내 낭떠러지에 걸린 브로콜리 봉지를 겨우 잡아서 낚아챘다. 그러고는 재빨리 몸을 돌려 방금 우리가 내려온 경사지를 다시 올라왔다.

바로 그때, 나는 그 경사지가 사람의 무게가 실린 발로는 결코 되돌아 올라올 수 없는 영의 세계의 미끄러지는 장소임을 인식했다. 오직 천사이기에 아이가 떨어뜨린 물건을 도로 가져오는 것이 가능하다는 사실을 알아차렸다.

'대체 보잘것없는 말라비틀어진 브로콜리가 뭐라고 아이는 울고

불고 난리를 부리는 걸까?'

아이를 어둠의 창고에서 나가게 해주려고 망설이지 않고 위험을 감수하는 천사의 배려심에 저절로 감사와 경의가 우러나왔다. 아이는 그 보잘것없는 물건을 천사에게 돌려받고는 좋아서 입이 귀에 걸려 있었다(미국에서는 브로콜리를 먹으면 방귀가 나온다고, 귀한 자리에서는 잘 먹지도 않는데 말이다).

그때 천사는 마치 아이를 보호하려는 듯 말없이 아이의 손을 잡았다. 이후 우리는 조심스럽게 문 바로 안쪽에서 경사진 흙 지반을 걸어 캄캄한 창고 밖으로 빠져나왔다.

'도대체 오래되어 말라비틀어진 그게 뭐라고 천사는 이처럼 위험한 일을 감행한 걸까?'

사람들은 교회 안에도 원수의 영이 삼키고자 하는 어둠의 영의 사각지대가 있다는 사실을 모른다. 그러면서 단지 자기 육신의 눈에 보기에 귀한 것을 향해 앞뒤 생각 없이 주님의 임재가 없는 유혹의 장소로 달려 나간다. 그리고는 사각지대와 연결된 수천 길 낭떠러지로 굴러떨어져 버린다. 마치 불을 찾아서 제 몸이 타들어 가는 것도 모른 채 날아드는 불나방처럼 말이다.

주님께서 주신 영의 눈으로 보면 그런 유혹이 얼마나 보잘것없고 가치 없는 것인지도 모른 채 말이다. 마귀의 덫에 걸리는 줄도 모르고 낭떠러지를 향해 손을 뻗치는, 실로 안타깝고 한숨이 나오는 교회 안의 사람들이 바로 우리다. 그중 하나가 바로 나다. 나는 창고 밖으로 나와 깊은숨을 들이마시며 영의 세계에서 깨어났다.

06 위대한 왕이 주신 서신

나는 영의 세계에서 희고 긴 세마포 통옷을 입고 있었다. 세마포의 가슴 부분에는 천의 안쪽으로 긴 주머니가 붙어 있었다. 주머니 안에는 내가 매우 소중히 여기는 어떤 서신 같은 기록이 들어 있었다. 그것은 높고 위대하신 왕이 내게 주신 서신이었고, 나는 그것을 늘 가슴에 품고 있었다. 서신에는 존귀하신 왕의 권위의 엄위로 말미암아 기록된 내용이 있었다. 이 세상에 단 하나밖에 존재하지 않는 걸작품과 같은 가치를 지닌 귀한 내용이었다.

나는 언젠가 때가 오면, 어떤 시합에 참여해야 한다는 걸 알았다. 시합에서 겨룰 때 이 서신을 공개하여 사람들과 천군 천사들 앞에 내보이며 전람해야 하는 순간이 올 것을 알았다. 그때까지 서신을 소중히 지킬 임무가 있었다. 그리고 이 서신이 주님께서 내게 기록하라고 명하신 《잠근 동산》, 《덮은 우물》, 《봉한 샘》, 《동산의 샘》, 《생수의 우물》, 《레바논의 시내》라는 사실을 알고 있었다.

또한 서신을 굳게 붙잡아서 원수의 영이 꾸미는 방해 공작으로 인해 빼앗기지 말아야 하는 사명이 있음도 깨달았다. 그때 내 앞에 원수 마귀가 나타났다. 키가 아주 컸고, 나이 든 백인 남자 형상이었다. 마귀의 수하에는 수많은 종이 있었다. 마귀는 그를 추종하는 종들을 수하에 부리며 내가 가슴에 품고 있는 서신을 갈취하기를 원했다. 나를 추적하기 위해 부리는 종들을 파송하여 끊임없이 찾고 있었다. 마귀의 졸개 중에는 인간도 있었고, 사악한 영도 있었다. 그 졸개들은 모두 주님께서 주신 이 소중한 걸작품인 서신 자체를 비웃고 싶어 했다.

그들은 나를 소름이 끼칠 정도로 증오하며 입에 담을 수 없는 저주의 말을 조소와 함께 퍼부어댔다. 사악한 영인 마귀의 수하에서 귀신들의 졸개로 이용당하는 인간들은 나를 죽이면 서신이 사라질 거라고 믿는 것 같았다. 그러나 설령 내가 사라져도 서신의 마침표는 찍히지 않는다. 하나님의 뜻은 환경과 방해를 뚫고 반드시 이루어진다. 주님은 돌들로도 소리치게 하시는 분이다. 하나님은 인생이 아니시니, 일단 알리고자 하시는 뜻을 품으시면 결코 마음을 바꾸지 않으신다. 세대와 상관없이 당신의 뜻을 반드시 관철하신다.

그런데 참으로 슬픈 사실은 마귀의 도구로 이용되는 인간의 영들이 하나님을 모르는 세상 사람이 아니라는 것이다. 그들은 모두 수천 년 전에 존재했던 영적 바리새인이나 서기관의 영을 전승받아 소유한 자들로 자기 의에 충만해 있으며, 인간이 만들고 스스로 속한 자기 교단이나 종교적 교리를 향한 맹렬한 충성심에 불타고 있다. 유일하신 하나님보다는 인간이 만든 교단과 오래된 전통과 제도 등을 더욱 자랑스럽게 여기며 사랑한다. 그들 안에 충만한 인본적인 지식은 살아계신 하나님 알기를 거부한다.

기이한 사실은 다른 교단끼리 서로 판단하며 미워한다는 점이다.

누구든 상관없이 자기 생각과 조금이라도 다르면 정죄와 비평을 쏟아붓는다. 오죽하면 2천 년 전에 주님께서 바리새인과 서기관들에게 "독사의 자식"이라며 분노하셨겠는가!

나는 계속 원수의 영인 독사의 자식들에게 쫓기고 있었다. 한순간도 긴장을 놓을 수가 없었다. 영의 세계에서 전쟁은 이미 시작되어 쫓고 쫓기는 전투의 연속이었다. 그런데 한 여자 형상을 한 수호천사가 늘 내 옆에서 나를 지켜보면서 도와주었다. 우리는 아주 높은 건물 안에 있었다. 각 층에는 복도와 방만 있을 뿐 다른 층으로 연결되는 엘리베이터나 계단이 없었다.

나는 어느덧 《동산의 샘》까지 4권을 기록한 서신을 가슴에 품고 또다시 쫓기고 있었다. 아래층으로 내려가는 계단이 없어서 허공 앞에 서서 두려워 떨고 있을 때였다. 나는 까마득한 아래를 내려다보고는 하나님의 임재를 찾으며 울었다. 그때 천사가 내게 말을 걸었다.

"신부님, 눈앞의 허공으로 당신의 발을 뻗어 걸으십시오."

내가 대답했다.

"천사님, 저 까마득한 아래를 좀 보세요. 천 길 허공에서 발을 앞으로 디디면, 저는 콩가루가 되고 말 겁니다. 회복이 불가할 만큼 다치든지 아니면 죽을 거예요."

천사가 고개를 설레설레 저으며 다급하게 말했다.

"당신의 믿음을 보이십시오. 참다운 믿음은 말로만 하는 것이 아닙니다. 대가를 치르는 행위를 동반해야만 온전한 믿음으로 완성됩니다."

나는 덜덜 떨면서 두 눈을 질끈 감았다. 그리고 오른발에 온몸의 무게를 실어 허공으로 내디뎠다. 그러고는 하늘을 향해 얼굴을 들며 큰 소리로 외쳤다.

"예수님, 살려주세요. 저는 이제 추락합니다!"

바로 그 순간, 오른쪽 발바닥에 단단한 물체가 느껴졌다. 나는 깜짝 놀라 한쪽 눈을 살포시 떴다. 놀랍게도, 내 발은 검고 단단한 쇠 같은 재질로 만들어진 한 계단을 밟고 있었다.

'아니… 이 계단이 대체 어디서 나타났지?'

그 계단은 허공에 떠 있었으며 첫 계단의 긴 디딤판 하나만 달랑 있었다. 다시 발을 딛고 내려갈 다음 계단은 존재하지 않았다. 망연 자실해서 나도 모르게 입이 쩍 벌어졌다. 내가 곁에서 함께 첫 계단을 밟고 서 있는 천사의 얼굴을 바라보자, 그가 말했다.

"잘하셨어요, 신부님. 다음 계단을 밟고 내려가면 됩니다."

"아니, 천사님, 계단 디딤판 하나만 허공에 달랑 있지 않습니까? 다음 발을 딛고 내려갈 계단이 어디 있습니까?"

"방금 했던 것처럼 다시 허공에 발을 디디면 됩니다."

나는 첫 계단에 발을 내밀 때보다는 아주 조금 덜 떨리는 마음으로 왼발을 허공에 내디뎠다. 이번에는 눈을 감지 않았다. 그 순간, 처음 계단과 같은 모양의 두 번째 계단이 허공에 나타났다.

'워매! 영의 세계에는 이런 일도 있구나!'

나는 점차 담력이 생겨 조금씩 힘차게 허공으로 다음 발을 내딛기 시작했다. 놀랍게도 그때마다 튼튼하게 생긴 새것 같은 금속 계단이 나타났다. 시간이 흐르자, 나는 계단을 걸어 내려가는 게 아니라 뛰어 내려가고 있었다. 허공에 발을 힘차게 뻗는 일이 점차 쉬워졌다. 천사는 내 옆을 계속 따라오고 있었다.

'할렐루야! 영의 세계에서 온전한 믿음이란 이런 거구나! 한 발도 내디딜 수 없는 칠흑같이 캄캄한 환경일지라도 일단 발을 앞으로 뻗으면 그다음은 주님께서 책임지시는구나!'

나는 세마포의 가슴팍에 두 손을 갖다 대며 서신이 주머니 안에 있는 걸 확인했다. 나는 내 목숨보다 소중한 위대한 왕의 서신을 가슴에 품고, 씩씩하고 빠르게 다음 층으로 뛰어 내려갔다.

07 우리는 지구의 영을 탈출해야만 한다

🌹 영의 세계

남편 토니와 나는 영의 세계에 함께 있었다. 우리에게는 삶에서 그 과정을 반드시 지나야만 하는 중요한 임무가 있었다. 다름 아닌 이 악한 세상을 장악하고 있는 '지구의 영'을 탈출하는 거였다.

우리는 함께 탈출하기 위해 온 힘을 모아 주력했다. 그 과정에서 우리가 열 번을 탈출에 성공해야만 영의 세계 계급이 겨우 한 단계 올라간다는 사실을 알게 되었다.

우리 앞에 십각형 원 형태의 판 하나가 허공에 들려 있었다. 그 판은 마치 원형 피자처럼 긴 세모 여러 조각으로 쪼개져 있었다. 우리가 지구의 영을 한 번씩 탈출할 때마다 그 십각형 원판을 구성한 긴 세모가 한 면씩 채워진다는 것을 직감했다. 아무도 설명해 주지 않았지만 내 영은 그 사실을 알고 있었다.

또 10개로 나뉜 둥근 원 형태의 판 윗면 가장자리는 각기 다른 색의 기다란 보석이 함께 이어져 놓여 있었다. 영의 세계에서 이 십각형 원판은 특별한 이름이 있었지만, 나는 알지 못했다(영의 세계에서는 하나님이 내게 알려주신 만큼만 알 수 있다).

토니와 내 옆에는 남자 형상의 한 천사가 있었다. 천사의 이름이 '샤키라'라는 사실이 알아졌다. 샤키라는 우리의 탈출 과정을 자세히 적어 기록으로 남기는 일을 했다. 그는 눈이 매처럼 날카로웠으며 모든 사실과 동기를 정확하게 꿰뚫어 보는 판단력을 갖고 있었다.

우리는 이 십각형 원판을 다 채우고 한 단계가 승급되는 훈련에서 모든 행위의 동기가 반드시 주님 안에서 선해야만 한다는 사실을 알고 있었다. 또한 우리 가운데 일어나는 모든 사건은 궁극적으로 하나님께 영광을 올려드리는 결과를 낳는 일이어야만 했다.

그 외에 다른 천사도 옆에 있었다. 그는 돌고래를 팽이처럼 돌리는 능력이 있었고, 이름은 '수지오'였다(그가 내게 알려주지 않았지만, 내 영은 알고 있었다). 그는 말수가 적은 천사였다. 우리 곁을 늘 조용히 지키며 뛰어난 기억력으로 우리가 한 일의 모든 동기와 과정을 면밀하게 검토하고 조사했다. 수지오는 민첩하고 정확하며 빈틈이 없었다. 그러면서도 장난을 좋아하고 유머러스한 면도 있었다.

영의 세계에서 천사들은 자신만의 고유한 성품이 있다. 성격이 붕어빵처럼 똑같지 않다. 천사도 우리처럼 이름이 있다. 천사 1호, 2호로 불리지 않는다. 천사들의 까마득한 상전이 바로 법규를 가르치는 천사 '신규'다. 나는 신규가 늘 내 곁에 있는 줄 알았는데, 아니라는 것을 깨달았을 때, 조금 실망스러웠다. 그러나 그는 나같이 영의 세계에서 늘 쫓기고, 헤매고, 훈련하고, 배워야 하는 어린 신부의 영에게는 과분한 천사였다.

'샤키라와 수지오, 이 둘은 신규의 수하에서 일하는 천사들인가?'

두 천사만 해도 나는 충분히 주님께 감사드린다. 실로 그렇다!

《동산의 샘》 58. 엄마의 천국 집과 천사 신규를 보다 참조)

하나님의 백성인 사람에게는 각자의 수호천사가 있다. 그러나 이 지구에 자기를 지키는 천사의 이름을 아는 사람이 과연 몇이나 되겠는가! 아니, 이 사실을 발설하기만 해도 종교인들은 길길이 날뛰고 침을 튀기면서 이단, 삼단 운운하며 비판하기 시작할 것이다.

현대판 바리새인들은 자신이 어쭙잖게 알고 있는 사실 외에 어떤 것이든 남을 정죄하길 망설이지 않는다. 성경이 엄연히 천사를 언급하고 있는데도 말이다. 그런 지구의 영 안에서 크리스천들은 잘 길든 채 익숙하게 살고 있다. 그러나 우리는 그런 세상 영의 관념에서 탈출해야만 한다.

하나님은 영원한 생명의 본체시다. 우리는 살아서 역사하시는 그 분을 만나 동행해야만 한다. 그러지 않고는 결코 회개와 성결함의 진정한 의미를 깨달을 수 없다. 거룩함을 간절히 추구하지 않으면, 삶에 성결은 이루어지지 않는다. 성결에 대한 끝없는 목마름이 있어야만 한다.

하나님은 그분과의 성결한 동행을 통해 우리가 그분과 가까워지길 간절히 원하신다. 그런데도 이 세대의 크리스천 사회에서는 이런 주님과의 살아 있고 실제적인 동행의 진리에 침묵해야만 살아남는다. 실존하는 영의 세계를 조금만 언급해도, 즉시 판단과 정죄를 일삼는 수많은 종교인이 자기 신학적 지식과 의를 과시하며 비판한다.

왜냐하면 그들은 세상의 영에 겹겹이 싸여 있기 때문이다. 그들의 영은 어둠에 거하며, 거룩한 의에는 둔감하다. 교회 내 어둠의 장소, 마귀의 음성과 유혹, 교회 내 파벌과 정치, 종교 놀이 등에는 지독할 만큼 익숙하고 예민하면서 말이다. 그들은 경건의 모양은 있으나 경건의 능력은 부정하는 자들이다. 그들에게 우리가 보여야 할 반응은 신속하게 반대쪽으로 돌아서는 것이다.

예수님이 내게 말씀하셨다.

예수님　의로운 말에는 농인이 되지 말거라.
제시카　주님, 그게 무슨 뜻입니까?
예수님　마귀가 싫어하는 말에는 침묵하지 말라는 뜻이다.

바로 이런 이유로 나는 모든 것을 기록한다. 영의 세계에서 보는 마귀는 자신의 정체 드러내기를 아주 싫어한다. 마귀의 존재나 귀신의 이름을 언급하는 것조차 치를 떤다. 책이나 미디어, 또는 집회를 통해 내가 영의 세계를 언급하면 마귀는 금방 그들의 졸개를 들이대며 내 삶에 박해를 가한다. 왜 그런지 이유는 모른다.

그런데도 우리 주님께서는 참으로 무지한 이 여종의 영을 깨워주셨다. 죽음보다 깊은 잠으로부터 깨어나 살아계신 예수님과 교통하고 동행하자고 말이다. 이 사실만으로도 주님의 귀중한 보혈 외에 그분께 갚을 수 없는 엄청난 빚을 진 셈이다. 그러므로 내게 주신 영의 세계를 출입하는 은사는, 종교인들이 저주하며 던지는 모든 돌멩이를 다 맞을 수 있을 만큼 충분히 가치가 있는 선물이다.

'오, 이 비천한 여종을 구원하신 예수님! 감사하고 사랑합니다!'

08 영계에서 몸을 씻는 일은 이 땅의 회개와 연결고리가 있다

🌹 영의 세계

토니와 나는 영의 세계에 있었다. 우리는 광대한 규모의 건물 같은 장소에 있었다. 우리는 사용하는 방이 따로 있었는데, 오직 내 방에만 물이 나오는 수도관과 수도꼭지 그리고 목욕탕 시설이 있었다. 내 방 욕조는 내가 목욕할 수 있게끔 토니가 마련해 준 거였다. 그 욕조는 목욕통보다는 작으나 빨간색 고무 대야보다는 컸다.

영의 세계에서 물로 씻는 것은 주로 이 땅의 회개와 연결고리가 있다. 우리가 영의 세계에서 몸의 일부를 씻을 때, 그 결과로 땅의 세계에서 회개가 터져 나온다. 영이 먼저 회개하면 육신의 회개는 따라온다. 인간의 영혼육은 밀접한 관계가 있다. 그러기에 때로 우리가 회개하며 울고 싶어도 눈물 한 방울 나오지 않기도 한다. 사실 우리가 몸담은 이 땅의 삶은 허상이며, 영의 세계의 그림자에 불과하다.

나는 맑은 물이 가득 찬 희고 깊은 욕조 안에 있었다. 그 안에 누워 머리를 담갔다. 실제 이 땅의 삶에서 나는 머리숱이 별로 없다. 게다가 흰 머리를 가리려고 염색약을 늘 사용하기에 머리카락은 붉은 빛을 띠며 윤기가 없다. 그런데 영의 세계에서 내 머리카락은 아주 길고 검으며 숱이 많았다. 내가 머리를 돌릴 때마다 머리카락에서 마치 기름을 바른 듯한 신비한 윤기가 흘렀다.

나는 욕조 안에서 몸을 씻기 시작했다. 영의 세계에서는 주로 머리를 먼저 감은 후에 몸을 씻는다. 이는 땅에서 머릿속 생각을 회개로 정결하게 씻은 후에 몸의 행실로 회개의 열매를 표명해야 하는 이치와 같다. 목욕을 마치고 나니, 욕조에 받은 물에 뿌연 비누 거품이 둥둥 떠 있었다. 문득 머리를 씻고 싶었으나 물이 더러워서 머리카락을 욕조에 다시 담그고 싶지 않았다. 왜 머리를 먼저 씻지 않았는지 모르겠다. 그런데 밖에서 토니가 빨리 씻고 나오라고 재촉했다.

'그래… 물이 깨끗하지 않더라도 씻지 않는 것보다는 낫겠지.'

결국 나는 뿌연 물에 머리를 담그고 샴푸 거품을 일부러 많이 내어 문지르면서 씻기 시작했다. 그리고 깨끗한 기분으로 욕조에서 나와 옷을 입었다. 그때 왼쪽 천장 높은 곳에 자리한 다락방 문이 열렸다. 거기서 하얀 통옷을 입은 건장하고 젊은 남자 형상의 천사가 나왔다. 그는 욕조가 있는 그 장소에서 자신이 제일 막내 같은 존재라고 했다. 그가 내게 물었다.

"신부님, 저도 씻어야 하는데 수도관을 사용해도 되는지요?"

'천사도 깨끗이 씻어야 하나?'

그의 질문을 받고 나니, 언젠가 이 천사를 영의 세계 안의 크리스털로 만든 영적 생수 파이프들이 있는 장소에서 본 기억이 났다. 그때 나는 생수가 흐르는 수도관의 물의 행로를 관리하고 있었다. 내 임무는 각기 다른 방향으로 흘러가는 수로를 여닫으며 물줄기를 조절하고 물꼬의 출입을 관리하는 일이었다.

당시 이 천사가 말하길, 그곳은 나의 생수를 간직하는 저수지라고 했다. 그는 영적 생수의 여러 관이 연결되어 있으니 잘 관리해야 한다고 일러주었다. 《동산의 샘》 77. 생수가 흐르는 수정 파이프 위의 천사 참조)

마치 그는 내가 영을 씻을 수 있는 곳에 있다는 걸 이미 알고 있는 듯 별로 놀라지 않는 것처럼 보였다. 내가 대답했다.

"그럼요, 천사님. 언제든 환영합니다."

나는 천사가 욕조 쪽으로 오는 걸 보고는 그 방에서 나가려다가 문고리를 돌리면서 흘깃 뒤돌아보았다.

'참, 물이 더러워서 새로 갈아줘야 하나?'

그런데 신기하게도, 방금 내가 씻고 나온 그 희고 깊은 욕조 안에 맑고 깨끗한 생수가 다시 가득 차서 찰랑거리고 있었다.

깨끗이 몸을 씻고 난 후에 알게 된 것은, 이 엄청나게 큰 건물 안에 마치 쉼터처럼 식당도 존재한다는 것이었다(나는 영의 세계에서 가끔 방문하는 식당이 몇 군데 있다. 그 장소들은 내게 익숙하다). 식당은 약간 어둑했다. 안으로 들어가자 온갖 산해진미가 유리 진열장 안에 예쁘고 정갈하게 진열되어 있었다. 마치 성대한 파티장처럼 장식이 된 곳이었다.

그 안에서 다들 삼삼오오 짝을 지어 앉거나 서서 음식과 대화를 즐기고 있었다. 그들이 사람인지, 천사인지는 알 수가 없었다. 다만 만찬이 거의 끝나가고 있다는 사실이 알아졌다. 나는 여기서 서둘러 먹기보다는 휴식할 수 있는 방으로 음식을 가져가서 조용하고 안락하게 먹고 싶었다. 뷔페처럼 차려진 수많은 음식 중에 흰 떡과 채소로 만든 맑은 즙의 주스 그리고 아몬드 같은 견과류로 만든 버터를 접시에 담았다. 그때 여성스러운 형상의 천사가 내게 말을 걸었다.

"신부님, 맛있게 드세요. 저는 이곳을 담당하는 천사입니다."

나는 천사에게 미소를 지으며 대답했다.

"네, 고맙습니다."

대답을 하면서 나는 영의 세계에서 깨어났다.

'아이고… 웬일이야! 지금 영의 세계를 나오면 어떻게 하나? 최소한 내가 담은 음식이라도 먹고 나와야 하는데….'

하지만 나는 아직 영의 세계 출입에 익숙하지 않은 신출내기에 지나지 않는다. 오직 주님께서 원하시는 시간에만 출입이 가능할 뿐이다. 너무나 아쉽다.

09 삶이 그대의 뺨을 후려칠 때

🌿 양떼의 발자취 - 간증

새는 공기의 저항 때문에 더 빨리 날지 못한다. 그러나 공기의 저항을 타고 날갯짓을 하지 않아도 오래 떠 있는 법을 체득한다. 또한 공기의 저항으로 자신의 날갯짓을 조절하여 날아갈 방향을 전환하는 법도 터득한다. 사람도 이러해야 한다.

우리의 순조로운 삶에도 저항 요소나 방해 요소, 예상치 못한 복병 같은 사건이 일어날 때가 종종 있다. 이때 지혜로운 자는 이런 복병을 필연으로 여기고 용납하는 법을 배울 줄 안다.

당신의 삶을 하나님께 온전히 올려드렸는가? 만약 그렇다면, 삶에 일어나는 모든 고난과 환난의 사건이 그분의 계획에 따라 허락된 일임을 마음으로 수용하고 이해하려고 노력해야 한다. 우리의 인격이 그런 방향으로 빚어질 때, 하나님께서 기뻐하신다. 그 과정을 인식하며 지날 때, 삶의 태도나 양식이 겸손해지는 법을 체득할 수 있기 때문이다. 오히려 우리는 그런 복병의 저항으로 인해 삶의 회복으로 전환하는 법을 배울 수 있다.

우리의 생사화복을 주장하시는 이는 하나님이시다. 전능자는 그분을 사랑하는 영혼의 삶을 절대 실패작으로 만들지 않으신다. 그분의 신실하심을 온전히 뼛속 깊이 신뢰하라! 녹로 위에 놓인 흙은 살이 깎이더라도 장인의 능력과 재능을 믿어야 한다. 뜨거운 풀무불의 가마 속에서 열을 견뎌내야만 한다. 그러질 않으면 흙은 결국 흙덩어리로만 남은 채 명품 도자기로 재탄생하지 못한다.

나는 젊고 아름다운 시절을 다 허송하고 60세에 영적인 책을 기록하기 시작했다. 설상가상으로 내가 몸담았던 교단은 글 쓰는 목사에 대해 교단법으로 많은 제재를 가했다. 책을 출간하려면 우선 미국 교단 상임위원회에 허가를 받아야 했다. 그 과정에서 집필한 모든 내용을 검열받아야 했다.

내 경우에는 한국어 책을 전부 영어로 번역해서 미국 상임위원회에 먼저 제출해야만 했다. 이후에도 총회의 승인이 나지 않으면 출간이 불가능했다. 게다가 책의 모든 수익이나 인세를 양도해야 하는 등 조건이 많았다. 그래서 나는 조금 받은 인세로 내 책을 구매해서 문서 선교용으로 교도소에 나눠주었다. 감옥에 방문할 시간이 없으니 책으로라도 전도하기 위해서였다. 주님께서 기뻐하셨으면 좋겠다.

우리 교단은 교단에서 운영하는 출판사가 아니면 출판을 허가조차 하지 않았다(주로 알려지지 않은 영세한 출판사다). 이런 여러 악조건 때문에 교단 내에서 글을 쓰는 목사 동료들이 내 주변에는 없었다. 목회와 사역도 바쁜데, 총회의 저항과 제재를 받으며 자투리 시간에 집필하고 싶은 사람은 아무도 없었다.

나도 그랬다. 평생을 목회와 사역에만 전념하다가 정년퇴직이 얼마 남지 않은 나이에 군이 교단법에 저항하는 일을 하고 싶었겠는가! 조용히 살다가 평안하게 퇴임하는 것이 제일 지혜로운 일이며, 적은 퇴직금이라도 받아서 끼니 굶지 않고 살아가는 게 가장 현명하다는 것쯤은 알고 있었다. 게다가 평생 일한 교단의 연금 혜택조차 책의 출판 건으로 사라질 수도 있는데, 왜 하고 싶었겠는가! 그 정도로 어리석지 않은데 말이다.

그런데도 나는 평생의 목회 인생을 위협하는 책 집필에 생명을 걸었다. 왜냐하면 목회 전반기에 마귀에게 속아 실패의 쓴잔을 마셨기 때문이다. 만일 그때 주님께서 나를 데리고 가셨으면 영계의 바깥 어두운 곳은 따 놓은 당상이었을 것이다. 그러나 사랑의 예수님이 목회 후반에 만회할 기회를 주셨다. 지금 사는 인생은 생명의 연장선이자 덤으로 주신 귀중한 시간이다. 그래서 이제는 생명 다해 주님께 순종해야만 염치 있는 목사가 될 것 같다.

교단에서 쫓겨날 위험을 무릅쓰고 영의 세계를 기록하는 목사의 마음을 아는가! 출간되지 못할지도 모르는 글을 기록하는 작가의 마음을 아는가! 흔히 작가는 책을 집필하기 시작해 출간하기까지 한 아기를 해산하는 탈고 과정을 겪는다고 비유한다. 나는 그 아기가 태어나지 못할 수도 있는 현실을 뻔히 알면서도 교단 눈치를 살피며 집필했다. 축복받지 못한 생명을 복중에서 기르는 어미의 심정으로 주님께서 보여주신 것을 글로 기록했다. 더군다나 종교인들이 언급하길 꺼리는 영의 세계를 알리는 책이니 껄끄럽기 짝이 없었다.

앞서 나온 3권을 기록한 후에 책이 1권씩 출간될 때마다 교단 총회에 불려 갔다. 우리 교단 한국 총회의 높은 직책을 가진 어느 목사가 책 내용에 관한 항의 신고를 미국 총회에 했다고 했다. 그는 "21세기에 어떻게 주님과 대화가 가능하냐"라며 "천국이나 영의 세계는 크리스천의 금지 사항"이라고 못 박았단다.

결국 나는 미국 총회로부터 이해할 수 없는 경고장을 받고 3권의 책이 나올 때마다 각각 시말서를 써야만 했다. 그러다 보니 네 번째 《동산의 샘》은 탈고했어도 퇴직한 후에야 출간했다. 4권의 책의 탄생은 오직 살아계신 하나님의 강권적인 은혜가 아니면 답이 없었다.

나는 평생을 술과 마약, 노름 중독자, 노숙자, 지적 장애 아동 등을 돌보는, 남에게 베푸는 목회를 했다. 보통의 목사들이 선호하지 않는 특수 목회를 하니 대접받지 못하는 외길 목회였다.

예를 들어, 대부분 교인은 슈퍼에서 담임목사를 만나면 먼저 뛰어와서 인사나 악수를 청한다. 그러나 우리가 우연히 길에서 옛 교인을 만나면, 그는 가족들을 챙겨 도망가기에 바쁘다. 중독자였던 자신의 춥고 어두운 과거가 드러날까 봐 두렵기 때문이다. 심지어 교인의 결혼이나 출산 때도 초대받지 못하는 경우가 비일비재하다. 하지만 전혀 대접받지 못하고, 아무도 알아주지 않아도 우리 부부는 나름 선한 일을 하며 목회했다고 믿었다.

그렇게 몇십 년 살다 보니, 미디어나 교단의 선후배 목사들에게 훌륭한 사역을 한다며 존경을 받기도 했다. 목회자의 모범생으로 불리던 우리는 마침내 교단의 교회 실적이나 목회자의 평가서를 작성하여 올리는 직책까지 맡게 되었다. 총회에 누를 끼치거나 말썽을 부린 적이 단 한 번도 없었기 때문이었다. 그러면서 겉모습이 잘 포장된 '나이롱 목사'로 무탈하게 살았다.

그런데 어느 날, 돌연히 주님께서 나를 찾아오셔서 제대로 만나주셨다. 물론 모든 것이 그분의 계획 안에 있었을 것이다. 그러나 무지한 나로서는 세상 말로 '잘나가다가' 고지가 눈앞에 있는데 갑자기 거품 터지듯이 몽땅 사라져 버리는 상황을 맞은 것이었다. 다른 말로 표현하면, 그 옛날 젊고 풋풋한 시절에 만났던 예수님과의 첫사랑을 다시 회복했다. 이후 예수님은 그분과의 대화를 전부 글로 기록하라고 하셨고, 나는 순종했다. 또한 그분의 음성을 글로 기록하는 것까지만 내 몫이고, 나머지는 모두 주님이 책임지겠다고 하셨다.

나는 영적인 책을 출간했다는 이유로, 형제자매는 물론 주위의 친구 목사들과도 멀어졌다. 미디어를 통해 나를 집요하게 비판하며 정죄하는 이들도 있었다. 하지만 그런 종교인들의 발상대로라면, 하나님께서는 농인이나 언어 장애자가 되셔야만 한다. 우리와 어떤 대화도 하지 않으시니 우리 삶에 상관없는 분이셔야만 한다.

그러나 과연 우리 주님이 그러신가? 절대 그렇지 않다. 예수 그리스도는 어제나 오늘이나 영원토록 동일하신 분이다. 2천 년 전에 사랑하는 제자들과 동행하며 대화하고 웃고 우신 분이 오늘도 그분의 제자들과 동행하며 대화하고 웃고 우신다. 우리가 믿는 예수님은 진실로 현존하신다. 인격을 가지신, 살아 역사하시는 분이다.

'애꾸 나라'에서는 '애꾸'가 왕이라고 한다. 종교적 습성에 젖은 자는 자기가 주님의 음성을 못 들으니 남도 못 들어야 한다고 우긴다. 참으로 편협한 생각이다. 하지만 손바닥으로 하늘을 가릴 수 있는가! 하늘은 사람의 손바닥으로 가릴 수 있는 대상이 아니다. 그런데도 하나님은 말씀하시지 않는다고 주장하는 자는 '영적 애꾸'다. 궁극적으로 그 무리는 성령을 훼방하는 죄를 짓는 것이다. 그들은 남을 판단하고 정죄하는 행위가 하나님을 잘 섬기는 방법이라고 굳게 믿는, 오늘날의 서기관과 바리새인이다.

이스라엘 역사 속에 어느 선지자가 무리의 사랑을 받았는가! 성경이 거짓 역사의 증거 기록이 아니라면, 하나님과 소통했던 선지자나 선견자에게는 반드시 박해와 핍박이 따랐다. 물론 나는 선지자나 선견자가 되겠다고 이 기록을 남기는 게 아니다. 나는 그저 평생 나이롱 목사로 산, 덜 떨어진 비천한 종에 지나지 않는다. 그것도 종교인들이 꺼리는 여종이다. 그러나 하나님은 그 영적 바리새인의 조소와 정죄 가운데서도 나를 훈련하셨다. 그 과정에서, 나는 옷장 안에 숨어 세상이 반기지 않는 영서를 기록하며 혼자 참 많이 울었다.

하지만 이 영적인 기록이 사악한 세상에서 빛을 뿜어내며 탄생하게 한 것에는 후회가 전혀 없다. 나는 다시 태어나도 주님께 순종하여 그분의 음성을 기록해 올려드릴 것이다. 그 어떤 상황에도 순종은 선택의 문제가 아니다. 순종은 피조물의 본분이다. '내 생명은 내 것'이라는 생각은 《잠근 동산》을 집필하면서 접었다. 그 책이 내 인생의 고난을 실은 롤러코스터의 신호탄이라는 생각은 하지 못하고 말이다.

이후로 마귀와 그가 사용하는 종교인들의 정죄와 비판으로 인해 많은 사건과 죽을 고비가 내 삶에 있었다. 삶이 내 뺨을 후려친 순간들이었다(실상 책에는 현실 상황의 반의반도 기록하지 않았다). 인생의 광야를 걸어가는 과정에서 나는 소유한 모든 것을 내려놓았다. 그리고 주님 앞에 항복을 고백했다. 그 결과로 아프리카의 장애아 100여 명의 엄마로 살고 있다.

'아침마다 나를 찾아오시는 나의 주, 나의 예수님! 오… 주님, 이 비천한 여종이 당신을 얼마나 사랑하는지 아시지요? 오직 당신만이 제 삶의 이유 되십니다. 아멘, 주 예수여, 어서 오시옵소서!'

옥수수 텃밭 앞에서

2
PART

THE WELL OF LIVING WATERS

한국인의 주식은 쌀이다. 국이나 반찬은 밥에 곁들여 먹는 부식이다. 마찬가지로 케냐인의 주식은 옥수수다. 그 외에 고기나 채소는 '우갈리'라고 부르는 옥수수빵에 곁들여 먹는 부식이다. 우리 교회 기숙사 아이들은 간식이라는 것을 먹지 못한다. 그도 그럴 것이 하루 세 끼 옥수수빵 식사도 배불리 먹지 못하는데, 어떻게 간식까지 먹겠는가!

토니와 내가 처음 케냐에 도착했을 때는 미국에서 가져간 개인 비상금으로 옥수숫가루를 재래시장에서 구매해 아이들을 먹였다. 우리 아이들은 장애다. 신체나 뇌 기능에 장애가 있지만 소화 기관에 장애가 있는 건 아니므로, 한창 성장하는 청소년이어서 정말 많이 먹는다. 케냐는 전반적으로 물이 귀해서 신선한 과일이나 채소가 아주 비싸다. 그렇다고 육류나 생선이 싼 것도 아니다. 옥수수 빼고는 다 비싼 곳이다.

나는 아이들의 식비를 충당하기 힘들어서 아예 옥수수 농사를 짓기 시작했다. 비록 작은 분량이라도 자급자족을 해보자는 발상이었다. 어떻게 해서든 조금이라도 아이들을 풍족하게 먹이고 싶은 엄마의 마음이었다.

첫해에는 교회 터의 모든 빈 땅에 옥수수 씨를 모종으로 키워 심었다. 또한 '수쿠마위키'라고 부르는 억센 케일 종류의 채소도 심었다. 열대성 날씨라 달팽이, 곤충, 벌레의 왕국이라고 해도 과언이 아니어서 농작물 피해가 극심했다. 그러다 보니 수확한 채소들은 하나같이 강하고 질겼고, 전통 옥수수 종자도 알갱이가 정말 단단했다. 다음 해에는 미국에서 옥수수 종자를 가져와서 심어보았다. 처음에는 잘 크더니 수확기가 되자 알갱이가 연해서인지 새들이 원주민 밭 옥수수는 버려두고 우리 밭 옥수수만 다 먹어 치웠다. 종자 씨 1개도 남기지 않고 말이다.

한번은 김치가 먹고 싶어서 한국에 있는 친구 목사에게 배추씨를 보내달라고 부탁해서 텃밭에 심어보았다. 배추 역시 처음에는 잘 크는 듯했다. 그러다가 어느 날 자고 일어나 노란 달팽이가 다 먹어 치운 내 배추밭을 보는데 눈물이 뚝뚝 떨어졌다. 결국 배추는 맛도 보지 못했다.

나는 아이들이 모두 교실에 들어가고 난 후에는 주로 옥수수 텃밭으로 갔다. 적도의 햇볕은 땀이 삐질삐질 흐를 정도로 강하게 내리쬤다. 몸빼에 티셔츠를 걸치고 검정 고무장화까지 신고는 종일 우물물을 떠 와서 옥수수에 주었다(우물도 개인 경비로 공사를 해서 팠다). 사이사이 심긴 채소밭에서 누런 이파리는 자르고, 열대 벌레를 잡았다. 그러다 보니 종일 땀을 닦아가며 텃밭에서 일하는 신출내기 농부의 작업이 내 일상이 되어버렸다. 목사에서 양계장 일꾼으로, 양과 염소를 치는 목동으로, 다시 농부로, 주방장으로, 기숙사 사감으로, 청소부로… 주님은 내게 참 다양하고도 철저한 방법으로 실패를 경험시키시며 낮추고 또 낮추셨다. 그런데도 주님은 내 인생의 그 어느 때, 여느 장소에서보다도 나와 가까이 계셔주셨다. 내가 "주님~" 하고 부르면 금방 "응, 왜?" 하고 대답해 주셨다.

매일 아침 밭에 나가 한참을 혼자 흙 위에서 일할 때면, 처음에는 힘들어서 나도 모르게 기도했다. 울 밑에 선 봉선화 같은 내 모습이 처량해서였다. 2시간 정도 일하다 보면 허리가 아파서 처량한 기도가 방언 기도로 변했다. 다시 2시간을 그러고 있다 보면, 오래 서 있기 힘든 반 평발인 양다리가 후들거리며 어느새 방언 기도가 방언 찬양이 되었다. 한참 방언 찬양을 하다 보면, 삭신이 쑤셔 몸을 스트레칭하기 위해 춤을 추며 찬양하는 나를 발견했다.

내게는 미국 골동품상에서도 취급하거나 쳐다보지 않는 그 흔한 라디오조차 없었다. 인터넷이 연결되지 않으니 휴대전화에서 나오는 음악도 상상에 그칠 뿐이었다. 그러니 할 수 있는 건, 내 키보다 큰 옥수수밭에서 홀로 기도하고, 방언하고, 방언으로 찬양하고, 그에 맞춰 춤추며 주님 앞에서 공연하는 것뿐이었다. 그래야 밭일하는 시간이 빨리 갔다. 그러다가 옥수수 그늘 밑에 앉아서 울기도 했다.

연로한 엄마도 그립고, 딸 미셸의 웃는 모습도 가슴 아리도록 보고 싶었다. 만두와 라면은 왜 그리 먹고 싶은지 기도하다 보면 옆에서 그 냄새가 나는 것만 같았다. 그러면 눈물이 더 났다. 하지만 나는 주님 앞에서 입술을 지키려고 안간힘을 썼다. 내 뺨을 '찰싹' 소리나게 때리고 팔을 꼬집어가며 불평을 삼켰다. 어떤 상황과 환경에서도 감사 기도를 먼저 드렸다. 나는 아주 천천히, 그러나 확실하게 조금씩 변하고 있었다.

그러던 어느 저녁 무렵이었다. 여느 날과 다름없이 옥수수 텃밭에서 일하고 있었다. 케냐는 1년에 우기가 두 번 있어서 이모작을 한다. 물이 귀한 땅이기에 비가 오고 나면 땅에 물기가 있을 때 빨리 옥수수를 심고, 키우고, 거둬야 한다.

종일 고된 육체노동을 하다가 오후가 되면 시간이 정말 느리게 간다. 그럴 때, 나는 하나님께 찬양을 올려드리기 시작한다. 곡조 있는 기도의 가사에 집중하다 보면, 마치 멈춘 듯한 시간이 조금이라도 빨리 가는 것처럼 느껴질까 싶어서다. 고즈넉한 들판에서 주님 외에 아무도 들어주지 않는 찬양을 부르고, 예수님 외에는 봐주지 않는 춤을 추는 나를, 가끔 원숭이들이 바나나 나무 위에서 힐끔힐끔 보고는 눈이 마주치면 잽싸게 도망가곤 한다.

그날도 적도의 옥수수 텃밭에서 닭똥 거름을 삽으로 열심히 퍼 나르며 땅에 뿌리고 있었다. 틈틈이 열심히 춤추고 방언 찬양을 하면서. 그러다가 어느 순간, 너무 지쳐서 붉은 흙바닥에 풀썩 주저앉아 버렸다. 그러자 아무 이유 없이 서글픔이 올라와 뜨거운 눈물이 주르륵 뺨을 타고 내려왔다. 개미가 고무장화를 타고 몸으로 기어오르는데도 나는 토니가 심은 파파야 나무에 힘없이 기대어 있었다. 문득 새가 지저귀는 소리가 들렸다.

'이상하다… 새는 아침이 아니면 잘 지저귀지 않는데.'

옥수수밭에 새들이 나타나면, 나는 기겁했다. 농작물을 작살내는 주범이기 때문이었다. 이마의 소금 땀이 자꾸 타고 내려와 따가워서 눈을 뜰 수 없는 지경이었다. 나는 그냥 울었다. 얼마나 울었는지 모른다. 아무 이유 없이….

그때 어디선가 강한 바람이 불어왔다. 나는 입고 있던 티셔츠 자락으로 따가운 눈을 대충 닦았다. 그 순간, 주님이 내게 말을 건네셨다. 내 깊은 내면을 향해 한 음성과 함께 뜨거운 감동이 복받쳤다. 작게 속삭이는 듯한 부드러운 음성. 나는 예수님의 음성을 안다.

◆ 생수 우물가의 대화

예수님　**나의 사랑, 나의 어여쁜 자여. 이제 일어나 함께 가자.**

제시카　(나의 촌스럽고 외로운 공연을 매일 손뼉 치며 봐주시는 우리 예수님! 내가 여쭈었다) 주님, 어디로 함께 가지요?

예수님　**이제 슬슬 미디어 영상 전도를 시작해 보거라.**

제시카　에잉? 주님, 저는 유튜브 같은 건 할 줄 몰라요. 저 컴맹인 것 아시지요? 헤헤헤.

예수님　**순-종-!** (주님은 낮으나 강하게 또박또박 말씀하셨다)

제시카　주님, 저는 페이스북이나 유튜브 계정도 없어요. 여기서는 데이터 비용 때문에 보지 못하는 것 아시잖아요.

주님은 내게 대답하지 않으시고 침묵으로 일관하셨다. 파파야 나무 밑에 퍼질러 앉아 울다가 주님의 침묵에 놀라서 울음이 뚝 그쳤다. 나는 정신을 차리고 바지에 묻은 붉은 흙을 손으로 툭툭 털고 일어났다.

그분은 무엇이든지 한번 말씀하시면 마음을 변개하지 않으시는 성품을 가지셨다. 왠지 내가 미디어를 시작하는 시늉이라도 해야 주님이 기뻐하실 것 같았다.

'오케이, 주님. 제 순종을 올려드릴게요. 기다리세요! 우선 토니의 저녁 식사부터 만들어 놓고요.'

케냐의 목양관에는 인터넷 시설이 없다. 나만 없는 게 아니라 마을 공동체 전체에 없다. 대신 인터넷 사용이 꼭 필요할 때는 전화기를 켤 때 손바닥 반 정도 크기인 '애그'라는 기구를 사용한다. 애그를 켜면 와이파이가 느리지만 작동한다. 그래도 사용하는 데이터량만큼 돈을 내야 하기에 절약하느라고 특별한 경우가 아니면 거의 사용하질 않는다.

그날 저녁, 밭에서 돌아오는 내 눈에 아프리카의 석양이 정말 아름다웠다. 벌판에 큰 나무들 위로 진한 주홍색 해가 질 시각에 빛과 그림자가 빚어내는 케냐의 저녁노을은 실로 장관이었다.

🌿　생수 우물가의 대화

제시카　사랑하는 주님, 저는 당신께서 아침에만 제게 말씀하시는
줄 알았어요. 지난 수년간 늘 아침에 대화했으니까요. 그
런데 밤에도 말씀하시네요.

예수님　**그렇지 않단다. 나는 일주일에 7일, 하루 24시간 내내 너
와 함께 있다. 너와 나는 언제든 대화를 나눌 수 있단다.
다만 아침 일찍, 네가 아직 일을 시작하지 않은 시간에는
바깥에서 너를 찾는 자가 없지 않느냐. 아무도 방해하지
않으니 대화를 계속할 수 있었던 것뿐이다.**

　　　　**나는 네가 나랑 대화할 때는 다른 모든 것으로부터 자유
하기를 원한다.**

제시카　주님, 어제 새벽 3시까지 잠도 못 자고, 졸려서 눈이 따가
운 것을 참아가며 성경 공부 영상을 만들어 보았어요. 그
러고는 동영상을 올린 후에 자러 갔습니다. 그런데 오늘
아침에 보니 올린 영상이 다 사라졌습니다. 금요일 아침에
방영되도록 일정까지 다 잡아놓고 새벽에 겨우 잠자리에
들었는데 말이에요.

　　　　처음에는 너무 실망해서 눈물이 나고 포기하고 싶었어요.

하지만 기도하고 눈물을 닦고 아침에 다시 작업했습니다. 겨우 10분짜리 동영상입니다. 보는 사람은 고작 10명 정도인데, 컴맹인 제가 열악한 인터넷 시스템과 씨름하다 보면 영상 하나 제작하는 데 2,3일이 족히 걸립니다. 영상을 올리는 데만 몇 시간이 더 걸리고요. 완전 극기 훈련입니다. 아무 열매도 없는 작업 같아서 안 하고 싶지만, "영상으로 전도하라"라고 하신 당신 말씀에 순종하고 있습니다. 코로나 때문에 사회적 거리두기 운운하며 예배도 못 올려드리는데, 이거라도 하지 않으면 주님께서 섭섭하실까 봐요. 물이 없어서 샤워도 못 한 꾀죄죄한 모습으로 화장도 못 하고 몸빼를 입고 영상을 찍었습니다. 카메라가 없어서 고물 전화기를 사용했고요. 다리 하나 없는 플라스틱 탁자 위에 전화기를 올려두고 찍었습니다. 자존심에 흠칠을 해가며 찍으면서, 아직도 죽을 자존심과 허영심이 제게 남아 있음을 깨닫습니다. 주님, 다시 회개합니다.

예수님　**네가 그 일의 결말을 보리라.**

제시카　어떻게요? 저는 이제 지칠 대로 지쳐서 잠자리에 들려고 하는데요.

예수님　**나를 믿거라.**

　주님과 대화한 날 밤, 나는 누워서 방언 기도를 하고 있었다. 그러다 그만 잠이 들어버렸다. 그리고 그날 새벽에 나는 형용할 수 없을 만큼 무섭고 엄청난 장면을 목격했다. 새벽 4시 반경, 주님께서는 영의 세계에서 놀라운 환상을 보여주셨다.

◆ 영의 세계

밝은 빛이 위에서부터 쏟아져 내리는 열린 공간이었다. 나는 지름이 20센티미터는 족히 되는 살아 있는 독사의 머리를 왼손에 단단히 잡고 있었다. 독사는 살아서 꿈틀거리며 내 손을 물기 위해 머리를 흔들어대며 필사적으로 몸부림쳤다.

그런데 나는 독사의 몸부림에 전혀 개의치 않는 듯 보였다. 겁도 없이 왼손으로 미끈거리는 독사 대가리를 꽉 움켜잡더니 오른손으로는 대가리로부터 꼬리까지 가죽을 '쫘악' 소리가 나도록 벗기기 시작했다. 쉽게 벗겨지지 않는 가죽이 썩은 나무껍질처럼 벗겨졌다. 그 소리가 너무나 크게 들렸다.

기이하게도, 가죽을 벗기며 독사를 죽이는 작업이 전혀 징그럽거나 힘들지 않았다. 나는 오른손에 움켜쥐고 있던 독사의 가죽을 땅에 세게 내동댕이쳤다.

그때 '철퍼덕' 소리가 너무 크게 나서 놀라서 눈을 번쩍 뜨니, 새벽 닭 울음소리가 들렸다. 나는 영의 세계에서 깨어났다.

◆ 양떼의 발자취 - 간증

시계를 보니 새벽 4시 반이었다. 밖은 아직 캄캄한데 내 마음은 얼마나 기쁘고 영광스러운지! 맛본 자만이 알 수 있는 즐거움이 차올랐다. 누가 백만 달러를 준다 해도 바꿀 수 없는, 주님이 주시는 기쁨이었다. 토니는 벌써 일어났는지 잠자리에 없었다. 그는 늘 내가 깰까 봐 인기척을 내지 않고 이른 새벽에 일어난다. 그러고는 주방 식탁에 앉아 그날 분량의 성경을 읽는다.

나는 온몸이 마치 전쟁을 막 치른 사람처럼 뜨거웠다. 너무 피곤해서 도저히 일어날 수가 없었다. 그래서 침대에 누운 채로 나지막하게 방언으로 기도하기 시작했다. 내 영이 떨리는 마음으로 기뻐하고 있을 때, 방언 통변이 나왔다. 이후 내가 통변을 마치자마자 예수님이 예언의 말씀을 하셨다.

방언

개이샤라 스기야마 라흔데 카시야. 만소 닐리떼 간실레아떼 파샤!

통변

연약한 우리에게 승리를 주시는 영광의 우리 주님을 찬양할지어다. 그가 우리에게 독사의 가죽을 벗기는 권세를 주셨도다!

예언

내가 곧 올 것이다. 콘투 스트라들이여! 너희는 내 길을 예비하라. 뱀을 죽이고, 마음밭에서 자갈을 제거하고, 원수 앞에서 머리를 들고, 하늘을 주시하고, 나를 기다려라! 나는 너희의 신랑 예수다!

이 신실하신 예언의 말씀은 비단 내게만 주신 게 아니다. 예수 그리스도를 사랑하고, 그분의 뜻대로 살길 소망하며, 독사의 머리를 밟길 원하는 모든 하나님의 거룩한 자녀에게 주시는 신실한 약속임을 믿는다.

주께서 말씀을 마칠 때쯤, 토니가 문을 열고 침실로 들어왔다. 아직 새벽이라 밖은 캄캄했다. 그런데 침실에 불이 환하게 켜져 있는 걸 보고 조금 놀란 모양이었다. 그는 내가 주님과 대화하고 있는 걸 인식했는지 아무 말도 하지 않고 자기 베개를 들고 바깥으로 나갔다. 아마도 해가 뜰 때까지 거실에서 다시 잠을 청하려는 것 같았다.

12 샛별이 가장 빛날 때

 생수 우물가의 대화

제시카 주님, 온몸에 열이 나서 마치 불덩어리처럼 뜨겁습니다. 제가 왜 이러지요? 혹시 어제 아침에 한국에서 친구 목사가 보내준 홍삼차를 마신 것 때문입니까? 인삼을 먹으면 몸에 열이 생긴다고 하던데요.

예수님 (주님은 싱긋 웃으셨다) **네 안에 나의 신이 역동하니 그런 게다. 인삼 때문이 아니니라. 그것은 이미 네 몸에서 방출되어서 없단다.**

제시카 그렇군요. 이곳은 지금 겨울 새벽이라서 바깥이 아주 쌀쌀합니다. 겨울 이불도, 히터도 없이 자느라고 여름 이불을 2개나 꺼내 덮고 잤어요. 얼마 전에 자다가 뱀 가죽을 벗긴 날도, 자고 나니 온몸이 갑자기 뜨거워져서 이불을 홀랑 젖혔습니다. 주님, 춥지 않게 해주셔서 고맙습니다.

예수님 **그게 다인 것이냐?**

제시카 아니요. 실은 얼마 전에 마귀에게 뺨을 얻어맞았습니다. 정신이 번쩍 들었지요. 요즘 위축된 제가 정신을 차리도록 오히려 힘을 실어주셔서 정말 고맙습니다. 이 영의 세계에서 당신께서 우리와 함께하지 않으시면 우리가 어떻게 살아남겠나이까? 그저 마귀의 밥이 될 뿐입니다.

예수님 **스스로 연약하다고 하지 마라. 심장 안에 나를 품고 사는 그대가 어찌 연약한가! 그대는 '사쿠오 호라'(전쟁에 능한 자)라고 내가 이미 선포하지 않았느냐. 그대는 그대 안에 있는 광명한 새벽별인 나의 존재를 잊지 않으면 된다.** 《봉한 샘》 71. 천사의 언어 참조)

제시카 아… 주인님, 잊어버렸습니다. 제가 자꾸 깜빡깜빡합니다. 당신의 임재가 함께하니 너무 좋습니다. 원수가 제게 어찌하겠습니까? 제가 또 원수에게 깜빡 속았습니다.

예수님 나는 그대의 영혼이 깨어 있길 바란다.

제시카 그렇게 되도록 도와주소서. 밖이 깜깜해서 그런지 새벽닭 울음소리가 유난히 크게 들립니다.

예수님 아무 생각 없는 닭도 캄캄한 새벽을 깨우는데, 사람인 내 백성은 캄캄함을 깨울 줄 모른다. 광명한 샛별인 나를 품고 살면서도 어두운 세상에서 빛을 발하지 못한다. 게다가 삶에 어둠이 몰려오면 무서워서 벌벌 떤다. 내가 이미 다 이겨놓은 전쟁인데 무엇이 두려운지 겁을 낸다.

이 사실이 나를 참으로 답답하게 하는구나. 그토록 나를 믿으라고 일렀건만, 아무도 내 말에 순종하는 믿음을 보이지 않는다. 아직도 두려움에 떨고 있는 나의 아름다운 신부야, 샛별은 언제 가장 빛나느냐?

제시카 하늘이 가장 캄캄할 때, 그 빛이 선명하게 반짝이더이다.

예수님 바로 그것이다. 네 환경이 어두울수록 나의 임재가 더욱 선명하게 드러난단다. 우리의 전쟁이 시작되고 그대의 영적 훈련을 알리는 전쟁의 나팔 소리가 울려 퍼지는 순간이다. 싸움을 시작하기도 전에 벌벌 떨고 질려서 주저앉아 있으면 되겠느냐!

제시카 주님, 잘못했어요. 제가 못나서 그렇습니다. 죄송합니다.

예수님 사쿠오 호라인 네가 그러면, 내 백성은 어떻겠느냐? 원수 앞에서 내가 다 민망하구나. 내가 권능의 오른손을 들었는데 너는 덜덜 떨면서 싸울 생각도 하지 않았다. 앞으로

	돌격조차 하지 않으니, 그런 내 신부를 바라보는 나의 마음이 어떻겠느냐?
제시카	아이고, 주님. 어찌하여 저 같은 것을 사쿠오 호라로 부르셨어요? 저는 겁쟁이 중에서도 겁쟁이인데요.
예수님	**그대는 그대의 정체성을 알라!** (주님은 언성을 높이셨다) **마귀는 교활하나 용두사미 같은 자다. 앞에 보이는 대가리만 클 뿐 몸은 뱀처럼 길고 작다. 그대가 능히 이길 수 있다. 그대의 손은 두었다가 무엇 하려느냐?**
제시카	주님, 얼마 전에 제가 이 두 손으로 뱀의 가죽을 벗겼습니다. 아무렇지도 않은 듯 왼손으로 뱀의 대가리를 잡고 오른손으로 힘차게 가죽을 내려 찢어버렸습니다.
예수님	**바로 그것이 그대다.**
제시카	그런데 제가 어떻게 그리 용감할 수가 있지요? 평상시의 제가 전혀 아닌데요.
예수님	**어제저녁 내내 무엇을 했느냐?**
제시카	밤새 작업하여 올린 동영상이 다 사라져 버려서 너무 황당한 나머지 실망했습니다. 속이 상해서 침대에 대자로 누워 큰 목소리로 방언 기도를 했습니다. 그러다가 잠들었습니다. 참, 기도하다가 자서 죄송합니다, 주님.
예수님	**괜찮다. 세상일을 걱정하다가 잠든 것보다는 낫다.**
제시카	(항상 나를 좋게만 봐주시는 주님이 너무나 좋다. 나를 불쌍히 여기시는 주님의 사랑이 뭉클하게 전해지기 때문이다.

그 사랑 때문에 나는 이 아프리카 시골에서 산다) 예수님, 당신이 너무너무 좋아요. 영원히 곁에 계셔주세요.

예수님 **내가 왜 네 곁에 있느냐, 네 속에 있지.**

제시카 아… 실수! 영원토록 제 안에 계셔주세요.

예수님 **그 사실을 진리로 믿어라. 마귀에게 속지 말고… 알겠느냐! 나는 결코 내 신부를 떠나지도, 버리지도 않는다. 내 피 값을 주고 산 내 신부를 어찌 잊겠느냐!**

제시카 아멘! 주님, 잠이 옵니다. 저 좀 잘게요.

예수님 (주님은 싱긋 웃으셨다) **네가 곤하구나. 그리하여라. 내가 그대 곁을 지키마.**

제시카 주님, 사랑합니다. 진짜, 진짜로요.

13 월급 받으려고 아프리카로 왔느냐?

🌹 생수 우물가의 대화

제시카 주님, 주님, 어디 계세요? 큰일났어요!

예수님 **내 사랑하는 신부는 호들갑을 떠는 것도 귀엽도다. 그런**

데 어찌 그리도 흔들리느냐?

제시카 저희 부부가 시어머니 장례식을 치르기 위해 미국에 있던 기간에 케냐 부목사님이 전기세를 전혀 납부하지 않았나 봐요. 실은 저희가 미국에서 목회할 때, 정년퇴직 후 목양관에서 나오면 월세라도 한 칸 얻으려고 모아둔 비상금이 조금 있었어요. 어떤 일이 있어도 그 돈만은 까먹지 않으려고 했는데요, 코로나로 케냐의 모든 기부금이 떨어지니 어쩔 수 없이 그 돈을 케냐 교회로 송금했어요.

게다가 저희가 선교지에 부재중일 때도 미국에서 사비로 꼬박꼬박 케냐에 보냈거든요. 그런데 이제 보니, 새로 온 부목사가 그 돈으로 전기세, 물세는 안 내고 자기 월급만 꼬박꼬박 챙겨간 거였어요.

케냐 정부가 공항 봉쇄령을 철회한 후에 저희가 다시 돌아왔을 때, 그가 입을 다물고 있어서 설마 그런 짓을 했으리라고는 미처 상상도 못 했어요. 그런데 오늘 아침부터 교회와 목양관에 전기가 들어오지 않는 거예요. 하도 정전이 잦은 곳이니 이번에도 그런 줄 알았어요. 그런데 갑자기 밖이 사람들 소리로 소란스러운 거예요.

잠시 후 부목사님이 목양관 문을 두드려서 열어줬더니, 전기 관공서에서 전기를 끊으려고 직원들이 왔다고 하네요. 교회 직원들이 그들을 말리는 중이고, 담임목사가 나오길 기다리고 있다고 합니다. 아이고… 이 일을 어떻게 하지요? 전기가 끊어져서 랩톱 컴퓨터를 충전하지 못하면 더 이상 집필도 못 하고, 성경 공부 영상을 올릴 수도 없어요. 제가 나가서 저들을 말려야 하는데, 속도 상하고 무서워서 나가기가 싫어요. 어떻게 하지요?

예수님　이만한 일로 소란을 떨면 앞으로 어떻게 하겠느냐. 장차 더 큰 일도 닥칠 텐데… 그때가 되면 어쩌려고 이토록 당황하고 안절부절못하는 거냐. 네 믿음이 어디로 갔느냐?

제시카　저는 믿음이 없어요. 제 믿음은 겨자씨만도 안 되는 걸 너무 잘 알고 있어요. 죄송해요. 어떻게 하지요, 주님?

예수님　며칠 전, 네 미국 친구가 보내준 수표를 가져가서 관공서 직원들에게 보여주거라. 그것을 은행에 입금한 후에 전기세를 오후에 조금이라도 납부하겠다고 말하거라.

제시카　그 수표는 이달에 주지 못한 부목사님과 직원 20명의 월급으로 비축해 둔 건데요. 또 혹시 아이들 식량이 떨어지면 쓰려고 가지고 있던 거고요. 사실 저희 월급도 몇 달째 밀려 있어요….

예수님　그대는 월급 받으려고 아프리카로 왔느냐?

제시카　그건 절대 아닙니다. 그럴 생각이었다면 부유한 미국 총회에 소속되어 있지, 가난한 아프리카 총회에 소속되길 선택했겠습니까?

예수님　그러면 어찌 아프리카를 선택했느냐?

제시카　주님께서 가라고 하시니 무조건 순종하고 왔지요. 그러면 저 스스로 선택한 게 아닌가요? 몇 년 전 일이라 잘 기억이 나질 않아요.

예수님 너는 순종을 잘했다. 순종과 불순종은 선택의 문제란다. 영의 세계에서는 한 번의 선택으로 모든 신분이 뚜렷하게 갈라진다. 순종과 불순종 사이에는 큰 구덩이가 끼어 있단다. 팥죽 한 그릇을 위해 장자의 명분을 판 망령된 선택을 한 에서를 보거라. 그가 눈물을 흘리며 구해도 버린 바 되었느니라. 회개할 기회를 얻지 못했다고 그 선택을 돌이킬 수 있었느냐?

제시카 돌이킬 수 없었습니다.

예수님 스스로 한 모든 선택에는 대가가 따른다. 오늘 그대는 3년 전에 한 그 선택으로 말미암아 정당한 대가를 치르는 것이다. 상이 약속된 대가이니 담대하게 이 역경을 받거라.

제시카 짧은 한평생에 오늘처럼 전기세를 못 내서 단전시키러 온 자들과 대면하러 나가기는 처음입니다. 저 자신이 너무 초라해집니다. 목이 바싹 마르고 다리가 후들거립니다. 제게 담대함을 허락하소서. 다녀오겠습니다.

◆ 양떼의 발자취 - 간증

나는 수표를 가지고 목양관 문을 열고 밖으로 나갔다. 사무실 앞에는 단전하러 온 전기 관공서 직원 4명이 나를 기다리고 있었다. 나는 그들에게 상황을 설명했다.

토니 목사와 내가 케냐에서는 외국인 선교사 신분이기에 노동 허가증이 없어 취업할 수 없다는 점, 우리 장애 아이들도 정상인처럼 밖에 나가 돈을 벌 상태가 못 된다는 점, 설상가상으로 코로나가 창궐해서 현재는 기부금이 모두 끊어진 상태라는 점을 말했다. 그런 후에 그들에게 친구에게 받은 수표를 보여주며, 오후에 은행에 입금해서 전기세를 조금이라도 꼭 납부하겠다고 약속했다.

관공서 직원들 앞에서 말하려니 무척 떨렸지만, 주님께서 일러주신 대로 순종했다. 그들은 내 사정을 이해한 듯 보였다. 그러고는 오후까지 전기세를 조금이라도 납부하면 다음 주에 전기를 이어주러 오겠다며, 빠른 시일에 전기세를 완납하라고 신신당부하며 돌아갔다.

선생님들과 아이들은 겁을 먹은 듯 교실 안에서 유리창 너머로 머리를 내밀고 나만 쳐다보고 있었다. 나는 긴장한 나머지 목이 바짝 타들어 가는 것을 느꼈다. 그러나 내가 무너지면 교회와 선생님들, 그들의 가족과 우리 아이들까지 모두 무너진다는 생각에, 주눅 든 내 모습을 아무에게도 보여주고 싶지 않았다. 그래서 일부러 미소를 지으며 그들에게 손을 크게 흔들어주었다.

그러고는 반듯하게 걸어 눈에 제일 먼저 보이는 가까운 텃밭 쪽으로 갔다. 뒤통수가 따가웠다. 키 크고 무성한 옥수수 사이에 내 모습이 충분히 감춰졌다는 생각이 들었을 때, 나는 안도의 숨을 몰아쉬며 흙밭에 털썩 주저앉았다.

내가 보낸 개인 비상금으로 공과금을 내지 않고 자기 월급만 챙겨간 부목사님이 얄미웠다. 그러나 그에게도 먹여 살릴 처자식이 있으니 나무랄 수가 없었다. 자꾸만 스스로가 초라하고 서글퍼져서 뜨거운 눈물이 흘렀다. 행여 누가 들을까 봐 크게 소리 내어 울 수조차 없었다. 한참을 울고 나니 정신이 좀 들었다.

조금 있으니, 수도국 직원들이 미납 문제로 단수하러 나왔다. 그들에게도 전기국 직원들에게 변명한 것처럼 했더니, 당일에 돈을 조금이라도 납부하면 다음 주에 다시 수도관을 열어주겠다며 끝내 단수를 시키고 가버렸다.

내 인생에 비가 내린 날이었다. 가랑비 수준이 아닌 여름 장마 수준의 홍수가 나를 휩쓸어 간 날! 그래도 예전에 토니가 패혈증으로 쓰러져서 사경을 헤맨 날보다는 나았다. (《봉한 샘》 87. 악몽의 하루 참조)

◆ 생수 우물가의 대화

제시카   주님, 관공서 직원들이 모두 돌아갔습니다. 그런데 왜 자꾸 눈물이 나지요. 미국에서 술, 마약 중독자와 노숙자 사역 했을 때를 기억하세요? 재활원교회 기숙사로 FBI 특공대들이 체포 영장과 권총을 들고 수시로 들이닥칠 때도 이렇게 떨거나 울지는 않았는데요, 제가 나이 들어 마음이 약해졌나 봐요.

그나저나 저는 평생의 목회 생활이 어찌 매일 양들 먹여 살리는 밥값이나 생활비 등으로 전전긍긍해야만 하나요? 정말 기가 찹니다. 시어머님 장례식을 마치고 아프리카에 돌아오니, 전기세와 물세가 몇천 달러나 밀려 있네요. 케냐는 전기나 수도가 문화용품이어서 사용료가 아주 비싸요. 우리가 돌아왔다는 소문을 듣고 읍내의 전기국과 수도국에서 직원들을 보내 전기와 수돗물을 다 끊어놓고 갔습니다. 그래서 주님께서 말씀하신 기부금 수표를 은행에서 환전하고는 전기국과 수도국에 가서 미납된 금액 일부를 오후에 냈어요. 사정사정해서 이달 말까지 꼭 완납하겠다고 약속하고 돌아왔습니다.

제가 돈을 조금이라도 내니까 다음 주에 다시 직원을 보내어 서비스를 열어주겠다고 했습니다. 읍내의 전기국과 수도국 직원들이 마치 우리가 돌아오기만을 기다린 것 같았습니다. 사정을 모르는 케냐 총회에서는 저희가 미국에서 뭐라도 가져온 줄 알고 총회비를 상납하라고 닦달하네요. 미국에서 저희를 정기적으로 도와주는 이도 없는데 말이지요. 토니 목사는 케냐로 돌아와서 만나는 사람마다 그에게 돈 달라고 졸라대니 혈압약을 복용해도 혈압이 내려가지를 않습니다.

주님, 날마다 전쟁을 치르는 것 같습니다. '코로나가 지나가면 나아지겠지' 하는 희망으로 매주 금식하며 쓰러지지 않으려고 버티고 있습니다. 이제는 왜 한국과 각국 선교사들이 코로나 경고가 내려지자마자 보따리를 싸서 떠났는지 이해가 됩니다.

그래도 우리 교단 원주민 목사님들은 작년 이맘때부터 월급이 조금씩 인상되었다고 합니다. 저희는 인상된 월급은 고사하고 지난 몇 달치 사례비도 못 가지고 왔습니다. 그런데 굶어 죽지 않고 살아 있네요.

전기가 없으니 인터넷도 종일 먹통입니다. 그래도 어찌 되었든 살아 있음을 주님께 감사드립니다. 할렐루야….

(주님께서는 나의 긴 하소연 끝에 힘없이 외치는 "할렐루야" 소리에 아무 말씀도 하지 않으시고 내 중심을 찬찬히 훑어보기만 하셨다. 다른 사람들의 생활고를 책임지는 사역에 몰두하느라 나도 모르게 목회 평생 일 중독자가 되어버렸다. 그로 인해 주님과의 첫사랑을 다 떨궈버린 망령된 짓을 한 나인데 무슨 변명이 아직도 남았는지… 입 다물자!)

아차, 예수님. 변명거리가 쏟아져 나오는 걸 보니, 제 자아가 아직도 살아 있습니다. 참으로 죄송합니다.

예수님 **사람이 무슨 선한 일을 하든, 자신의 이름과 영광을 위해 고군분투했다면 나와 무슨 상관이 있겠느냐. 저희는 자기 상을 이미 받았느니라.**

제시카 저는 아무 상도 받지 못했습니다. 아무도 알아주는 이가 없어서 제 이름이 알려진 적이 없어요. 칭찬을 해준 이도 없어서 영광을 받은 적도 없습니다.

중독자들이 6개월에서 1년의 재활 프로그램을 마치고 졸업하면 대부분 자립해서 나갔어요. 주인님, 저는 그저 그들의 어두운 과거에 남아 있는, 기억하고 싶지 않은 한 회색 점 같은 목사일 뿐입니다. 그들이 사회에서 안정된 자리를 잡고 나면 우연히 만나도 저를 모르는 척합니다. 저도 그렇게 해주고요. 그들은 주변 사람들에게 어두운 과거가 발각될까 봐 두려워하거든요.

예수님 (주님은 싱긋이 웃으셨다) **잘 알고 있단다, 나의 아가야.**

제시카 옴마야… 주님께서 정말 오랜만에 저를 '아가'라고 불러주시네요. 맞습니다. 저는 영원히 주님의 아가이고 싶어요.

예수님 **장성한 신부가 되어야지, 늘 아기로 머물러 있으면 되겠느냐!**

제시카 그렇긴 하지요. 제가 칭얼거리는 꼴이 딱 빈 젖병 안고 칭얼거리는 어린 아기 같긴 합니다.

예수님 **너는 수십 년 동안 양들에게 의식주를 제공했던 일로 상을 잃어버리지는 않았느니라. 그러나 더욱 큰 상을 잊지 말거라.**

제시카 더 큰 상이 무엇입니까? 당신과의 귀한 첫사랑을 잃어버렸던 저 같은 미련퉁이에게 무슨 상이 남아 있습니까?

예수님 **너는 수십 년 동안 그들 앞에서 나를 네 삶으로 증거하지 않았느냐. 중독자들은 사회에서 소외된 자들이다. 가족이나 친지, 친구로부터도 버림을 받고 쫓겨났지. 어느 누가 중독자들을 환영하겠느냐. 그런데 너와 토니는 그들의 영적 부모가 되어 한 지붕 아래서 주야로 보살피지 않았느**

냐. 그들은 술과 마약과 노름으로 지옥행 입장표를 단단히 손에 쥐고 있던 자들이다. 그런데 너희가 유황불로 가던 그들의 걸음을 멈추게 하지 않았느냐. 그들을 나의 말씀으로 거듭나게 하지 않았느냐.

너희는 가장을 잃어버렸던 집에 가장을, 부모가 없던 가정에 부모를, 자식을 잃어버렸던 가족에게 자식을 돌려주었다. 지금도 매일 그러고 있다.

나에게는 먹이고 재우는 일보다 사람의 영혼에 관련된 일이 더욱 중요하단다. 또한 사람들이 너를 알아주는 건 하나도 중요하지 않다. 네 주인인 내가 알고 있느니라. 너는 나 외에 누가 너를 알아주길 바라느냐? 말해 보거라.

제시카 곰곰이 생각해 보니, 당신 외에는 아무도 없나이다.

예수님 (주님은 다시 싱긋 웃으셨다) 그러면 되었다, 나의 신부여.

제시카 주님, 그냥 저를 당신의 '신부'로 불러주세요. 저는 그 호칭이 좋아요. 당신께서 저를 신부라고 불러주실 때 최고로 행복합니다.

예수님 나의 사랑, 나의 어여쁜 자여. 그대는 산들바람에 흔들리는 나뭇가지의 처음 익은 작고 노란 망고 같은 아가다. 적막 속에서 궁장(弓匠)이 되어 사람의 심장에 내 말씀의 화살을 명중시키는 법을 아는 명궁이다. 또한 광풍 속에서 나의 깃발을 들고 거친 들을 올라오는 전투사 같은 나의 신부다.

제시카   (오늘은 주님께서 나를 여러 다른 이름으로 불러주신다. 비록 큰 충격을 받고 텃밭에 앉아 서글픈 눈물을 흘렸지만, 예수님이 위로와 칭찬을 해주시니 너무나 행복하다. 매일 이런 날만 오면 좋겠다. 헤헤헤) 주님, 사랑해요… 아멘!

14 여호와의 저울은 찰나의 선택을 달아본다

🌹 생수 우물가의 대화

제시카   온 우주에서 최고로 존귀하신 나의 주님, 어디 계세요?

예수님   사랑하는 나의 딸아, 나는 네 심장 안에서 너와 영원히 동행한단다. 내가 없는 너는 존재하지 않는단다. 육체의 근원은 피에 있고, 생명의 근원은 마음에 있고, 영의 근원은 생기에 있다.

그러므로 나는 네 피와 마음과 생기의 근원이요, 우주 만물의 원천이니라. 모든 것이 나로 말미암았고, 그러지 않고는 존재하는 것이 없느니라. 그대의 태초가 있기 전에 내가 있었고, 그대의 태초가 설령 끝나더라도 나는 불멸의 생명으로 존재한단다.

제시카　주님, 어찌 제게 모습을 감추십니까?

예수님　풀무 불에 단련된 빛난 주석 같은 형상을 가진 이가 나다. 머리와 털은 흰 양털 같으며, 내 입에서는 좌우에 날 선 검이 나온다. 나의 얼굴은 해가 힘 있게 비치는 것 같으며 불꽃의 눈을 가진 이가 나다. 내 눈을 직접 마주하면 그대가 어찌 살겠는가!

그대의 육신은 빛의 근원을 만날 때 사라져 버릴 수밖에 없다. 어둠은 빛에 노출되는 순간, 사라져 버리느니라. 그러니 그대의 가죽이 썩은 이후에 육체 밖으로 나와서 나를 볼 수 있느니라.

제시카　당신을 볼 수도 없는 이 죄인더러 어찌 당신을 사랑하라고 하십니까?

예수님　그대가 육신의 가죽을 떠날 때, 오직 그대의 사랑만을 가지고 내게 올 수 있기 때문이다. 그 사랑이 없이는 지성소의 장막 안으로 들어올 수 없느니라.

제시카　나의 사랑하는 이가 장막 안에 계시는데 제가 어찌 그 안으로 들어가지 않을 수 있겠습니까. 반드시 들어가기를 원하나이다.

예수님　그 안은 나의 허락을 받은 영만이 들어올 수 있느니라. 문들을 통해 성에 들어갈 권세를 얻은 나의 신부들만이 입장할 수 있다.

제시카 주님, 부디 이 여종이 그 안에 입장할 수 있도록 허락하여 주소서. 당신의 생명이 제 생명이나이다. 당신 안에서 발견되어야만 제가 살 수 있습니다.

예수님 내가 이미 그리했고, 또한 그리할 것이다. 너는 내 숨 안에서 나왔으니 영원토록 내 안에 거할 것이다. 내가 없는 그대는 존재하지 않는다. 다시 한번 말하건대, 나는 네 생명의 원천이니라.

제시카 창조의 바깥에 계시는 이가 이 부족하고 가치 없는 흙덩어리의 원천이라고 밝히시니 몸 둘 바를 모르겠습니다. 어찌 저를 이리도 사랑하십니까. 위대한 왕이신 당신 같은 분의 사랑을 받기에 제가 합당하지 못한 것을 잘 압니다.

예수님 너는 나다. 처음부터 나에게 속했고, 나에게서 나왔으며, 결국은 나에게로 돌아올 존재다. 나는 하늘에서 난 자요, 신령한 사람인 마지막 아담이다. 내 살 중의 살이요, 내 뼈 중의 뼈가 바로 나의 신부들이니라.

존재의 근원이 이 세상에 있는, 창조에 속한 그대의 흙 된 육신은 이 세상에 남는다. 그러나 존재의 근원이 다른 세상에서 온, 나의 숨결인 그대의 영은 내게 돌아올 것이니라. 사람의 혼은 하늘로 올라가고, 짐승의 혼은 땅으로 내려가는 것을 그 누가 보아서 알겠느냐! 그대는 그저 내 말을 믿어라.

제시카 제가 믿나이다. 당신의 거룩한 입에서 나온 그 어떤 말씀도 모두 믿습니다. 당신은 제가 알고 있는 모든 존재 중에서 가장 신실하고 정직하신 분이기 때문입니다. 이렇게 천한 계집종이 어떻게 위대하고 거룩하신 당신에게서 나왔다고 하시는지 제 머리로는 도저히 이해되지 않습니다. 그러나 저는 당신의 말씀을 믿나이다.

예수님 **그대는 위대할 필요가 없다. 그저 위대한 나를 믿으면 된다. 그리하면 나의 위대함이 그대를 나 있는 곳으로 반드시 인도할 것이다. 나의 사랑, 나의 어여쁜 자여.**

제시카 저는 이제 나이 들고 늙어서 온몸에 거북이같이 주름이 생기고 근육이 탄력을 간직하고 있지 못합니다. 다 늙고 쇠한 할머니를 어찌 항상 어여쁘다고 하십니까?

예수님 **그대는 그대의 눈으로 그대의 육신을 보나, 나는 그렇지 않다.**

제시카 당신은 무엇을 보시나이까?

예수님 **나는 그대의 심장 안에서 그대의 영을 본다. 정금 같은 황금빛에 감싸 안긴 영을 바라본다. 타오르는 불씨같이 아름다운 그대의 영이 결국은 나와 함께 그 가죽옷을 뚫고 나올 것이니라.**

사망이 생명에 삼킨 바 되고 죽을 것이 생명을 덧입게 될 때, 내가 친히 그대를 인도하여 다시 내 안으로 데리고 올 것이니라. 영롱하게 타오르는 불꽃 같은 색을 가진 자야. 타오르는 그대의 영이 내게 얼마나 귀하고, 얼마나 아름

답고, 얼마나 사랑스러운지 모른다.

제시카 주인님, 제 영이 저를 닮았습니까?

예수님 아니다. 그대의 영은 그대의 빚어진 성품을 닮았다. 나의 눈은 사람의 성품을 본다. 그대의 영은 그 어떤 작은 면모도 아름답거나 귀하지 않은 구석이 없다. 내가 친히 인도하며 빚었기 때문이다. 그러나 모두에게는 아니니라.

제시카 제 태생은 참으로 미천하나이다. 달동네에서 태어났고, 장삼이사(張三李四)의 자녀로 자랐습니다. 당신과 사람들 앞에 천하디천한 태생입니다.

예수님 그렇지 않다. 그대의 아비는 그대를 이 땅에 심기 위해, 그대의 어미 역시 내 신부를 잉태하기 위해 이 땅에 태어났다. 그대는 깨끗한 태의 첫 열매다. 사람은 시작을 보고 끝을 유추하지만, 나는 결과를 보고 시작을 유추한다.

그대는 그대의 부모에게 귀한 자이니 천하다는 언어는 삼가거라. 태의 첫 열매가 아니냐. 모든 태의 첫 열매는 내 것이니라. 내가 구분하고 선택한 자가 바로 너다.

그대의 형질이 생기기도 전에 나는 그대의 이름을 불렀다. 그대의 숨결이 한 번 쉬어지기도 전에 나는 그대의 생명을 보았다. 그대가 복중에 있을 때, 그대의 성품을 알았다. 내가 수십 년 공들여 그 성품을 빚었고 아름답게 했단다.

제시카 주님, 제 성품은 극한 이기주의에 개인주의까지 보태져서 세상의 모든 것이 제 중심으로만 돌아가는 줄 압니다.

예수님 아니다, 그렇지 않다. 예전에 그대에게 있었던 교통사고를 기억하느냐?

제시카 네, 주님. 당시 케냐 재활원교회에서 처음 시무했던 부목사님이 차를 운전했고, 저는 옆에 앉아 있었습니다. 부목사님은 운전이 매우 서툴렀고 우리는 내리막길을 가고 있었는데, 그녀가 브레이크 대신 가속 페달을 밟아 차가 몹시 빠른 속도로 미끄러졌지요. 언덕 내리막길에는 원주민 목사님들이 대화를 나누며 서 있었고, 차는 그들에게 곧장 돌진했습니다.

예수님 그때 그대가 어떻게 했느냐?

제시카 오직 그들을 살려야겠다는 생각밖에 들지 않았습니다. 팔이 짧은 저는 조수석 안전 벨트를 풀어야만 운전석 핸들에 손이 닿을 수 있었지요. 그래서 순식간에 벨트를 풀고 핸들을 길가 숲 쪽으로 꺾으려고 했어요.

그 순간에 결국 차는 거목을 세게 받아 거의 두 동강이 났고, 저는 차 밖으로 몸이 튕겨 나가 정신을 잃었지요. 이후 아무 기억이 없습니다. 다행히 부목사님은 안전 벨트를 했기에 다치지 않았습니다. 《동산의 샘》 27. 악몽의 하루 참조)

예수님 그 찰나에 그대의 생명과 타인의 생명 사이에서 그대는 누구를 선택했는가?

제시카 그들의 생명을 살려야겠다는 마음만 기억날 뿐입니다.

예수님 그것이 그대의 선택이다. 나의 모든 신부는 마지막 순간에 그런 선택을 하는 성품을 가지고 있다. 타인의 생명 앞에서 자신의 생명은 생각조차 나지 않는 그것을 나는 귀하게 본다.

바로 그 몇 초가 여호와의 저울에 달아지는 순간이니라. 수십 년을 훈련해도 그 찰나의 시험에서 저울에 미달하는 자가 부지기수다. 그들은 자신의 생명과 타인의 생명 사이에서 결국 자신을 택함으로 내 아버지의 저울에서 미끄러져 탈락해 버린다.

제시카 주님, 저는 평상시에는 그런 희생의 성품을 갖고 있지 못합니다. 제멋대로이고 모든 걸 제 위주로만 판단합니다.

예수님 모든 사람이 그렇다. 물이 얼마나 깊은지는 돌을 던져봐야 알고, 금속의 순도를 알고자 하면 풀무 불에 녹여봐야 한다. 그래서 시험이 있는 게 아니냐. 평상시 그대는 가죽옷 안에 감추어져 있으니 참된 그대가 아니다. 사람이 가죽옷 안에 들어 있을 때는 짐승이나 다름없다.

등불을 손에 들고 있는 모든 처녀가 다 졸며 잔다고 내가 이르지 않았느냐. 그러나 나의 정결한 신부들은 자더라도 기름을 준비해 두고 잔다. 바로 이것이 찰나에 선택해야 하는 생명의 귀중함을 챙길 줄 아는 자의 모습이다. 혼인 잔칫집 문안에 들어올 수 있는 기름을 준비한 내 신부들의 감추어진 마음이다. 이들은 나를 자신의 생명보다 사랑한다. 그러나 모두는 아니니라.

제시카　주님, 그때 제가 당신의 저울에 달아진 줄 몰랐습니다.

예수님　**모두가 알았으면 모두가 졸았겠느냐! 신랑이 언제 올지 알았다면 모두 깨어 있었을 것이다. 그러나 여호와의 저울에 달아지는 순간은 모두의 인생에 도적같이 찾아오느니라.**

제시카　참으로 두렵습니다, 주님. 이제 다시는 그런 저울에 저를 달지 마소서. 제 생명이 위태로웠습니다. 제가 얼마나 심하게 다쳤는지, 서너 달은 거동도 잘하지 못했습니다.

예수님　**그대는 생명을 다는 시험에 합격했으니 같은 목적으로는 저울에 달리지 않을 것이다. 그러나 다른 목적으로는 여호와의 저울에 다시 달리는 순간이 올 것이다. 그때 지혜롭게 잘 판단하고 선택하여 저울 눈금에 미달하지 말거라. 하와조차 나무 밑에서 그 저울에 미달했느니라.**

제시카　아아… 주님, 제게 때를 구분하는 지혜를 허락하소서. 그 천칭 위에 올라가 있을 때, 저는 없어지고 오직 당신께서 원하시는 선택만을 할 수 있도록, 세상을 이기는 힘을 실어주소서. 혼자서는 자신이 없습니다.

예수님　**그 저울은 오직 그대의 선택으로만 분동이 움직이느니라. 그렇지 않으면 그대의 의가 어디 있겠는가!**

제시카　아이고… 주님! 제 속에 의라고는 존재하지 않습니다. 저는 정말 자신이 없습니다. 제 사악함과 어리석음을 스스로 잘 알기에 마음이 우울해집니다.

예수님　(주님은 싱긋 웃으셨다) 우울해 말거라. 그대는 그 순간이 오면 내가 원하는 선택만을 할 것이다. 내 마음을 상쾌하고 흡족하게 할 것이다. 내 원수의 영의 심장에 보응의 비수를 꽂을 것이다. 나는 각 사람에게 그 행한 대로 보응하는 자다.

참고 선을 행하여 영광과 존귀와 썩지 아니함을 구하는 자에게는 영생으로 보응하고, 당과 무리를 지으며 진리가 아닌 불의를 따르는 자에게는 진노와 분노로 보응하리라. 악을 행하는 사람의 영에는 환난과 곤고가 있을 것이고, 선을 행하는 사람에게는 영광과 존귀와 평강이 있으리라.

내 앞에서는 율법을 듣는 자가 의인이 아니다. 오직 율법을 행하는 자라야 의롭다 함을 얻을 것이니라. 나를 믿음으로 의의 행함에 거하는 신부는 나의 엔게디 포도원의 극상품 포도주다. 나는 일을 시작하기 전에 이미 시종을 다 알고 보느니라. 나를 믿으면 된다.

제시카　저는 당신만을 믿고 의지할 뿐입니다. 모든 인생의 호흡이 일반이니 제가 누구를 의지할 수 있겠습니까. 오직 당신 외에는 아무도 의지할 가치가 없습니다. 거룩하신 이여, 그날 그 순간에 이 계집종을 기억하소서.

예수님　내가 그리할 것이니라. 초승달 아래 희귀하게 가지에 남아서 대롱거리는 작은 감람 열매같이 귀한 내 신부야. 내 원수와 내 백성들 앞에서 씩씩하고 강건하게 고개를 들고 나를 주시하며 잘 서 있거라. 알겠느냐?

제시카 네, 그리할 것입니다.

예수님 이제 일어나서 우리의 아름다운 날을 함께 시작하자. 나의 귀여운 신부야, 내가 취하는 모든 승리는 우리의 승리이니라. 네 분깃은 나다.

제시카 아멘, 아멘!

15 붉은 보혈의 폭포가 흐르는 계곡

🌹 영의 세계

드높은 산꼭대기에 짙푸른 초록 수풀이 우거져 있었다. 숲 사이 계곡이 얼마나 가파른지 누군가 넘어지면 굴러떨어질 정도의 경사를 이루고 있었다. 가파른 계곡 사이로 힘찬 물살이 아래쪽으로 흘러 내렸다. 기이하게도, 물이 흘러내리는 가파른 계곡 왼쪽에 거대한 유럽풍 별장 같은 집이 있었다. 인기척이라고는 없는 한적한 곳에 그런 집이 자리 잡고 있는 것이 불가사의했다.

마치 예쁜 그림엽서같이 견고하게 자리 잡은 붉고 뾰족한 지붕의 2층 별장은 우거진 숲의 짙은 초록빛과 보색의 조화를 이루었다. 나는 계곡 아래쪽에서 위쪽에 자리 잡은 별장을 바라보며 문득 잊었던 기억이 떠올랐다.

'맞아… 쏟아지는 폭포수나 물이 흐르는 계곡 옆에 살고 싶다는 생각을 한 적이 있었지. 저 예쁜 성 같은 집이 내 집이면 참 좋겠다.'

이런 생각이 불현듯 들면서 나도 모르게 '피식' 웃음이 나왔다. 내가 무슨 여유가 있다고 부러워서 침까지 흘리나 싶었다. 그러면서도 주인은 못 되어도, 저 근사한 별장 내부를 구경이라도 하고 싶다는 생각이 들었다.

그런 생각을 함과 동시에 내 영이 순간 이동을 하여 그 별장의 빠끔히 열린 현관문 안쪽에 서 있는 게 아닌가!

'옴마야… 주인이 나를 보면 도둑이 들어온 줄 알겠다.'

살짝 겁이 나서 급히 두리번거렸다. 웅장한 여닫이 대문이 좌우 대칭을 이루었다. 실내는 크고 넓었으며 많은 사람이 바쁘게 오가고 있었다. 그들은 성대한 파티를 준비하는 것 같았다. 모두 흰 통옷을 입었는데, 직감적으로 천사라는 것을 알았다.

나는 현관문 안쪽에 서서 그들을 멀뚱멀뚱 바라보며 이 장면을 이해하려고 노력했다. 그런데 아무도 침입자 같은 내 존재를 보지도 않을뿐더러 아는 척도 하지 않았다. 내게 누구냐고 물어보는 천사도 없었다. 그러던 중 천사들 뒤편에서 누군가가 내 이름을 불렀다.

"자예야!"

익숙한 음성이 나는 쪽으로 고개를 돌렸다. 놀랍게도 엄마가 서 있었다. 나는 깜짝 놀라서 소리 높여 물었다.

"엄마가 여기 웬일이세요?"

엄마는 나를 보고 전혀 놀라지 않은 표정으로 담담하게 미소를 띠며 대답했다.

"응, 여기는 내 집이야. 여기 있는 모든 가구와 진품 보석들은 내 소유란다. 이걸 봐라. 너무 예쁘지 않니?"

또 한 번 놀라지 않을 수 없었다. 엄마의 팔에는 진주, 다이아몬드, 루비, 사파이어 등 진품 보석으로 된 목걸이와 팔찌가 수십 개나 영롱하게 빛을 발하며 주렁주렁 매달려 있었다. 이 땅에서도 엄마는 보석 세트나 비싼 귀중품을 아주 좋아해서 많이 소장했는데, 지금 눈앞에 보이는 크고 진귀한 보석만큼은 아니었다. 나는 입이 쩍 벌어져서 다시 물었다.

"오늘 무슨 날이에요? 그 아름다운 패물을 몸에 착용하려고 고르는 중이에요?"

엄마가 대답했다.

"응, 참으로 귀한 손님이 오시기로 했어. 그래서 모두 그분을 맞을 준비를 하는 중이란다."

"그분이 누구신데요?"

"우리에게 귀한 분이 주님 외에 누가 있겠니! 그분은 1년에 한 번씩 연중행사로 이곳에 들르신단다. 우리 마을의 모든 이가 이날을 기대하며 기다리지."

"예수님이 이 계곡 마을로 오신다고요? 언제 오시는데요? 저도 좀 만나면 안 될까요?"

"있다가 저녁 무렵에 오시기로 했어."

나는 갑자기 내 모습이 더럽고 추한 것이 느껴졌다.

'안돼! 이런 몰골을 예수님에게 보이고 싶지 않아. 빨리 내 더러움을 씻고 주님을 만날 수 있게 단장을 해야겠다.'

"엄마, 이 집에 샤워장이 어디 있어요? 저는 좀 씻어야겠어요."

"너는 아직 그분을 만날 준비가 안 됐어. 그분이 도착하실 시간까지 네가 여기 계속 머무를 수 있을지조차 모르겠다. 그건 내 재량이 아니거든…. 상관 천사님에게 물어봐야 해. 내가 가서 물어볼게."

"빨리 샤워장이 어디 있는지 알려줘요. 어찌 됐든 저도 준비가 필요해요. 이런 꼴을 주님께 보이고 싶지 않아요."

엄마는 돌아서서 손으로 2층 쪽을 가리키고는 서둘러 상관 천사를 찾아 종종걸음으로 사라졌다. 나는 분주하게 일하는 천사들 사이를 헤집으며 잽싸게 뛰어서 2층으로 올라갔다.

샤워장을 찾은 나는 서둘러 옷을 벗고 욕조로 들어가서 머리를 감았다. 샴푸에서는 상큼한 레몬과 달콤한 오렌지 냄새가 났다. 그런데 흰 거품이 얼마나 빠르게 많이 나는지 내 몸 전체가 거품으로 뒤덮였다.

영의 세계에서는 모든 감각이 역동하며 살아 있다. 어떤 감각이든 이 땅에서 느끼는 감각과는 비교되지 않을 만큼 강렬하다. 그러니 냄새를 맡을 때 후각이 아주 예민하게 반응한다. 사람의 모든 7감이

마찬가지다. 《잠근 동산》 155. 육의 세계는 5감이고, 영의 세계는 7감이다 참조)

나는 몸을 깨끗하게 씻은 후에 서둘러 샤워장을 나와 아래층으로 내려갔다.

'오매…! 오늘 드디어 우리 예수님을 사람들과 함께 실제로 만나는구나.'

가슴이 두근거리고 흥분되어서 어린아이처럼 팔짝팔짝 뛰고 싶었다. 실내가 하도 북적거려서 정리 정돈과 청소하는 천사들을 방해하지 않으려고 아까 내가 서 있던 여닫이 현관 대문 안쪽으로 조용히 돌아갔다.

조금 있으니 엄마가 다른 천사들보다 조금 더 키가 크고 몸집이 건장해 보이는 상관 천사를 내 앞에 데려왔다. 천사는 깨끗하고 말쑥한 흰 양복을 입은 백인 남성의 형상이었다. 그가 내게 말했다.

"신부님, 오늘 이곳을 방문하시는 주님을 만나길 원하신다고 들었습니다."

"네, 저도 저녁 만찬에 함께하면 안 될까요? 예수님을 너무너무 만나고 싶어요."

"죄송하지만, 안 됩니다. 영의 세계의 모든 행사는 철저하고 완벽하게 준비되어 있습니다. 초대장을 받지 않은 이는 사람이든 천사든 입장할 수 없어요. 언젠가 신부님의 장소에서 그날이 올 것이니 그때를 기다리십시오."

하나님께서는 영의 세계를 완전한 질서로 다스리신다. 영의 세계에는 법칙이 있다. 나보다 높은 영의 계급을 가진 이에게는 그가 사람이든 천사든 반드시 순종해야만 한다. 그렇지 않으면 불법의 아들이 되어버린다. 단호하게 거절하는 상관 천사의 음성에는 거절할 수 없는 엄숙한 권위가 덧입혀져 있었다. 나는 두 번 간청할 수가 없었다. 엄마는 나를 측은한 듯이 바라보며 아무 말도 하지 않았다.

나는 고개를 떨어뜨리며 낮은 어투로 말했다.

"네, 잘 알았습니다."

"신부님은 지금 여기를 떠나야만 합니다. 제가 바깥으로 배웅해 드리겠습니다."

내가 알아들었다는 의미로 고개를 끄덕임과 동시에 우리는 별장 바깥으로 순간 이동을 했다. 나와 상관 천사는 내가 처음 서 있던 별장 아래쪽에 서 있었다. 그런데 기이한 일이 일어났다. 좀 전에 계곡에 서 있을 때는 인적이라고는 없었는데, 어느새 멋지게 차려입은 많은 사람이 계곡 물가 군데군데 삼삼오오 모여 더러는 앉거나 서서 웃으며 담소를 나누고 있었다. 그들은 온몸을 아주 정결하게 목욕한 자들이며 1년에 한 번 예수님이 오시는 날을 간절하게 기다리며 준비한 자들임이 알아졌다.

바로 그때, 내 영의 눈이 열렸다. 눈앞에 엄청난 장면이 나타났다.

'어떻게 아까는 보지 못했다는 말인가?'

영의 세계에서는 오직 주님께서 허락하시는 시간에, 주님께서 보여주시는 만큼만 볼 수 있다. 놀랍게도 높은 계곡에서 큰 폭포 소리를 내며 쏟아지는 물은 그냥 물이 아니었다. 그것은 주님의 붉은 피였다. 붉은 피가 많은 물소리를 내며 쉴 새 없이 끊이지 않고 강처럼 흘러 내려가고 있었다.

'여기가 도대체 어디란 말인가?'

그때 내 곁에 서 있던 상관 천사가 얼굴을 내 쪽으로 돌렸다. 그리고 나를 향해 정중하게 고개 숙이며 작별 인사를 했다. 나는 아직 여기를 떠날 준비가 되지 않았는데 말이다. 아쉬운 마음에 울고 싶었다. 내가 아랫입술을 삐쭉 내밀며 울상을 지음과 동시에 내 귀에 '쉬익' 하는 바람 소리가 났다. 그리고 영의 세계에서 깨어났다.

◆ 양떼의 발자취 - 간증

이스라엘의 성막은 모세가 하늘에서 보고 온 모형의 양식대로 만든 것이다. 성막 안이 여러 공간으로 분리되어 있는 것처럼 천국 역시 여러 분리된 지역으로 이루어져 있다. 모세의 성막은 장차 올 하늘나라의 모형이다. 천국은 모든 사람이 공평하게 뭉뚱그려져서 사는 두루뭉술한 장소가 아니다.

각자가 이 땅에서 살아낸 공적대로 상과 벌 그리고 거처를 지정받는다. 즉, 사람이 이 땅에 무엇을 심든지 그대로 거둔다는 게 천국 법칙이다. 천국에는 예수님을 자주 뵐 수 있는 장소가 있는가 하면, 주님을 때때로 뵐 수 있는 장소도 있다. 또한 이 땅에서의 믿음과 행위에 따라 천국의 거처가 지어지기도 하며 바뀌기도 한다.

세례 요한의 때부터 지금까지 천국은 침노 당하는 곳이다. 즉, 침노하는 자가 빼앗는 곳이다. 우리는 이 땅의 삶의 행위를 통해 침노

할 수 있다. 천국은 많은 크리스천이 상상하는, 매일 먹고 마시고 파티를 열며 쾌락만을 즐기는 안일한 장소가 아니다. 이 지구보다 더욱 실제로 존재하는 왕국이다.

16 오른쪽 엄지 손과 발의 금 면류관

🌹 영의 세계

나는 내 집의 넓은 방 안에 있었다. 아무도 내 집이라고 말해주지는 않았지만, 영의 세계에 들어가면 나는 때로 그 크고 아름다운 집에 있었다. 가구나 장식도 별로 없는 그 집에 들어가 있으면, 마음이 참 평안하고 포근해졌다. 나는 누울 수 있게 조절되는 안락의자 위에 비스듬히 누워서 눈을 감고 휴식을 취하는 중이었다.

그때 엄마가 문을 열고 들어오셨다. 소녀들의 웃고 떠드는 소리도 함께 들렸다. 기이한 것은 눈을 감고 있는데도 엄마가 6명의 소녀와 들어오는 것이 보였다. 소녀들이 재잘거리면서 내가 누워 있는 안락의자 주위로 오더니 나를 가운데 두고 빙 둘러섰다. 나는 갑자기 일어난 일에 당황하여 엄마에게 물었다.

"엄마, 얘들은 누구예요?"

엄마가 대답했다.

"응, 네가 요즘 아프리카에서 너무 피곤하고 지친 것 같아서 널 좀 쉬게 해주려고 천사님들을 동원했지. 움직이지 말고, 눈도 뜨지 말고, 가만히 있거라."

모두의 시선이 내게 꽂혀 있을 걸 생각하니 마음이 너무 불편했다. 상반신을 세워 벌떡 일어나려고 하는데 몸이 미동조차 하지 않았다. 눈을 뜨려 해도 두 눈꺼풀이 마치 접착제로 붙여놓은 양 떠지질 않았다. 그런데 이상하게도 몸과 달리 마음은 서서히 평안해졌다. 안락의자 주위의 소녀 천사 중 2명이 내 양손을 잡더니 매니큐어를 칠해 주었고, 다른 2명은 내 양발을 잡더니 페디큐어를 칠하기 시작했다. 또 나머지 둘은 내 몸의 양쪽 중간에 서더니 마치 조수처럼 1명은 매니큐어 칠하는 천사들의 시중을 들고, 나머지 1명은 페디큐어 칠하는 천사들의 시중을 들었다.

'아니… 이게 도대체 무슨 일이란 말인가? 나 같은 것이 뭐라고 이런 호사를 누리나! 그나저나 천국에서도 이런 미용 기술을 사용하다니….'

소녀 천사들이 내 손과 발을 잡고 작업하는 동안 잠이 쏟아지면서 마음이 평온해졌다. 그다음은 아무것도 기억나지 않는다. 얼마나 시간이 흘렀을까. 한참 동안 깊은 잠을 잔 것 같았다. 눈을 떠보니 주위에는 아무도 없었다.

'다들 어디로 갔지?'

나는 무의식중에 발을 내려다보았다. 발톱에는 아무 색이 없었으나 깨끗하고 단정하며 윤기가 났다. 내 눈이 오른발 엄지 위에 멈췄다. 마치 프렌치 네일 아트처럼 발톱 끝부분에 흰색이 발라져 있었고, 그 위에는 반짝이는 작은 금 면류관이 꼬마 구름처럼 귀엽게 동동 떠 있었다.

손톱 역시 색깔은 없지만 깨끗하고 단정하며 반질반질했다. 오른손 엄지 위에도 작은 금 면류관이 떠 있었다. 그 모양과 디자인이 너무 예뻤다. 웃음이 새어 나왔다.

'천국에도 이런 귀엽고 예쁜 호사가 있나?'

자리에서 일어나는데, 신기하게도 아까처럼 피곤하지 않았다.

문을 열고 밖으로 나가자, 케냐의 우리 교회 학교 정문 앞이었다. 거기서 어떤 여자가 이불을 털고 있었다. 이 땅에서의 우리 학교는 케냐에서 주소조차 없는 시골에 있는지라 정문을 나가면 외국인이라고는 찾아볼 수 없다. 모두 검고 짧은 곱슬머리의 원주민들뿐이다. 그런데 내 앞의 여자는 백인이며, 키가 크고 날씬한 체격에 검고 윤기 나는 긴 머리를 어깨 위에 찰랑찰랑 늘어뜨리고 있었다. 참 아름다운 여자였다.

내가 자신을 지켜보고 서 있는 것을 알았는지, 그녀는 내 쪽으로 고개를 돌리며 미소 지었다. 내가 물었다.

"실례지만 못 보던 얼굴인데 누구세요?"

그녀가 대답했다.

"신부님, 저는 이 교회 학교 건너편 2층집을 지키고 있는 천사입니다. 저는 지금 돌아가야만 합니다."

그러면서 황급히 총총걸음으로 떠나갔다. 나는 괜히 서운한 마음이 들었다.

'그런데 우리 학교 앞은 시골이라서 2층집이 없는데….'

내가 고개를 갸웃하며 눈을 드니 눈앞에 2층 양옥집이 나타났다. 그 집 발코니에는 집주인처럼 보이는 원주민 여자가 의자에 앉아 있었다. 방금 만난 예쁜 여자 천사가 그녀 옆에서 시중을 드는 듯 바쁘게 움직였다. 나는 숨을 크게 내쉬며 영의 세계에서 깨어났다.

◆ 양떼의 발자취 - 간증

영의 세계를 나와 곰곰이 생각하니, 실제 삶에서 우리 교회 학교 길 건너편에는 케냐 우리 교단 지방회 사무실이 있었다. 그 안에는 지방회장 부부가 거주하는 목양관이 있었다.

그렇다면 내가 본 원주민 여자는 그 아내였을 것이다. 문득 그녀가 성령충만한 여인일 거라는 생각이 들었다. 놀랍게도, 실제 삶에서 며칠 후에 그녀는 천국의 영광으로 승격되어 지병으로 세상을 떠났다.

🌹 생수 우물가의 대화

예수님 가장 늦게 꽃이 피나 가장 먼저 수확되는 것이 초여름의
체리 나무 열매다. 반들거리며 달린 선홍색 체리 같은 나
의 사랑하는 자여.

제시카 비록 당신의 사랑의 천만분의 일에도 못 미치지만, 저도 주
님을 사랑합니다.

예수님 김재철과 나석주를 위해 기도하거라.

제시카 한 번도 들어보지 못한 이름인데요, 그들이 누구입니까?

예수님 그들은 정치인이다.

제시카 전혀 알지 못하지만, 말씀에 순종하여 기도하겠습니다.
그들이 당신을 잃지 않게 하시고, 마지막 날까지 당신을
기억하게 하옵소서. 그 영혼을 불쌍히 여기시고, 부디 유
황불은 면하게 하소서.

예수님 내가 그리하리라.

제시카 그들은 어떤 자들입니까?

예수님 정직을 외치나 실상은 정직이 무엇인지 모르는 자들이다.
그들은 자신이 뱉은 정직하지 않은 말로 곤욕을 치를 것이
니라.

제시카 저세상에서요, 아니면 이 세상에서요?

예수님 **둘 다이니라.**

제시카 주님, 무섭고 떨립니다. 저 역시 살면서 정직하지 않은 순간이 정직한 순간보다 훨씬 많습니다. 사람들은 필요도 없는 것을 물어보고, 저는 상대에게 옳게 보이려 선을 가장하여 대답할 때가 많습니다. 저 자신은 정작 정의롭지 않으면서 정의로운 척하는 말을 쏟아낼 때도 많고요.

아아… 주님, 거짓말하지 않고, 과장하지 않고, 자신을 정당화하는 말을 하지 않고 산다는 게 얼마나 힘든지 아십니까! 그런데 과장하는 말도 거짓말입니까?

예수님 **그렇다.**

제시카 선의의 거짓말도 거짓말입니까?

예수님 **그 역시 그렇다.**

제시카 그렇다면 차라리 사람 앞에서는 어떤 말도 하지 않는 편이 낫겠습니다.

예수님 **그냥 옳다 할 건 "옳다" 하고, 아니라 할 건 "아니라"라고 말하면 되느니라. 이에 보태는 말은 악으로부터 나느니라. 사람에게는 변명하지도, 설명하지도 마라.**

너를 좋아하는 사람들은 네 변명이 필요하지 않다. 반면에 너를 싫어하는 사람들은 네 변명을 믿지 않는다. 그러니 변명이 무슨 가치가 있겠느냐. 변명을 주절거리는 것보다 차라리 침묵을 지키는 것이 나으니라.

제시카 그러면 친구가 다 없어지고 주위가 한산해질 것입니다.

예수님 **주위가 한산해지고 천국에 가는 것이, 주위가 북적거리고 지옥에 가는 것보다 나으니라.**

　　　　말이 많으면 실수를 피할 수 없으니 지혜로운 자는 말을 아끼고 입술을 지키느니라. 네 입에서 왜곡하는 말이나 비꼬는 말을 제거해라. 네가 이곳에 온 첫해에 훈련받은 것이 바로 '입술을 다스리는 법' 아니었더냐. 사람에게 입술을 다스리는 것만큼 중요한 일이 없느니라. 입에 재갈을 물릴 줄 아는 자가 온 육신을 다스릴 줄 아는 자다.

제시카 제가 좀 더 주의하여 그리하겠습니다. 당신의 뜻대로 순종하고 사는 게 기쁜 일이나 제 육신에는 쓴 물을 삼키는 것처럼 힘든 일입니다. 제가 이 무인도 같은 오지에서 목회자로서 정직하게 살려고 노력하는 훈련을 3년이나 받았는데도, 여전히 매일 힘듭니다. 그러니 이 땅의 백성은 어떻겠습니까. 그들이 진실로 가엾습니다.

예수님 **그들에게는 나름의 심판이 있다. 나는 많이 받은 자에게는 많은 걸 찾고, 적게 받은 자에게는 적은 걸 찾느니라. 그것이 공의로운 심판이 아니겠느냐.**

제시카 저는 적게 받았으니 부디 제게서는 적게 찾으소서.

예수님 (주님은 빙그레 웃으셨다) **그대가 나의 사랑을 적게 받았느냐?**

제시카 그건 절대 아닙니다. 당신은 못나고 부족한 저를 제가 아는 그 누구보다도 더 많이 사랑해 주셨습니다. 그러나 저는 아직도 옛 성품을 못 벗고 입술에 거짓과 과장과 정당화가 많으니 큰 심판을 받을까 두렵습니다.

예수님 그러니 이 아침에 내가 내 신부를 타이르는 것 아니냐. 나는 정직한 자를 위하여 완전한 지혜를 예비하며 행실이 온전한 자에게 방패가 되어준다. 공평의 길을 보호하며 내 신부들의 길을 보전하려고 한다. 그대가 공의롭고 공평하며 정직하게 되어 모든 선한 길을 깨닫기를 원한다. 정직한 자는 땅에 거하며 완전한 자는 땅에 남아 있을 것이나, 거짓말하는 자는 땅에서 끊어지겠고, 궤휼한 자는 땅에서 뽑힐 것이니라.

제시카 잘 알겠습니다, 주인님. 앞으로는 모든 행위에 정직하고, 모든 말도 정직하게 하며 살기를 더욱 노력하겠습니다. 당신의 극진한 사랑에 만분의 일이라도 보답하기 위해서라도 정직하기를 힘쓰겠습니다.

예수님 주위에 몇 안 되는 사람을 지닌 너도 그들 앞에서 의롭게 보이기 위해 정직하게 살기를 힘들어한다. 하물며 군중 앞에 서는 정치인들은 얼마나 힘들겠느냐! 그들은 모두 위선을 가진 채 정직의 탈을 쓰고, 악함과 거짓의 속을 감추느니라. 그래서 내가 높아지려 애쓰지 말라고 네게 이르지 않았느냐! 군중 가운데 서 있는 자를 나는 좋아하지 않는다. 차라리 광야에서 홀로 메뚜기와 석청을 먹을지언

정 군중 안에는 끼어들지 말거라.

제시카 그런 걱정 안 하셔도 됩니다. 저는 공인도, 유명인도 아닙니다. 사람들 눈에 그저 아프리카 시골에 숨어 사는 별 볼일 없는 할머니 선교사에 불과합니다.

예수님 **아직 할머니가 아니니 그렇게 부르지 말거라. 내게로 올 나의 신부는 천년이 흘러도 나의 어여쁜 신부란다.**

그런데 현재 처한 환경이 싫으냐?

제시카 아닙니다. 저는 지금 행복합니다. 비록 먹고 싶은 걸 못 먹고, 가고 싶은 곳에 못 가고, 말이 안 통하니 하고 싶은 말도 못 하고, 모든 것이 불편하지만, 당신께서 저와 동행해 주시니 최고로 행복합니다. 이 여종은 당신께서 제게 아프리카에 뼈를 묻으라시면 묻을 각오도 되어 있습니다.

예수님 **그러지 않아도 된다. 나는 말일에 너를 야곱의 고토인 네 식구와 친지에게 돌려보낼 것이다. 너는 거기 잠근 동산 안에서 집과 포도원을 지으며, 그제야 내가 네 인생과 동반한 하나님 여호와인 줄 알리라.**

영계에 아마나 강의 상류와 스닐의 정상과 헤르몬 산의 봉우리에서 내려다보아라. 이후에 너는 레바논에서부터 나와 동행하고, 레바논에서부터 나와 함께 떠나가자. 레바논에서 너를 만날 것이니, 너를 데리러 올 때까지 거기서 기다리거라.

제시카 영적인 레바논을 뜻하는 것입니까?

예수님   그렇다, 나의 귀한 신부여. 산봉우리의 영적 강이 흐르는 곳이니 네가 물 댄 동산같이 풍요로우리라.

제시카   당신은 그 누구보다도 제게 부드럽고 인자하게 대해주셨습니다. 제 인생의 수한이 찰 때든지, 주님께서 강림하실 때든지 아무 때나 저를 데리러 오셔도 됩니다.

다만 제가 당신을 위해 준비된 삶을 살게 허락하소서. 도적같이는 오지 마시고 제가 당신과의 만남을 위해 기름을 넉넉히 준비할 수 있도록 허락하소서. 준비할 시간이 너무 길지도 않고 짧지도 않게 하소서.

당신의 사랑을 받는 신부답게 당신을 맞이하게 허락하소서. 신부가 신랑을 위해 곱게 단장하기 위함이니 당신을 위해 정결하게 단장하게 하소서. 저는 완벽하지 못하나이다.

예수님   내가 너를 완전한 신부로 빚을 것이다. 염려치 마라. 사랑하는 단아한 자여, 그대 사랑에는 석류꽃 향기가 나고, 그대 미소에 나의 심장이 설레니 돌이켜 나를 보지 말거라. 알겠느냐?

제시카   임을 위해 제가 그리하겠나이다. 주님, 제가 속히 당신께 갈 수 있게 하소서. 저는 이 땅에 미련이 조금도 없습니다. 이 땅에는 제가 가질 것도, 취할 것도 없습니다. 제 눈은 오직 당신께만 머물러 있습니다.

예수님   나 역시 그러하다, 나의 귀한 자야.

제시카   당신 때문에 이 세상을 버리기가 쉬웠나이다.

예수님 나도 너 때문에 내 생명을 버리기가 쉬웠다.

제시카 저는 그 사실을 알고 있습니다. 그러나 어찌 창조 바깥에 계신 존귀하신 분이 저같이 천한 계집종을 위해 그 극심한 고통을 참으셨나이까. 너무나 고맙습니다, 나의 주인님이시여. 당신의 생명으로 저를 사셨습니다. 할렐루야!

예수님 내 신부는 나에게 그런 가치를 지닌 자다. 내 생명을 주어도 전혀 아깝지 않은 내 분신 같은 이다. 그대는 그대의 정체성을 깨닫고, 존재의 참 가치를 알거라. 그대의 신랑에 걸맞은 신부가 되길 힘써라. 그리하면 이 지구라는 훈련장에서 마땅히 어떻게 살고 처신해야 할지 알게 될 것이다.

제시카 매일 조금씩 알아가고 있습니다. 저를 오래 참으시고 인내해 주셔서 고맙습니다. 당신의 장성한 신부가 되도록 열심히 성장하겠습니다.

예수님 (주님은 다시 빙그레 웃으셨다) 그대는 반드시 그 꿈을 이루거라. 내가 도우리라.

제시카 제게 보여주신 그 일곱 계단 위에서 저는 말일에 필히 당신과 가까이 선 자가 되길 원합니다. 당신과 멀어지는 것은 제게 죽음입니다. (《잠근 동산》 78. 영원히 잊지 못할 혼인식 날 참조)

예수님 그대는 그리할 것이다.

제시카 단 한 번도 제 바람을 거부하지 않으시는 제 주인님, 모든 것이 감사합니다. 영광과 존귀와 권세가 영원토록 주인님께 있기를 구합니다. 마라나타!

18 영의 세계는 질이 수를 결정한다

생수 우물가의 대화

제시카 주님, 오늘은 샴바에서 성경 공부 영상을 찍는 날입니다. 제가 무엇에 대해 말씀을 나누면 좋겠습니까?

예수님 성경 말씀 중에 어떤 구절을 읽을 때 가장 행복하느냐?

제시카 당신의 입에서 나온 모든 말씀이 저를 행복하게 합니다. 비록 책망의 말씀일지라도 저를 사랑하기에 주시는 책망이 아닙니까.

예수님 흠… 그중에서도 어느 복음서를 읽을 때, 네 마음이 가장 행복하냐?

제시카 아가서입니다. 처음부터 끝까지 당신의 사랑이 느껴져서 너무 좋아요. 저를 행복하게 합니다.

예수님 나도 그렇단다. 나 역시 내 신부를 향한 사랑을 고백할 때 가장 행복하단다. (주님은 미소를 띠며 말씀하셨다)

제시카 그럼 아가서 중 한 구절로 나눠볼게요. 제가 영상을 찍을 때 당신의 임재가 필요합니다.

예수님 나는 내 신부가 나에 대해 이야기할 때, 단 한 번도 내 눈을 뗀 적이 없단다.

제시카 정말요?

예수님 나는 진실만을 말한단다.

제시카 주님, 고맙습니다. 못난 여종의 고백을 다 들어주시다니
요. 그런데 영상을 찍기 전에는 항상 떨려요. 아무도 없이
홀로 찍는 영상인데도 말이지요.

예수님 (주님께서 싱긋 미소를 띠셨다) **쫄지 말거라. 너의 관중은
나다. 사람이 아니다.**

제시카 주님, 그런 말도 아세요? 제가 그런 줄 어떻게 아셨어요?

예수님 **하하하! 내가 네 마음을 지었는데 어찌 모르는 것이 있겠
느냐. 네 마음은 너 자신보다 내가 더 잘 알고 있단다, 나
의 어여쁜 자야.**

제시카 제가 성경 공부를 할 때 저를 바라보시는 당신의 마음은
어떤가요?

예수님 **장하고 대견하다. 그대가 얼마나 먼 길을 돌고 돌아서 내
품으로 와주었느냐. 머리에서 나오는 그 고백이 심장으로
내려오기까지 두 뼘도 안 되는 길이를 참으로 멀리도 돌
아왔도다. 그대의 입술에서 나오는 나를 향한 단 한마디
고백도 내가 흘려들은 것이 없단다.**

제시카 저는 실수를 자주 하는데요.

예수님 **어린 아기가 무언가를 열심히 하다가 실수하면 부모의 마
음이 어떻겠느냐?**

제시카 딸 미셸이 아기 때 아무리 실수해도 제 눈에는 마냥 귀엽
고 예뻤어요.

예수님 나도 그 심정이란다.

제시카 오케이! 주님, 사랑해요.

예수님 왜 구독자 수를 늘려달라고 간구하지 않느냐?

제시카 항상 말씀하시길, 수에 연연하지 말라고 하셨잖아요.

예수님 바로 그것이다. 수는 영의 세계와 사람의 세계에서 그 의미가 다르단다. 사람의 세계는 양이 수를 결정하지만 영의 세계는 질이 수를 결정한다. 1,000명이 가진 것 중에 단 하나도 건질 게 없는가 하면, 단 10명이 가진 것 중에 건져서 수로 칠 가치가 있는 것이 있단다.

제시카 제게도 참다운 숫자를 알아보는 지혜의 영을 주소서.

예수님 지혜는 길거리에서 부르며, 광장에서 소리를 높이며, 길거리에서 훤화하고 소리를 지르며, 도시 어귀와 도시 안에서도 그 소리를 발한다. 지혜는 어디에나 존재하니 그대가 늘 열린 마음으로 받아들이면 된다.

지혜를 거절하여 아버지의 속을 상하게 하는 미련한 자가 되지 말거라. 지혜는 마땅히 받아야 할 자에게 전이될 수 있는 영이다. 지혜를 가진 자는 내 아버지를 두려워할 줄 안다. 그리하여 마땅히 행할 바를 행하게 되리라.

제시카 지혜를 알고 행하지 않으면 어떻게 됩니까?

예수님 지혜는 반드시 명철과 만나야만 찬란한 빛을 발하느니라. 마치 나의 은혜의 말씀이 성도의 진리를 좇는 행위와 만나야만 아름다운 완성을 이루는 것과 같다.

제시카 그럼 명철은 무엇입니까?

예수님 **악을 떠나는 것이 명철이다.**

제시카 주님, 이 소자가 하나님을 두려워하는 마음으로 악을 행하지 않기를 원하나이다. 저를 꼭 도와주소서.

예수님 **귀한 자의 딸아, 내가 그리하리라. 그대의 귀를 지혜에 기울이며, 그대의 마음을 명철에 두어라. 정금을 구하는 것같이 지혜와 명철을 구하며, 감추인 보배를 찾는 것같이 지혜와 명철을 찾아라. 그리하면 내 아버지 경외하기를 깨달으며 그를 알게 되리라.**

제시카 당신의 도움이 아니면, 저는 이 거친 세상을 살아갈 힘도 능도 없습니다. 잠시도 저를 떠나지 마소서.

예수님 **나는 이미 그리하고 있다. 내 눈은 내 신부에게 영원토록 머물러 있다. 사랑하는 자여, 그대는 나를 인같이 마음에 품고 도장처럼 팔에 둘러 잠시도 잊지 말거라. 그대가 나를 잊는 바로 그 순간에 원수에게 기회를 내주게 된다. 원수의 영은 내가 사랑하는 모든 이를 시샘하고 증오한다. 호시탐탐 사람을 참소하며 파멸하길 갈구하며 저주한다. 나는 내 신부의 추수와 흩어져 있는 알곡들을 거둬들일 때까지만 원수를 내버려둘 것이다. 그러나 내가 계획한 수가 차면 그를 무저갱으로 쫓아 보낼 것이다.**

원수는 자기의 날이 얼마 남지 않은 것을 알고 더욱 길길이 날뛰며 자기가 갈 곳으로 함께 들어갈 자들을 우는 사

자와 같이 찾아다니면서 삼키고 있단다.

원수는 혹세무민에 능한 자다. 원수의 영을 큰 쇠사슬로 천년 동안 결박하여 무저갱에 던져 넣어 열쇠로 잠글 것이다. 아브라함에게 한 나의 언약이 이루어질 천년이 차도록, 그 열쇠 위에 인봉하여 만국을 미혹하지 못하게 할 것이니라. 그 이후에는 반드시 잠깐 놓일 것이나 결국은 세세토록 불 못에 던져지리라.

제시카 왜 잠깐 놓이나이까?

예수님 천년 왕국에는 두 부류의 사람이 존재하기 때문이다. 영의 세계에서는 삼키지 않으면 삼킴을 당한다. 영의 세계는 중간이 없다. 그래서 내가 차든지 뜨겁든지 하라고 이르지 않았느냐. 뜨겁지 않은 모든 자는 미지근한 자일지라도 원수에게 삼키운다. 나는 그런 미련한 자들을 보면 가슴이 아프다. 내가 그토록 경고했건만….

내 신부야, 기억하거라. 움직이는 물은 얼지 않는다. 영의 성장은 영의 세계에서 살아 역동하는 자에게만 일어난단다.

제시카 주님, 심장이 꽁꽁 얼어 움직이지 않아서 당신의 말씀을 행하지 않는 그들은 모르고 있습니다. 자신이 뜨겁지도, 차지도 않으면서 스스로 당신을 향한 사랑과 열정이 있다고 생각합니다. 자신의 실체를 보지 못하기에 자신에게 속고 삽니다. 사람은 그 중심을 주님께 집중하지 않으면 자기가 자기에게 속습니다.

저도 그중 하나였으니, 그들을 포기하지 마소서. 저를 불쌍히 여기셨듯이 속고 있는 자들을 불쌍히 여기소서. 저들이 하는 짓을 저들은 모르나이다.

저를 보내소서. 제 입에 당신의 제단의 숯불을 대소서. 거룩한 숯불에 달군 말씀의 검이 나갈 때, 마귀의 꼭두각시가 되어 그의 수족처럼 움직이고 있는 우리 백성을 묶고 있는 죄의 종의 끈을 잘라버리게 하소서.

저를 사용하소서. 당신께서 기뻐하실 일이면 무엇이든 하겠나이다. 제 생명을 바쳐서라도 할 터이니, 당신의 도구로 사용하소서.

예수님 **그대는 연약하여 사람의 독기 어린 말이나 정죄함에 상처를 잘 받는다. 나는 그대가 다치는 것을 원하지 않는다.**

제시카 제가 상처받아 울지 않을 만큼만 사용하소서. 저는 제 분수를 아나이다.

예수님 **내가 그리하마. 세상의 거친 들에서 바람이 불더라도 넘어지지 말고 나만 바라보거라. 거친 들을 지나서 올라오거라. 내가 네 발을 잡아 넘어지지 않게 할 것이다. 내 손을 꼭 잡고 놓지 말거라. 너를 향한 나의 사랑을 절대 의심하지 말아라.**

제시카 주인님, 제가 그리하겠나이다. 영원토록 제 손을 놓지 마소서.

예수님   나 또한 그리하리라.

제시카   주인님의 사랑을 의심치 않나이다. 할렐루야! 영원토록 여
         종을 기억하시고 당신의 겉옷 자락의 은총으로 덮으소서.
         제가 그 안에서 참 쉼을 얻나이다, 아멘!

19 주님의 발에 새겨진 신부

🌹 생수 우물가의 대화

예수님   **여름날 소나기가 지나간 뒤에 바다에서 아른거리고 올라
         오는 해무같이 아련한 나의 신부야, 잘 잤느냐?**

제시카   네, 주님. 푹 잘 잤어요. 예전에는 밤에 자려고 눈을 감았
         다가 뜨면 아침이었어요. 그런데 요즘은 깊은 잠이 들지
         않고 몇 번씩 깨요. 나이가 들어 그런가 봐요. 그러니 늘
         졸립니다.

예수님   **불규칙하게 자지 말고 일정한 시각에 자도록 하거라. 사
         람의 몸은 생체 리듬을 기억한단다. 몸을 규칙적으로 잘
         길들이면 오래 사용할 수 있느니라.**

제시카　저는 오래 살고 싶지 않은데요, 주님. 빨리 당신께서 계신 천국에 가고 싶습니다. 이 땅에서는 하루하루가 곤고함뿐입니다. 주님의 왕국 확장에 꼭 필요한 만큼만 살고, 오래 머무르고 싶지 않은 곳이에요.

예수님　**그러면 안 된다. 땅에는 아직도 그대가 해야 할 일이 많이 남아 있단다. 그곳에서 훈련을 잘 치르고 돌아와야 이곳에 상이 마련되어 있지 않겠니?**

제시카　저는 상 같은 건 필요 없어요. 주님 한 분만 있으면 됩니다. 먼지 한 톨 같은 제가 당신의 발 위에 붙어 다닐 건데, 상을 들고 다니면 무겁습니다.

예수님　**하하하… 내 발 위에 붙어 다니는 것 자체가 상이니라. 그러니 상을 받을 자격을 지금 네가 거하는 땅에서 갖추어야 하지 않겠느냐.**

제시카　네? 그래요? 아… 그러면 제가 여기서 무엇을 해야 하지요? 아이고, 큰일났네! 저는 평생을 죄 된 생각만 하고 또 열심히 죄를 실천했지, 선을 행한 적이라고는 별로 없는데, 이 일을 어쩌면 좋습니까? 주님, 시간을 허송한 저를 좀 도와주세요.

예수님　(주님은 빙긋 웃으셨다) **그대 어여쁘고 귀여운 방울토마토 같은 자야. 네가 지금 이 땅에서 해야 할 건 아무것도 없다. 그저 매일 나와 대화하고, 우리의 대화를 기록으로 남기고, 매 순간 모든 것을 내게 묻고, 매일 나와 동행하면**

되느니라. 네가 가는 길은 곤고한 길이나 내가 동행하니 너는 폭풍 속을 떠도는 티끌 같은 삶이 되지 않을 것이다. 너는 곤하나 넘어지지는 않고, 환난 당한 자 같으나 평안을 누리는 자이며, 천한 곳에 거하나 귀한 자이고, 가난한 것 같으나 부한 자다. 너는 연약한 것 같으나 강한 자이고, 맹물처럼 보이나 극상품의 포도주와 같은 자다.

나를 가진 자는 모든 것을 가진 자다. 그러니 선한 일을 하려고 분주하지 말고, 악한 일을 하지 않도록 늘 손발을 정결하게 씻고 간수하며 살거라. 그대는 어차피 갈 곳이 정해져 있는 인생이니, 목적지를 아는 자는 우왕좌왕할 필요가 없다. 이 아프리카 땅에서 나와 아이들과 살다가 내 때가 되면 모든 것을 버려두고 내가 지시할 땅으로 떠나면 된다. 이 붉은 사막에 올 때는 양손 가득 들고 왔으나, 갈 때는 다 흩어 나눠주고 떠나면 된다. 나는 그것을 네게 훈련할 것이다.

제시카 주님, 미국에서부터 시작하여 아프리카 사역을 준비하며 지난 4년 동안 여행 가방 2개로 살았습니다. 제게 떠나는 일은 쉽습니다. 이삿짐 상자로 부친 물건들마저 거의 다 쓰고, 나눠주고, 남은 것도 별로 없습니다. 그러니 흩어 나누는 건 아주 쉬운 일입니다. 순종하겠습니다.

예수님 (주님은 다시 빙긋 웃으셨다) **흩어 나누는 일이 모두에게 쉬운 건 아니다. 네가 그렇게 빚어지기까지도 수십 년이**

걸렸단다. 나는 떠날 준비를 항상 하고 사는 자를 좋아하며, 내가 어디로 인도하든지 따라오는 자들을 사랑한다. 그대는 그렇게 빚어지는 중이란다.

제시카 여기 아프리카에서는 먹고 싶은 것도 못 먹고, 입고 싶은 옷도 못 입고, 보고 싶은 것도 못 보고, 가고 싶은 곳도 못 가고, 즐기고 싶은 게 아무것도 없으니 이곳을 떠나기란 너무 쉬운 일입니다. 오늘 오후라도 당장 떠나라고 하시면 저는 대서양을 횡단하여 배든 비행기든 마차든 타고 떠날 수 있습니다. 빈손으로도 떠날 수 있습니다. 간직하고 싶은 게 아무것도 없어요.

예수님 **여기서 훈련을 잘 받거라. 떠나는 훈련은 점점 쉬워질 것이다. 내 종 아브라함도 늘 떠나는 훈련을 받으면서 살았다. 이 땅은 그 어떤 호사스러운 장소도 그대가 오래 거할 곳이 못 된다. 알겠느냐?**

제시카 당신만 제 옆에 계시면 만사 오케이입니다. 떠날 준비 완료입니다!

예수님 **내가 왜 네 옆에 있느냐? 나는 네 안에 있단다.**

제시카 앗, 실수! 예수님, 못난 죄인과 항상 함께해 주셔서 너무나 고맙습니다. 마지막까지 당신을 실망시켜 드리지 않게 도와주세요.

예수님 **무엇이든 소유하여 무거워지면 안 된다. 언제나 위로 올라갈 준비를 하고 살거라. 네 거처는 이곳이 아니다. 이**

땅은 우리가 함께 거할 영원에 비하면 잠시 잠깐의 티끌 같이 작고 어둡고 가벼운 한 점일 뿐이니라.

늘 나를 사랑하고 또한 모두를 사랑하며 살거라. 최선을 다해 이웃에게 베풀며 그대의 마음과 뜻과 성품을 다해 나를 사랑하거라. 이것이 그대의 분복이자 의무이다. 나의 신부는 마땅히 그렇게 나를 사랑해야 한다.

제시카 당신을 제 목숨보다 더욱 사랑하나이다.

예수님 나 역시 내 신부를 내 목숨보다 더욱 사랑하느니라. 나는 그것을 마른나무 십자가에 못으로 달리면서 증명했도다. 그대도 나를 향한 사랑을 증명하는 일에 주저하지 말아라. 천지가 변해도 나의 사랑은 변하지 않을 것이다.

제시카 잘 알겠습니다. 나의 임이여, 당신 가슴에 저를 새기소서.

예수님 너는 먼지 한 톨이 될지언정 내 발에 묻은 먼지가 되고 싶다고 소망하지 않느냐. 내 발에는 못 자국으로 이미 네가 새겨져 있다. 네 소망대로 네가 거할 곳이 준비되어 있다.

제시카 할렐루야! 나의 주인님, 이 척박하고 외로운 땅 아프리카에서 당신으로 인해 제가 살고, 당신으로 인해 제가 매일 기쁨으로 죽습니다. 당신으로 인해 제가 웃고, 당신으로 인해 제가 웁니다.

제 모든 감성의 완성이신 이여! 마라나타. 나의 주인님, 어서 오시옵소서. 아멘!

나는 영의 세계에 존재하는, 눈에 익숙한 어느 도시에서 어딘가로 걸어가고 있었다. 그때 내 앞에 백인 여자 형상의 천사가 나타났다. 신분을 밝히지 않았지만, 보는 순간 전령 천사인 줄 내 영은 알고 있었다. 발길을 떼는 내 옆으로 천사가 다가서더니 말을 걸었다.

"신부님, 지금 저랑 함께 가셔야 할 곳이 있습니다."

"왜요? 저는 지금 가야 할 목적지가 있습니다."

"주님께서 신부님을 모시고 어떤 장소로 가서 기이한 장면을 보여 주라고 명하셨습니다."

"거기가 어디입니까?"

"저기를 보세요. 이 도시의 많은 사람이 모여 있는 게 보이지요?"

천사는 턱을 살짝 들어 오른쪽을 가리켰다. 나는 반사적으로 눈길을 돌렸다. 그곳에는 잘 깎인 초록 잔디가 펼쳐져 있었고, 원만한 경사를 이루는 아담한 언덕이 있었다.

언덕 꼭대기에 100명 남짓 되어 보이는, 이 영토에 거주하는 사람들이 여러 명씩 무리를 지어 서 있었다. 그들은 하나같이 내 쪽으로 등을 돌리고 서서 자신들의 전방인 내리막 방향으로 무언가를 열심히 관람하는 듯 보였다. 다들 서로 웃고 대화하면서 이따금 손으로 아래쪽을 가리키며 감탄하기도 했다. 그러나 언덕 아래쪽에 있는 나로서는 언덕 위쪽에서 내려다보이는 반대쪽 내리막에서 무슨 광경이 펼쳐지고 있는지 전혀 볼 수가 없었다.

'저들은 무엇을 보고 저렇게 감탄사를 연발하는 걸까?'

문득 궁금한 마음이 들어 천사에게 말했다.

"네, 알았어요. 사람들이 저 언덕 너머 내리막길의 무엇을 보고 저렇게 감탄하는 건지 함께 가서 알아봅시다."

천사가 말했다.

"저는 이미 알고 있습니다. 저 언덕 너머에는 신부님이 반드시 보셔야 할 광경이 있습니다. 신부님은 다음에도 이 장소에 가끔 들르셔야 할 겁니다."

우리는 산책하듯 가벼운 마음으로 싱싱한 초록 잔디가 예쁘게 덮인 언덕을 올라가기 시작했다. 언덕 꼭대기에 가까이 다가가면서 그 정상의 끝 지대가 절벽인 걸 알게 되었다. 사람들은 절벽 언저리에 서서 낭떠러지 아래에 시선을 두고 있었다. 마침내 우리가 절벽 끝자락에 다다랐을 때, 나는 정말 놀라운 광경을 목격했다.

탁 트인 언덕 아래 낭떠러지 밑에는 물살이 아주 세찬 강이 끝없이 흐르고 있었다. 수심이 매우 깊어 보였으며 푸른색을 띨 정도로 맑은 물이 강가의 절벽에 부딪힐 때, 하얀 거품이 공중으로 치솟아 올랐다. 더욱 놀라운 것은 각기 종류가 다른 엄청나게 커다란 물고기 수백수천 마리가 강물 위로 떠오르며 헤엄치고 있었다.

모든 물고기는 마치 바다의 상어나 고래처럼 엄청나게 컸다. 사람

키의 5-6배는 족히 넘어 보이는 길이의 물고기가 개중에 가장 작은 물고기였다. 모든 물고기는 바다와 이어진 강의 하류 쪽을 향해 이동하고 있었다.

신기하게도, 헤엄치는 수많은 형형색색의 대어가 모두 공중으로 힘껏 높이 뛰어오르며 꼬리로 강물을 치고 있었다. 대어들이 공중에서 강의 수면으로 떨어질 때, 흐르는 물의 표면이 요란한 소리를 내어 튀면서 영롱한 무지개가 생겼다. 대어들은 마치 그것이 신나고 재미있는 듯이 즐기면서 바다 쪽으로 헤엄쳐 가고 있었다.

수백수천 마리 대어가 공중으로 튀어 오르는 것과 튀는 물살로 인해 그 위에 무지개가 자욱하게 서린 장면을 본 적이 있는가!

나는 여행을 무척 좋아한다. 아마 세계 여러 나라의 진기한 장소를 누구보다도 많이 돌아본 사람 중 하나일 것이다. 한때 나는 하와이의 오아후섬에서 오래 살았었다. 당시 취미가 스노클링이어서 태평양의 화려한 열대어들이 헤엄치는 모습을 무수히 많이 보았다. 그러나 이토록 장엄하리만치 탄성이 절로 나오는 물고기의 행렬은 본 적도, 들은 적도 없다.

영의 세계는 모든 것이 완전을 추구하기에 만물이 완벽하다. 선한 것은 극히 선하고 악한 것은 극히 악하다. 아름다운 것은 진한 아름다움을, 추한 것은 극한의 추악함을 간직하고 있다.

나는 절벽 아래 물살이 줄기차게 흐르는 아름다운 강과 살아 있는 대어들의 행렬을 바라보면서 가슴 벅찬 희열을 느꼈다. 사람은 극도의 장엄함과 아름다움을 대면하면 감동의 눈물을 흘린다.

나는 손등으로 눈물을 닦으며 천사에게 물었다.

제시카 천사님, 이 놀라운 장소는 도대체 어디입니까?

천사 (눈물을 닦는 나를 바라보고 미소를 띠며 대답했다) 주님께서 당신이 이곳을 매우 좋아하실 거라고 말씀하셨습니다. 이곳은 영의 세계 중 아주 작은 일부입니다.

제시카 저 대어들은 어디서 왔습니까?

천사 주님에게서 나온 영원한 생명을 간직한 각 사람의 영혼입니다. 저 물고기 하나가 한 사람의 영혼입니다. 그들은 피라미 같은 작은 그릇의 영혼이 아닌 앞으로 크게 장성할 가능성이 있는 영혼들입니다. 순교할 영혼, 주님의 종이 될 영혼, 교회 재직이 될 영혼, 무명으로 봉사할 영혼, 선교사가 될 영혼 등 하나같이 우리 주님의 손발이 되어 그분을 섬길 충성된 영혼입니다.

제시카 그런데 왜 하필 제게 저런 대어들을 보여주십니까? 저는 그저 늙고 작은 송사리에 불과한데요. (나 자신이 문득 초라하게 느껴져 서글펐다)

천사 그런 말씀은 절대 하면 안 됩니다. 당신은 신부의 직분이며, 지금은 이 땅에 속한 자가 아닙니다. 당신은 하나님께서 아신 바 되었으며, 장차 하늘로 올라갈 분입니다. 앞으로 이 땅에 속한 자처럼 말하고 행동하면 절대 안 됩니다.

제시카 저는 오늘 아침에도 아프리카 교회에서 작년 이맘때부터 받지 못한 밀린 월급 때문에 주님께 징징댔는데요. 삯꾼처럼 불평하고 툴툴거렸어요. 오매⋯ 이 일을 어쩌면 좋습니까? 창피해서 쥐구멍에라도 숨고 싶습니다. (주님께 너무나 미안해서 코끝이 시큰하며 눈물이 펑펑 쏟아졌다. 울고 있는 내게 천사가 가까이 다가와 말을 이어갔다)

천사 신부님은 요즘 옥수수 텃밭 앞에서 성경 공부 영상을 제작하고 있지요?

제시카 네, 주님께서 시작하라고 하셔서 순종하는 마음으로 하고는 있습니다. 그렇지만 샤워할 수가 없으니 꾀죄죄한 몰골로 찍어 마음이 별로 내키지 않을 때가 많습니다. 미국에서 가져온 기초 화장품이 다 떨어져서 요즘은 세수하고 나면 로션도 제대로 바르지 못합니다.

오늘 아침에는 피부가 너무 당겨서 식용 콩기름을 얼굴에 조금 발랐습니다. 토니 목사가 저더러 "당신이 팝콘이야? 콩기름 발라서 튀기려고 그래?"라며 웃더라고요. 그러니 화장은커녕 맨얼굴로 영상을 찍습니다.

게다가 아이들에게 옷을 다 나눠주어 걸칠 게 별로 없어서 집 안에서 입는 몸빼를 입고 찍습니다. 여기는 저 같은 직모를 자를 줄 아는 원주민 미용사가 없어서 미장원도 못 갑니다. 며칠 전에는 요리용 가위로 제 머리카락을 숭덩 잘라버렸습니다. 아무튼 영상은 밭일하다가 성경 구절이 문득 생각나면 밭 가장자리에 앉아서 찍곤 합니다.

게다가 저는 컴맹이라서 영상을 제대로 만들지도 못해요. 여기는 시골이라 인터넷 케이블이 없어서 한 번 영상을 올리려면 속도가 너무 느려서 전쟁을 치르듯 실랑이해야 합니다. 주님께 순종하는 삶이 이렇게 힘든 줄 새삼 배우고 있습니다.

천사 순종은 환경과 아무 상관이 없는 행위입니다. 순종은 '결정'입니다. 주님께서 당신의 어려운 순종을 기뻐하십니다. 방금 보신 대어들이 바로 주님 안에서 당신의 성경 공부 영상을 통해 자기 삶을 돌아본 영혼들입니다. 당신의 영상을 시청하고 즉시 회개한 후에 정결한 신부의 삶을 살고자 노력하는, 당신이 영적으로 추수한 자들의 영혼이지요.

또한 《잠근 동산》, 《덮은 우물》, 《봉한 샘》을 읽고 회개하며 삶에 적용하여 주님과의 첫사랑을 회복한 영혼들입니다.

제시카 아… 실은 《동산의 샘》이라는 책이 더 있습니다. 사정이 있어서 출판사에 못 보내고 보관만 하고 있습니다.

천사 주님께서 원하시는 때 출판을 허락하실 것입니다. 그분의 때가 가장 완전하고 아름다운 때입니다. 그때를 인내하며 기다리시면 됩니다.

지금 이 순간에도 신부님의 책 3권을 읽은 성도들의 영혼이 좋은 열매를 맺는 나무가 되어 새로이 변화되어 가고 있습니다. 성도의 단계에서 신부의 단계로 승격하길 사모하며 은혜의 깊은 바다로 힘껏 헤엄쳐 나가고 있습니다. 그래서 주님께서는 신부님을 이곳으로 모시고 와서 그들의 영혼을 보여주길 원하신 것입니다.

제시카 그래요? 아이고… 주님, 고맙습니다. 모든 영광을 오직 주님께만 올립니다. 오늘도 못 받은 월급 때문에 툴툴거린 제가 너무 부끄럽습니다. 이 일을 어떻게 하면 좋습니까!

천사 주님은 진실로 자비하신 분입니다. 또한 신부님을 자신의 목숨보다도 사랑하십니다. 신부님은 언젠가 이 장소에 다시 오셔서 당신이 심은 대어 열매들을 보며 하나님께 영광을 올려드릴 것입니다.

제시카 제가 미디어를 통한 성경 공부를 얼마나 더 해야 합니까?

천사 이 땅에는 영원한 것이 아무것도 없습니다. 주님께서 그만하라는 명을 내리실 때까지 하면 됩니다. 당신은 그분의 음성을 들을 줄 아는 은사를 간직한 자입니다.

제시카 천사님, 제게 이 장소를 보여주어 감사합니다.

천사 천만에요. 저 역시 주님께 순종할 때 제 속에서 영광스러운 즐거움이 솟아납니다. 이제 신부님은 아까 가던 곳으로 다시 가면 됩니다.

'참! 내가 어딘가로 가던 중이었지?'

나는 언덕 꼭대기 낭떠러지의 가장자리에서 몸을 돌려세웠다. 그리고 깊은숨을 들이마시며 영의 세계에서 눈을 떴다.

🌿 생수 우물가의 대화

예수님 귀한 자의 딸이여, 귀한 자의 딸답게 처신하고 행동하여라. 그대는 재활원교회에서 받지 못한 월급에 대해 다른 사람들에게 언급하지 말거라. 그대는 하늘에 속한 일꾼인데 어찌 땅에 속한 자처럼 말하느냐. 그대는 삯꾼의 신분으로 이 붉고 황폐한 사막에 거주하는 게 아니다.

제시카 잘못했습니다. 사역은 매일 열심히 하는데 재정이 늘 적자다 보니 문득 억울한 생각이 들었습니다. 그래서 저도 모르게 불평이 나왔습니다. 제가 크게 잘못했습니다.

예수님 앞으로는 그러지 말거라.

제시카 네, 말을 가리고 입을 지키도록 각별히 주의하겠습니다. 그런데 다른 사람들이 먼저 물어보면 어떻게 합니까?

예수님 그대는 정직한 대답은 할 수 있다. 그러나 절대로 먼저 입을 열어서는 안 된다.

제시카 당신의 명이니 순종하겠습니다.

예수님 첫째로, 나는 그대에게 입술을 다스리는 능력을 주었다.
둘째로, 그 후에 마음을 다스리는 능력을 주었다.
셋째로, 영을 다스리는 능력도 주었다.

이는 내 영광을 위해 아프리카 적도에 자원하여 온 그대의 마음으로 인해 내가 하사한 은사의 능력이다. 또한 지금은 그대가 그 은사를 장차 활용할 수 있도록 훈련받고 있음을 명심하여라. 어떤 은사든지 자기 성품에 녹아 자신의 일부가 되도록 열심히 꾸준하게 연습해야만 한다. 그래야 은사를 자유자재로 사용할 수 있느니라.

또한 은사는 불씨와 같아서 받은 자가 소중히 잘 지켜 꺼뜨리지 말아야 한다. 매일 지키고, 다듬고, 연습해야 한다. 그렇게 하면 언제든 필요한 순간이 닥쳤을 때, 큰 불길을 일으킬 수 있느니라. 소중히 다루지 않고 방심하면 불씨는 꺼진다.

제시카 은사가 소멸할 수 있다는 말씀입니까?

예수님 은사는 내가 준 불씨니 소멸하지는 않는다. 나는 한번 준 선물을 되돌려 받지 않는다. 그러나 받은 자가 은사를 소중하게 생각하지 않거나 사용하지 않으면 그 은사를 여는 열쇠를 스스로 잃는다. 사람의 속에 은사가 존재하나 열수가 없으니 더 이상 사용하지 못한다.

제시카 잃어버린 그 열쇠는 어떻게 됩니까?

예수님 사용하지 않은 은사가 녹슬기 시작하고, 망령된 언행으로 결국 열쇠마저 잃어버리면, 사람 옆을 지키는 천사가 그 열쇠를 다시 하늘 곳간으로 가져가 거기에 보관한다.

천국의 제자 된 은사를 받은 자는 마치 새 은사와 옛 은사를 그 곳간에서 내어오는 집주인과 같다. 또한 항상 사용하는 은사는 열쇠를 간직하고 있으니 은사를 받은 자가 합당한 때 늘 사용할 수 있다.

그러나 땅에 속한 사람의 힘으로는 하늘 곳간에 있는 잃어버린 열쇠를 되찾을 수 없다. 삼손을 잘 보거라. 그가 장사의 힘을 사용하는 은사를 가졌으나 음녀와 더불어 망령된 행실을 했을 때 결과가 어떠했느냐?

제시카 머리에 삭도 질을 당하고 당신께서 주신 엄청난 힘의 은사를 잃고 말았습니다. 영적 시각 장애인이 됨으로 인해 결국은 육체의 눈까지 도려냄을 당했습니다. 그 극한 저주 이후, 당신을 모르는 세상 사람인 블레셋인들에게 구경거리와 조롱거리가 될 정도로 추락했습니다.

예수님 삼손이 지닌 힘의 은사는 그의 머리카락에 갇혀 있었으나, 그는 그 힘을 열 수 있는 열쇠를 잃어버렸다. 이후 그가 자신의 마지막 날을 정하고 내 앞에서 그의 생명을 담보로 가슴을 치며 통회 자복하는 회개를 했을 때 어떤 일이 일어났느냐?

제시카 다시 힘의 은사를 회복했습니다. 그 결과, 그가 생전에 죽인 이방 원수들의 수보다 더 많은 수를 단번에 죽이고 모든 원수를 갚았습니다.

예수님 그건 그를 지키는 천사가 하늘 곳간에서 다시 옛 열쇠를 가져다주었기 때문이다. 이제 무엇이 사람이 잃어버린 은

사의 열쇠를 돌려받게 하는지 알겠느냐?

제시카 　생명을 담보로 할 만큼 마음을 찢고 나오는 통회 자복만
이 그 은사의 열쇠를 도로 찾게 하나이다.

이제 깨달았습니다. 사람은 은사의 열쇠를 한번 잃어버리
면 찾을 수가 없습니다. 그러나 참으로 희귀한 경우지만,
오직 주님의 은혜로 말미암아 생명을 담보로 하는 회개를
하면 은사를 다시 회복할 수 있습니다. 그런 회개의 영은
사람의 뜻이 아닌 하나님으로부터 오는 것입니다. 영적 은
사의 회복이 자신의 생명을 걸어야 할 만큼 심각한 일이라
는 것을 사람들은 아무도 생각하지 못할 것입니다.

그러니 당신께서 주신 선물을 처음부터 잃지 않는 자가 더
지혜로운 자입니다. 부디 이 여종에게 수십 년 전에 허락
해 주신 열두 가지 은사를 거두지 마소서. 제가 망령되이
행하여 고된 목회와 사역에 미쳐 일 중독자가 되어 주님을
사랑하는 마음의 은사를 여는 열쇠를 잃었습니다. 이제야
그 열쇠를 되돌려 받았사오니, 저를 다시금 지켜주옵소서.
이왕이면 영원히 지켜주옵소서.

예수님 　그대가 노년에 이르기까지 내가 그리하겠다. 그대가 백
발이 되기까지 그대를 품을 것이니라. 내가 내 신부를 지
었은즉 안을 것이요, 품을 것이요, 구해내리라. 다시는 나
와 멀어지지 말거라. 그대가 나를 누구에게 비유하며, 누
구와 짝하며, 누구와 비교하여 서로 같다고 하겠느냐.

제시카 아… 우리의 주인님, 당신은 신실하심이 하늘에 사무치는 분이십니다. 어떤 일이 있어도 자녀를 버리지 않으시는, 탕자를 향한 당신의 사랑이 저를 아버지 집으로 다시 인도해 주시는군요. 은사를 되찾는 모든 해답은 자신의 죄를 인정하고 후회하며 생명을 바치는 겸손한 회개에 있었습니다. 천지는 변해도 당신의 사랑은 변하지 않습니다. 당신의 무궁하신 사랑을 찬양합니다, 할렐루야!

예수께서 가라사대 그러므로 천국의 제자 된 서기관마다 마치 새것과 옛것을 그 곳간에서 내어오는 집주인과 같으니라

마 13:52

22 선견으로 본 미래의 자동차

🌹 영의 세계

나는 내가 선견자라고 생각하지는 않는다. 그런데 주님께서 우리에게 닥칠 미래의 장면을 비천한 내게 아주 가끔 보여주실 때가 있다.

환한 빛이 감싸고 있는 어떤 공간에 토니와 내가 있었다. 우리는 커다란 저택의 대문 앞에 서서 무언가를 기다리고 있었다. 조금 있으니 어디서부터 왔는지는 모르겠지만, 큰 자동차 크기의 둥글납작한 물체가 공중에서 미끄러지듯이 나타나 우리 앞에 멈추었다.

흡사 포켓몬 공을 엄청나게 크게 확대해 납작하게 누른 것 같은 형태의 물체였다. 지름이 보통의 자동차 길이 정도 되었다. 중간에 두꺼운 수평의 띠를 두른 공 같은 이 물체는 유리처럼 완전히 투명한 재질로 만들어져서 그 안에 있는 모든 것이 밖에서 훤히 보였다.

그 물체가 우리 앞에 멈추고 몇 초 후, 중간의 두꺼운 수평 띠를 중심으로 마치 큰 공이 반으로 쪼개지듯 위쪽의 둥근 반이 공중으로 천천히 부드럽게 올라가며 열리더니 '딸까닥' 하는 낮은 소리와 함께 고정되었다.

그 투명 물체에는 중간의 두꺼운 띠 아래쪽에 공의 눈처럼 생긴 반원 형태의 문이 있었다. 우리가 물체 앞에 다가서자, 그 반원형 문의 중앙이 자동으로 좌우로 쪼개지더니 둥근 테두리 면에 밀리듯이 말려들면서 열렸다.

우리는 그 납작한 공 안으로 들어갔다. 그곳에는 검은 가죽 재질로 만든 듯한 푹신한 의자 4개가 놓여 있었다. 의자는 그 납작한 공의 둥근 가장자리를 따라 왼쪽과 오른쪽에 각 2개씩 서로 마주 보게 설치되어 있었다. 양쪽 의자들 사이에는 같은 검은 가죽 같은 재질로 된, 컵을 놓을 수 있는 작은 직사각형 테이블 받침대가 놓여 있었다. 그 외에 핸들이나 작동 부품, 전기선, 가스 연료통, 엔진 장치 같은 건 없었다. 오직 안락한 의자 4개와 테이블 1개가 전부였다.

나는 이 신기한 물체에 놀라서 어리벙벙한데, 토니는 마치 일상적으로 타는 것처럼 무표정한 얼굴이었다. 그가 무심코 의자에 앉는 걸 보면서 나도 작은 테이블을 사이에 두고 앉았다. 우리가 앉는 순간, 모든 것이 자동 탐지기로 되어 있는지 수평의 띠 아래쪽에 있는 반원형 문이 소리 없이 부드럽게 닫혔다.

이후 그 납작한 투명한 공은 하늘로 수직으로 치솟았다. 물체는 공중에서 마치 비행접시처럼 순식간에 전방으로 미끄러지듯 날아갔다. 그런데 나는 조금도 무섭지 않았다. 그때 토니가 공에게 어떤 목적지를 말로 지시했다. 마치 전화기의 자동 음성 장치에 명령하듯이. 그러자 공은 자동차에 열쇠를 꽂은 것처럼 토니의 음성을 알아듣고 목적지로 비행하기 시작했다.

잠시 후, 우리는 한적한 바닷가 모래사장을 가로질러 날고 있었다. 토니가 공에게 저공비행을 해달라고 명령하자 공은 그 음성을 감지하고 낮게 날기 시작했다. 모래사장에는 키가 크고 몸이 매우 건장한 한 젊은 흑인 청년이 일광욕을 하는지 얼굴을 하늘로 향한 채 대자로 누워 있었다. 우리는 그의 바로 위쪽으로 낮게 스치며 지나갔는데, 공의 비행이 얼마나 조용한지 흑인 청년의 감탄하는 목소리를 들을 수 있을 정도였다. 그가 이렇게 말했다.

"우와, 멋지다! 나도 열심히 일해서 빨리 저걸 장만해야지!"

순간, 나는 우리가 탄 '날아다니는 투명한 공 자동차'의 가격이 매우 비싸다는 걸 알았다. 또한 공은 어떤 연료의 힘으로 작동하거나 이동하는 물체가 아니었다. 이 공의 작동 원리는 마치 우리가 이 땅에서 사용하는 무선 컴퓨터에 저장된 프로그램을 통해 물체를 작동하는 것과 흡사했다. 무인 비행 물체인 드론처럼 모든 것이 미리 축적된 에너지에 의해 움직이고 있었다.

둥글납작한 공 같은 비행 물체는 마침내 토니가 말한 목적지에 도착했다. 그곳은 우리와 친분이 있는 누군가의 집 앞이었는데, 누구인지는 알 수 없었다.

공이 아까처럼 미끄러지듯이 사뿐히 정지하자 토니가 좌석에서 일어섰다. 동시에 반원형 문이 소리 없이 좌우로 열렸다. 공의 모든 장치는 프로그래밍 된 주인의 음성에 의해서만 자동으로 작동했다. 나도 토니를 따라 일어났다. 그리고 긴 숨을 들이마시며 눈을 떴다.

'이게 도대체 뭐지? 내가 미래에 다녀온 건가, 아니면 천국에 다녀온 건가?'

어찌 됐든, 그 투명하고 둥글납작한 공 같은 비행 물체와 간단하지만 세련된 실내 장식 그리고 모든 장면이 마치 방금 영화를 관람한 것처럼 기억에 생생하게 남아서 기록해 보았다.

'예수님… 우리가 가진 7감 중 하나인 예견의 감각을 오늘 사용하도록 제게 허락하신 것입니까? 혹시 그렇다면 장차 닥칠 미래의 교통수단을 제게 보여주신 것입니까?'

나는 알 수가 없다. 다만 내가 본 것을 인간의 언어로 최대한 가깝고 정교하게 표현할 뿐이다.

🌿 영의 세계

나는 고속도로 길가에 있는 작은 간이 슈퍼와 흡사한 장소에 있었다. 그곳은 하나님께 속한 수많은 영의 왕래가 잦은 곳으로, 그들이 잠시 쉬어 가는 요충지라는 사실이 알아졌다. 그곳을 담당하는 매우 젊고 아담한 체구의 남녀 형상의 두 천사가 보였다.

나는 내가 더 넓은 궁창의 세계 안의 어느 작은 장소에 있다는 사실을 알았다. 또한 이곳 아래 세상에는 다른 차원인 인간들이 사는 세계가 있음도 알아졌다.

나는 한 장소에서 다른 장소로 이동하고 있었고, 그 쉼터 같은 곳에 잠시 머무는 중이었다. 그 요충지에서 나의 죄악으로 인해 내 영이 가진 역한 냄새를 풍기는 더러운 배설물을 뽑아내고 회개 과정을 거쳐 영을 정결하게 씻기 위해서였다.

오직 성삼위 하나님 한 분 외에는 완전한 거룩함을 가진 피조물이 없다. 천사라고 할지라도 거룩하신 하나님 앞에서 자신의 영을 늘 깨끗이 씻으며 정결함을 관리하고 유지하는 작업이 필요하다. 천사도 죄지을 수 있고, 자신이 선택한 열매를 삼켜야만 한다. 하나님께서 주신 자기 지위를 지키지 못하고 정결함을 유지하지 못해 자기 처소를 떠났던 타락한 천사들을 기억하면 된다.

그 천사들은 큰 날의 심판까지 영원한 결박으로 흑암에 가두어져 있다. 다만 그들에게는 인간처럼 회개할 기회가 허락되지 않는다. 또한 그들의 열매는 인간이 삼키는 열매와 차원이 다르다.

또 자기 지위를 지키지 아니하고 자기 처소를 떠난 천사들을 큰 날의 심판까지 영원한 결박으로 흑암에 가두셨으며 유 1:6

나는 천사들이 정결 작업을 어떻게 하며 그 과정이 얼마나 걸리는 지는 잘 모른다. 그러나 인간인 내게 회개와 정결의 작업은 금방 시작 되고 마쳐지는 게 결코 아니다. 생각해 보라. 당신이 회개하고 싶다 고 해서 갑자기 마음이 겸허해지며 통회하는 눈물이 줄줄 나오는가?

나의 경우, 주님 앞에서 발을 씻는 회개를 하려면 적어도 며칠은 자신을 낮추는 시간이 필요했다. 회개와 정결의 작업을 마치면, 그 요충지를 떠나 다음 목적지로 향해야 했다. 왜냐하면 영의 세계는 완전을 추구하는 세계이기 때문이다. 그 완전을 이루기 위해 끊임없 이 움직이고 역동하는 세계가 영의 세계다.

나는 내 속의 더러움을 빼내기 위해 발을 가리는 장소를 찾고 있 었다. 영의 세계에서는 화장실을 '발을 가리는 장소'라고 칭한다(영 의 세계의 언어는 이 땅과 다른 게 많다). 사람과 천사는 각기 다른 피 조물이다. 사람은 흙으로부터 빚어졌지만, 천사들은 보통 빛으로부 터 빚어졌다. 흙으로부터 생성된 먹이 사슬의 음식을 먹는 사람이 악 하고 더러운 배설물을 뽑아내는 작업을 천사들은 '발을 가린다'라고 표현한다(영의 세계 학교에서 배웠다).

영의 세계에는 긴 복도에 문이 많은 공간이 많은데 각 문을 열면 완전히 다른 세상이 펼쳐진다. 문을 열기 전에는 문 반대편에 어떤 새롭고 낯선 세상이 펼쳐져 있는지 전혀 알 수가 없다. 하지만 천사들은 문의 출입법을 알고 있는 것 같았다.

어떤 때는 끝을 볼 수 없도록 높고 긴 탑 아래 엘리베이터 같은 물체로 들어가는 문이 있다(나는 내가 본 것을 인간의 언어로 가장 근접한 단어를 사용해 표현할 뿐이지, 그것이 엘리베이터라는 건 아니다. 다만 편의를 위해 엘리베이터라고 부르겠다). 그 엘리베이터 각 층의 문이 열리는 순간, 어떤 커다란 새롭고 낯선 세상이 펼쳐져 있기도 하다.

그러나 나는 아직 엘리베이터로 원하는 층에 자유자재로 출입할 줄 모른다. 문이 열릴 때 문밖의 다른 차원의 세계로 들어가기는 하는데, 어느 층에 서야 할지 조절하는 법도 모른다. 문이 열린 후에야 내가 어딘가에 도착했다는 사실을 알 뿐이다. 이것만 해도 수년 전 처음 영의 세계로 입장했던 시절보다는 엄청나게 발전한 것이다. 그때는 늘 천사와 함께여야만 내려오고 올라갈 수 있었다.

영의 세계는 인간의 상상으로는 답이 나오지 않는 놀라운 세계다. 그래서 하나님께서는 우리가 알지 못하는 나라를 우리가 부를 것이라고 하셨다. 또한 우리를 알지 못하는 나라가 우리에게 달려올 것이라고 알려주셨다. 우주에서 보면 작고 푸른 콩 같은 지구촌 안에서 우리가 알지 못하는 나라는 없다. 그러니 이 나라는 영의 세계를 말씀하는 것이다.

또한 내가 첫 책인《잠근 동산》을 기록할 때에 비해 다섯 번째 책인《생수의 우물》을 기록하는 지금, 영의 세계 출입법이 현저히 달라졌다. 갈수록 매끄럽고 더 발전되었다. 내 영이 끊임없이 자라고 성장하며 영의 세계로 입장하는 차원의 문을 여는 법에 조금씩 익숙해지고 있다. 그런데도 그다음 출입법의 단계가 어떻게 변할지는 예측할 수 없다. (《봉한 샘》45. 붉은 주홍색의 바위산 참조)

간이 슈퍼 같은 장소 안에서 나는 그곳을 담당하는 천사 2명 중 여자 형상을 한 천사에게 물었다.

"천사님, 저는 발을 가리는 장소에 속히 가야 합니다. 제 영혼은 지금 아주 불결하고 더러워진 상태입니다. 어디로 가야 하는지 가르쳐주시길 부탁드립니다."

천사가 내게 말했다.

"신부님, 저 계단을 따라서 올라가면 됩니다. 여러 다른 지점이 있을 겁니다."

'여러 다른 지점이라니?'

처음에 나는 그 말뜻을 이해하지 못했다. 그러나 조금 시간이 지나자 이해하게 되었다.

영적 세계에서 발을 가리는 곳 중 어떤 장소는 배설물을 양동이로 푸는 푸세식 화장실처럼 그 안에 오물이 가득하고 냄새가 역겨우며 아주 더럽다. 또 어떤 장소는 한국의 재래식 화장실처럼 쭈그리고 앉아서 볼일을 볼 수 있게 되어 있고, 주로 옆에 씻어 내릴 큰 물단지가 있다(나는 이런 구조의 화장실을 한국뿐 아니라 유럽 시골이나 아프리카 가정집에서도 흔히 보았다). 또한 영적 세계에서 현대 수세식 화장실처럼 좌변기로 된 곳을 본 적도 있다.

내 생각에 영적 세계에서 보는 각 화장실의 구조는 당시 나의 영적 상태를 나타내는 게 아닌가 싶다. 내가 인간으로서 알아듣고 이해할 수 있는 최대치의 경험과 상황과 환경으로 주님께서 내게 보여주길 허락하신 줄 안다. 그렇지 않다면 나는 알지 못하는 나라인 영의 세계를 이해하지도 못할뿐더러 인간적으로 유한한 내 지식과 경험에 갇히게 될 것이다. 즉 무식한 피조물인 인간 존재가 이해할 수 없는 것들을 뚫고 벗어나는 관통함이 불가할 것이다.

생각해 보라! 개미 앞에서 아무리 브로드웨이 메트로폴리탄 오페라의 대단원을 연주한들, 개미가 고상하게 앉아서 음악의 위대함에 감동하겠는가! 그런데도 창조 바깥에 계신 위대한 하나님께서 피조물인 개미의 형상으로 오셔서 개미 세계의 방식대로 십자가에 못 박혀 고통 속에 죽어주신 것이다.

왜냐하면 그분이 개미의 곡을 연주해야만 개미가 그 사랑을 알아들을 수 있기 때문이다. 개미가 알지 못하는 영의 세계의 그 위대한 십자가의 곡을 창조주께서 연주해 주신 이유는 무엇인가? 주인 되신 하나님, 이스라엘의 거룩하신 하나님께서 우리를 영화롭게 하시기 때문이라고 밝히셨다. 그러니 피조물인 개미의 의무는 주인님을 만날 수 있을 때 그분을 찾는 것이다. 우리는 주인님이 가까이 계실 때, 그분을 불러야 한다.

이 책의 기록 역시 우리가 알지 못하는 그분의 나라에 우리를 입장시키려는 은혜의 위대한 곡 중 작은 초청장일 뿐이다. 그러나 2천 년이 지난 지금도 영의 세계의 곡은 멸망하는 자에게는 미련하게만 들릴 뿐이요, 구원을 받는 자에게는 하나님의 살아 있는 능력으로 들린다. 이 기록은 먼저 출간된 《잠근 동산》, 《덮은 우물》, 《봉한 샘》처럼 장차 여러 나라의 언어로 번역되어 전파될 것이다.

나는 천사가 손으로 가리키는 북쪽으로 걸어가기 시작했다. 그런데 내가 발걸음을 떼자마자 평평하던 요충지의 지면이 돌연 위로 올라가는 원만한 언덕길처럼 변했다. 게다가 올라갈수록 경사가 급격히 가파르며 매우 좁은 골목길로 변했다. 한참을 올라가니 그 좁은 골목길이 심히 좁은 계단으로 변했다. 그 계단 꼭대기에 화장실 2개가 우뚝 솟아 있었다.

왼쪽 화장실은 낡은 목재로 된 문이었고, 오른쪽 화장실은 새 목재로 된 문 같았다. 두 문 앞에는 각각 어떤 문자가 적힌 팻말이 붙어 있었다. 이 땅의 화장실처럼 남녀를 구분하는 팻말이 아니었다. 각 피조물이 자신의 신분에 맞게 들어가는 장소를 규명한 팻말이었다.

나는 그 문자를 이해할 능력이 없었기에 문 앞에서 잠시 머뭇거리다가 좀 더 새것처럼 보이는 오른쪽 화장실로 들어갔다. 왠지 새 문이면 실내가 더 깨끗할 거라는 막연한 기대감 때문이었다.

문을 열고 화장실 안으로 들어가자, 실내가 아주 넓고 깨끗했다.

둘러보니 안쪽 맞은편에 북쪽으로 올라가는 좁고 가파른 계단이 다시 나타났다. 나는 그 계단으로 올라가기 시작했다.

얼마나 지났을까. 계단 꼭대기에 세 가지 목재 재질의 화장실 문이 나타났다. 각 문에는 아까와 같이 내가 이해하지 못하는 문자가 적힌 팻말이 붙어 있었다. 역시 각 피조물이 자기 신분에 맞게 들어가는 장소를 규명한 팻말이었다. 나는 또다시 가장 깨끗해 보이는 문으로 들어갔다. 내가 들어간 화장실은 안이 넓었다. 그곳에도 북쪽으로 올라가는 좁고 가파른 계단이 또 나타났다. 나는 조금씩 지치고 조급한 마음이 들었다.

바깥에서 보면 평면에 자리 잡은 것 같고 심히 좁아 보이는 화장실인데, 일단 들어가면 안이 넓고, 자꾸 위쪽으로 올라가야만 하는 또 다른 화장실의 계단 입구가 세 번씩이나 나타나다니…. 나는 마지막이길 바라는 마음으로 세 번째 계단을 터벅터벅 걸어 올라갔다.

계단 꼭대기에 다다르자 또다시 4개의 팻말이 달린 화장실 문이 나타났다. 나는 완전히 지쳤지만, 문자의 뜻을 모르니 내 눈에 가장 깨끗해 보이는 문을 쓰러질 듯 열고 들어갔다. 그 안은 약간 컴컴했으며 생활 물품이 많이 쌓여 있었다. 그리고 조금 전에 내게 화장실 입구를 가르쳐준 두 천사가 방의 가장 안쪽에 서 있었다.

그들이 있는 장소는 마치 연극 무대처럼 나지막하나 바닥보다는 조금 높았다. 그들은 시간이 걸려도 결국 내가 도착할 줄 알고 있었다는 듯한 표정이었다. 나는 화장실을 사용하기 위해 정말 최선을 다해 서둘러서 높은 계단을 세 번이나 지나서 겨우 도착했다.

'어떻게 저 천사들은 나보다 먼저 이곳에 와서 오히려 나를 기다리고 있단 말인가! 날개가 있는 천사들도 아닌데….'

어찌 되었든 천사들이 무대 위에서 나를 반가운 미소로 맞아주었다. 나는 무거운 발걸음을 옮기며 그들이 서 있는 안쪽의 나지막한 무대로 올라갔다.

천사   신부님, 환영합니다. 여기까지 올라오느라 정말 수고하셨습니다.

제시카   저는 아까 발을 가리는 장소를 여쭈었습니다. 그래서 여기가 화장실 안인 줄 알았는데, 완전히 등산로 계단이 아닙니까? 도대체 어떻게 된 일입니까?

천사   당신은 아래쪽 화장실에서 시작하여 위쪽 화장실에 이르기까지 세 번의 땀 흘리는 수고를 하셨습니다. 당신이 각 화장실의 계단을 오를 때마다 당신의 영에 차 있는 더러운 분비물이 빠져나가고 인내 속에서 정결하게 되는 회개의 과정을 거친 것입니다. 여기 세 번째 단계의 장소까지 도착하는 건 인간으로서는 결코 쉬운 일이 아닙니다.

제시카   땀으로도 오물이 빠집니까? 저는 지금 너무 지쳐서 조금 쉬고 싶습니다.

천사   안 됩니다. 이제 당신의 세계로 돌아갈 시간입니다. 저쪽으로 가면 당신의 세계로 가는 문의 입구가 있습니다.
(나는 천사가 손으로 가리키는 방향으로 고개를 돌렸다. 그

러나 그곳은 사람들이 흔히 사용하는 출입구 모양과 크기의 문이 아니었다. 미국 고층 빌딩의 각 층 구석에는 쓰레기를 버리는 조그만 정사각형 문 같은 통로가 벽에 나 있다. 거주민들은 주로 스테인리스 재질로 된 그 통로의 작은 문을 열어 쓰레기 봉지를 떨어뜨려서 버린다. 쓰레기 봉지는 건물 지하에 설치된 대형 쓰레기 컨테이너에 떨어지게 되어 있다)

제시카 네? 천사님, 저 통로의 문은 쓰레기 버리는 문 아닙니까? 저는 쓰레기가 아닌데 왜 저런 문으로 들어가야 합니까?

천사 신부님, 당신은 쓰레기가 아닙니다. 그러나 당신이 사는 지구는 거대한 쓰레기통입니다. 당신이 발을 딛고 숨을 쉬며 사는 곳은 온갖 더럽고 잡다한 것과 사악한 영들로 가득한 곳입니다. 사실 저희도 그곳에 가길 꺼립니다만 주님의 명령에 순종하여 그 쓰레기통으로 종종 방문하지요.

제시카 그 더러운 쓰레기통에 돌아가고 싶지 않습니다.

(나는 고개를 절레절레 저으며 천사의 말을 거부했다)

천사 시간이 없습니다. 당신을 태우고 갈 자동차가 너무 오랫동안 방치되어 있습니다. 서두르세요.

제시카 아니, 차라니요? 저는 모르는 일입니다.

(두 천사는 쓰레기통으로 돌아가길 완강하게 거부하는 내 양팔을 잡더니 무대 위에서 사뿐히 뛰어내렸다. 그러고는 그 쓰레기 통로 쪽으로 나를 데리고 가더니 날씬한 사람 하나가 겨우 들어갈 크기의 작은 정사각형 문을 열었다)

천사 신부님, 우리 다음에 다시 만납시다.

(한 천사가 그 쓰레기통 뚜껑 같은 문을 들어서 열자마자 또 다른 천사가 가볍게 나를 안아서 그 문안으로 쏙 밀어 넣어 버렸다. 그 순간, 나는 어두운 터널 속 엄청나게 높은 곳에서 아래로 떨어지는 듯한 무시무시한 느낌을 받았다)

'쉬익' 하는 강한 바람 소리가 내 귀를 스치고 지나가는 걸 느끼며 눈을 번쩍 떴다. 순간, 나는 고속도로 길가의 어느 한적한 장소에 서 있었다.

도로는 양방 통행로였고 사람이나 자동차 없이 텅 비어 있었다. 두리번거리며 어딘지를 알려고 했다. 그런데 문득 눈앞에, 내가 서 있는 고속도로 건너편 쪽 갓길에 주차된 자동차 1대가 보였다. 문이 4개 달린 샴페인 색의 조그만 세단이었다.

자세히 보니, 아주 오래전에 내가 타고 다니던 차였다. 그 사실을 깨닫고는 걸음을 재촉하여 차가 있는 쪽으로 뛰어갔다. 그러고는 자동차 문을 여는 순간, 나는 숨을 들이마시며 영의 세계의 긴 여정에서 깨어났다.

'내가 사는 이 지구는 영의 세계에서 보면 거대한 쓰레기통이구나! 아아… 정말 돌아오고 싶지 않았는데…. 주님, 제가 이곳에서 얼마나 더 훈련받아야 진짜배기 내 집으로 돌아갈 수 있나요?'

기나긴 실망의 한숨이 저절로 흘러나왔다.

나는 작은 스튜디오 아파트(침실, 부엌, 욕실을 갖춘 원룸형 주거 공간) 같은 곳의 침실인 듯한 밝은 장소에서 나와 친한 사이로 보이는 여자 형상의 천사와 대화를 나누고 있었다. 그때 입구가 열리며 여자 형상의 다른 천사가 작은 이불 포대기 같은 걸 소중하게 품고 들어왔다. 그녀는 좀 다급해 보였으며, 방 안에 있는 나를 보자마자 다가와서는 포대기를 건네며 말을 걸었다.

"신부님, 제가 이 아기를 포악한 계모로부터 겨우 도로 찾아왔습니다. 아기를 받으십시오."

그러고는 영문도 모른 채 의아해하는 내 두 손에 서둘러 포대기를 건넸다. 나는 깜짝 놀라며 포대기를 안고 조심스럽게 열었다.

'아이고, 주님!'

그 안에는 약 2세 정도로 보이는 아주 작고 야윈 한 남자 아기가 마치 죽은 듯 움직이지 않고 자고 있었다. 숨을 매우 힘겹게 쉬고 있는데, 그 숨소리마저 고르지 않았다. 아기 얼굴은 병색이 완연했다. 또 날카로운 것에 긁혔는지 몸 여기저기에 생채기가 나서 미처 마르지 않은 피딱지가 어지럽게 붙어 있었다.

'아니, 아기가 전쟁터에서 온 것도 아닐 텐데, 몰골이 어찌 이리도

험하단 말인가!'

아기의 행색을 보고 너무 충격을 받아서 무슨 말을 해야 할지, 천사에게 무얼 물어야 할지 몰랐다. 감히 입을 떼지 못하고 몇 분 동안 눈만 껌벅껌벅하며 아기를 관찰하다가 결국 천사에게 물었다.

"이 아기는 대체 누구고, 어디서 온 겁니까?"

천사가 말했다.

"원래 당신의 아기였습니다. 그러나 당신이 방심한 사이에 원수의 영이 낚아채 갔습니다. 이제껏 아기는 조금도 자라지 못하고 원수의 학대를 받고 있었습니다. 2세인데 걸음마도 못 합니다. 주님께서 제게 원수로부터 아기를 찾아와 신부님께 돌려주고 오라고 명령하셨습니다. 저는 아기를 데리고 오기 위해 극적인 전쟁을 치렀습니다. 아기를 당신 품에 돌려주었으니 임무를 수행했습니다. 조금만 늦었어도 아기 생명이 위태로웠을 겁니다. 속히 아기를 보살펴야 합니다."

'내게 아기가 있었던가?'

천사가 알려준 내용은 금시초문이었다. 나는 아기가 놀라거나 깨지 않도록 천천히 아주 조심스럽게 포대기를 열었다. 아기는 오래되어 낡아 누렇게 변한 더러운 긴 삼베 통옷 같은 걸 입고 있었다. 바로 그때, 갑자기 제정신으로 돌아온 듯한 느낌이 들었다.

'아아… 이 아기는 정말 내가 잃어버린 아기구나.'

나는 한동안 영의 세계에서 쫓기며 겨우 살아남아 생존하기 바빠서 내 아기가 없어진 줄도 모르고 있던 사실이 알아졌다.

'어떻게 이런 일이 가능하단 말인가! 어찌 어미가 젖 먹는 유아를

잊어버릴 수 있단 말인가!'

아기는 영양실조로 눈조차 제대로 뜨지 못하고 낮고 가는 숨을 겨우 내쉬고 있었다. 천사가 말한 '사악한 계모'는 나와 아기를 대적하는 원수의 영을 뜻했다. 그동안 학대를 받느라 제대로 자라지도, 걷지도 못하는 가여운 아기를 바라보며 돌연 내 마음이 뜨거워지기 시작했다. 다시 만난 반가움에 앞서 아기의 불쌍한 몰골 때문에 마음 깊은 곳에서 뜨거운 눈물이 솟구쳤다.

나는 닭똥 같은 눈물을 뚝뚝 흘리며 아기를 구해준 천사에게 말했다.

"아기 옷이 너무 더럽습니다. 우선 아기를 따뜻한 물에 목욕시켜 깨끗하게 한 후에 상처에 약이나 기름을 발라서 치료해야 할 것 같아요. 천사님, 저를 좀 도와주십시오."

천사가 온수를 준비하러 간 사이에 나는 조심스레 아기의 더러운 옷을 벗겼다. 아기 몸은 여기저기 찢어져 있었다. 보드라운 살이 군데군데 피범벅이 되어 터져 있었다. 속살의 상처를 발견하자, 아기가 너무 불쌍해서 다시 걷잡을 수 없는 눈물이 솟구쳐 펑펑 울었다.

'이 아기는 걷지도 못한다던데….'

내 눈이 무심코 아기의 발에 멈추었다. 발바닥에 무언가 얼룩 같은 게 묻어 있었다. 손으로라도 닦아주려고 아기의 발을 든 순간, 소스라치게 놀랐다. 두 발바닥에 금속으로 만든 둥글고 긴 심이 아주 깊이 박혀 있었다. 그 심이 얼마나 긴지 아기의 발바닥에서 무릎 아래까지 살을 뚫고 관통해 있었다. 또한 심을 박은 지가 얼마나 오래되었는지 박힌 금속 주위 살이 단단하게 굳어 있었다. 아기가 서려고 하면 고통을 느껴 걸음마를 못 하게끔 원수가 일부러 박아두었다는 사실이 알아졌다.

마귀는 인간의 지혜나 지식으로는 도저히 상상할 수 없을 만큼 잔학하고 포악하다. 사람이 아무리 악해도 마귀 졸개의 악과는 비교할 수 없다.

그때 천사가 유아용 작은 목욕통에 따뜻한 물을 담아왔다. 나는 천사에게 원수가 아기의 발에 한 짓을 보여주었다. 천사도 나와 같이 치를 떨었다. 천사가 아기에게 갈아입힐 깨끗한 옷을 가지러 간 동안, 나는 아기를 따뜻한 물로 조심스레 씻기기 시작했다. 몸에 난 상처들 때문에 천천히 시간과 정성을 들여 씻겨야겠다고 생각했다.

'어떻게 해야 발바닥에 깊이 박힌 심을 심한 출혈 없이 뽑아낼 수 있을까?'

심을 뽑자마자 피가 치솟을 게 두려웠다. 어떻게든 최선을 다해 출혈을 줄이고, 상처가 덧나지 않게 심을 잘 뽑아낼 생각을 했다.

천사는 어디선가 깨끗한 수건과 아기 옷, 포대기를 준비해 왔다. 나는 자꾸 흐르는 눈물을 손으로 훔치며 정성을 다해 아기의 몸을 닦고 새 옷을 입혔다. 그리고 아기를 포대기로 소중하게 감쌌다. 아기는 어느새 다시 잠들었는지 조용했다.

작은 방에는 침대가 하나 놓여 있었다. 나는 천사들과 함께 잠자는 아기를 침대 중앙에 누였다. 그러자 안도의 숨이 쉬어졌다.

"아버지 하나님, 우리 아기를 도로 찾아와 제 품에 돌려주셔서 고맙습니다. 부디 조속한 시일에 아기 발에서 금속 심을 뽑아내어 걸음마를 시작할 수 있도록 도와주옵소서. 아기가 다시 건강을 되찾게끔 인도하여 주소서."

나는 기도를 하면서 평온이 찾아오는 걸 느꼈다. 그러고는 깊은 숨을 쉬며 영의 세계에서 깨어났다.

'이 아기는 대체 누구인가? 이 땅에서 나는 무남독녀 미셸 하나밖에 없다. 혹시 내가 지극히 사랑하는 토니의 영인가? 나는 그간 집필한 책 3권과 성경 공부 영상으로 인해 주님과의 살아 있는 동행이 없는 종교인들로부터 수많은 돌멩이를 맞았다. 그 해산의 고통을 치르고 난 까닭에 깨어난 어떤 영의 생명인가? 도대체 누구의 영인데 내 마음이 이토록 친밀감을 느끼고 시리도록 아프단 말인가?'

이 환상을 본 지 3년 정도 지난 후에 실제 삶에서 한 청년이 나를 찾아와서 신앙 상담을 요청했다. 아랫글은 청년의 고백을 그의 허락을 받고 실은 것이다.

나는 다미선교회의 잔재인 이단 공동체에 속은 채 10여 년 동안 살았다. 목사를 사칭하는 사이비 교주는 자신이 사도가 환생한 자이기 때문에 자기를 떠나면 구원과 휴거를 받지 못한다고 신자들에게 강력한 세뇌 교육을 시켰다.
나는 순종을 빌미로 육체적 학대와 정신적 횡포 속에 각종 명목으로 헌금을 강요받았고, 결국 부모님 소유의 집과 내 명의의 집을 판 돈을 교주에게 상납했다. 그 과정에서 부모님은 헤어졌고 가정은 파탄이 났다. 그러던 중 3년 전에 제시카 윤 목사님의 책과 성경 공부 영상을 접했다. 그 과정에서 참다운 회개와 그에 합당한 열매 맺기를 경험하게 되었다. 나는 결국 놀라우신 하나님의 은혜로 바른 복음의 진리를 깨닫고, 사이비 교주로부터 탈출했다.

하나님의 복음은 설령 느리더라도 반드시 싹이 트고 열매를 맺게 되어 있다. 나는 영혼육이 폐허처럼 완전히 망가진 그를 상담하면서 놀라운 사실을 알았다. 바로 3년 전, 내가 영의 세계에서 환상을 본 시각과 청년이 내 책과 영상을 처음 보고 회개한 시각이 동일했다.

또한 그 시기에 그가 내게 신앙 상담을 호소하는 간절한 내용의 이메일을 몇 번 보냈었다는 사실도 알게 되었다. 청년은 그 사실을 처음부터 밝히지 않았다. 그러나 어느 날, 우연히 그가 보낸 이메일을 발견했고, 같은 이름이어서 얼마나 놀랐는지 모른다. 그제야 3년 전에 내가 영의 세계에서 보았던 그 아기가 바로 청년의 영인 것을 감지했고, 소름 끼치게 놀랐다.

영의 세계는 참으로 놀랍고 우리의 지식으로는 이해할 수 없는 주님의 세계다. 할렐루야!

🌹 생수 우물가의 대화

제시카 내 생명의 원천이시며 환난 날에 피난처 되시는 주님, 어디 계세요? 요 며칠간 제 마음이 심히 요동하고 있습니다.

예수님 **내 코에 상큼한 레몬차 향기 같은 나의 신부야. 내가 환경을 보지 말고, 아무것도 염려하지 말고, 오직 내 얼굴만 주시하라고 하지 않았느냐.**

제시카 제가 잘못했습니다. 마귀가 저를 흔들어대니 거친 풍랑 속에서 물결이 저를 덮칠까 봐 무서웠습니다.

예수님 **너는 어떤 일이 있어도, 어떤 경우에도 사람들을 사랑하고 섬겨야만 한다. 그것이 네 임무다. 그들은 내가 네게 맡긴 양 무리란다.**

제시카 코로나로 경제가 불안해지니까 케냐의 농부들이 시장에 식량을 팔지 않습니다. 현찰 거래를 하지 않으면 식량을 구하기가 너무 힘듭니다. 아이들 먹이려고 시장에서 매일 거의 전쟁을 치르다시피 하며 식량을 확보했습니다. 이 전염병이 언제 끝날지 모르는 판국이라 매일 까치발을 하고 시장에 다녔어요.

설상가상으로 식량을 살 돈이 없어서 저희 월급 몫으로 아이들 식량을 먼저 비축했습니다. 저는 영양실조로 머리카락이 한 움큼씩 빠져서 대머리가 될까 봐 두려워 아침마다 쪼그려 앉아서 혼자 울었어요.

그런데 원주민들이 제가 그 고생을 하며 쌓아두었던 식량을 창고에서 몰래 훔쳐갔습니다. 월급을 꼬박꼬박 받아 가는 부목사와 직원들이 아이들 먹일 식량을 매일 훔쳐서 창고가 거의 비었습니다. 설마 그들이 아이들을 이용해서 자기 배를 채우리라고는 상상하지도 못했습니다. 사람을 의심하지 않고 믿은 제가 어리석었어요.

게다가 새로 부임한 원주민 부목사 부부가 잔고도 별로 없는 교회 돈까지 마음대로 써댑니다. 원주민 직원들은 모든 대소사를 담임목사인 저희에게 묻지 않고 같은 원주민인 부목사랑 마음대로 결정하고 제멋대로 행동합니다. 저희가 외국인이라고 무시해서 그러는 게 아니겠어요! 그런데 제가 어떻게 그들을 사랑합니까!

제 선함을 이용하는 자들입니다. 제 눈에는 양 무리가 아니고 염소 무리입니다. 저런 무례하고 거짓된 행동을 일삼는 도둑들이 어떻게 양 무리입니까! 뿔이 아주 길고 날카롭게 잘 갈린 못된 도둑 염소들입니다.

예수님 **양인지 염소인지 판단은 내 몫이고, 사랑하고 품는 것은 네 몫이다. 나는 내 할 일을 잘할 테니, 너는 네 할 일이나 잘하거라.**

네 마음을 다스리라고 내가 이르지 않았느냐? 마음은 고삐를 단단히 잡고 다스리는 것이지, 조금이라도 느슨하게 풀어 방심하면 길들이지 못한 염소처럼 격동해서 뛰어오른단다. 수풀이든, 늪이든, 절벽이든 제멋대로 치솟아 달리는 것이 마음이다. 그러니 너는 마음의 고삐를 단단히 쥐어라. 외양간에 갇힌 염소 새끼처럼 날뛰지 말고, 손발에 단단히 힘을 주고 고삐를 조절하여라.

나의 기록된 말씀을 잘 기억하고 네 발에 등불이 되게 하여 좌든 우든 성경의 말씀이 지시하는 대로만 행하거라. 네 마음의 고삐도 조절하지 못하는데, 어떻게 다른 사람의 마음을 다스리겠느냐! 그러면 그저 함께 격동하며 마귀가 원하는 대로 뛰놀 뿐이다.

정신 차리거라, 나의 신부야. 나는 너를 이 세상과 장차 오는 세상에서까지 다스리는 자로 불렀다. 나의 부름에 합당한 삶을 살아다오. 자신도 못 다스리는 자가 어찌 남을 다스리겠느냐. 신부의 품격을 지키며, 무엇이든지 내게 물어보고 결정하고, 네 감정이나 판단을 따르지 말거라.

보라. 사람의 눈은 헛것을 바라보고, 나타난 것 외에는 볼 능력이 없다. 그러니 환경이 요동치거든 마음의 눈을 감아라. 조용히 입을 다물고 침묵해라. 그 후에 골방으로 들어가거라. 거기서 기도하며 내 얼굴을 찾고 구해라.

내가 은밀한 곳에서 너를 바라본다는 것을 잊지 말거라.

신랑의 눈은 자기 신부를 떠나지 않는단다. 특히 신부가 흔들릴 때 그 손을 더욱 굳게 잡는단다. 너 역시 지난날에 요양원이나 소외된 이들을 방문하여 노인들과 흔들리는 사람들의 덜덜 떠는 손을 얼마나 많이 잡아주었느냐.

나는 다 보고 기억한단다. 외로운 그들을 아무 연고 없이 방문한 일을 안다. 네가 그들의 떠는 손을 잡고 내 이름을 불러가며 기도했으니, 환난 날에 네 손이 떨릴 때 나 역시 네 손을 잡고 인도한다. 그러니 마음을 단단히 먹고, 내 눈에만 네 눈을 맞추어라. 네 손에 포개어진 내 손길만 느끼며 한 걸음씩 나를 따라오면 된다. 나는 길이요, 진리요, 또한 그대를 살리는 생명이다. 이것을 믿느냐?

나의 가엾은 신부, 장차 다스릴 자여! 정신을 똑바로 차리고 다스릴 자답게 처신하여라. 이를 위해 네가 훈련을 받고 있으며, 내가 너를 빚고 있다. 오른쪽 귓불을 잘 씻어 할례 자국을 기억하여라. 이미 나의 피가 발라져 있지 않느냐! 쉐마! ('들어라!' 주님은 내 귀에 입술을 대시고 히브리어로 크게 말씀하셨다. 순간, 모든 소음이 멈추더니 아무 소리도 들리지 않았다. 한참 적막 속에 있다가 아주 희미하게 벽시계의 초침 소리가 들리기 시작했다. 주님의 강한 임재가 내 영을 감싸고 있다는 사실이 알아졌다)

요동치지 말아라, 나의 사랑하는 자여. 마귀도, 그 누구도 그대를 흔들 자는 없다. 그대는 그대가 용납하는 자에게

용납하는 만큼만 흔들릴 뿐이다. 그러니 나 외에는 아무도 그대를 흔들도록 마음을 허락하지 마라. 나는 모든 것을 다스리는 권세를 그대에게 이미 허락해 주었다.

제시카　주님, 제가 못났나이다. 잘못했어요. 또다시 사람들의 행실을 보았습니다. 그들의 악한 마음을 보았습니다. 그들의 행실과 마음이 사람 막대기와 인생 채찍이 되어 저를 치도록 허락했습니다. 모든 게 제 잘못입니다.

　　　　염소가 뿔로 받는 행실을 하는 건 당연지사입니다. 양은 양처럼 행동하고, 염소는 염소처럼 행동할 뿐입니다. 각자의 태생과 지음에 맞게 행할 뿐인데, 제가 잠시 착각하여 상처받았습니다. 예수님, 이제야 정신이 듭니다. 잠시 졸았던 저를 깨워주셔서 고맙습니다. 휴…. (나도 모르게 큰 한숨이 나왔다)

　　　　주님, 요즘 매주 성경 공부 영상을 만들어 열심히 올리고 있습니다. 그런데 제가 원체 컴맹인지라 막대한 노력과 시간이 소요됩니다. 때로는 그 일 때문에 집필까지 소홀하게 됩니다. 그런데 영상 사역은 열매도 별로 맺히는 것 같지 않습니다. 이 작업을 계속해야 할까요? 당신께서 그만두라고 하시면 당장이라도 그만두고 싶습니다. 고물 전화기 앞에 홀로 앉아서 말하고 가르치는 일이 부담됩니다.

예수님　**너는 때를 얻든지 못 얻든지 나의 말씀을 증거하여라.**

제시카　조회 수가 별로 높지도 않습니다. 500명 조금 넘게 나올 뿐입니다.

예수님 내가 숫자에 연연하지 말라고 이르지 않았느냐. 피라미 1,000마리보다 고래 1마리가 내게는 더욱 귀중하다. 피라미는 피라미의 아비가 인도하여 먹이고, 고래는 고래의 아비가 인도하여 먹인다. 네가 나의 심정을 내가 기르는 물고기들에게 전해주길 바란다. 너는 은혜의 깊은 데에 가서 말씀의 그물을 내려 영혼의 고기를 잡거라.

첫째, 내가 내리는 은혜의 깊은 물에 들어가거라.

둘째, 깊은 물 안에서 씨실과 날실이 탄탄하게 잘 짜인 말씀의 그물을 내려라. 씨실은 진리의 성경이고, 날실은 성경 말씀을 살아내는 삶의 행위다.

셋째, 그 말씀의 그물로 영혼의 고기를 잡아라. 내가 지시하는 방향으로 그물을 내리면 된다.

이제껏 잘해 왔으니 앞으로는 연습을 통해 더욱 잘할 것이다. 그대의 떡을 자비와 긍휼의 물 위에 던지는 연습을 하여라. 일고여덟 번이라도 낙심하지 말고 계속 나누어 던져라. 세월이 흐르면 다른 자를 통해서라도 그 떡을 도로 찾으리라.

그리하면 이 땅에 그대가 알지 못하는 재앙이 임할 때, 우리의 아버지로부터 자비와 긍휼을 입으리라. 실망하지 말고 꿋꿋하게 열심히 씨를 뿌려라. 뿌리지 않으면 장차 거둘 것도 없다. 내 나라의 법칙을 너는 잘 알고 있지 않느냐. 사람이 무엇을 심든지 그대로 거둘 것이라는 파종과 수확의 법칙 말이다.

제시카   잠깐 잊었습니다. 제 영이 졸긴 졸았나 봅니다. 이제 제정신이 조금씩 돌아오기 시작합니다. 주님, 코로나로 교회에 못 가는 사람들로 인해 미디어가 발달하여 사람들의 귀가 얼마나 높아졌는지 모릅니다. 사람들은 서론, 본론, 결론이 뚜렷한 세련된 설교에 길들어 있어요. 게다가 자기가 처해 있는 사회의 정치 이야기까지 목사들이 적당히 섞어서 설교하니 청중이 얼마나 동감하겠어요. 저는 아무리 노력해도 그런 설교의 발뒤꿈치도 못 따라가겠습니다.

예수님   나의 말씀을 선포할 때 쓰레기를 가져다 붙이지 말거라. 영의 세계가 실존하는지조차 모르는 자들이 자신의 어쭙잖은 정치관을 거룩한 말씀에 붙여서 주절거린다. 그건 내가 원하는 씨실과 날실이 아니다.

자신의 습관적 종교관과 개인 정치관을 적당한 인간 냄새로 정당화시킨 화학 접착제로 붙여서 거미줄처럼 말씀을 짜내는 목사들의 악취를 나는 싫어한다. 그들은 내 코에 악취를 내는 그을음 같은 연기일 뿐이다.

처음에는 그렇지 않던 자들이 어찌 날이 갈수록 교회 안에서도 점점 더 정치와 권력 성향의 속내를 드러내어 혼돈된 직조를 해대는지···. 그들은 내 귀에 요란하게 두드려대는 금이 간 꽹과리 소리 같은 존재다. 나는 내 나라를 전하라고 그들에게 기름을 붓고 강대상 뒤에 세웠는데, 땅의 나라를 전하고 있지 않느냐. 게다가 어쭙잖은 제 소견까지 덧붙여서 말이다.

아아… 한심한 존재로 변질되어 제 소신을 내 뜻으로 믿고, 입에 침을 튀기며 자기 의에 충만하여 울분을 토하는 그들을 보면 내 마음이 답답하다. 그들은 많은 물 위에 앉은 큰 음녀와 음행하는 자들이다.

제시카 저는 그 음녀를 본 적이 있나이다. 그 물이 무엇을 뜻합니까? (《동산의 샘》 80. 사악한 이세벨의 영 참조)

예수님 음녀가 앉은 물은 땅의 백성과 종교인의 무리와 지구의 열국과 세상의 언어들이다.

제시카 지혜 없는 여종에게 장차 올 음녀에 대해 알려주소서.

예수님 세상 광야에는 몸에 참람한 이름이 가득한 붉은 빛의 짐승을 탄 여자가 있느니라. 여자가 탄 일곱 머리와 열 뿔을 가진 짐승의 비밀을 알아야 한다.

제시카 그 여자는 누구입니까?

예수님 여자는 땅의 수장들을 다스리는 권세를 지닌 큰 세계를 뜻하느니라. 여자가 탄 짐승의 일곱 머리는 여자가 앉은 일곱 산을 다스리는 수장 7명이다. 여덟 번째 수장은 전에 있었다가 없어진 짐승이니, 이전에 그 7명에게 속한 자다. 그가 바로 장차 무저갱으로부터 올라와 마침내 멸망으로 들어갈 자니라.

제시카   음녀의 형상을 알려주소서.

예수님   그 음녀는 자줏빛과 붉은빛 옷을 입었다. 금이나 보석과 진주로 요란하게 꾸미고서 그 손에 금잔을 들고 있다. 금잔 안에는 나의 아버지가 미워하는 가증한 물건과 세상 모든 음행의 더러운 것이 가득한 찌꺼기가 들어 있느니라. 그 음녀는 나의 신부들이 흘린 피와 나의 증인들의 피에 취해 있는 자다. 바벨론 세상 땅의 음녀는 지구의 모든 음녀와 가증한 것들의 어미가 된 자니라. 결국 음녀는 수장 10명과 짐승의 미워함을 받아서 망하고 벌거벗긴 채 그 살이 먹히고, 마침내는 아주 불살라질 것이다.

인간의 역사 가운데 불의에 대한 심판은 불의한 자들을 통해 이루어진다. 큰 권세의 세계는 불타 없어지기 위해 간수되어 있는 장소니라. 그러나 그 이전에는 심지어 나를 모르는 세상 땅에 거하는 자들까지도 음녀의 포도주에 취해 있을 것이다.

수장 10명이 뜻을 모아 능력과 권세를 짐승에게 준 이후, 그들은 세상 끝날에 나와 더불어 싸울 것이다. 그러나 보라! 내가 그들을 이길 것이요, 또 나와 함께 있는 자들, 곧 나의 부름을 입어 세상에서 빼냄을 받은 진실한 나의 신부들도 나의 승리에 참여하리라.

나는 이 기록을 통해 나의 심정을 밝혔다. 이제는 이 모든 것이 돌연히 신속하게 시작될 것이다. 종교적, 정치적, 경제적, 상업적인 것이 먼저 통합될 것이다. 특히 금융과 쾌락적인 오락, 식량과 의류, 의료 등에서 가장 먼저 통제가 시작될 것이다. 모든 종교를 통합하고, 종교와 정치를 통합하는 죄를 짓는 자는 들을지어다.

모르고 죄짓는 자는 적게 맞을 것이고, 알면서도 죄짓는 자는 많이 맞을 것이니라. 나는 그런 쓰레기로 혼합 직조한 말씀 선포를 나의 신부가 결단코 하지 않길 바란다. 그대는 '왕의 귀환'을 선포하여라!

제시카 만주의 주시요 만왕의 왕이신 주께서 이 전쟁에서 반드시 승리하실 것을 믿습니다. 당신께서 저더러 아비의 집을 떠나라고 하셔서 순종했습니다. 당신의 명대로 오직 '왕의 귀환'만을 온 마음과 뜻과 성품을 다해 전파하겠습니다.

예수님 그리하도록 해라. 다시 말하건대, 힘들더라도 말씀의 떡을 생수의 강물에 던져라. 많은 날 이후에 다시 찾으리라. 수에 연연하지 말고 내 말에 순종하여 열심히 그리고 꾸준히 나의 말과 심정을 양들에게 증거하여라. 말씀의 양식을 먹을 때, 그들의 영이 살고 튼튼해질 것이니라.

때에 따라 양식을 나눠주는 나의 종이 필요하다. 내가 너를 사용함을 잊지 말고, 마음을 부인하며, 영의 말씀을 전파하여라. 마지막 때 성령과 신부가 나누는 대화를 기록하여라. 생명수의 초청을 멈추지 말아라. 알겠느냐!

제시카 네, 주인님. 그리하겠나이다. 감당할 힘을 허락하소서.

예수님 내가 이제껏 그리했고, 지금도 그리하고 있고, 장차도 그리할 것이니라. 힘내라, 나의 신부여. 네 심장 안에 내가 있지 않느냐.

제시카 네, 압니다. 주님도 힘내세요. 주님만을 바라보고 있는 당신의 신부들이 있나이다.

예수님 참으로 그들은 내 눈의 기쁨이고, 내게 아름다운 백합화 향기 같은 자들이다. 나는 결코 그들을 포기하지 않는다. 내가 친히 기르는 나의 화초들이니 내 품의 꽃들이로다.

제시카 네, 주님. 어제 묵상 중에 화분에 심긴 모란꽃을 보았나이다. 하얀 베일에 간직되어 있는 아름다운 꽃이었어요. 옆에는 아직 피지 못한 봉오리 2개가 있었습니다. 얼마나 예쁜지 잊히질 않습니다.

예수님 그게 너란다. 금식을 마친 후에 흰 모기장 안에서 자는 네 영을 자신이 본 것이다. 내 눈에 비치는 그대의 영은 그렇게 예쁘고 사랑스럽단다.

제시카 봉오리 2개는 무엇입니까?

예수님 그대가 지극히 사랑하나 지금은 피지 않은 두 영혼이니 아직 이루어지지 않은 그대 삶의 영광의 순간들이다. 그들이 피어날 때, 그 영광이 드러나리라.

모든 육체는 풀과 같다. 육체가 갖는 영광의 순간은 풀에서 생성되는 꽃과 같단다. 풀도 마르고, 꽃 역시 떨어진다. 그러나 나의 말씀만은 영원토록 있을 것이다.

(나는 가슴이 뭉클했다. 요동하고 실망하며 늘 자빠지는 실수
투성이인 여종을 예쁘게만 봐주시는 주님. 철없는 내 마음으로
는 그분을 이해할 수 없다)

거룩하신 우리 아버지여,
주님의 거룩하심이 우리 안에 이루어지게 하소서.
당신의 성품을 사모하며 닮아가려는 목마름이
제 안에 있게 하소서.
오직 당신 안에서만 제 영이 숨 쉴 수 있나이다.
여종이 말씀을 선포할 때
어둠의 그을음 같은 연기가 나오지 않게 하소서.
부디 당신께서 흠향하시는 골짜기의 백합화 같은
향기만이 뿜어 나오게 하소서.

비천한 여종을 존귀한 신부로 빚으시려는
당신의 노력에 보응하는 자가 되게 하소서.
당신이 미소 지으실 수 있도록
고된 삶 속에서 빚어지는 인생 되게 하소서.
주인님을 지극히 사랑하는 보잘것없는
한 신부의 고백에 늘 귀 기울여주소서.
아멘, 주 예수여. 어서 오시옵소서. 마라나타!

🌿 생수 우물가의 대화

제시카 좋은 아침, 나의 주인님.

예수님 **햇살 내리는 창가에서 곤한 꿈속에 혼자 미소 짓는 사랑하는 나의 아가야, 잘 잤느냐?**

제시카 네, 푹 잘 잤습니다. 저는 잠 한번 푹 자보는 게 소원입니다. 몇 날 며칠을 아무것도 않고 누워서 잠만 자라고 해도 잘 것 같아요. 늘 잠이 부족합니다.

예수님 (주님은 부드러운 미소를 지으셨다) **인터넷에 너무 많은 시간을 허비하지 말고, 좀 일찍 잠자리에 들거라.**

제시카 그렇게 해야겠습니다. 인터넷 속도가 느려서 한 번 누르고 몇 분을 기다려야 하니 어쩔 수가 없어요. 요즘은 눈도 침침해서 컴퓨터 화면을 보고 있으면 시야가 흐릿해지면서 눈물이 자꾸 나와요. 화면에서 나오는 전자파가 제 눈에 해로운가 봅니다.

예수님 **눈을 잘 보호해야 오랫동안 사용한단다. 눈을 좀 보전하여라. 사람의 몸은 정직하여, 너무 혹사하면 나중에 그 값을 치르느니라.**

제시카 잘 알았습니다, 주님. 아침에 영의 세계에서 선명한 환상을 보았습니다. 제가 평소에 존경하는, 한국을 대표할 만한 유명한 목사님을 보았어요. 연세가 우리 아버지와 비슷한 분인데, 환상에서 본 그 목사님의 얼굴은 마치 30대 초반처럼 젊어 보였어요. 그런데 흰 점무늬가 있는 검정 한복 두루마기를 입으셨어요. 무슨 광대복도 아닌데 말이지요. 그리고 시골집 사랑방 같은 곳에서 손에 문고리를 잡고 문지방을 넘으려고 하더이다. 한 발은 사랑방 안에 있고 다른 한 발은 바닥을 딛기 위해 허공에 올려진 상태였어요. 올려진 발이 머무르고 있는 문지방 너머의 세계는 빛이 전혀 보이지 않는 칠흑같이 캄캄하고 차가운 장소로 보였습니다. 바로 그 장소는 제가 20대에 주님과 첫사랑에 빠져 있을 당시, 당신께서 보여주신 바깥 어두운 데 슬피 울며 이를 가는 장소였어요. 그 사실을 깨닫는 순간, 저는 너무 무서워서 숨이 멎고 온몸이 뻣뻣해졌습니다. 제게 다시는 그런 무서운 장소를 보여주지 마소서.

예수님 **저쪽 세상에서 이쪽 세상으로 이제 오는 것이다. 그가 누운 자리에서 정녕 일어나지 못하리라.**

제시카 '누운 자리'라 하시면, 그가 지금 잠들어 있거나 병상에 있다는 뜻입니까?

예수님 **병상에 있단다.**

제시카 그렇다면 그가 삶의 종말에 근접한 것 같은데요. 정말 훌륭한 인물인데, 왜 세마포 흰옷을 입지 않고, 광대 같은 흰 점무늬 검정 한복 두루마기를 입었습니까?

예수님 그가 초심을 잃었기 때문이다. 그러다가 결국 내 영광을 가로채기 시작했다. 그대의 왕 된 나는 내 영광을 피조물과 나누지 않는다. 나는 스스로 있는 유일한 신이다. 모든 피조물은 그 사실을 영원토록 기억하여라!

그가 목회 초반에는 오직 나만 의지했으나 나중에는 마음이 흐려져 주위를 의식하고 의지하기 시작했다. 그러나 그의 주위에 있는 열성파 신자들이 그의 눈과 귀를 가리고, 그를 그릇된 길로 인도하는 데 일조했다. 목사가 목사다워지려면 충성된 성도를 만나야 한다.

수많은 목사가 내게 물어보지도 않고, 자신의 꼴을 먹는 재직의 영의 상태를 점검하지도 않는다. 그저 자신의 목회에 당장 도움을 주는 손길만 바라고, 주변에 그런 사람만 가까이 두니 그렇게 되는 것이다. 목사들 주위에 사람은 많으나 사람다운 사람은 희귀하다.

마귀가 얼마나 교회의 재직을 자신의 수족처럼 부리는지 아느냐? 대형 교회 유명 목사든 작은 교회 무명 목사든 목사의 측근에는 마귀가 사용하는 도구들이 있다. 목사 사모의 측근도 마찬가지다.

그러니 목회자의 영이 진실로 깨어 있지 않으면 그가 어떤 영의 수준이든 서서히 마음의 성벽이 무너지느니라. 각 사람에게는 세상과 나의 나라를 구분하여 분리하는 마음의 성벽이 있다. 목사는 각자의 그릇의 크기에 따라 그 성벽을 스스로 지키든지, 천사가 지키든지, 또는 다수의 천사가 지켜주느니라. 모든 성벽에는 은 망대를 세우는 작업이 반드시 필요하단다. 성벽의 문에도 백향목 판자로 두르는 작업이 꼭 필요하지. 그러니 내 신부는 마음의 성벽을 지키는 일에 게으르지 말거라.

제시카 주님, 저는 영의 세계에서 케냐의 우리 장애 청소년 재활원 교회 터 성벽을 순행하는 3명의 행순(行巡) 천사를 이미 보았습니다. 그들은 마치 조선시대 성균관 유생 복장 차림이었습니다. 모두 푸른 옷깃의 교복을 입고, 머리에는 유건을 쓰고, 허리에 포대를 두르고, 발에는 검정 흑혜를 신고 있더이다. 아프리카에서 그런 차림의 천사를 보니 얼마나 놀랐는지 모릅니다. 그런데 그들은 저를 쳐다보지도 않고 우리 마을 안을 순찰만 하더이다.

예수님 그들은 성벽을 파수하는 자들이다. 네 생각에 왜 그들이 온 것 같으냐?

제시카 한복을 입은 것으로 보아, 혹시 저를 지키러 온 것입니까?

예수님 내가 코로나 때문에 이전에 따로 천사 2명을 네게 이미 보내지 않았느냐. 이번에 본, 네게 할당된 유생 복장의 파수 천사들은 내가 너에게 보살피라고 맡긴 우리의 어린 양떼를 위해 보냈단다. 《동산의 샘》 69. 백마를 타고 온 두 천사와 약 가루 참조)

제시카 　아하… 어쩐지! 전 세계에 코로나가 창궐하는 때, 교회 마을에 환자가 단 1명도 발생하지 않은 사실이 기적이라고는 생각했습니다. 저희처럼 기숙사에 모여 살고, 위생 시설도 열악하고, 물이 없어 손조차 씻을 수 없는 곳에서 모두 무탈하니 신기했습니다. 역시 주님의 자비와 은혜 외에 답이 없습니다. 그런데 은 망대는 무엇입니까?

예수님　정결한 나의 영인 성령과 나의 거룩한 성품이다. 각자의 영과 마음 안에는 성품이 되는 성벽이 존재한다. 그 성벽 중앙 위에 은 망대를 튼튼하게 세워야 한다. 망대에서 원수의 침입을 살피고 잘 막아내는 자가 지혜로운 자다.

제시카 　저는 많은 날을 제 영혼의 성벽 쌓는 일에 게을렀습니다. 그 결과, 은 망대는 고사하고 마음의 성벽까지 다 허물어져 원수 마귀가 들락날락 출입하도록 만들었어요. 덕분에 진실로 귀하신 당신의 임재까지 제 삶에서 다 도둑맞고 황폐한 성이 되고 말았지요. 제 삶 주변이 개와 승냥이만 들끓는 곳이 될 때까지 모르고 살았습니다.

그러나 지금은 완전히 다릅니다. 당신의 한없는 자비와 은혜로 다시 제 영이 깨어나 새 성벽을 쌓고 있습니다. 주님, 제 마음의 성벽에 당신의 은 망대를 세우길 허락하여 주옵소서. 이 못난 여종이 무릎 꿇고 당신 앞에 두 손을 높이 드오니 불쌍히 여기시고 순전한 은 망대를 세워주소서.

나는 무릎을 꿇고 고개를 숙이며 두 손을 함께 포개어 높이 들었다. 얼마나 지났을까. 조금 있으니 환하고 밝은 빛이 내 주위를 감싸듯이 따뜻한 예수님의 임재가 나를 덮었다. 어느새 나는 하얀 레이스 천으로 만든 내 몸에 꼭 맞는 드레스를 입고 있었다. 나의 머리 위에는 희고 반짝거리는 은으로 만든 관이 씌워져 있었다. 관의 윗부분은 마치 왕관처럼 둥글고 뾰족뾰족했다.

그때 목걸이 중앙에 끼우는 아주 조그맣고 예쁜 마스코트 같은 탑 1개가 위에서 살며시 내려오더니 관의 뾰족한 부분의 한 중앙에 사뿐히 날아 앉았다. 그 마스코트는 마치 에펠탑 같은 형태였다. 내가 머리에 쓴 관 위 중앙에 탑 장식물이 내려앉자마자 놀라운 일이 일어났다. 마치 처음부터 그 장식물이 관과 함께 있었던 것처럼 탑의 아랫부분과 관의 윗부분이 녹아 붙더니 하나의 조형물로 이어졌다. 그러고는 눈부시게 밝은 빛 안에서 흰 레이스 드레스를 입은 내 머리 위에서 관이 더욱 밝은 빛을 뿜어냈다. 그 강한 눈부심은 감히 눈을 뜰 수 없어서 흐릿한 실루엣처럼 보일 정도로 반짝거렸다.

그런 나를 바라보는 또 하나의 내가 그 옆에 있었다. 나는 문득 '이대로 영원히 주님 곁에 있으면 얼마나 행복할까? 시간이 멈추었으면 좋겠다!'라고 생각했다.

제시카　주인님, 이 관과 이 작은 탑은 무엇입니까?
예수님　내가 그대에게 하사하는 은 망대 면류관이다. 그대가 가
　　　　　진 여러 면류관 중 하나다. 오늘 아침 그대는 참으로 아름

답고 귀한 것을 간구했다. 내 신부의 아름다운 자태에 걸맞은 면류관이다. 잘 간직하여 다시는 원수에게 빼앗겨 잃어버리지 말거라.

제시카 받은 면류관을 잃어버리는 자도 있습니까?

예수님 그렇다. 땅에서 저지른 범죄로 영의 세계에서 자기가 쓴 면류관을 떨어뜨리는 망령된 자가 부지기수다.

제시카 옴마야! 주님, 저는 연약하고 미련하여 은 망대를 잘 간직할 자신이 없습니다. 이 귀한 선물에 저는 합당하지 못합니다. 이 면류관을 지킬 힘을 주소서. 은 망대를 어찌 저혼자의 힘으로 지킬 수 있겠나이까! 하나의 왕국 같던 대형 교회를 수십 년간 지킨 믿음의 거장인 목사도 잃어버린 망대입니다. 저같이 아프리카 시골 구석에 숨어 있는 미천한 종이 어찌 이런 귀한 선물을 지킬 수 있겠습니까!

제가 장차 이 은 망대를 지키지 못할 것 같으면 아예 처음부터 허락하지도 마옵소서. 아까 제가 구한 것은 제 더러움과 무지함을 잊고 감히 주제넘게 구한 것입니다. 실은 무엇을 간구하는지조차 잘 모르면서 구했나이다. 제 무지함을 용서하소서.

예수님 내가 네게 알지 못하는 나라가 네게 달려온다고 하지 않았더냐! 내 신부의 영이 간구한 것이니라. 내가 그대에게 허락한 것이니 소중히 간직하여라. 또한 내가 망대를 지킬 힘도 주마.

나는 내 신부가 구하는 모든 것을 다 허락하여 주고 싶다. 그대는 처음부터 내 안에서 나오지 않았느냐!

내가 가진 모든 것을 나눠도 아깝지 않은 자가 바로 나의 신부들이다. 그대는 항상 그 어떤 것보다 나를 삶의 우선 순위에 두고 오직 나만을 선택하여라. 그리하면 내가 친히 은 망대를 지켜주마. 그대가 옳은 것을 구했으니, 내가 옳은 길을 보여주마.

자, 그대의 것이니 영원토록 잘 간직하여라. 장차 그대에게 새로운 영의 장이 펼쳐질 것이니라.

제시카 예수님, 어떤 장이옵니까? 제게 가르쳐주소서.

예수님 이전에 내가 그대의 성품을 위하여 금 사슬에 은을 박아 만든다고 하지 않았느냐. 정금 같은 믿음을 가진 신부의 성품 위에 내가 정결한 은 같은 신의 성품을 박아 만들어 줄 것이니라. 그대의 삶 속에서 타고난 성품이 나의 신의 성품으로 다시 빚어질 때, 방해 공작하는 원수의 출입이 보이기 시작할 것이다. 새로운 영의 눈이 열려서 원수의 궤계를 지혜롭게 간파할 수 있을 것이다. 그러면 마땅히 갈 길을 알 수 있는 망대의 눈이 열릴 것이다.

제시카 제 영혼의 성벽에 대해서입니까, 아니면 다른 사람의 영혼도 같이 보이는 것입니까?

예수님 그대의 성벽은 물론이고 타인의 성벽까지, 짓는 자와 허무는 자와 그때를 알 것이다. 그러나 내가 허락한 자들의 성벽에 한해서만 볼 수 있다. 그것이 보이면 그들을 위하여 기도를 아끼지 말거라. 그들을 불쌍히 여기고 권면하며 섬기거라. 그 어떤 상황에도 지혜를 겸비하여 덕스럽게 보살피고 섬겨라. 알겠느냐?

내가 허락하는 모든 은사는 오직 사람에게 덕을 끼치고, 내 아버지에게 영광을 올리고, 나를 기쁘게 하는 일에만 사용하여라. 그렇지 않으면 초심을 잃고 변질된단다. 그것은 네 선택이다. 모든 자는 자기 선택의 열매를 먹을 것이다. 이 땅은 그런 법칙의 훈련 장소일 뿐이다.

쓰레기통 속에 피어 있기에 더욱 고귀한 백합 같은 나의 신부야. 자신의 귀함을 알고, 세상에 물들지 말고, 나의 사랑을 입은 자답게 처신하여라. 나의 귀한 신부답게 품격을 지켜다오. 알겠느냐?

제시카 명심하겠습니다. 보잘것없는 목숨이지만 생명을 바쳐서 당신의 귀한 뜻을 이루는 삶을 살겠습니다. 그러나 가능하다면 속히 당신이 계신 곳으로 가고 싶습니다.

오… 나의 주인님, 속히 오소서!

주님은 내 어깨를 부드럽게 양팔로 감싸안으셨다. 그러고는 망대의 면류관이 올려진 나의 이마에 조용히 오래 입을 맞추셨다. 그 상태로 나지막하고 부드러운 음성으로 축복해 주셨다. 평생 처음 들어보는 언어였다. 나는 그분께서 선포하시는 그 축복의 뜻을 전혀 알아듣지 못했다. 하지만 몰라도 좋다. 우리 주님에게서 온 거라면 무조건 좋다. 나보다 더욱 나를 아끼고 사랑하시는 분이 우리 예수님 아닌가! 아… 오늘 아침의 아프리카는 어찌 이리 신비하고 아름답게 느껴지는 걸까! 우리 예수님은 짱이시다.

여호와께서 그의 권능으로 땅을 지으셨고 그의 지혜로 세계를 세우셨고 그의 명철로 하늘을 펴셨으며 그가 목소리를 내신즉 하늘에 많은 물이 생기나니 그는 땅끝에서 구름이 오르게 하시며 비를 위하여 번개 치게 하시며 그 곳간에서 바람을 내시거늘 사람마다 어리석고 무식하도다 은장이마다 자기의 조각한 신상으로 말미암아 수치를 당하나니 이는 그가 부어 만든 우상은 거짓 것이요 그 속에 생기가 없음이라 그것들은 헛것이요 망령되이 만든 것인즉 징벌하실 때에 멸망할 것이나 야곱의 분깃은 이 같지 아니하시니 그는 만물의 조성자요 이스라엘은 그의 기업의 지파라 그 이름은 만군의 여호와시니라 렘 10:12-16

영의 세계에서 주님께서 내게 보여주신 그 목사님은 이 우물가의 대화 이후, 정확히 10개월 후에 생을 마감했다. 질병이나 사망의 원인은 모르고 또한 알고 싶지도 않았다. 다만 내가 본 건, 그가 문고리를 잡고 있는 광경이었다. 그는 내가 개인적으로 정말 존경하고 사랑하던 분이었다.

정직하게 말하건대, 이분만이 아니라 나 자신도 주님 안에서 영이 늘 깨어 있지 않으면 언제든 이렇게 될 가능성이 있다. 한 번 구원은 절대 영원한 구원이 아니다. 이 땅에서 인간의 한 번 영광도 영원한 영광이 아니라는 사실을 알아야 한다. 영의 세계에서 경험한 이 사건은 나에게나 목회자들에게나 영의 호각을 부는 경종이다.

사실 이런 불미스러운 광경의 증인이 된다는 건 많은 돌멩이 세례를 받을 일이라는 걸 안다. 하지만 나는 내 주인 되신 예수께 약속드린 순종을 올려드리기 위해 이 글을 기록한다.

27 샤론의 아담

🌿 영의 세계

나는 밝은 빛이 환하게 내리쬐는 공간에 있었다. 대형 교회 같은 커다란 예배당 안 강대상 옆으로 문이 연결되는 공간에는 강사 대기실 같은 큰 방이 있었다. 나는 3일간 열리는 대규모 부흥 집회에 초대받은 여러 강사 중 1명으로 내 차례가 오기를 기다리고 있었다. 순서지에 내 차례는 저녁때로 쓰여 있었다. 아직 여유가 있었다. 강사 대기실 문 바깥의 복도는 군중의 떠드는 소리로 시끌벅적했다. 문득 나는 사람들과 같이 있지 않고 혼자인 사실에 안도감을 느꼈다.

젊었을 때는 그렇지 않았으나 나이가 들면서 사람들이 북적이는 장소를 꺼리는 성격으로 조금씩 변했다. 겉으로는 전혀 그렇게 보이지 않지만, 실상은 낯을 많이 가리는 편이다. 생전 모르는 사람과 처음 만나는 자리에는 자원하여 가고 싶지 않다. 그러나 몇십 년 목회 생활이 나를 변화시켰다. 대중을 마주하고, 강대상에 서서 설교하고, 모임 자리에서 내 소개를 하고, 상담하거나 목양하는 일이 성격을 바꾸었다. 내게는 잘 길든 두 번째 성품이 있다.

사역 역시 술, 마약, 노름 중독자나 노숙자에게 의식주를 제공하는 일을 계속하다 보니, 싫든 좋든 수많은 사람과 관계 맺고 교분을 쌓는 일이 하루 세 끼 밥 먹는 일처럼 익숙하게 몸에 배어 있다.

그러니 내 실제 성격을 잘 모르는 주위 사람들은 내가 외향적이고 상냥하며 매우 부드러운 성격이라고 생각한다. 나 역시 그런 내 말과 행동이 이제는 마치 오래 신고 다니던 운동화를 신는 것처럼 매우 익숙해서 편하기도 하다. 왜냐하면 사람은 천성이 어떻든 일정한 환경에서 오랫동안 같은 일을 반복하다 보면, 환경이 요구하는 두 번째 성격이 발달하기 때문이다. 천성이 아닌 생존 성향이 기술적으로 잘 훈련되어 두 번째 성품이 빚어진다. '사람은 환경의 부산물'이라는 옛말이 나름 타당한 것 같다.

그런데 조금씩 나이가 들면서 내가 다시 변하는 것을 감지한다. 속사람 안에 꼭꼭 감춰둔 천성이 신김치 냄새처럼 스며 나온다. 사람의 천성이 어디 가질 않는 게 참 신기하다. 어찌 되었든 내 속사람은 군중 속에 있을 때는 빨리 피곤해지고, 혼자 있을 때는 오히려 에

너지를 방출하며 생동감을 얻는다. 특히 주님과 독대하며 대화하는 시간을 최고로 좋아하고, 거기서 무한한 기쁨을 얻는다.

나는 강사 대기실에 있는 긴 소파에 혼자 앉아 있었다. 돌연히 내 앞에 두 남자가 나타났다. 문도 열리지 않았는데 어디서 나타났는지 깜짝 놀랐다. 그들은 20,30대 젊은 남자 형상으로, 둘 다 180센티미터 정도 큰 키에 군살이라고는 전혀 없는 건장한 체격이었다. 둘 다 머리카락이 어깨 정도 내려오는 장발이었고, 유대인처럼 이목구비가 뚜렷한 미남이었다. 1명은 검은 머리카락, 다른 1명은 짙은 갈색 머리카락을 갖고 있었다.

두 남자는 마치 중세 귀족 영화에서 튀어나온 듯한 복장이었다. 허리에 길고 가는 검까지 찬 그들은 남자 기사가 입는 흰 주름이 풍성한 셔츠를 입고 있었다. 긴 소매는 주름이 많이 들어가서 약간 늘어진 듯 보였다.

둘은 처음에 친한 친구처럼 보였으나, 순간 내 영이 감지한 건 검은 머리 청년이 짙은 갈색 머리 청년을 섬긴다는 사실이었다. 그러면서 내가 영의 세계에 와 있다는 것도 알게 되었다. 영의 세계는 일단 들어가면, 그 세계가 실제로 현존하는 세계가 되어버린다. 이 땅의 일은 잘 생각나지 않을뿐더러 별로 중요하게 느껴지지도 않는다.

'이들은 누구인가? 천사들인가?'

그들은 나를 잘 알고 있는 듯했다. 그러나 내게는 인사도 건네지 않고 눈길조차 주지 않았다. 나라는 존재를 마치 방 안의 선반 위에 있는 먼지 쌓인 꽃병 정도로 여긴다는 느낌이 들었다. 둘은 큰 방에서 나와 조금 떨어진 맞은편에 서서 한참을 대화했다.

짙은 갈색 머리 청년이 옷을 갈아입으려는지 흰 셔츠를 벗어서 검은 머리 청년에게 건네주었다. 그가 셔츠를 벗으니, 그 안에 참으로 견고하고 아름답게 만들어진 짙은 오렌지색을 띤 갈색 가죽조끼가 나타났다. 훌륭한 솜씨를 가진 가죽 장인이 수공으로 만든 듯한 조끼는 오직 그를 위해서만 제작되었는지 몸에 꼭 맞았다.

조끼 앞쪽에는 같은 색의 가죽 단추가 달려 있었으며 어깨선 부분에는 한 땀 한 땀 바느질한 자국이 보이는 가죽이 약간 도톰하게 말려 올라가 있었다. 정말 멋진 수공예 조끼였다. 그토록 아름다운 가죽 의상을 본 적이 없어서 내 입에서 감탄이 절로 나왔다.

'우와… 저 사람은 패션쇼 무대에서 모델로 걸어 나와도 전혀 손색이 없을 정도로 조각 미남의 모습을 가졌구나! 오늘은 안구 정화의 호강을 누리는 날인가 보다. 할렐루야!'

내가 옆에 앉아 있다는 사실을 알면서도 내 존재는 전혀 아랑곳하지 않는 그들을 바라보며 문득 나 자신이 다른 세계에서 온 키 작은 미운 오리 새끼 같았다. 순간, 나도 모르게 고개를 숙여 내가 입고 있는 옷을 보았다. 희고 깨끗한 레이스 재질의 블라우스에 약간 거친 양모 재질의 회색 조끼와 통치마를 입고 있었다. 단정하게는 보였으나 스타일이라고는 전혀 고려하지 않은, 옛날 학교 선생님 같은 복장이었다. 게다가 치마는 얼마나 큰지 내 허리에 맞지도 않아서 허리 부분을 두어 번 접어 말아서 입고 있었다. 마치 남의 싸구려 기성복을 빌려 입은 듯 보였다. 불현듯 창피한 생각이 들었다.

'지금이라도 저 조각 같은 두 남자의 시야에서 최대한 조용히 빨리 사라져야겠다.'

나는 살그머니 앉은 자리에서 일어났다. 그런데 이게 웬일인가! 짙은 갈색 머리 청년이 내 쪽으로 '휙' 하고 고개를 돌리는 게 아닌가!

'아니, 뒤통수에 눈이 달렸나? 내가 움직이는 걸 어떻게 알고 고개를 돌린 거지? 아이고… 주님, 어디 계세요? 지금 이 순간, 투명 인간이 되고 싶어요!!'

고개를 돌린 청년이 나와 눈이 마주치자 싱긋 웃었다.

'어디선가 본 웃음인데….'

익숙한 웃음이었다. 그런데 이상했다. 내가 "날 좀 보소!" 하는 신호탄을 쏘아 올린 것도 아닌데, 그 청년은 자기와 대화하던 검은 머리 청년을 뒤로하고 내 쪽으로 발걸음을 옮겼다.

'옴마야… 늙은 아줌마는 이만 사라지려 하는데 왜 내게로 걸어오는 거지?'

그 몇 초가 내게는 몇 분처럼 느껴졌다. 그가 마침내 내 앞에 섰다. 나는 아무렇지 않은 척 무표정을 가장하며 청년에게 말했다.

"안녕하세요? 저는 제시카 윤 목사라고 합니다. 두 분이 열심히 대화하는데 방해해서 죄송해요. 저는 이 방을 나가려던 참이었어요." ·

짙은 갈색 머리 청년이 내 눈을 바라보며 말했다.

"안녕? 나의 사랑하는 자야, 나는 '샤론의 아담'이다."

나는 가까이서 그의 눈을 보고 깜짝 놀랐다.

'저 눈은 우리 주님의 눈매인데, 이 사람은 도대체 누구인가? 그리고 예순이 넘은 내게 왜 반말을 하지?'

기분이 살짝 나빠지려고 했다. 본래 영의 세계에서는 말하지 않아도 상대의 신분을 알 수 있다. 그런데 이 사람에 대해서는 아무것도 알아지지가 않았다. 나는 거의 고함에 가까운 수준으로 외쳤다.

"뭐라고요? 저는 이스라엘 해안 근처 비옥한 평야인 '샤론'이라는 장소를 압니다. 당신은 그 지방에서 왔습니까? 아담은 우리 사람들의 태곳적 조상의 이름인데요. 당신의 이름은 흔히 사용하는 남자 이름 아담을 말하는 거지요? 혹시 저를 아세요?"

내가 속사포처럼 묻자, 그는 아무 대답도 하지 않았다. 오히려 미소를 띠며 내게 질문했다.

"지금 입은 옷이 네게 좀 크구나. 내가 마련해 준 옷장으로 가서 맞는 옷으로 갈아입어야겠다. 괜찮겠니?"

'히잉… 왜 또 반말이야? 내가 자기를 언제 만났다고?'

그는 조금 떨어진 곳에서 이 대화를 듣고 있던 검은 머리 청년에게 오라고 손짓했다. 검은 머리 청년이 우리 앞에 섰을 때, 나는 그의 신분이 천사라는 사실이 알아졌다.

'이 검은 머리 청년의 신분은 알겠는데, 왜 저 짙은 갈색 머리 청년의 신분은 알 수가 없는 걸까?'

검은 머리 천사는 나를 데리고 강사실 문 바깥으로 나갔다. 그렇게 시끌벅적하던 사람들이 다 어디로 갔는지 아무도 없었다. 심지어

적막강산처럼 고요했다(영의 세계는 문을 열기 전까지는 그 문 너머의 세상을 예측할 수가 없다). 살짝 어둑한 긴 복도를 몇 번 돌더니 어떤 문 앞에 천사가 발을 멈추고는 말했다.

"신부님, 안으로 들어가 보세요."

나는 천사가 열어주는 문 안으로 들어갔다. 놀랍게도 그 방 안에는 마치 세탁소 의류 보관 창고처럼 나지막한 천장에 컨베이어 벨트처럼 돌아가는 금속 파이프들이 설치되어 있었다. 그 파이프에는 질서정연하게 많은 의상이 걸려 있었다. 흡사 거부의 대형 옷장 같았다. 그 순간에 내가 안 사실은 그 모든 의상이 내 소유라는 것이었다. 천사가 그중 한 옷을 골라서 내게 건네주며 말했다.

"신부님, 당신은 오늘 이 옷을 입어야 합니다."

그 옷은 내가 입고 있는 회색 통치마와 생김새가 같았다. 하지만 걸려 있는 모든 옷은 내 체형에 맞춤 제작된 거라 잘 맞았다. 비록 내가 원하는 스타일은 아니었지만, 옷이 몸에 꼭 맞으니 아까보다는 훨씬 모양새가 나았다. 내가 천사에게 말했다.

"천사님, 이제 의상은 되었으니, 거울이 있는 장소로 안내해 주시겠어요? 강대상에 올라가기 전 헝클어진 머리를 손질하고 싶습니다."

"네, 그럽시다."

나와 천사는 다시 문 바깥 어둑한 복도로 걸어 나갔다. 그러고는 곧 다른 문으로 들어갔고, 거기에 커다란 거울이 벽에 걸려 있었다. 거울 앞에는 빗도 있었다. 거울 속의 나는 검고 긴 머리카락을 소유하고 있었다. 그런데 다음 순간, 엄청난 일이 벌어졌다.

내가 빗으로 머리카락을 훑는데, 짙은 군청색 푸른 별 모양의 납작하고 작은 조각들이 후드득 떨어지며 은색 가루가 함께 휘날렸다. 각각의 별은 3센티미터에서 1센티미터에 이르기까지 크기가 다양했다. 신기하게도 별들이 떨어질 때마다 새로운 별과 은가루가 내 머리카락의 일부분처럼 다시 생성되었다.

이 놀라운 장면에 어리벙벙한 나를 보고 천사가 재촉했다.

"신부님, 강대상에 올라갈 시간입니다. 빨리 큰 방으로 돌아가야만 합니다."

우리는 곧장 거울 있는 방을 나왔다. 그리고는 어둑한 복도를 몇 번이고 돌아 다시 강사 대기실 같은 큰 방에 도착했다. 방에 들어서자, '샤론의 아담'은 벗었던 흰 셔츠를 입고 서서 무언가를 하느라고 내게 등을 돌리고 있었다. 멋진 가죽조끼는 머리 없이 몸통만 있는 천으로 덮인 마네킹 위에 단정하게 걸려 있었다. 나는 조심스럽게 그의 뒤편에 서서 물었다.

"저 가죽조끼가 너무나 멋있습니다. 혹시 실례가 되지 않는다면, 제가 강대상에 올라갈 때 좀 빌려 입을 수 있겠습니까? 제가 지금 입은 회색 양모 조끼보다는 저 가죽조끼를 입는 게 훨씬 모양새가 좋을 것 같아서요."

그에게 어떤 위엄이 느껴져서 감히 반말을 할 수 없었다. 그는 내 쪽을 돌아보지도 않고 싱긋 웃으며 시원하게 대답했다. 내가 볼 수 있는 것도 아닌데 그가 웃는 걸 어떻게 아는지도 참 불가사의했다.

"그렇게 하거라. 내가 빌려주마."

어디서 많이 듣던 익숙한 어휘인데 누구였는지 도저히 생각이 나질 않았다. 어찌 되었든 나는 멋진 가죽조끼를 입어볼 수 있다는 사실에 흥분되어 다른 것은 신경 쓸 여유가 없었다.

나는 고마운 마음에 팔짝팔짝 뛰었다. 그러고는 내게 등을 돌리고 서 있는 그에게 냉큼 다가가서 그의 허리를 뒤에서 꼭 안았다. 그런데 그의 몸이 아주 단단하게 느껴졌다. 깜짝 놀라 숨을 들이쉬었다. 그러고는 영의 세계에서 깨어났다.

'도대체 샤론 지방에서 온 아담은 누구란 말인가? 다음에 꼭 다시 만나면 좋겠다.'

28 육혼영이 거쳐야 하는 세 장소

🌿 영의 세계

내 시야에 펼쳐진 첫 번째 장소는 여학생들이 훈련받는 곳의 기숙사였다. 그곳은 마치 옛날 조선의 왕들이 살던 궁 같은 건축물이었다. 남학생들은 또 다른 장소에서 훈련받았다.

거대한 궁 같은 건축물 가장자리에 도랑 형태의 수로가 띠처럼 둘러 있었다. 수로는 별로 깊지 않고 폭도 좁은데 더러운 오물로 가득했다. 바닥에는 더러운 찌꺼기가 두꺼운 물이끼처럼 가라앉아 있었고, 나는 그 안에서 헤엄치고 있었다.

바닥의 오물 찌꺼기에 몸이 닿을까 두려워서 가라앉지 않으려고 필사적으로 노력하며 물살을 이용하여 떠내려갔다. 멀리 가는 건 중요하지 않았다. 다만 오물 안에서 가라앉지 않고 조금이라도 전진하는 가능성을 잃지 않는 게 중요했다.

물 안에는 나 외에도 사람들이 있었다. 그런데 긴 줄을 이루어 끊임없이 제자리에서 원을 그리며 돌고 있는 인간이 대부분이었다. 그들처럼 되면 안 된다는 마음이 강하게 들었다. 그래서 조금이라도 전진하기 위해 쉬지 않고 몸부림쳤다. 그 수로는 턱없이 좁고 얕아서 부력이 없는 물에 떠 있는 것만으로도 힘든데, 전진하려고 버둥거리니 너무나 힘들었다.

얼마나 시간이 흘렀을까. 마침내 나는 수로의 마지막 벽에 다다랐고, 오물 물에서 겨우 빠져나와 땅에 발을 딛고 섰다. 하나님의 은혜였다. 그런데 순간, 수로가 사라졌다. 그 수로는 영의 세계에서 보이는 '지구를 덮고 있는 하늘에 떠 있는 물'이라는 사실이 알아졌다.

'궁창을 덮고 있는 물인가? 그렇다면 구름인가?'

(나는 모른다. 오직 주님께서 알려주시는 만큼만 기록할 뿐이다.)

그렇게 내가 첫 번째 차원의 문을 열었다는 사실이 알아졌다.

나는 어느새 두 번째 장소에 있었다. 긴 길이 펼쳐져 있었고, 중앙에는 그 길의 너비와 같은 커다란 한국 전통 건축물이 자리 잡고 있었다. 그 앞에 서서 건물을 찬찬히 살펴보는데, 건물에 문이 없었다. 그러나 건물 뒤편에는 다음 차원의 세상인 또 다른 긴 길이 있음을 내 영은 알고 있었다.

건물은 지반에 기초를 두지 않았다. 건물 하단에 1미터가 채 되지 않는 짧고 굵은 기둥들이 건물을 받치고 있었다. 기둥 안쪽에는 마치 창고처럼 셀 수 없을 만큼 많은 물건이 가득 차 있었다. 그 안에는 수많은 인간의 지식을 적은 무거운 책과 오래되어 값이 나갈 만한 골동품과 진품, 한때는 쓸모가 있었지만 지금은 쓸데없는 잡동사니 등이 빽빽이 들어차 있었다. 누워서 팔을 쭉 펼 수 있는 공간조차 남아 있지 않았고, 허리를 구부려도 들어가지 못할 정도로 물건들로 포화 상태였다.

그러나 건물 뒤편에 있는 다음 차원의 세계로 진입하려면 반드시 이 공간을 지나야만 했다. 돌아가는 길이 없었다. 결국 나는 보병처럼 바닥에 납작 엎드려 팔꿈치로 기어서 힘겹게 전진하기 시작했다.

영의 세계 일부를 기어가며 깨달은 건, 그 좁고 낮은 공간은 인간이 뚫고 전진할 수 없도록 만들어진 견고한 '인간 내면의 진'이라는 사실이었다. 그렇다고 인간이 그 안에서 멈춘 채 그다음 펼쳐질 차원의 세계를 포기하면 안 된다는 사실도 알아졌다.

하나님의 백성이 하나님의 사람답게 살기 위해서는 땅에 닿은 지면과 낮은 천장 사이에 빽빽이 쌓여 있는 오래된 책들 같은 '세상 지식'을 치우고 청소해야만 한다. 또한 자신이 소유하고 있다고 믿는 각종 잡동사니인 '경험'을 꺼내서 버리고 새로 정리하는 작업을 시작해야만 한다. 그래서 낮고 낮은 기둥과 잡동사니가 열을 지어 있는 그 비좁은 공간을 뚫고, 그다음 차원으로 나아갈 희망을 버리지 않는 용기가 필요하다.

나는 팔꿈치가 닳아 까지도록 낑낑거리며 기어서 전진하던 중에 포기할 생각도 문득문득 했으나, 온 만큼 다시 뒷걸음질 치는 게 더욱 힘들 거라는 사실을 알았다. 그래서 사력을 다해 모든 것의 사이를 뚫고 나아갔다.

마침내 건물 맞은편에 도착한 나는 땅을 박차고 가까스로 일어났다. 내가 두 번째 차원의 문을 열었다는 사실이 알아졌다.

다음으로 도착한 세 번째 장소는 컴컴하고 어둑했다. 엄청나게 큰 규모의 매우 비싸 보이는 식당이었다. 멋지게 장식된 산해진미가 질서정연하게 진열되어 있었다. 층마다 웨이터나 웨이트리스 같은 복장을 한 남녀 직원 형상의 천사들이 손님들에게 열심히 서비스하고 있었다. 실내에는 세련된 장식으로 식탁과 의자가 잘 배열되었고, 모든 벽의 가장자리에는 식탁과 푹신한 벤치도 있었다.

그 큰 식당에는 여러 층이 있었다. 각 층의 숫자는 방문한 손님들이 가진 영의 단계로, 자신의 영의 단계에 맞는 층에서만 식사가 가능했다. 층이 올라갈수록 식사 공간이 좁아졌고 손님 수도 줄었지만, 실내 장식은 더 고급스럽게 느껴졌다. 아래층에는 사람들의 대화 소리와 식기가 부딪치는 소리만 났는데, 가장 위층에는 음악 소리가 흘러나왔다.

모든 손님은 비싼 값을 치러야만 음식을 주문해 먹을 수 있었다. 토큰이든 식권이든 대가를 치러야만 음식을 사 먹을 수 있는 게 식당의 규율이었다. 손님은 사람만이 아니라 여러 다른 신분을 가진 피조물도 있었다. 성경이 언급하는 천사조차도 여러 종류가 있지 않은가! 물론 나 역시 예외는 아니어서 주문한 음식에 값을 치러야 했다. 나는 영의 세계에서 사용하는 토큰을 주머니에 충분히 갖고 있었다. 그 토큰은 이 땅에서 행한 각각의 선한 행위로 영의 세계에서 전진할 때 필요한 경우가 종종 있었다.

나는 음식을 먹고, 대가를 치르고, 음식점에서 나왔다('영이 어떻게 먹냐'라고 의문을 가질 수 있다. 그러나 부활하신 주님도 디베랴 바닷가에서 숯불을 피우시고, 그 위에 생선과 떡을 놓으시고, 제자들과 조반을 나누신 사실을 기억하길 바란다).

이 장소는 궁창의 세계였다. 궁창에는 천사의 영뿐만 아니라 많은 다른 피조물이 존재한다. 천사조차도 성경이 말씀하는 것처럼 신분이나 계급에 따라 형상이 다르다.

물론 마귀, 악령, 귀신도 각각 형상이 다르며, 그들이 거하는 궁창의 영토도 다르다. 또한 비무장지대처럼 선과 악이 함께 거하나 전투를 하지 않는 장소도 있다. 나는 내가 영의 세계에서 세 번째 차원의 문을 열었다는 사실이 알아졌다.

세 번째 세계에서 나왔을 때, 내 모습을 보니 조그마한 소녀였다.

그게 바로 내 영의 나이였다. 나는 이 세 번째 세계가 끝이 아니라는 사실을 알고 있었다. 앞으로 내가 가야 할 영의 세계의 단계가 무궁무진하다는 사실도.

그 길이 얼마나 험하든, 어떤 대가를 치르든 내 영은 힘들어도 그 단계들을 뚫고 나가야만 한다. 물론 내 힘으로는 절대 갈 수 없다. 신실하신 하나님께서 내 능력과 상관없이 나를 다음 차원의 세상으로 반드시 불러내실 것이다.

29 우리가 지구에 온 이유

🌹 양떼의 발자취 - 간증

내가 새로운 차원의 세상에 도착한 사실과 그곳에는 전과 전혀 다른 차원의 세상이 기다리고 있음을 깨달았다. 주님께서는 내가 영의 눈을 통해 각 장소의 문을 통과할 때마다 그 안을 충분히 보고, 경험하고, 배우게 하셨다.

나는 지구에서 영의 세계에 출입하는 자가 나뿐이 아님을 안다. 드물지만 때로 그곳에서 사람을 보았기 때문이다. 그들은 영의 세계의 출입에 대해 밝히지 않고 침묵한다. 나는 지구촌에서 그들이 어디서 무엇을 하는지 잘 모른다. 나와 같은 시간대에 존재하는지 또는 다른 시간대에 존재하는지도 모른다. 그러나 그들이 침묵하는 이유는 알 것 같다. 영의 세계에 대해 밝히면 다른 자들로부터 미친 사람이나 이단 취급을 받으며, 삶에 아무 이득이 없기 때문이다. 솔로몬도 하나님께 "종은 작은 아이라 출입할 줄을 알지 못한다"라고 고백한 이후 일체 침묵을 지켰다.

그러나 성경 곳곳에서 영의 세계를 언급하고 있다. 선지자들, 계시록을 기록한 주님의 제자 요한, 셋째 하늘을 보고 온 사도 바울까지도 영의 세계 출입을 살짝 언급하지만, 설명과 해석은 침묵한다. 이 사실은 영계의 출입에 대해 나 혼자 특별한 은사를 받은 게 아님을 확증하기에 충분하다. 그것이 나를 겸손하게 만든다.

주님을 향한 사랑과 순종은 바로 '결심'이다. 나는 주님과의 첫사랑을 회복하면서 그분을 사랑하기로 결심했다. 또한 그 사랑의 확증의 열매로 그분의 명령에 순종하기로 결심했다. 그래서 나와 동일한 세상에 사는 자들에게 성경에서 언급하는 영의 세계를 참고서와 같은 기록으로 남겨 말씀의 이해에 도움이 되고자 할 뿐이다. 이로써 나름대로 피조물의 본분을 다하려 노력하고 있다.

그 결과로 종교인들에게 돌세례를 하도 맞아 마음에 피멍이 들었지만, 사람들이 믿건 안 믿건 더 이상 중요하지 않다. 그러나 기록하라고 명하신 주님께 순종해 드리는 건 내게는 생명을 건 중요한 문제다.

다음 세 가지는 영의 세계를 배우기 시작하면서 깨달은 점이다.

첫째, 나는 배설물 제조기다. 오직 주님께서 허락하셔야만 더러운 오물 수로 같은 육신이 가죽옷을 뚫고 나올 수 있다.

둘째, 나는 세상 지식과 인간의 쓸데없는 경험으로 가득 차 있다. 오직 주님께서 허락하셔야만 겸손한 마음으로 납작 엎드려 전진하며 세상 신이 지배하는 고물 창고 같은 마음이 이성을 뚫고 나올 수 있다.

셋째, 나는 이웃에게 선을 베풀어야 한다. 영의 세계에서 전진하기 위해 이 땅에서 반드시 대가를 치러야 한다. 물론 이웃에게 선을 베풀면 내게는 보응이나 손해가 따른다. 그러나 가죽으로 가죽을 바꾼다. 주님께서도 마귀에게 자기 피의 대가를 치르시고 우리의 영혼을 사셨다. 우리의 영은 대가를 치르는 영의 세계의 식당에서 먹고 힘을 얻어야만 세상을 뚫고 나올 수 있다.

내 영이 또 다음 단계의 차원의 문을 열기 위해서는 이 땅에서 현재 처한 무쇠 벽 같은 환경을 뚫고 나와야만 한다. 영의 세계의 사건은 이 땅과 연결고리가 있다. 무엇이든지 우리가 땅에서 매면 영의 세계인 하늘에서도 매이고, 땅에서 풀면 영의 세계인 하늘에서도 풀린다.

영의 세계에는 각 차원의 문을 여는 새로운 단계가 있다. 나는 이 땅에서 가죽옷을 입은 인간이 가야 할 마지막 문의 단계가 무엇인지 아직 모른다. 그 단계가 육신의 가치 없는 죽음이라고 말하는 건 아니다. 그 문은 각자의 영의 그릇에 따라서 한계점이 다를 수도 있다.

왜 하나님께서 심히 연약하고 무지한 나를 차원의 문을 여는 자로 인도하시는지 이해되지 않을 때도 있다. 그러나 철없는 나를 영의 세계의 각기 다른 단계로 보내실 때는 이유가 있으실 것이다.

그 이유는 무엇일까? 사람에 따라 소명이 다르니 이유도 다를 것이다. 나의 경우는 보고 들은 것을 기록하여 책으로 남기는 거라고 믿는다. 들을 귀 있는 자는 들을 것이고, 들을 귀 없는 자는 듣지 않을 것이다. 종은 주인의 일에 책임을 지지 않는다. 그러니 미치광이 취급을 받더라도 주인의 명에 순종하면 된다. 주님께 명령받은 임무를 최선을 다해 완수한 뒤 마지막 날, "무익한 종이 해야 할 일을 한 것뿐"이라고 고백하며 머리를 땅에 대고 납작 엎드리면 된다.

나는 크리스천의 생명이 우연히 생겨났다고 생각하지 않는다. 각자의 생명은 귀중하고, 특히 영혼은 주님께 더욱 귀중하다. 우리는 조상인 아담과 하와의 불순종으로 죽을 수밖에 없는 존재였다. 그런데 왜 죄악 덩어리인 우리를 위해 예수님이 대신 죽어주셨을까? 나를 사랑하기 때문에? 물론 맞다. 하지만 잘 이해하지도 못하는 하나님의 위대한 사랑을 입으로만 읊는 것에서 벗어나 보자. 오히려 한 번쯤 하나님을 향한 자신의 사랑을 돌아보고 회개하자!

우리는 죽었다 깨어나도 하나님의 위대하신 사랑을 이해할 수 없는 피조물이다. 창조주의 위대하고 아름다운 오케스트라 연주에 감동할 수 없는 작은 파리에 불과하다. 한국에 사는 파리가 아무리 잘 날아도 태평양을 횡단해서 미국에 오겠는가! 그러나 파리가 회개로써 변소가 고향인 자신의 주제를 파악하고 난 후, 예수 그리스도라는 비행기에 타면 태평양 횡단이 가능하다.

예수님의 십자가 사건으로 인해 지구에 사는 모든 인간의 죄는 종결되었다. 인류 역사는 새 마침표를 찍어야 한다. 그런데도 인간의 시간은 계속 흐르고 있다.

왜 아직 요한계시록의 예언이 다 성취되지 않고, 인간의 죄악은 더 깊어지기만 할까? 왜 주님은 여전히 우리를 이 지구에 보내서 훈련 과정을 겪게 하시는 걸까? 왜 인간으로서 영의 세계인 다음 차원의 장으로 넘어간 자들도 계속 지구에 머물러야만 할까?

인간이 창조된 이유, 인간이 존재하는 이유, 내가 이 땅에 살아가는 이유, 하나님께서 나를 이 땅에 보내신 이유에 대해 우리는 가던 길을 멈추고 한 번쯤 생각해 봐야 한다. 기도하며 주님께 여쭈어야 한다. 나는 심히 어리석지만 '우리가 지구에 온 이유'에 대해 영의 세계에서 깨달은 몇 가지 답을 공유하려 한다.

첫째, 인간의 가죽옷인 육신에 갇혀 '한계점을 직시하는 눈'을 지니기 위해서다. 우리의 영은 이 땅에서 육신을 입고 사는 동안 많은 한계를 갖는다. 환경에 부딪히는 육신의 연약함과 한계를 진실로 깨달을 때, 창조주 앞에서 겸손함을 지니게 된다. 루시퍼의 가장 취약점이 교만임을 기억하자. 장차 올 영의 세계인 천국에서 '겸손함'은 너무나 중요한 덕목이다.

둘째, 환경을 정복하고 다스릴 수 있다는 '믿음을 바라보는 마음의 눈'을 갖기 위해서다. 우리의 마음은 보이는 것에 늘 흔들리고 좌우된다. 또한 보이지 않는 것은 믿지 않고 관심을 두지 않는다. 그러나 정작 우리가 바라봐야 하는 실체는 시각적 대상이 아니다. 눈은 마음을 속인다. 우리에게는 환경에 좌우되는 육신의 눈을 초월하여 오직 그 위에 존재하시는 성삼위 하나님의 신실하신 약속을 믿는 마음의 눈이 필요하다. 우리는 이 땅에서 그 믿음의 눈을 갖기 위해 훈련해야 한다. 그래서 세상의 눈의 비늘이 벗겨져야만 한다. 장차 올 영의 세계인 천국에서 '믿음의 눈'은 너무나 중요한 덕목이다.

셋째, 인간 내면에 견고하게 자리 잡은 '세상 영의 진을 뚫기' 위해서다. 인간은 이 땅에서 자기 나이만큼 배우고 경험한 세상 영에 잘 길들어 있다. 그 세상 영은 마귀의 방법으로 잘 길들여진 영이며, 우리가 한시라도 빨리 벗어버리고 탈출해야 하는 영이다. 영의 세계에서는 우리가 소유한 이 땅의 지식이나 경험이 쓸모없다. 오히려 주님 앞에 나아가는 데 거침돌이 될 뿐이다.

주님께서는 우리가 성령으로 영의 세계에 속한 속사람이 새로이 빚어지길 원하신다. 그러기 위해서는 세상 영이 장악하고 있는 인간적인 견고한 지식과 경험을 모두 버려야만 한다. 그 후 하나님의 사람으로 재창조되는 역사가 우리의 영 안에 일어나야 한다. 우리는 이 땅에서 세상 영의 진을 뚫는 전투를 훈련해야 한다. 바로 그것이 인간의 '자아 파쇄'다. 장차 올 영의 세계인 천국에서 자아 파쇄는 너무나 중요한 덕목이다.

넷째, '영혼육 각각의 방해물을 극복하는 힘과 능력'을 훈련하기 위해서다. 마귀는 오랫동안 인간의 영혼육이 하나님께로 나아가는 모든 과정을 교묘하게 속이고 방해해 왔다. 주님께서는 우리가 이 땅에서 육신으로 있을 때, 뱀같이 지혜롭고 비둘기같이 순결하여 이리 같은 마귀의 궤계를 타파하고 극복하길 원하신다.

마귀는 사악하지만 인간보다는 우월한 존재다. 인간의 연수는 70이요 강건하면 80이다. 그러니 100년이 못 되는 수명 안에서 지식과 경험을 가진 인간이 창세 전부터 존재해 온 마귀와 전투 상대가 되겠는가! 우리는 오직 하나님의 은혜로 베풀어 주신 십자가 보혈의 공로가 아니고는 마귀를 결코 이길 수 없다. 우리에게는 성령님을 통해서만 마귀의 방해를 극복할 힘과 능력이 주어진다. 그러므로 우리의 영혼육이 하나님께 나아가기 위해 방해물을 이기고 전진하는 훈련을 이 땅에서 해야 한다.

현재도 그렇지만, 장차 신속하게 올 요한계시록의 예언이 성취될 기간에 천국 백성으로 생존하려면 '악한 영과의 전투에서 승리하는 일'은 너무나 중요한 덕목이다.

다섯째, 완전함을 추구하기 위해 끊임없이 역동하며 움직이는 '영의 세계를 다른 사람에게도 전파'하기 위해서다. 이것은 주님으로부터 은사를 받은 신부들이 마땅히 해야 할 피조물의 본분 중 하나다. 주님께서는 사람에게 덕이 되고, 궁극적으로 하나님께 영광을 드리게 하기 위해서 우리에게 은사를 주신다.

예수님은 우리가 사람의 영혼을 낚는 어부가 되길 원하신다. 사람의 영혼을 낚는 일은 전도를 통해 이루어진다. 전도는 예수 그리스도의 영을 다른 사람에게 전달하는 일이다. 다시 말해, 그리스도를 아는 사람이 그리스도를 모르는 사람에게 자신이 가진 그리스도의 영을 전이시키는 작업이다. 이 과정은 우리가 상대의 영혼을 주님 안에서 사랑할 때만 가능하다. 즉, 인간에게 영의 전이는 영혼의 사랑을 통해서 가능하다.

우리가 성령의 충만함을 받고 이웃을 사랑함으로 우리 안에 내주하고 계신 성령님의 영이 이웃에게 전이되는 것이 바로 전도다. 우리가 전도할 때, 영의 세계에서 천국의 영토를 넓힐 수 있다. 즉, 이 땅에서 천국을 침노하는 자가 될 수 있다. 장차 올 영의 세계인 천국에 당신의 '영토가 준비되는 일'은 너무나 중요하지 않은가!

그리스도의 신부의 영은 포기하면 얻지 못한다. 영의 세계에서는 완전함을 추구하지 않고 제자리걸음을 하는 순간, 고인 물처럼 썩기 시작한다. 이 사실을 다른 신부들에게 전하기 위해 주께서 이 무식한 여종을 아프리카로 보내셨음을 안다. 만약 내가 미국의 안락한 환경에서 월급을 꼬박꼬박 받으며 목회했다면, 결코 다다를 수 없는 영적 돌파구를 주님은 내가 찾기를 원하셨다.

나는 아프리카 적도에서 회개를 통해 조금씩 빚어지고 있다. 거룩하신 하나님의 성령은 더러운 곳에는 거하지 않으신다. 우리가 회개하여 마음의 처소를 깨끗이 청소하고 난 후에 예수님을 내 마음에 모셔 들일 수 있다. 그때를 다시 태어나는 '중생'이라고 부른다. 그 과정을 '성결'이라고 칭한다.

우리의 영이 중생했다고 해서 자고 깨어나 돌연 성격이나 성품이 변하지는 않는다. 다만, 장차 그리스도의 신부의 영으로 탄생할 수 있도록 우리 안에 영적 생명을 잉태한 알이 품어진다. 그러니 중생을 경험한 자는 속사람에 살아 있는 생명의 알이 숨 쉬고, 성결을 향해 자라기를 소망한다는 사실을 알아야 한다.

당신은 이전에 거하던 옛 세상에서 분리되어 그 생명의 알을 가진 자라는 자긍심이 있는가? 마귀의 종에서 하나님의 자녀로 신분이 변한 사실을 기억하고, 그에 걸맞은 삶을 살아야 한다는 소명감이 있는가?

이 영적인 알은 세상이 주는 환난과 고통을 통해 조금씩 튼튼한 누에고치로 싸여진다. 그러나 이 고치 속 안전지대에만 거하다가 삶을 종결하는 자들이 교회 안에 부지기수다. 이 고치 안에 너무 오래 머문 자는 자신의 종교적 의에 싸여 있기 십상이다.

고치가 단단하다고 찢고 나오지 않으면 생명은 그 안에서 썩어버린다. 무참하게 썩어버린 생명들이 이 세상에 얼마나 많은가! 대부분 크리스천이 그런 과정 안에 존재한다. 참으로 무섭고도 안타까운 일이다.

고치가 두꺼우면 두꺼울수록, 안전지대가 편하면 편할수록 우리는 나오길 싫어한다. 그러나 우리 주인님은 우리가 고치 안에 머물러 있기를 원하지 않으시고, 그것을 뚫는 힘을 키우길 바라신다.

우리는 생명을 잉태하고 있기에 고치를 뚫는 힘이 있다. 우리 안에 있는 알과 고치를 찢고 나올 수 있는 힘을 자각해야 한다. 바로 이것이 성결의 삶을 위한 준비 자세다.

하나님께서는 제사장에게 스스로 몸을 씻으라고 명하셨다. 내게도 말씀이신 주님과 대화하고 동행하면서 스스로 깨닫고, 회개하고, 치우고, 청소하고, 다음 차원의 단계로 탈출하길 원하셨다. 그러고는 극한 방해물을 뚫고 나와서 내가 마땅히 봐야 할 다음 세상이 존재한다는 희망의 믿음을 갖게 하셨다. 결국 주님께서는 내가 그 좁은 굴의 통로를 하나씩 뚫고 나오도록 해주셨다. 그리고 그때마다 문 건너편에 놀라운 다음 세상이 나를 기다리고 있었다.

주님께서는 나를 '차원의 문을 여는 자'로 불러주셨다. 그런데 사실 나는 그 뜻이 무엇인지 확실하게 모른다. 그저 들은 언어를 기록할 뿐이다. '가슴에 영혼과 육신의 두 세계를 품고 사는 자'라는 뜻일까?

에덴동산의 아담과 하와는 차원의 문을 여는 자로 창조되었음을 영의 세계에서 배웠다. 이는 '차원의 문을 여는 자'가 창조주 하나님께서 에덴동산에서 인간에게 정복하고 다스리라고 허락해 주신 엄청난 처음 축복 안에 내포된 요소라는 것이다.

《잠근 동산》을 기록하며 내 영은 계속 성장했다. 주님께서 허락하시면 《레바논의 시내》를 탈고할 즈음에 차원의 문을 여는 과정과 인간이 받은 처음 축복의 관계를 지금보다 더 자세히 설명할 수 있길 소망한다. 그러나 성경 외에는 그리스도 안에서 영의 세계를 이 정도로 자세히 설명한 기록을 나는 보지 못했다.

얼마 전, 내가 뚫고 나온 세 가지 방해물이 버티고 있던 장소가 영의 세계 중 작은 일부라는 것을 직시했다. 인간의 능력은 방해물이

나 역경에 갇히지 않는다. 그 능력이 돌파구를 찾을 때 초인적인 힘이 나온다. 바로 그때, 달걀껍데기를 깨고 나오는 병아리같이 강해지며, 고치를 뚫고 나오는 나비처럼 아름다워진다.

흙의 본체는 같으나 영의 새 피조물로 환골탈태하는 것이다. 없던 것이 새로 탄생하는 게 아니다. 우리가 에덴에서 누리다가 잃어버린 것이 마지막 아담의 생명의 피 값으로 회복되어 재탄생하는 것이다. 할렐루야!

인간의 상상력은 자기 경험을 토대로 하기에 한계에서 벗어날 수 없다. 오직 하나님만이 영의 세계의 비전을 통해 우리로 그 한계에서 벗어나게 하신다. 우리는 대부분 그 한계의 감옥에 갇혀 다람쥐 쳇바퀴 돌듯 살다가 끝나버리곤 한다. 그것이 바로 육신의 죄로 말미암아 한계의 감옥에 갇힌 우리에게 마귀가 바라는 인생이다.

그러나 우리의 창조주는 우리가 스스로 깨닫고 다음으로 전진하길 원하신다. 때로 전진하지 않을 때는 주께서 택하신 자를 통해 비전을 보여주며 우리를 깨우신다. 이사야, 예레미야, 에스겔, 다니엘, 요한 등 믿음의 선진에게 영의 세계의 장엄한 문을 여심으로써 말이다.

하나님의 뜻은 우리가 그분의 창조 목적에 맞게 빚어져서 옳은 길을 택하여 목적지인 거룩한 거주지에 잘 도착하는 것이다. 그곳은 왕 되신 주께서 친히 다스리시는 세계다. 그것이 그분의 궁극적인 목적이기에, 우리가 그분의 심정을 깨닫고 영적 전진을 위한 임무에 착수하기만 하면, 그분은 전진할 힘과 능력을 우리에게 공급하기를 주저하지 않으신다. 단단한 땅을 뚫고 나온 우량종자는 충분한 공기와 햇빛을 공급하기에 아깝지 않은 거목으로 자라기 때문이다.

그러나 불량 종자는 스스로 보혈의 대가를 치르는 삶을 거부하기에 캄캄한 땅 안에서 썩어지지 않고 반들반들한 한 알 그대로 남는다. 땅을 뚫고 나오지 못한 종자 씨에 공기와 햇빛이 무슨 의미가 있겠는가! 캄캄한 지하에서 홀로 말라비틀어져 지상에 나오더라도 바람이 불면 날아가 버리는 쭉정이와 같을 뿐이다.

우리는 창조주의 심정을 알아야 한다. 종은 주인의 심정과 요구 사항을 빨리 깨달아 그것을 완수해 드려야 한다. 주인을 기쁘게 하는 종일수록 영원한 천국의 주인과 가까운 자리에서 그분을 섬기는 존재가 된다는 점을 잊지 말자. 종의 본분에 걸맞은 겸손함과 충성심을 잃지 말자.

주인님은 우리의 장단점을 잘 알고 계신다. 우리를 만드신 분이기 때문이다. 그분은 어떻게 하면 우리의 단점을 보완하고, 장점은 극대화할 수 있는지 그 해답을 소유하셨다.

이 글은 후퇴하거나 제자리걸음 하는 자를 위한 조언이 아니다. 영의 세계에서 끊임없이 역동하며 최소한이라도 전진하길 갈망하는 그리스도의 신부를 위한 글이다. 회개와 정결의 문을 이미 통과한 자, 어린양이 인도하시면 어디든 따라가는 희귀한 자, 하나님과 어린양에게 속한 자에게만 허락된 기록이다. 그런 자는 무리가 아니다. 그렇다! 이 책은 무리를 위한 기록이 아니라 선택받은, 들을 귀 있는 자만 들을 수 있는 기록이다.

귀하신 예수님,

이 땅에 남겨진 당신의 신부들을 기억하소서.

그들이 알에서, 고치에서 탈출하게 하소서.

어둠을 뚫고 나온 자들에게

당신의 기억함을 받는 축복이 있게 하소서.

이 기록이 당신의 신부들을 깨우는

성산의 호각 소리가 되게 하소서.

깨어 있는 신부들에게는

당신의 빛을 반사하는 능력을 훈련해 주소서.

빛을 반사하는 신부들은

그 빛을 통과하는 자로 성숙시켜 주소서.

바로 그들이

차원의 문을 여는 자가 되도록 인도하소서.

그 차원의 문들을 통해

좁은 길을 출입할 수 있는 지혜를 허락하소서.

문을 열고 나온 당신의 신부들이

다른 영의 세계에서 끊임없이 성장하게 하소서.

그리하여 그들이 당신의 장성한 신부가

될 수 있도록 지켜 보존하여 주소서.

아멘, 주 예수여. 어서 오시옵소서. 마라나타!

30 마귀는 영의 전투에서 우리를 속인다

영의 세계

나는 치열한 전쟁터에 있었다. 한쪽에는 원수 마귀와 그의 졸개 무리가 작은 바위산 뒤에 숨어 있었고, 다른 한쪽에는 사람 군사들이 있었다. 이들은 《잠근 동산》, 《덮은 우물》, 《봉한 샘》, 《동산의 샘》, 《생수의 우물》, 《레바논의 시내》(근간)를 읽고 영이 깨어난 자들과 장차 깨어날 자들, 또한 유튜브 'Jessica Yoon TV'를 통해 함께 성경 공부를 하는 자들이라는 사실이 알아졌다.

그들은 매주 각자의 기도 제목을 품고 정기 금식하며 영의 학교에 참석했다. 잠자는 영이 아니었다. 영적 전투에 참여한 자들은 모두 영이 깨어 함께 성장해 갔다.

우리는 금식으로 무장하고 천국을 향해 행진하며 나아가고 있었다. 그러나 불행하게도 우리 군사들의 손에는 무기가 별로 없었다. 반대로 원수들의 손에는 화살이 들려 있었다. 그런데 마귀들이 시위를 당겨 쏘는 화살은 보통 화살이 아니고, 화살촉에 주삿바늘이 달려 있었다. 하지만 우리 군사들은 하나님의 전신 갑주를 취한 자가 아무도 없었다. 믿음의 방패를 가진 자도 별로 없었다.

원수들이 무작위로 쏘아대는 주삿바늘 화살이 날아와 사람들 몸에 꽂히기 시작했다. 그 주삿바늘에 무엇이 들어 있는지 알 수가 없었다. 그러나 몸에 바늘이 박힌 자들은 그 자리에서 픽픽 쓰러졌다. 그런데도 우리는 계속 전진해야만 한다는 걸 잘 알고 있었다.

한 주삿바늘 화살이 날아오더니 내 정강이에 깊이 꽂혔다. 이것을 본 한 마귀가 신이 나서 고함을 질렀다. 그 마귀는 수하 졸개들에게 내가 정신을 차리기 전에 더 빨리 더 많이 쏘라고 명령했다. 그때 그들의 대장 마귀가 내게 독을 묻힌 바늘이 이미 꽂혀 있으니 안심해도 된다고 일러주었다. 반면에 우리 군사들에게는 마귀를 공격할 힘도, 제대로 된 검도 없었다.

문득 이 전쟁은 사람의 힘으로는 승리할 수 없다는 사실이 깨달아졌다. 우리가 가진 유일한 무기는 주님께 울부짖는 기도밖에 없었다. 나는 울면서 고개를 들어 하늘을 보며 주님께 부르짖었다.

"주님, 어디 계십니까? 우리를 구원해 주소서. 저와 우리 백성의 생명을 마귀로부터 보존해 주소서!"

바로 그때, 하늘에서 우렁찬 음성이 들렸다.

"지금 마귀가 쏘아대는 화살은 독화살의 종류가 아니다. 나는 너희에게 독화살을 꽂도록 원수에게 허락한 적이 없다. 상처가 나겠지만 흠 없이 아물 것이니 안심하거라."

내가 다시 외쳤다.

"마귀가 독 묻은 화살이라고 말하는 걸 제 귀로 들었습니다. 주님, 살려주세요!"

주님께서 대답하셨다.

"원수의 영인 마귀가 네게 염려와 실망을 주기 위해 거짓말로 속

인 것이다. 내가 허락하지 않으면, 그 어떤 전쟁과 해를 입힘도 네게 일어나지 않는다. 그러니 안심하고 사람들과 전진하여라!"

순간, 나는 알았다. 삶의 영적 전투에서 마귀가 간교함으로 우리에게 겁주고, 교활함으로 우리를 속인다는 것을. 그 어떤 치열한 영적 전투도 하나님께서 허락하시지 않으면 마귀가 하나님의 군사를 해칠 수 없다는 사실도 말이다. 영적 전투에서 눈에 보이는 것과 귀에 들리는 것만 의지하는 건 패배하는 지름길임을 알아야 한다.

우리의 대장 되신 예수님! 오직 그분만이 우리의 힘이시요, 반석이시요, 요새시며, 우리를 건지는 분이시다. 우리 하나님이시요, 피할 바위시요, 환난 날에 방패 되시며, 구원의 뿔이시다. 기름부음 받은 자가 피할 구원의 산성이시로다. 아멘, 마라나타!

31 생명수 강가에 있는 온유의 열매

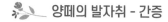 양떼의 발자취 - 간증

아프리카의 새벽 무렵, 동트기 전 이른 시간이었다. 나는 여느 때와 같이 안방에 있는 모기장 안 침대에 누워 있었다. 일단 자리에서

일어나면, 아이들의 아침을 준비하고 시중을 드느라 눈코 뜰 새 없이 바빠지기에, 하루 중 오직 이 새벽 시간만 깊은 묵상으로 들어가 주님과 대화할 기회가 주어진다. 어쩌다 이때를 놓쳐버리면 나는 종일 마귀와 전투해야 한다.

그날 새벽, 돌연히 내 왼쪽 허공에 어떤 물체가 떠 있었다. 조금 두렵기도 했지만, 주님께서 내게 무언가를 보여주시려 한다는 사실을 감지했다. 나는 잠이 덜 깬 상태였고, 방 안은 캄캄해서 그 물체가 뚜렷하게 보이지는 않았다. 결국 나는 침대에서 일어나 앉았다.

졸린 눈을 비비며 내 시야가 어둠에 익숙해지길 기다리면서 그 물체가 있는 방향으로 고개를 돌렸다. 그러고는 방언을 하다가 마음속으로 묵상 기도를 하기 시작했다.

'예수님, 제게 무엇을 보여주려 하십니까? 만약 당신의 뜻이라면 제 영의 눈을 열어주시옵소서.'

그러자 주님께서 내 기도를 기다리신 것처럼 위에서 부드럽고 환한 빛이 비치기 시작했다. 그 물체가 떠 있는 공간에만 밝은 빛살이 쏟아졌다. 마치 연극 무대의 스포트라이트 같았다. 마침내 어둠 안에서 물체의 형상이 서서히 드러났다.

사람 머리 하나 정도 되는 과일이었다. 아무도 내게 가르쳐주지 않았지만, 내 영은 그것이 과일이라는 사실을 알았다. 짙은 보라색에 약간은 갸름한 자두 모양을 하고 있었다. 더욱 신기한 사실은, 그 과일의 껍질이 막처럼 아주 얇고, 과육 안에는 매우 많은 양의 과즙이 들어 있다는 것도 알아졌다. 어떻게 자두 같은 열매 하나가 사람 머리만큼이나 큰지 불가사의했다.

'저렇게 큰 열매는 오직 천국의 생명수 강가에 심긴 과일나무에만 맺힐 수 있는데….'

일단 과일 모양을 보자, 조금 전의 긴장이 풀리는 듯했다. 그래서 도로 잠자리에 누워 잠을 청하려고 눈을 감았다. 그러고는 주님께 다시 여쭈었다.

"예수님, 저 열매는 오래전에 제가 보았던 생명수 강가에 심긴 나무에 열린 열매 중 하나 같아요. 저 과일의 이름은 무엇인지요?"

바로 그때, 낮고 부드러운 우리 주님의 음성이 들렸다.

"저 과일은 '온유의 열매'라고 부른단다."

주님의 음성을 듣는 순간 잠이 확 달아났다. 그분의 낮고 온화한 음성은 내 잠을 깨우기에 충분했다.

'옴마야… 주님이시다! 그런데 온유의 열매라고?'

불행하게도 내 성품에 온유함이라고는 찾아보기가 힘들다. 나는 내가 조급하고 인내심 없는 다혈질인 걸 잘 안다. 온유함과는 정반 대로 사납고 강퍅한 모습까지 종종 나타난다.

'주님께서 이 이른 시간에 저 천국 과일을 내게 보여주시는 이유가 무엇일까? 혹시 내 성격이 온유함과는 너무 거리가 멀어서 과실을 먹 고 그런 성품을 좀 가져보라고 보여주시는 걸까?'

잘 모르겠다. 그러나 예수님은 단 한 번도 이유 없는 것을 보여주 신 적이 없다. 사실 이전에도 천국의 다른 과일들을 몇 번 보여주신

적이 있다. (《동산의 샘》 56. 천국에서 본 명절의 열매 참조) 그러니 그분의 때에 반드시 이유를 알려주실 것이다. 지금은 너무 졸리니 일단 자자.

'아아… 주님, 사랑해요!'

오직 성령의 열매는 사랑과 희락과 화평과 오래 참음과 자비와 양선과 충성과 온유와 절제니 이 같은 것을 금지할 법이 없느니라 갈 5:22,23

32 맨발로 다시 찾아오신 예수님

🌹 생수 우물가의 대화

예수님 눈이 시냇가의 비둘기 같고 우유로 씻은 듯 아름답게도 박힌 나의 사랑하는 신부야.

제시카 주인님, 말씀하옵소서. 여종이 당신의 음성 듣기를 원하나이다. 왕의 홀을 내밀어주소서. 당신께 가까이 나아가길 소망하나이다. 당신의 자비한 허락 없이는 그 누가 그 찬란한 빛 가운데로 감히 나아갈 수 있겠습니까!

예수님 내가 허락하니 그대는 나아오라.

제시카 천지 만물을 지으신 이여, 당신의 여종이 그리하리다.

주님, 어제는 정말 고맙습니다. 오랜만에 수도 나이로비에 나가서 맛있는 한국 음식으로 식사했습니다. 저는 김밥과 우동이 그렇게 맛있는 음식인 줄 몰랐습니다.

예수님 (주님께서 빙긋 웃으셨다) **네가 좋아하는 모습을 바라보는 내 마음도 좋았단다. 네가 기뻐하면 나도 기쁘고, 네가 슬퍼하면 나도 슬프다. 사랑하는 자의 마음은 전이가 된 단다. 사랑하는 마음 없이는 영과 영 사이에 나눔의 전이 가 이루어지지 않지. 미움과 증오는 연기와 같은 두꺼운 벽이 되어 영과 영 사이를 가로막을 뿐이다.**

그 연기의 밀도는 무쇠보다 단단하여 소통의 전이가 이루 어지지 않느니라. 내 영은 사랑이니, 사랑이 없이는 그 어 떤 피조물도 영의 영원한 힘의 전이를 끌어내지 못한다.

제시카 마귀도 그러합니까?

예수님 **마귀는 극한 증오와 시기로 말미암아 그를 숭배하는 자 에게 악한 힘을 전이할 수 있다. 그러나 성령의 씨가 없기 에 그 힘의 전이는 일시적일 뿐이다. 그 자체에서 스스로 생성하는 힘이 방출되지 않느니라. 그래서 영의 전이를 잠 시 흉내는 낼 수 있으나 그 능력이 처음부터 제 것이 아니 니 영의 전이가 잠시 있다가 사라져 버린다.**

마귀의 불은 살아 있는 성령의 씨처럼 존재하는 불이 아니 다. 그러기에 영의 전이 때 일정 기간이 지나면 소멸되어

꺼져버린다. 그래서 마귀는 짧은 기간만 속일 수 있다. 반대로 나의 불은 살아 있는 생명을 잉태한 불이다. 스스로 계속 생성하며 영원히 타오른단다. 본체가 다른 불이지. 마귀의 불은 죽음에서 힘을 얻고, 나의 불은 생명에서 힘을 얻는다. 모든 생명은 오직 나로부터 그 호흡의 원천을 받을 뿐이니라.

제시카 처음이자 나중 되신 이여, 시작도 없고 끝도 없는 이시여. 주님은 참으로 기이한 분이시니 제 작은 머리로는 이해가 되질 않습니다. 그 누가 지식이 있어서 당신을 가르치겠으며, 어느 누가 모사가 되어 당신을 이끌겠나이까!

주인님께서는 영원한 빛 가운데에 거하시며, 만물을 창조하고 다스리며 운행하시는 분이오니 당신 외에는 참 신이 없습니다. 보좌 앞 이십사 장로들조차도 그 면류관을 벗어 당신께 올려드린다고 했습니다. 찬양과 경배를 받기에 합당하신 이는 오직 주인님 한 분밖에 존재하지 않음을 당신의 피조물이 고백하나이다.

예수님 나의 귀하고 어여쁜 자야, 너의 진실한 고백을 이 아침에 받으마. 설령 단 1명일지언정 신령과 진정의 고백이야말로 수천수만의 꽹과리 같은 헛된 소리보다 나으니라.

제시카 주님, 오늘 아침에 우리 아이들과 대예배를 올리는 중에 몸이 성치 않아 휠체어를 탄 소녀 안에서 당신을 보았습니다. 우리 아이들은 대부분 몸이 성하면 정신이 온전하지 못하거나 정신이 온전하면 몸이 성하지 못합니다. 그중에도 목을 제대로 가누지 못하는 한 아이가 척추뼈가 비뚤어져 등이 굽은 채 낡은 휠체어에 앉아 있었습니다. 춥고 비가 오는데도 신발은커녕 양말도 없이 앉아 있는 그 아이의 맨발에 제 눈길이 멈췄습니다.

소녀는 치마를 입었는데 상체는 성장했으나 하체가 성장하지 못한 게 보였습니다. 그래서 어린애처럼 짧고 가는 다리에 조그맣고 검은 맨발이 휠체어의 플라스틱 디딤대 위에 달랑 얹혀 있었지요. 세차게 쏟아지는 빗방울 때문에 땅에서 튄 붉은 흙이 아이 발에 군데군데 묻어 있었습니다. 지체가 불편한 다른 아이들도 많은데 이상하게 저는 그 소녀에게 자꾸만 눈길이 갔어요. 그 소녀는 예배 시간 내내 찬송 소리조차 제대로 내지 못하는 상태였지요.

어느 순간, 제 눈이 그 아이의 맨발에 머물러 버렸습니다. 찬찬히 그 발을 보면서 오늘은 아이들에게 제 옷가지를 나눠줘야겠다는 마음이 들었습니다. 이제 제가 입을 옷도 몇 개 남지 않았는데 말이에요.

대예배를 마치고 모든 아이에게 기숙사로 돌아가지 말고 그대로 앉아 있으라고 광고했습니다. 그리고 홀로 장대비를 맞으며 목양관으로 뛰어갔지요. 옷장용 마분지 상자 바닥에 있는 의류를 주섬주섬 집는 중에 양말을 담은 비닐 봉지가 눈에 들어왔습니다. 하나같이 여름용 얇은 양말뿐이었어요. 그런데 얼마 전에 한국으로 떠나는 선교사님이 선물로 주고 간 겨울용 수면 양말이 눈에 띄었어요. 이곳은 히터도 없는 고산지역이라서 겨울에 발이 시리면 신고 자려고 아껴둔 양말이었지요. 그것을 보는 순간, 맨발의 소녀가 생각나는 겁니다.

저는 양손에 여름용과 겨울용 양말을 들고 짧지만 깊게 고민했습니다. 사실 두꺼운 보온 양말은 아프리카 시골에서 돈을 줘도 구할 수 없거든요. 엉거주춤 서서 고민하다가 문득 당신의 말씀이 생각났습니다. 무엇이든지 남에게 줄 때는 제가 받고 싶은 걸 주라고 하셨잖아요. 그래서 저는 숨을 한 번 크게 쉬고 순종하는 마음으로 보온 양말을 집어 들었습니다.

저는 아이들에게 나눠줄 의류를 가지고 빗속을 뛰어 예배당으로 갔습니다. 저를 기다리는 아이들에게 옷을 나눠주다가 문득 그 소녀에게 눈길이 머물렀습니다. 두꺼운 양말을 받았는데도 상체를 굽힐 수 없어서 손에 양말을 든 채 안쓰럽게 앉아 있었지요. 저는 급히 다가가 아이의 손에서 양말을 도로 받아 땅바닥에 무릎을 꿇었습니다.

아이의 차가운 두 발에 체온으로 겨우 꾸들꾸들 말라가는 붉은 흙을 보았어요. 그런데 휴지나 천이 없어 제 맨손으로 흙을 닦아냈습니다. 그러고는 아이 발에 보온 양말을 천천히 신기는데 눈물이 왈칵 났습니다.

몸이 성하지 않아 양말조차 제대로 신지 못하는 아이가 너무 안쓰러워서요. 동시에 사지 육신 멀쩡하고 온몸의 기능이 정상으로 작동하는데도 주님 앞에 정성 어린 감사를 뜨겁게 올려드리지 않는 저 자신이 너무나 부끄럽고 당신께 죄송해서요.

오… 주님! 바로 그때, 엄청난 장면을 목격했습니다. 문득 제 눈앞에 제자들의 발을 씻기시는 당신의 모습이 보였습니다. 너무 놀라서 눈을 비비며 고개를 드니, 목을 가슴에 파묻고 있던 곱사등 소녀는 온데간데없이 사라지고, 낡은 휠체어에 흰옷을 입고 앉아서 흉터 난 맨발로 웃고 계신 당신을 보았습니다.

현존하시는 주님이시여! 아아… 나의 사랑하는 임이신 주님! 저는 그 작은 소녀 안에 계신 당신을 보았습니다. 어찌 그리도 해처럼 밝게 웃으시던지요! 전깃불이 없어 컴컴한 예배당이 당신의 임재로 어찌 그리 밝아지던지요! 저는 너무나 두려워 덜덜 떨면서 풀무 불에 단련한 주석처럼 빛이 뿜어져 나오는 당신의 발을 보았습니다. 복사뼈 아래 움푹 파인 그 못 자국을 보았습니다.

높고 귀하신 창조주께서 이런 아프리카 시골구석의 예배 장소로 사용하는 컴컴한 식당으로 방문해 주셨습니다. 빛이 뿜어져 나와 감히 눈도 제대로 뜰 수 없는 당신의 발에 저는 진분홍색에 흰 점무늬가 있는 양말을 신겨드렸습니다. 주님이 여자도 아니신데 진분홍 양말을 신겨드려서 죄송합니다. 그러나 그것이 제가 가진 모든 것입니다. 단 하나의 겨울 양말입니다.

주님! 어찌 한숨조차 제대로 쉬지 못하는 그 소녀 속에 계셨습니까. 어찌 그 작은 자 안에서 저를 바라보고 계셨습니까. 어찌 당신은 그 높은 영광의 보좌를 마다하고, 아프리카의 이 어둑한 방으로 저를 찾아오셨습니까.

저는 씻지도 못하고 몰골이 남루하여 헝클어진 머리에 낡은 스웨터 하나 달랑 걸친 초라한 행색인데요. 더군다나 온몸이 빗물에 젖고 머리에 숱도 없어서 꼭 물에 빠진 생쥐 같은 모습인데요. (요즘은 머리를 빗을 때마다 머리카락이 하도 빠져서 도시에 나간 김에 의사를 찾아갔더니 혈액 검사 결과가 영양실조라고 했다)

왜 제가 이런 몰골일 때 방문하셨습니까? 예전에 미국 대형 교회에서 깨끗하게 샤워하고, 멋진 양복 유니폼을 정갈하게 입고, 명품 하이힐을 신고 예배드릴 때는 오시지 않더니요. 왜 제 몸과 옷이 가장 더럽고 가장 단정하지 못한 순간에 이 미천한 계집종을 찾아오셨습니까? 그것도 화창한 날도 아니고, 비가 처량하게 오는 날에요.

주님의 못 자국 난 발은 저 때문이 아닙니까. 귀하디귀하신 우리 주님의 발에 곱디고운 비단신을 신겨드려야 하는데, 촌스럽기 짝이 없는 진분홍색 흰 점무늬 수면 양말이

뭡니까! 너무나 죄송합니다. 주님… 나의 주인님, 제 못남을 용서하소서. (이 기록을 적는 내내 눈물이 흐른다. 현존하시는 주님의 강한 임재에 가슴이 터질 것만 같다)

예수님 사랑하는 나의 신부야, 괜찮다. 내 눈에는 그 진분홍 양말이 비단신보다 더욱 귀중했단다. 바느질 천사가 한 땀 한 땀 지어준 정금길을 밟는 신보다도 더욱 아름답고 귀했단다. 왜냐하면 그 양말에는 가장 작은 자에게 냉수 한 잔을 건네는, 내가 지극히 사랑하는 나의 신부의 깨지고 부서진 마음이 실려 있었기 때문이다. 눈물로 내 발을 씻기고 머리카락으로 내 발을 닦은, 옥합을 깬 여인의 마음 말이다.

실상 천국에서는 신이 필요하지 않으니 신고 안 신고는 선택이다. 그러나 그대의 진분홍 양말은 내게 천국의 신보다 귀하다. 부서지고 깨진 그대의 마음 위에 이제부터 내가 복음의 신을 신기리니 참 복음을 전하는 자의 귀한 발이 될 것이다.

내가 3년 전에 빈민굴교회에 비가 내리던 날, 네게 벌거벗은 발로 찾아간 것을 기억하느냐? 《봉한 샘》 83. 예수님의 방문 참조)

제시카 네, 주님. 저는 그날 당신의 저울에 미달이었지요.

예수님 그날 네게 내가 다시 찾아올 테니 준비하고 있으라고 하지 않았느냐. 내가 다시 찾아올 때는 실수하지 말라고 당

부하지 않았느냐.

제시카   그렇습니다. 여호와는 사람이 아니시니 마음에 변개가 없다고 하셨습니다. 그래서 다시 오신다는 주님의 신실한 약속을 굳게 믿었습니다.

그 후 남편 토니와 저는 빈민굴교회를 건축하려고 계획하기 시작했습니다. 저는 당신을 다시 만나기 위해 3년 동안 주일마다 빈민굴교회 예배에 참석했습니다. 당신께서 다시 오신다고 하셨으니 행여 다시 만날까 싶어서요.

비가 억수같이 쏟아지던 날, 벗은 발로 교회에 나온 노숙자 남자를 다시 만나려고 기다렸습니다. 그러나 다시 오겠다고 하신 당신은 끝내 오지 않으셨습니다. 그런데 오늘 아침, 재활원교회로 찾아오셨군요. 맨발에 붉은 진흙이 묻은, 몸을 가누지 못하는 장애인 소녀의 형상으로요.

주님, 혹시 이번에도 제가 미달입니까?

예수님   (주님께서 깊은 눈매의 눈을 크게 뜨고 나를 바라보셨다. 그러고는 싱긋 웃으셨다) **아니다. 이번에는 합격이다. 네가 원하는 것을 남에게 주지 않았느냐. 너는 그 소녀에게 양말을 신긴 게 아니고, 네 순종하는 마음을 신긴 것이니라. 그대는 오늘 나의 저울을 잘 통과했다. 합-격-이-다!**

제시카   옴마야! 예수님, 3년의 고된 훈련이 지난 다음에야 이 여종이 저울의 눈금을 통과하여 합격했군요. 저를 인내하고 기다려주셔서 진심으로 고맙습니다. 할렐루야!

예수님 그대의 모든 것은 내 것이니라. 이것이 그대의 속에서 이루어졌으니, 이제 내 모든 것이 그대의 것이다. 그대는 아무것도 없는 자 같으나 모든 것을 가진 자다. 빈손으로 다니나 온 세상을 간직한 자다. 그것은 내 신부들이 가진 많은 축복 중 하나인데, 그대의 삶에는 이 축복이 임하리라. 물질에 대한 시험은 이제 끝났다. 앞으로는 내가 허락하는 모든 것을 감사한 마음으로 누리거라.

나의 영으로 임하는 감동을 따라 순종의 열매를 맺는 사람들을 장차 네게 보내마. 그들은 나의 수족처럼 움직이는, 내가 추수한 알곡들이다. 그들이 우리의 사역을 돕고 채울 것이다. 지금부터 시작하여 장차 그대가 나의 나라에 임할 때도 마찬가지다. 그들은 그대가 다스릴 행성을 함께 누릴 나의 신부들이다.

내가 너의 떡 반죽 그릇이라고 약조하며 이르지 않았느냐. 조만간 복음의 신을 네게 보내마. 그 신은 보낸 이가 아니면 벗길 자가 없다.

장차 그대가 복음을 전하는 때와 장소에 궁핍이란 없을 것이다. 내가 나의 수족인 신부들을 통해 끊임없이 도움의 손길을 보낼 테니 말이다. 그리 알고 힘을 내어 일어나거라, 나의 어여쁜 신부야.

제시카 할렐루야! 고맙습니다. 자격 없는 여종을 이리 후대하시니 몸 둘 바를 모르겠습니다. 이제 저와 아이들은 살았습니다. 저희를 살려주셔서 고맙습니다, 주인님.

예수님　**보고 또 보아도 그리운 자여. 나의 사랑, 나의 어여쁜 자야, 이제 일어나 함께 가자!**

그날 밤, 주님은 나를 영의 세계로 데리고 가셨다. 아래 기록은 아프리카에서 밤중에 본 환상이다.

◆ 영의 세계

나는 커다란 교실 같은 곳 뒤쪽에 어둑한 빛 가운데 서 있었다. 교실 앞에는 마치 연극 무대처럼 높은 무대가 있었다. 그 아래 왼쪽으로 흰옷을 입은 천사 2명이 서 있었다. 둘 다 손에 사람의 신발 같은 걸 들고 있었다. 그중 한 천사가 나를 바라보더니 입의 소리를 사용하지 않은 채 교신을 보냈다(영의 세계에서의 대화는 때로 언어를 사용하지 않고 서로 마음과 마음으로 의사소통하기도 한다).

천사는 내게 무대 쪽으로 오라고 했다. 나는 그들이 있는 곳으로 걸어갔다. 마침내 천사와 얼굴을 마주하는 거리까지 이르렀을 때, 그들의 손에 들린 신발 모양을 자세히 볼 수 있었다. 아주 견고하고 세련된 자주색 붉은 가죽 하이힐이었다. 굽이 높았으나 품질과 디자인이 훌륭했고 착용감이 매우 편하다는 사실이 알아졌다.

그들은 각각 한 켤레씩 들고 있었다. 한 천사가 내 눈이 신발에 머물러 있는 걸 알고는 말했다.

"신부님, 주님께서 당신에게 내리신 선물입니다. 이 복음의 신발은 삶에서 밭을 산 대가를 치른 자만이 신을 수 있습니다."

나는 그 말을 마음속에 되뇌었다.

'대가를 치른 자라니? 나 같은 가난뱅이 선교사가 무슨 대가를 치렀단 말인가?'

그러자 두 천사가 마치 내 마음을 읽고 있는 듯 환하게 미소 지었다. 그러고는 내 양손에 신발 두 켤레를 건네주었다. 그 순간, 내 마음이 온 세상을 소유한 듯 푸근해졌다. 보드라운 가죽신의 감촉이 손에 닿는 것을 느끼며, 나는 숨을 크게 들이쉬고는 눈을 떴다.

'할렐루야! 예수님, 이 신을 주님의 뜻을 이루는 복음이 이루어지는 장소에만 사용할 수 있도록 허락해 주소서. 아멘!'

33 장차 우리의 사명을 천사가 예언하다

🌹 영의 세계

나는 토니 목사와 함께 영의 세계에 있었다. 우리는 미국 우리 교단 총회 건물 안에 있었다. 총회장 집무실의 옆 방인 손님 대기실에서 그를 기다리는 중이었다. 거기서 우리가 다음에 파송될 전근 발령 소식을 들을 예정이었다. 멀리 떠난다는 사실은 알고 있었지만, 어떤 곳에 가서 어떤 직책을 맡게 될지는 전혀 몰랐다.

이 땅의 삶에서도 우리 교단 안에서 신학교 졸업식과 목사 안수식 직전에는 미국 전역에 1년에 한 번씩 대대적인 전근 발령 발표가 나는 전례가 있다. 당일 정오가 되면 이메일로 전근 명부와 발령 공고문이 미국 전역으로 발송된다. 우리는 그날이 다가오면 초조함에 가슴을 졸인다. 갈 바를 알지 못하나 사는 장소를 떠나야 할지 모른다는 불안감으로 그 시간을 기다린다.

그런데 우리는 영의 세계에 있었다. 빼꼼히 열린 총회장 집무실 문에 명판이 걸려 있었다. 그런데 이 땅의 현 총회장의 이름이 아닌 몇십 년 전 우리가 신학교에 다닐 때 교단 총회장으로 있던 사람의 이름이었다.

토니는 대기실에 긴장한 채 서 있었다. 내 곁에는 여자 형상의 키큰 천사가 함께 서 있었다. 그가 내게 말했다.

"신부님, 전근 발령 발표가 나오기 전에 먼저 깨끗이 손을 씻어야만 합니다. 목사로서 다음 단계의 세계로 떠나기 전에 세상의 모든 더러움과 부정한 일로부터 손을 항상 청결하게 유지해야만 합니다."

내가 천사에게 물었다.

"여기는 대기실이라서 물이나 세면대가 없습니다. 제가 잠깐 나가 화장실 같은 곳을 찾아볼게요."

그러자 천사가 그 방 한구석을 턱으로 가리키며 대답했다.

"저기 가서 씻으면 됩니다."

고개를 돌려 천사가 가리키는 곳을 보았다. 놀랍게도 집무실 문 바로 오른쪽에 깨끗한 세면대가 놓여 있었다. 분명 아까는 보지 못했는데, 참 이상했다. 내가 그쪽으로 걸어가자 천사가 뒤를 바짝 따라왔다.

세면대 수도꼭지 오른쪽에는 보통 크기의 직사각형 비누가 하나 있었다. 그런데 비누에 진한 갈색과 청록색이 마치 대리석 무늬처럼 섞여 있었다. 게다가 금과 은 재질로 된 작은 꽃 모양 장식이 있었다. 특별한 용도로 제작된 아주 귀하고 아름다운 기능성 비누라는 사실이 알아졌다. 그런데 누군가가 사용했는지 표면이 젖어 있었다. 내가 천사에게 물었다.

"천사님, 이 예쁘고 귀한 비누를 누군가가 먼저 사용했습니다."

천사가 대답했다.

"신부님, 총회장에게는 비서처럼 따라다니는 천사가 있습니다. 그가 좀전에 사용했어요. 그러니 신부님이 사용해도 무방합니다."

바로 그때, 나의 영안이 환하게 열리면서 살짝 열린 총회장실 문 너머 집무실이 훤히 보였다. 총회장은 책상에 앉아 무언가를 종이에 적고 있었다. 그의 왼쪽에는 젊은 남자 형상의 검은 제복을 입은 천사가 손에 책을 들고 서서 책꽂이에 꽂고 있었다.

어떤 성스러운 의식을 행하는 것처럼 설명할 수 없는 신비함이 내 마음을 휘감았다. 나는 말없이 세면대 물을 틀어 비누로 두 손을 씻었다. 수북한 거품이 손에 묻어났다. 거품에서 은은하고 향긋한 향이 났다.

'가만있자… 익숙한 향기인데… 아, 바로 그거야!'

아프리카에 있는 우리 목양관 옆에는 좌우로 조그만 텃밭이 있다. 목양관 문으로 출입할 때 늘 텃밭을 지나쳐야만 한다. 그런데 언제부터인지 가끔 이 향기가 바람을 타고 내 코를 자극했다. 꽃이나 과일에서 풍기는 냄새가 아니라 향수 냄새였다.

처음 그 냄새를 맡았을 때, 나는 깜짝 놀라서 주위를 둘러보았다. 하지만 텃밭에는 우리가 식량으로 심은 대파와 옥수수만 가득했다. 거름으로 사용하는 닭의 배설물 더미도 있었다. 좋은 향기가 날 리 없는 주변 환경이었다. 물이 귀한 곳이다 보니 꽃은커녕 과실수도 심기 힘든 지경이어서 꽃 냄새는 절대 아니었다. 그런데 기이하게도 목양관 문을 나설 때마다 향수 냄새가 났다. 특별히 내가 금식하는 날이나 방언 기도를 많이 한 날에는 그 향기가 더욱 진동했다.

나는 이 사실을 아무에게도 말하지 않았다. 괜히 말했다가 살짝 맛이 간 사람으로 보이고 싶지 않아서였다. 아무튼 때때로 목양관 앞에서 향기가 날 때면 걸음을 멈추고 깊이 호흡하며 눈을 감고 두 손을 들고는 주님께 찬양을 올려드렸다. 내게는 이 향기가 마치 우리 예수님이 "나의 임재가 그대와 함께 있노라!"라고 하시며 부드럽게 숨을 불어주시는 것처럼 느껴졌다.

그런데 그 비누에서 나 혼자만 아는 비밀스러운 향수 냄새가 나는 게 아닌가! 그렇다면 아프리카 땅에서 맡았던 그 냄새가 영의 세계에서 온 향기였단 말인가? 나는 놀라서 어리벙벙한 채 비누 향기를 맡으며 조용히 두 손을 씻었다.

그리고 돌아섰을 때 또다시 깜짝 놀랐다. 내 뒤에 있던 토니의 의복이 변해 있었다. 평소 깃이 있는 셔츠에 청바지를 즐겨 입는 그가 비행기 조종사가 입는 작업복 스타일의 국방색 점프슈트를 입고 있었다. 그때 내 곁에 있는 천사가 말했다.

천사   신부님, 토니 목사님은 장차 혼자서 작업하는 사역을 하게 될 것입니다.

제시카   (덜컥 겁이 났다. 너무 놀라서 말을 더듬을 지경이었다) 저희는 지난 몇십 년간 어디로 전근 가든지 항상 같은 교회에서 협동 사역을 했는데요. 앞으로 남편이 혼자서 사역한다면… 그럼 저는요, 저는 어떻게 합니까?

천사   신부님은 이제 담임 목회를 혼자 하실 겁니다.

제시카   (그 말을 듣는 순간에 더 겁이 났다) 옴마야! 저는 남편처럼 부지런하지 못합니다. 또한 예전처럼 대형 목회를 하게 된다면 혼자서 목회와 사역의 큰 결정을 내릴 판단력이나 결단력도 없어요. 사역 관련 업무에 대한 추진력도 부족합니다.

천사   괜찮습니다. 신부님은 지난 몇십 년간 목회했습니다. 혼자서 해도 무난히 할 수 있는 지혜와 경험이 있습니다.

문득 고개를 돌려보니 토니는 이미 자신의 목회지로 떠나고 그 방에 없었다. 천사와 나는 장차 나 혼자 해야 할 목회에 대해 대화하며 조용히 그 방에서 나왔다.

우리가 밝고 큰 공간으로 나왔을 때, 딸 미셸이 기다리고 있었다. 미셸 옆에는 한 청년 형상의 천사가 서 있었다. 이 땅에서 미셸은 아직 남자 친구가 없다. 시청에서 도시 공학 설계사로 근무하는 요즘, 대학원에 진학하려고 시험공부에 매달리느라 이성 교제에는 별 관심이 없어 보였다. 그런데 천사가 미셸 옆에 서 있는 걸 보니 주님께서 아이를 보호하며 지켜주신다는 마음이 들었다.

결국 토니는 어디론가 사라지고, 미셸은 자기 업무로 바쁘고, 나는 더 이상 총회장을 볼 이유가 없었다. 천사가 장차 우리가 감당할 임무를 이미 알려주었기 때문이었다. 천사와 나는 밝은 공간을 지나 약간 어둑한 시장길 같은 곳으로 걸어 들어갔다. 천사가 말했다.

"신부님, 얼굴을 항상 깨끗하게 단장해야 합니다."

나는 본능적으로 두 손으로 얼굴을 감싸며 대답했다.

"네? 제 얼굴이 더러운가요? 뭐가 묻었습니까?"

그때 손끝에 무언가 우툴두툴한 것이 얼굴 전체를 덮고 있는 것이 느껴졌다. 나는 놀라서 손가락으로 그것을 뜯어내어 살펴보았다. 하얀 꽃양배추인 콜리플라워를 으깬 덩어리였다.

'아니, 왜 이게 내 얼굴에 잔뜩 묻어 있지?'

나는 당황하여 손바닥으로 얼굴을 열심히 닦아냈다.

'요즘 회개를 자주 안 해서 그런가? 오늘은 영의 세계에서 행위를

뜻하는 손을 씻고, 수치를 뜻하는 얼굴도 닦아야 하는 날인가 보다.'

이런저런 생각을 하며 한참 얼굴을 닦고 있는데, 내 눈이 신발에 머물렀다. 나는 연한 갈색 가죽신을 신었는데, 얇은 가죽끈이 발등 위에 곱하기표처럼 디자인되어 있었다. 굽은 내가 평소에 잘 신고 다니는 약 3센티미터의 편한 높이였다.

그러나 오른쪽 구두의 가죽끈이 떨어져 나가서 덜렁거리고 있었다. 이런 신발로 먼 길을 가는 건 불가능하다는 생각이 들었다. 내가 천사에게 물었다.

"천사님, 다음 목적지는 어디입니까? 저는 신발 끈이 떨어져서 먼 길을 가진 못할 것 같습니다."

천사가 내 신발을 바라보며 대답했다.

"우리는 신부님의 집회에 가는 길입니다. 그런 신을 신고는 교회 단상 위에 올라가 사람들 앞에 서기 곤란하지요. 어떻게 할까요?"

그 순간, 현재 내가 머무는 장소가 임시 숙소인 호텔이라는 사실이 알아졌다.

"천사님, 걱정 마세요. 제 호텔 방에 잠시 돌아가서 신발을 바꿔 신으면 됩니다. 방에는 디자인이 다른 가죽 신발이 많아요. 그중에서 골라 신으면 됩니다."

천사가 말했다.

"시간이 별로 없습니다. 새 신발로 갈아 신고 집회 시간에 당도하려면 조금 서둘러야겠습니다."

우리는 시장길을 돌아 나와서 숙소로 발길을 돌렸다. 발걸음을 재촉하며 가고 있는데, 문득 내 눈에 작업대 같은 탁상 위에 놓인 직사각형 나무 상자가 눈에 띄었다. 상자 안을 흘깃 보니 색깔이 선명하고 싱싱한 과일과 채소들이 들어 있었다. 내가 천사에게 말했다.

"천사님, 제가 사는 아프리카에서는 이런 종류의 과일과 채소를 구하기가 매우 어려워요. 혹시 이것을 좀 사면 안 될까요?"

그때 작업대 뒤에 있는 가게에서 약간 뚱뚱해 보이는 젊은 남자 형상의 천사가 걸어 나왔다. 그는 내 말을 들었는지 다짜고짜 고개를 가로저으며 큰 소리로 단호하게 말했다.

"안 됩니다. 이 식품들은 판매용이 아닙니다."

그 뚱뚱한 천사와 내 옆의 키 큰 천사의 눈이 마주쳤다. 그러자 뚱뚱한 천사의 표정이 순식간에 변했다. 그러고는 갑자기 두 손을 깍지 낀 채 가슴에 붙이더니 아주 공손한 표정으로 목례를 했다. 두 천사는 서로의 계급을 잘 알고 있는 듯했다. 뚱뚱한 천사가 나를 보며 친절한 어투로 말했다.

"신부님, 필요한 만큼 얼마든지 가져가십시오. 가게 안에 더 많은 식품이 있습니다."

나는 의아했다.

'왜 천사의 태도가 돌변했지? 어떻게 내 신분을 알았을까?'

기이한 마음에 내가 고개를 돌려 키 큰 천사를 바라보자, 그가 싱긋 미소 지었다. 우리의 눈이 마주쳤다고 생각하는 순간, 나도 모르게 큰 숨을 들이마셨다. 그러고는 영의 세계에서 깨어났다.

🌿 양떼의 발자취 - 간증

고국을 떠나 타국에서 거주하는 선교사에게 사역 중 가장 힘든 시기가 언제냐고 물어본 적 있는가? 아마도 거의 가족이나 친지가 모두 모이는 명절이라고 대답할 것이다.

아프리카에서 세 번째로 맞는 크리스마스가 다가오고 있었다. 낯선 대륙에서 몇 년 지냈으니 적응할 만도 한데, 추수감사절이나 성탄절, 새해 같은 명절이 다가오면 미국에 홀로 두고 온 딸 미셸이 보고 싶어진다. 자식을 지구 반대쪽에 두고 떠나온 엄마의 마음이다.

올해는 평소 친분이 있는 시골 원주민 목사님이 성탄절 점심 식사에 토니와 나를 초대했다. 목사님의 집은 목양관에서 4시간 정도 운전해서 가야 했다. 솔직히 점심 한 끼 먹기 위해 가기에는 좀 부담되는 거리였다. 그러나 이번 성탄절만은 이 열린 감옥을 벗어나 가족 같은 분위기에 젖고 싶었기에 우리는 왕복 8시간 장거리 여행을 결심했다.

물론 1년 넘게 월급을 받지 못하던 터라 자동차 기름값이 큰 부담이었다. 그러나 명절에 누군가 우리를 생각해서 불러준다는 것에 감격하여, 달력에 표시해 가며 그날을 손꼽아 기다렸다.

성탄절 여행을 며칠 남겨둔 어느 날이었다. 수도 나이로비에 사는 한 선교사님으로부터 공구를 빌려줄 수 있냐는 연락이 왔다. 평소 우리는 돈을 아끼기 위해, 꼭 필요한 일이 아니면 자동차 사용을 될 수 있으면 피했다. 그런데 토니는 그 선교사님이 뇌졸중으로 건강이 좋지 않으니 공구를 직접 갖다주는 게 좋겠다고 했다.

다음날 갖다주겠다고 연락하자, 선교사님이 무척 기뻐하며 근사한 식당에 가서 스테이크를 함께 먹자고 제안했다. 예약해야만 갈 수 있는 식당이라는 말을 듣고, 우리 마음이 환하게 밝아졌다. 사실 스테이크는 몇 달 전 시어머니 장례식으로 미국에 갔을 때 먹은 게 마지막이었다.

미국인 중에서도 토니는 전형적인 'Steak and Potato Guy'(쇠고기와 감자가 주식인 남자란 뜻으로 육류 식성인 사람을 이르는 말)다. 돈이 없어서 몇 달째 고기를 못 먹은 그는 선교사님의 제안을 듣고 입이 귀에 걸릴 지경이었다. 토니는 아프리카에 와서 평생 익숙했던 식단과 습성을 오랫동안 누릴 수 없음에도 모든 것을 잘 참아주었다. 나는 그런 그가 고마웠다.

몇 달 전 케냐에 돌아온 후부터 나는 금요일마다 유튜브 성경 공부 영상을 통해 전도 사역을 하고 있다. 어느 날 주님께서 하라는 마음의 감동을 주셨기에 순종하는 마음으로 해왔다.

나는 유명 목사가 아니다. 대형 교회 목사도 아니고, 한국에서 목회한 경험이나 한국어 설교조차 해본 적이 없다. 여태 미국인 노숙자를 대상으로 목회했기에 아는 한국 교인도 전혀 없다.

열악한 점을 고루 갖추다 보니 당연히 구독자 수도 많지 않다. 예전에는 무슨 일이든 세상 방식대로 하니 순조로웠다. 마치 접영을 하는 선수처럼 유유하고 근사하게 라인 안에서 왕복으로 잘 헤엄쳐 다녔다. 하지만 지금은 다르다. 주님과 함께 좁은 길을 가겠다고 자청한 후부터는 모든 환경과 여건이 급속하게 변하기 시작했다. 열악한 조건을 다 소유하게 되었다. 방해물이 생기고, 막히고, 틀어지고, 좌충우돌하는 일이 빈번했다.

사람이 잔머리를 쓰지 않고 모든 일에 정직하게 곧이곧대로 일을 진행한다면, 주님의 축복으로 그 과정이 순조로울 거라고 믿는가? 절대 그렇지 않다! 정직하게 살면 모든 일에 가시와 엉겅퀴가 더 찔러댄다는 진리를 깨달았다. 미국이든 아프리카든 시와 장소를 막론하고 말이다.

금요일에 성경 공부 영상을 오픈하니 토요일 아침에 일어나면 나는 습관적으로 휴대전화를 켠다. 영상 조회 수를 확인하고 아침 묵상을 시작하곤 한다. 그날도 눈뜨자마자 전화기를 켜고 안경 없이 눈을 가늘게 뜨고 화면을 바라보았다. 그런데 이게 웬일인가! 조회 수가 하룻밤 만에 500이 넘어 있었다. 잘못 본 줄 알고 손을 더듬어 안경을 끼고 다시 보았다. 같은 숫자가 또렷하게 보였다.

나는 자리에서 벌떡 일어나 모기장 바깥으로 뛰어나가며 큰 소리로 토니를 불렀다.

"여보! 당신 어디 있어요?"

식탁에 앉아서 성경을 읽던 토니가 놀라서 돌아보았다.

"무슨 일이야?"

그의 눈이 내가 손에 들고 흔들어대는 전화기에 멎었다.

"여보, 어제 올린 성경 공부 영상 조회 수가 하루 만에 500이 되었어요. 기적이 일어난 것 같아요!"

토니가 웃으며 말했다.

"이야, 우리 여보 축하해. 살다 보니 이런 일도 있구나. 하나님께서 하신 일이야."

나는 눈물이 핑 돌았다. 야외에는 말라리아모기가 극성을 부리기 때문에 처음에는 영상을 집 안에서 찍으려고 몇 번 시도했다. 하지만 조명이 있는 것도 아니고 잦은 정전으로 찍는 도중에 갑자기 어두워지기도 했다. 컴컴한 장소에서 영상을 찍으면 얼굴이 시커멓게 나왔다. 그래서 영상을 찍다 말다 반복해야 했다. 그러다 보니 영상 편집에 시간과 노력이 더 많이 들어갔다.

그래서 결국 뒷문 앞 텃밭의 바나나 나무 그늘에서 찍기로 했다. 물론 쇠파리를 손으로 쫓거나 말라리아모기에게 물려가면서 찍어야 했다. 심지어 열대 불개미까지 고무장화 안으로 기어들어 발과 다리를 물어댔다. 적도의 햇볕이 내리쬐는데도, 선글라스를 착용하면 건방져 보일 것 같아서 눈이 부셔 눈물이 줄줄 흐르는 걸 휴지로 닦아가며 찍었다.

단수일 때는 세수를 못 하고 찍었고, 그런 날은 눈에 소금 땀이 녹아들어 눈이 충혈되기도 했다. 바람이 부는 날은 머리카락이 온 얼굴을 덮어버리기도 했다.

미국 교회에서 목회할 때는 컴퓨터를 잘 다루는 젊은 비서가 모든 사무를 대행해 주었다. 그러다 보니 나는 완전히 컴맹이었다. 그런 내가 동영상을 찍고, 편집하고, 올린다는 사실 자체가 하나님의 기적이었다. 인터넷이 하도 느려서 휴대전화로 찍은 영상을 올리는 시간도 종일 걸렸다. 모든 악조건 속에서도 나는 주님께 순종하여 매주 혼자 앉아서 웃고, 울고, 손뼉 치고, 말하며 영상을 찍었다.

솔직히 이 아프리카 오지의 작고 초라한 옥수수 텃밭 앞에서 낡은 천 의자에 앉아 땡볕을 쬐가며 찍는 영상을 누가 보겠는가! 그런데 그날 아침에 희한한 일이 일어난 것이다. 500명이나 영상을 시청하다니!

'설마 컴퓨터 조회 수가 거짓말하진 않겠지?'

나는 지난 몇 달 동안 밤샘하며 편집한 수고에 보상을 받은 것 같아 눈물이 나려고 했다.

'아하! 오늘은 주님께서 축복해 주시는 특별한 날인가 보다. 그동안 수고했다고 우리에게 스테이크를 대접해 주시나 보다.'

우리는 오전에 서둘러 재활원 아이들의 일과에 필요 사항을 점검했다. 그러고는 부목사님에게 나이로비에 다녀올 테니 아이들을 잘 돌보라고 당부하고는 차에 올랐다. 여느 때와 다름없이 시동을 걸기 전에 안전 운전을 위해 기도했다.

매일 아이들이랑 교회에만 있으니 특별히 옷을 차려입을 일이 없었는데, 오늘만은 좋은 장소에서 식사할 예정이니 나름 외모에 신경을 썼다. 그래봤자 티셔츠에서 블라우스로, 청바지에서 치마로 바꿔 입은 게 다였지만, 괜히 기분이 들떴다.

토니가 핸들을 잡고 기도하는 중에 내 마음에 문득 스테이크, 크림과 파와 베이컨 가루를 뿌린 구운 감자, 초록 상추가 떠올랐다. 마음속에 밝은 태양이 떠오르면서 괜스레 따뜻해지는 느낌이 들었다. 그리고 우리는 참으로 오래간만에 교회 바깥으로 나왔다.

미국에서는 드라이브 중에 주로 내가 좋아하는 복음성가 CD나 라디오 또는 전화기로 찬양을 들었다. 그러나 아프리카의 우리 차에는 CD 재생기는커녕 라디오도 없었다. 전화기로 음악을 들으려니 데이터 비용이 너무 비싸서 들을 수가 없었다.

비록 오래된 중고차라 덜덜거리긴 하지만 버스를 타고 가지 않는 것만 해도 하나님의 크신 은혜였다. 아프리카에서 우리는 주소가 없어서 우체국 우편함을 사용하는데, 편지나 소포를 찾기 위해 읍내 우체국에 종종 다닌다. 처음 1년 동안은 차가 없어서 어디든지 걸어다녔다. 뚜벅이로 매일 아이들 식량을 사러 시장에 다녀야 했다. 그때와 비교하면, 지금은 엄청나게 출세한 것이다. 모든 것이 하나님의 은혜다. 할렐루야!

2시간쯤 운전하여 마침내 도시로 들어가는 진입로 근방에 다다랐다. 늘 그렇듯 진입로 부근 고속도로는 차가 정체되어서 서행하거나 아예 주차장처럼 되기 일쑤였다. 우리 차도 예외 없이 멈춘 상태로 기다리고 있었다.

얼마나 시간이 지났을까. 갑자기 엄청나게 요란하고 귀에 거슬리는 '끼익' 하는 금속음이 아주 가까이에서 들렸다. 나는 직감적으로 토니가 앉아 있는 운전석 쪽으로 고개를 휙 돌렸다. 바로 그때 뒤에서 크고 둔탁한 물체가 시커먼 그림자를 드리우며 우리 차를 세게 들이받았다.

얼마나 세게 받혔는지 안전띠를 착용했음에도 내 상체가 앞 유리창 쪽으로 굴러가듯이 튕겨 나가는 걸 느꼈다. 동시에 뒤쪽에서 작고 날카로운 검은 유리 파편들이 태풍 속 우박 덩어리처럼 빠르게 쏟아지며 우리의 뒤통수와 어깨를 때렸다. 나는 본능적으로 두 손을 올려 깍지 끼듯이 뒤통수를 감쌌다. 그러자 유리 파편들이 기관총을 쏘아대듯이 손등을 할퀴고 지나가는 게 느껴졌다.

우리 차는 뒤에서 미는 힘 때문에 세게 밀려서 앞에 정차한 차를 강하게 들이받았다. 그러고는 그 추돌의 반동으로 다시 뒤쪽으로 튕겨 나갔다. 그때 내 상체가 뒤쪽으로 제쳐지며 머리와 목이 심하게 꺾였고 의자 머리를 세게 박았다. 차에 엄청난 충격이 가해질 때마다 내 몸은 마치 탁구공처럼 앞뒤 사방으로 쏠리며 미끄러졌다. 약 5,6초 사이에 벌어진 상황이 슬로비디오처럼 내 뇌리에 각인되었다. 왜소한 우리 차는 결국 두 대형차 중간에서 납작하게 짓이겨졌다.

잠시 후 정신을 차리고 운전석의 토니를 보려고 고개를 돌렸다. 차 뒤 유리창은 다 깨져 박살 난 상태였다. 크게 뚫린 공간 너머에는 시커먼 대형 트럭이 우리 차에 찰싹 달라붙어 있었다. 만일 트럭이 1미터 정도만 더 전진했으면, 나와 토니의 몸은 마른오징어처럼 되거나 우리 차의 대시보드와 뒤 트럭의 엔진 후드 사이에서 압사했을지도 모른다.

순간, 아찔하며 어지럼증이 덮쳤다.

'아이고… 주님! 우리가 죽을 뻔했는데 겨우 살았구나!!'

손등을 보니 세게 날아온 유리 파편들에 긁혀서 피가 흐르고 있었다. 나는 온몸에 맥이 풀리는 것을 느끼며 머리를 의자에 기댔다. 그때 토니가 말했다.

"여보, 괜찮아?"

내가 대답했다.

"응, 지금 목덜미가 매우 뻐근한 것 같아요. 손등이 좀 찢어졌고요. 당신은요?"

토니가 낮은 음성으로 대답했다.

"나도 목 부분이 뻐근하고 잘 안 돌아가. 대형 트럭이 뒤에서 우리를 갑자기 박았어. 그런데 저 트럭은 무장 경찰들을 운송하는 트럭이야. 트럭이 뒤에서 우리 차를 박았고, 그 힘에 우리가 앞 차를 박았어. 그러곤 다시 뒤로 튕겨 나갔어. 삼중 추돌 사고야. 대형 사고인 것 같아…. 일단 당신은 움직이지 말고, 차에서 나가지도 말고, 뒤 트럭을 운전한 경찰이 올 때까지 여기 앉아 있어, 알았지?"

나는 너무 충격을 받아서 머리가 하얘졌다. 혀가 꼬이고 말이 잘 나오질 않았다. 동시에 우리가 처한 상황이 조금씩 이해되었다.

"응, 알았어요… 사실 움직일 힘도 없어요."

나는 찢어진 손등의 피가 의자 천에 묻을까 봐 다른 손바닥으로 닦으며 중얼거렸다. 그리고 안정을 취하려고 억지로 눈을 감고 5분 정도 토니와 함께 그냥 앉아 있었다. 옆 차선의 차들이 지나가면서 흘깃거리고 구경하는 시선이 느껴졌다.

얼마나 그렇게 앉아 있었는지 모르겠다. 나는 눈을 떠서 차의 사이드미러로 살피며 경찰이 트럭에서 내려 우리 쪽으로 오길 기다렸다. 미국에서는 통례적으로 교통 딱지를 떼거나 차에 무슨 일이 있을 때 경찰이 내 차로 오기까지는 움직이거나 차 밖으로 나가는 게 절대 금물이다.

체감상 10분 정도 지난 것 같았다. 그런데 아무도 우리 차로 오질 않았다. 우리는 외국인, 이방인이라는 핸디캡을 갖고 이 나라에 거주하고 있다. 그러니 섣불리 움직이거나 문제를 일으키면 추방당할 위험이 있기에 무작정 기다렸다.

나는 계속 사이드미러로 트럭 문을 주시했다. 마침내 차 문이 열렸고 푸른 제복과 흰 모자를 착용한 경찰이 내렸다. 우리는 그가 다가오길 기다렸다. 그런데 이게 웬일인가! 경찰이 분명 우리 쪽으로 오는 것 같은데 걸을 때 휘청거리는 게 아닌가! 그는 작은 보폭으로 한 발을 내딛고 다른 손으로는 차를 잡고 의지하길 반복했다. 그 광경을 지켜보며 덜컥 겁이 났다.

'아이고, 저 경찰이 중상을 입었구나! 얼마나 많이 다쳤으면 제대로 걷지를 못하지?'

바로 그때 우리 차와 추돌한 앞 차에서 두 사람이 문을 확 열고 내렸다. 중년 남자와 여자처럼 보였는데 부부 같았다. 아마 그들도 경찰이 내리길 기다린 것 같았다. 그들은 경찰이 걸어오는 방향으로 달려왔다. 마침내 그 부부와 경찰이 맞닥뜨린 곳은 중간에 서 있는 우리 차 옆이었다. 그들이 큰 소리로 무슨 말을 주고받았는데 스와힐리어를 사용하니 전혀 이해할 수가 없었다. 내가 토니에게 말했다.

"여보, 좀 나가보세요. 아무래도 경찰이 다친 것 같아요."

"알았어. 여기는 고속도로니까 지나가는 차 때문에 매우 위험해. 당신은 나오지 마."

토니가 결심한 듯 차 문을 슬그머니 열고 밖으로 나갔다. 그러고는 경찰과 중년 남녀 그리고 토니까지 4명이 한참을 떠들었다. 나는 그제야 조금씩 목이 뻣뻣해지고 구토가 올라오며 어지럽기 시작하는 몸 상태를 느꼈다. 아마도 큰 충격에 몸이 놀라서 나타나는 증상인 듯했다. 속이 메스꺼워서 눈을 감고 깊은숨을 쉬려고 노력했다. 그때 누군가가 내가 앉아 있는 쪽 창문 유리창을 똑똑 두드렸다.

'이건 또 뭐지?'

눈을 가늘게 뜨고 보니 앞차의 여자였다. 나는 서둘러 창문을 열고 그녀에게 물었다.

"몸은 괜찮습니까? 혹시 다치지는 않았나요? 우리는 경찰이 내리기를 기다리고 있었습니다."

내 말을 듣는 둥 마는 둥 그녀는 양손을 내저으며 탄식하는 듯한 소리로 말했다.

"저 경찰이 음주 운전을 했어요. 술을 얼마나 마셨으면 몸도 제대로 못 가고, 대화마저 할 수 없는 상태예요. 온몸에서 술 냄새가 진동해서 가까이 가지도 못하겠어요. 그래서 이쪽으로 건너왔어요. 우리가 저 만취한 경찰관에게 빨리 다른 경찰관에게 무전 연락을 해 달라고 요청했지만, 횡설수설하면서 도무지 도움을 요청하지 않는군요. 아마도 상황을 모면하려고 술이 좀 깰 때까지 시간을 끄는 것 같아요. 하지만 제 남편이 경찰서에 방금 연락했으니 다른 경찰차가 도착할 거예요.

만약 저 술에 취한 경찰관이 당신더러 차를 옮기라고 하면 절대 옮기지 마세요. 다른 경찰차가 도착하기 전에 차를 옮기면 그들이 당신과 우리에게 모든 일을 덮어씌울 수도 있어요. 여기 경찰들은 다 한통속이거든요. 그러니 경찰들이 사고 현장을 직접 확인하고 사진을 찍기 전에는 그대로 있어야 해요."

'아니, 이게 무슨 상황인가! 경찰이 유니폼을 입고, 경관 모자까지 쓰고, 경찰 트럭을 타고, 음주 운전하다가 민간 차량을 들이받다니…. 그것도 이동하는 차량을 실수로 박은 것도 아니고, 고속도로에서 정차 중인 차량을 들이받을 만큼 만취였다니…. 음주 운전자를 단속해야 할 경찰 본인이 음주 운전을 하며 공무 집행 시간에 돌아다니면 시민들은 어쩌란 말인가?'

한국이나 미국 같으면 소셜 미디어나 뉴스에 나올 놀라운 사건이었다. 나는 그제야 그 경찰이 왜 비틀거렸는지, 왜 경찰차에서 내리지도 못하고 차 안에서 뭉그적거렸는지에 대한 의문이 풀렸다.

케냐 경찰은 미국 경찰과는 존재감이 다르다. 케냐는 소말리아와 맞닿은 국경 지대에서 잦은 충돌이 일어나기에 모든 경찰이 지면에서 내 허리 높이 정도 되는 긴 기관총으로 항상 무장하고 다닌다. 그들은 시민들의 데모가 있을 때면 무차별 사격을 가한다. 조금이라도 사람들이 모이거나 정황이 불안하면, 바로 그 자리에서 최루탄을 던진다. 게다가 공권력을 남용하여 일단 자동차를 세우면 운전자로부터 돈을 갈취하기 전에는 절대로 보내주지 않는다.

우리는 이 나라에 도착하자마자 먼저 온 많은 선교사와 원주민으로부터 케냐 경찰의 공권 남용에 대해 귀에 딱지가 앉을 정도로 들었다. 실제로 한번은 기관총을 든 한 경찰이 아무 이유 없이 우리 차를 세우고는 자기가 근무 중인데 목이 너무 마르다고 했다. 순진한 우리는 뒷좌석에 싣고 다니던 물병을 몇 개 주었다.

그랬더니 그 경찰이 화를 벌컥 내며 음료수 값을 내놓으라고 무례하게 요구했다. 그때 토니는 지갑을 열어 보이며 수중에 돈이 없다고 말했다. 당시 재활원 사정이 너무 어려워서 정말 돈이 없기도 했다. 만일 미국에서 그런 일이 있었다면 동영상을 찍어서 경찰청에 고소했을 것이다.

케냐의 여름은 미국의 겨울이기에 크리스마스 전후로 연중 가장 무더운 날씨가 지속된다. 나는 적도의 뜨거운 햇볕 아래 고속도로의 구겨진 차 안에 갇혀서 언제 올지 모르는 경찰을 기다리고 있었다.

명절이 가까워서 주말에 이동하는 버스나 차의 승객들이 서행하면서 우리 쪽을 힐끔거렸다. 삼중 추돌 사고로 찌그러진 경찰차와 우리 차를 구경하면서. 특히 외국인인 우리에게 시선이 꽂히는 걸 느꼈다. 어떤 차들은 마구 경적을 울려댔다.

'아아… 예수님, 어디 계세요? 하필이면 낯선 나라에서 수천수만 명이 고속도로를 지나는 명절에 저희를 구경거리로 만드십니까?'

너무 덥고 숨이 막혀서 더 이상 차 안에 있기 힘들었다. 더위를 먹었는지 속이 메슥거렸다. 그렇다고 적도의 내리쬐는 땡볕 아래에 서 있기는 더 힘들 것 같았다. 사람들의 시선이 온몸에 꽂히는 걸 느끼며 고속도로 가장자리에 쭈그리고 앉아서 기다리는데, 마치 극기 훈련을 하는 듯했다.

2시간쯤 지나자, 경찰차가 도착했다. 경찰 3명이 왔는데, 앞 차 부부와 토니가 사고를 일으킨 경찰관이 음주 상태라고 말해도 그들은 들은 척 만 척했다. 음주 측정기를 사용해 달라고 요구해도 못 들은 척 무시했다.

'아까 그 여자가 자기 나라 경찰은 모두 한패라고 한 게 틀린 말이 아니었구나.'

3명 중 한 여자 경찰이 우리에게 경찰서로 가서 사고 보고서를 작성해야 한다고 했다. 우리는 뒤 유리창이 사라지고, 앞뒤로 완전히 찌그러진 차에 시동을 걸었다. 평상시보다 매우 크고 심한 엔진 소리가 났지만, 다행히 시동은 걸려서 경찰차를 따라나섰다.

가까스로 경찰서에 도착했는데, 정문에서 다른 경찰들이 우리를 제지했다. 그들은 사고를 낸 술에 취한 경찰관만 들여보내고 우리는 밖에서 기다리라고 했다. 그러고는 경찰관들끼리 건물 안으로 들어가더니 문을 걸어 잠그는 소리가 들렸다. 우리의 출입을 제재하는 건 알겠는데, 문은 왜 잠근 걸까? 문 안에서 자기들끼리 왁자지껄 웃고 떠드는 소리가 정문 밖까지 들려왔다. 그러나 스와힐리어여서 전혀 알아들을 수가 없었다.

그렇게 또다시 2시간쯤 땡볕 아래서 기다렸다. 아까 우리가 추돌한 차 안에는 중년 부부와 세 아이가 탔었는데, 그들은 보이지도 않았다. 내게 충고한 부인의 말이 마음에 걸렸다. 상황이 우리에게 불리하게 돌아가고 있음을 직감했다.

결국 나는 케냐 우리 교단의 총회장에게 전화를 걸었다. 성탄절 주말이니 귀향했거나 바빠서 전화를 받지 못할 수도 있었지만, 실오라기라도 잡는 마음으로 연락했다. 한참 전화 연결음이 울렸고, 그가 전화를 받았다. 나는 다급하되 짧고 간결하게 설명했다. 우리는 현재 경찰서에 있고, 현지인의 도움이 절실하다고. 그러자 그는 교단 내 우리가 있는 지역에서 가장 가까운 교회의 현지인 목사를 보낼 테니 아무 서류에도 서명하지 말고, 일단 그 목사님이 도착할 때까지 기다리라고 지시했다.

다시 1시간 정도 경찰서 앞마당에 서서 기다렸고, 안면이 있는 현지인 목사님 2명이 도착했다. 그들은 우리가 왜 경찰서에 들어가지 않고 바깥에 서 있는지 의아해했다. 하지만 이내 자초지종을 듣고는 고개를 가로젓더니 경찰서 문을 두드리기 시작했다. 경찰들은 고함을 지르며 기다리라고 명령했다. 이에 목사님들이 스와힐리어로 따지듯이 대답하자 정문이 열렸다. 경찰들과 목사님들이 대화를 나누더니 그제야 겨우 나와 토니를 경찰서 안으로 들여보내 주었다.

우리 차를 추돌한 그 경찰관은 구석 의자에 앉아서 취한 상태로 졸고 있었다. 경찰들은 그가 술이 깨길 기다리고 있는 것 같았다. 그제야 한 경찰관이 공책과 펜을 가지고 나오더니 우리에게 책상 앞에 앉으라고 명령했다. 그는 통례적인 질문을 시작했고, 우리는 물음에 답했다.

그런데 우리가 대답하는 동안 졸고 있던 음주 경찰관이 깨어났다. 그는 두리번거리면서 주위를 살피더니 슬그머니 자리에서 일어났다. 그러고는 살금살금 걸어서 경찰서 문을 나가는 게 아닌가! 나는 처음에 '화장실에 가나 보다' 생각하며 신경 쓰지 않았다. 그런데 약 10분 후에 바깥 주차장에서 왁자지껄하는 소리가 들렸다.

주위 경찰관들이 모두 밖으로 뛰쳐나갔고, 우리 앞에서 조서를 작성하던 경찰 역시 자리를 박차고 나갔다. 우리도 무슨 큰일이 난 줄 알고 바깥으로 나가보았다. 그런데 만취한 경찰관이 사고로 찌그러진 경찰차를 타고 도망가려 하고 있었다. 다른 여러 경찰관이 그 차가 주차장을 떠나지 못하게끔 차 앞에서 양팔을 벌린 채 인간 바리케이드가 되어 막고 서 있었다.

한동안 실랑이를 하다가 결국 경찰관들이 찌그러진 경찰차 문을 겨우 열었고 만취한 경찰관을 끄집어냈다. 그는 두 경찰관에게 양팔이 포박된 채로 고함을 지르고 버둥거리며 어디론가 질질 끌려갔다.

그가 음주 운전을 했다고 우리가 설명할 때는 들은 척도 안 하던 경찰관들이 그가 다시 비틀거리며 차를 타고 나가려 하자 왜 못 나가게 막아섰을까? 그들의 눈 가리고 아웅 하는 심사에 기가 찼다. 우리 곁에 서 있던 현지인 목사님들도 고개를 저으며 한숨을 쉬었다. 우리는 다시 사고 경위를 작성하기 위해 책상 앞으로 돌아와 앉았다.

조서를 작성하던 경찰관이 서류에 무언가를 잔뜩 쓰더니 토니에게 서명하라고 건네주었다. 그 서류를 찬찬히 읽던 토니의 표정이 딱딱하게 굳었다. 그는 서류를 경찰관에게 돌려주면서 말했다.

"이 서류에는 제가 부주의 운전을 했다고 적혀 있습니다. 그러나 나는 그런 적이 없습니다. 우리 차는 교통 체증 때문에 완전한 정차 상태였어요. 우리 앞차도 마찬가지였고요. 이 서류의 내용은 사실과 다릅니다. 그러니 나는 합의 서명을 할 수 없습니다."

그러자 경찰이 코웃음 치며 대답했다.

"우리 경찰서에서 주는 이 사고 서류의 접수 번호 없이 당신은 보험 회사에 어떤 청구도 시행할 수 없소. 그러니 무조건 사인을 하시오. 좋은 게 좋은 것 아니겠소?"

경찰관은 다시 그 서류를 토니의 얼굴 앞에 드밀었다. 토니가 내 얼굴을 바라보았다. 나는 너무 기가 차고 억울해서 눈물이 나왔다. 곁에 있던 목사님들도 경찰관 앞에서 침묵한 채 땅만 바라보고 서 있었다. 참아온 눈물이 툭툭 떨어졌지만 닦을 손수건이나 휴지조차 없었다. 나는 유리 조각에 찢겨 피가 굳은 손등으로 눈물을 찍어내며 남편에게 말했다.

"여보, 그냥 서명해서 경찰관에게 주세요. 남의 나라에서 선교하려고 거주하는 우리가 잘못이에요. 여기는 정의가 없는 땅입니다. 하나님만 아시면 되었어요."

내가 흐느끼며 울기 시작하자, 토니는 더 이상 아무 말 하지 않고 서명하여 경찰관에게 서류를 건네주었다. 서명한 서류를 받은 후에야 경찰관은 토니에게 사고 보고 서류의 번호를 만들어 주었다. 그리고 우리는 경찰서에서 나왔다.

주차장에 있는, 앞뒤로 박살 나서 털털거리던 우리 자동차는 시동조차 걸리지 않았다. 그때 우리 눈에 익숙한 부목사님의 차가 경찰서 주차장에 들어왔다. 아마도 총회장이 연락해서 우리를 데리러 가라고 지시한 것 같았다. 결국 움직이지 않는 우리 차를 경찰서 주차장에 두고, 우리는 부목사님의 차를 타고 교회로 돌아왔다.

토니는 성품이 바르고 강직한 사람이다. 옳은 것을 선택하고, 불의한 일을 보면 남의 일이라도 앞장서서 바로잡아 주려는 남편의 도덕적인 성격을 나는 잘 안다. 돌아오는 차 안에서 토니는 창밖만 주시한 채 말이 없었다. 그 침묵이 억울하다고 외치는 천 마디 말보다 더욱 강하게 내 마음을 찔렀다.

아침 일찍 집을 나섰는데 종일 전쟁을 치르고 났더니 해가 뉘엿뉘엿 지는 시간이었다. 적도의 해는 황혼 무렵 더욱 크고 세상을 진한 주홍색으로 물들인다. 아프리카의 하루가 지고 있었다. 그제야 가까스로 악몽에서 깬 듯했다.

'예수님, 오늘 저희가 차 사고로 죽을 수도 있었습니다. 저희의 생명을 낯선 땅에서 연장해 주신 것에 감사를 올립니다. 오직 우리 주님만을 찬미합니다. 당신의 이름만이 영광을 받으소서, 아멘!'

박해의 서막이 오르다

3
PART

THE WELL OF LIVING WATERS

🌹 양떼의 발자취 - 간증

3년 전 우리가 아프리카 선교사로 자원해서 올 때, 교단 내 신분이 바뀌었다. 더 이상 미국 총회 소속이 아니었다. 따라서 목회에 관해 보고할 상부 단체도 케냐 총회가 되었다. 케냐 교단법에 따르면, 우리가 시무하는 장애 청소년 재활원교회의 재정은 온전히 우리 책임으로 자급자족해야 했다.

그러다 보니 미국 총회로부터 전화나 이메일 등의 연락이 거의 끊긴 상태였다. 물론 우리에게 신변의 위험이나 위급한 상황이 발생했을 때는 미국 총회에 도움을 요청할 수도 있지만, 우리는 케냐에 사는 동안은 케냐 총회에 먼저 순종하고 협조하는 걸 원칙으로 삼았다.

그런데 우리 사정을 잘 모르는 케냐 교단에 속한 대부분의 원주민 목사는 우리가 미국 총회로부터 선교비나 물질 지원을 받으며 풍족하게 생활한다고 오해했다. 심지어 케냐 총회에서 시무하는 지도자급 목사들도 우리에게 개인적으로 재정 도움을 요청하기도 했다.

하지만 실상 우리는 미국에서 가져온 (정년퇴직을 대비한) 개인 비상금까지 아이들이 지내는 마을의 낡은 건물 수리비와 유지비, 식비 등으로 거의 거덜 난 상태였다. 게다가 주님께서는 우리가 아프리카를 떠나기 전에 키안두투 빈민굴교회 건축을 명하셨다. 빈민굴교회

성도들은 하루 벌어 하루 사는 원주민이기에 헌금할 사람이 아무도 없었다. 그래서 우리는 사비를 긁어모아 교회를 조금씩 짓기 시작했다.

미국에는 'When it rains it pours'(비가 올 때는 왕창 쏟아진다)라는 속담이 있다. 엎친 데 덮치는 격으로 안 좋은 일은 한꺼번에 일어난다는 의미다. 옛말에 틀린 말이 없는 것 같다. 장애 청소년 재활원 교회는 우리가 부임해 오기 전부터 재정난에 허덕였다. 게다가 우리가 있을 때는 '코로나 팬데믹'이라는 재앙까지 겹쳐 농사를 지으며 힘겹게 학비를 내는 소수 학부모까지 생계가 막연해져 학비를 내지 못했다.

그래서 우리 부부는 3년 동안 어떤 수입으로든 토니 목사가 정한 대로 다음 우선순위를 해결하기 위해 총력을 다했다. 첫째는 아이들 식량 마련, 둘째는 전기세와 물세 납부, 셋째는 직원들 월급 지급, 넷째는 부목사님 부부 월급 지급, 그리고 남은 돈이 있으면 우리 월급으로 가져왔다. 그러다 보니 늘 월급을 받을 수가 없었다. 거의 1년 정도 월급 없이 살았다.

자동차 기름값을 아끼기 위해 외출을 자제했고, 음식도 배부르게 먹지 않았다. 아이들과 함께 아침에는 옥수수죽, 점심에는 옥수수알과 콩을 불려 삶은 죽, 저녁에는 옥수수빵을 먹었다. 매일 같은 메뉴였다. 그렇게 살다 보니 매사에 절약하고 인색해졌다.

나는 미국에서 예수님을 영접하기 전에는 영어와 한국어의 이중 언어를 잘 구사하는 덕분에 또래에 비해 돈을 잘 벌고 잘 쓰는 편이었다. 그러나 신학교에 입학하면서 집과 차를 처분했고, 잘 다니던 직장까지 학업 때문에 그만두었다. 부자는 아니었지만, 끼니 걱정을 하며 살아본 경험은 없었다.

그러나 케냐 생활은 달랐다. 주님께서는 낯선 이 땅에서 내 자존심과 자아를 조금씩 그러나 확실하게 부수셨다. 마치 내 고집과 아집이 박살 나길 원하시는 것 같았다. 주님이 십자가에서 흘리신 귀한 보혈의 참 의미를 내가 철저하게 알기를 원하시는 듯했다. 목회 평생 강대상 뒤에서 입으로만 전하던 보혈의 대가를 삶에서 제대로 치르길 요구하시는 것만 같았다.

왜 하필이면 세계적 전염병인 코로나와 그에 따른 경제적 타격이 우리가 아프리카에서 생고생하고 있을 때 기승을 부렸는지 모르겠다. 아무튼 코로나 이후 육체적, 물질적으로 더욱 힘든 나날을 보내고 있을 때, 미국 총회로부터 이메일이 왔다. 인사부장 목사님이 나와 통화하길 요청한다는 내용이었다. 토니가 당회장이니 무슨 일이 있으면 그에게 의뢰하는 게 상례인데, 왜 내게 면담을 요청하는지 잘 이해되지 않았다.

그때까지만 해도 나는 이 일이 우리 부부에게 장차 닥칠 크나큰 불행의 서막이었다는 사실을 전혀 몰랐다. 불행의 예고임을 추측하지 못하는 우리가 순진한 건지 무지한 건지….

케냐에서는 인터넷을 사용한 만큼 요금을 내기 때문에 우리는 될 수 있으면 화상 채팅 같은 건 피했다. 하지만 미국 총회에서 요청한 면담이니 받아야만 했다. 약속 시간이 되어 나는 랩톱 앞에 앉았다. 인사부장 목사는 정확한 시간에 채팅 신청을 해왔다. 그가 먼저 내게 인사를 건넸다.

인사부장 좋은 아침, 제시카 목사.

제시카 안녕하세요? 오랜만에 뵙는군요. 무슨 일이 있습니까?

인사부장 한국 총회 지도자급 목사에게서 항의가 들어왔어요. 국적이 다른 총회이니 그의 이름을 밝힐 수는 없어요. 혹시 책을 다시 출간했습니까?

제시카 네? 그가 또요? 그가 누군지 이미 알고 있습니다. 이전에 3권을 출간했지만, 미국 총회에 허가받은 일입니다. 그때 영문도 모르고 총회에 불려 갔다가 출간 후에 당신에게 시말서를 세 번 작성하고 종결된 건으로 압니다.

인사부장 사실 그때도 그 한국 목사가 3권의 책에 대해 항의 내용을 신고했기에 당신에게 시말서를 요구한 것입니다. 그가 이번엔 당신 영상에 항의하여 미국 총회에 신고했습니다. 유튜브 영상을 찍습니까?

제시카 그래요? 저는 그가 아직도 제게 해코지를 계속하고 있는 줄 상상도 못 했습니다. 저는 매주 유튜브 영상을 통해서 성경 공부를 하고 있습니다. 현재 코로나 때문에 모든 교회가 문을 닫아서 사람들이 대면 예배를 올리지 못하는 것으로 압니다. 그로 인해 미국 교단으로부터도 미디어를 사용해서 예배나 성경 공부를 하라는 지시 공문을 받았습니다. 그래서 상부 지시에 따라 미디어 성경 공부를 시작한 겁니다. 저는 미디어로 성경 공부를 하는 일이 잘못되었다고 생각하지 않습니다. 사업을 하거나 과일을 파는 게 아닙니다. 저는 영상을 통해 전도하고 있습니다.

인사부장 그자의 불평은 당신이 공식 예배 시간에 왜 군복을 착용하지 않고 설교하느냐는 겁니다.

제시카 저희는 발령받은 케냐 재활원교회 학교에서 일주일에 두 번 공식 예배를 드립니다. 그때는 군복을 반드시 착용합니다. 그러나 한국어로 찍어 유튜브에 올리는 영상은 애초에 공식 예배 설교용으로 만들지 않았습니다. 처음부터 제 삶의 간증을 나누고 성경 공부를 하는 용도로, 혼자 취미 생활로 영상을 만들었습니다.

티셔츠 입고, 고무장화 신고, 텃밭에서 물 주고 벌레 잡다가 짬이 나면 그 자리에서 혼자 전화기로 성경 공부 영상을 찍습니다. 옥수수 텃밭에서 왜 흰색 군복을 입고, 흰색 모자에 계급장을 달고, 검정 스타킹에 하이힐을 신습니까? 한국어는 제 모국어입니다. 저는 한국어 한마디 통하지 않는 케냐에서 수년을 살았습니다. 종일 한국어라고는 입 밖에 낼 일이 없습니다. 이런 상황에서 유튜브에 올리는 한국어 성경 공부 영상 촬영은 제 유일한 취미 생활입니다. 당신은 취미 생활할 때 군복을 입습니까? (나는 서러운 생

각에 눈물이 왈칵 났다)

인사부장 저 역시 제시카 목사의 말에 동감합니다. 사실상 케냐에서 공식 예배나 공식 일정이 아니면 평소에 군복을 착용할 이유는 없습니다. 특히 밭일하면서 무슨 군복에다 구두입니까! 그런데 그자는 당신이 성경 공부 영상에서 인사할 때 자신을 '목사'(Pastor)라고 칭하는 것도 불평했습니다.

제시카 목사가 목사라고 하지, 뭐라고 하길 그가 원합니까?

인사부장 그는 '참령'(Major)이라고 계급을 칭하길 원합니다.

제시카 그것은 교단 내에서만 통하는 계급 아닙니까? 저는 성경 공부 영상을 보는 이들을 교단 사람들로만 국한하고 싶지 않습니다. 모든 크리스천에게 열린 성경 공부니까요. 당신은 외부 사람들에게 당신을 소개할 때 무엇이라고 칭합니까?

인사부장 (그가 갑자기 웃었다) 하하하… 그야 당연히 목사라고 칭하지요. 제가 '정령'(Colonel)이라는 단어를 사용하면 아무도 제가 목사인지, 사감인지, 군인인지 알 수 없으니까요.

제시카 저도 마찬가지입니다.

인사부장 저 역시 이자가 불평하는 이유가 이해되지 않습니다. 저는 미디어 성경 공부 건은 당신이 교회에서 공식 예배로 드리는 게 아닌 줄 압니다. 코로나로 거의 전 세계에서 모든 공식 예배가 정부 법으로 금지된 상태니까요. 이런 힘든 시기에는 각자 처한 환경에서 최선을 다해 말씀을 증거하면 됩니다. 사실 취미 생활로 찍는 성경 공부 영상에서 간증하고 말씀을 나눌 때 군복을 입든 작업복을 입든 무슨 상관이 있습니까. 게다가 남의 국가에서, 남의 취미 생활을 가지고 왈가왈부하는 것도 동의하지 않습니다.

다만 그가 한국 총회 지도자급 목사이니 미국 총회는 그자의 불평을 당신에게 전해주어야만 했습니다. 그러면 케냐에서의 임무를 잘 마치고 오길 기도하겠습니다. 몸조심하십시오.

나는 화상 통화를 마쳤다. 가슴이 덜덜 떨리며 눈물이 나기 시작했다. 내가 미국에서 목회하고 있을 적에 한국의 그자는 내 책의 출간을 싫어하여 몇 년 동안 미국 총회에 항의 고발하며 나를 궁지에 몰아넣었다. 그런데도 나는 침묵했다.

이후 내가 케냐에 와서는 그자가 잠잠한 줄 알았다. 그런데 성경 공부 영상에도 훼방을 놓을 줄 상상도 못 했다. 주님의 말씀에 순종하며 산다는 게 얼마나 힘든 대가를 치러야 하는 일인지 새삼 깨달았다. 평평 울고 있는 내 옆에서 처음부터 끝까지 말없이 지켜보던 토니가 입을 열었다.

"여보, 울지 마. 거룩함과 옷이 무슨 상관이 있다는 건지, 또 경건과 호칭이 무슨 관계가 있다는 건지…. 자기가 지닌 직책의 권세를 이용해서 사람을 제 입맛대로 조종하려는 자들을 이해하기가 참 힘들다."

힘없이 한숨을 쉬며 자신의 마음을 녹여내며 나를 위로하는 남편이 너무나 고마웠다. 그런데 갑자기 내 머리에 밝은 불이 반짝 켜지듯 어느 기억이 스쳐 지나갔다.

몇 년 전, 미국에서 한국 책의 출간으로 총회에 불려 가서 시말서를 쓰고 나오던 날이었다. 왜 내가 시말서를 쓰고 좌천되어야 하는지 자세한 영문을 몰랐다. 그날 예수님이 "너는 오늘에야 네 삶 속에 건축자의 버려진 돌이 된 것이다. 성경 말씀이 삶 속에 이루어진 것이다"라고 하신 말씀이 기억났다. 나는 "누가 건축자이고 누가 버려진 돌입니까?"라고 물었다. 그때 주님께서 "네가 장차 알 날이 올 것이다. 그날이 오면 이 말을 반드시 기억하여라"라고 하셨다.

'그렇다면 장차 알 날이 오늘이었고, 건축자는 그자이고, 버려진 돌은 바로 나였구나!'

주님께서는 내게 해코지하는 그자를 이미 알고 계셨다. 그가 집요하게 재차 해코지할 것을 내게 미리 알리셨던 거였다. 몇 년 전, 주님께서 하신 그 염려는 책을 통한 문서 선교와 미디어 영상 선교에 닥칠 핍박의 예언이었다.

수년이 지나서야 왜 그때 시말서 요청의 핍박이 일어났는지 명백하게 밝혀졌다. 그자가 미국 총회에 내 책에 대해 항의하고, 권력과 인맥을 사용해 나의 좌천을 주도한 거였다. 그러나 성경 공부 영상과 관련한 그자의 지속적인 핍박은 장차 닥칠 환난의 시작에 불과했다. 그는 참으로 집요한 자였다. 《덮은 우물》 32. 그 씨가 바로 너다 참조)

36 너희 진주를 돼지 앞에 던지지 마라

🌿 양떼의 발자취 - 간증

나는 한국을 떠난 지 40년이 넘어서 한국 사회를 잘 모른다. 한국 목회자에 대해서도 잘 몰라서 곤욕을 치르고 있다.

《잠근 동산》 출간 직후, 케냐로 떠나왔다. 책을 출간하면 출판사에서 의례적으로 작가에게 계약서에 명시된 부수를 증정한다. 당시 나는 미국에 있었고, 출판사는 한국에 있으니 내게 국제 배송을 하려면 경비가 많이 들 것 같았다. 그래서 나는 별생각 없이 증정받을 책을 한국에 있는 나의 멘토 목사님과 우리 교단 리더층인 지인 목사님에게 보내달라고 출판사에 부탁했다. 미국에서 함께 일한 적이 있어 안면이 있는 한국인 정 목사에게 내 책을 선물로 보내주라고 한 것이다. 그런데 그가 그때부터 내게 돌을 던지기 시작했다. 책 출간을 발단으로 집요하게 내 발꿈치를 상하게 했다.

정 목사는 자기 직위를 이용하여 미국 총회에 내 책들에 대해 거세게 항의했다. 요즘 세상에 어떻게 주님과 대화가 가능하며, 또한 천국 간증을 하는 자들은 모두 거짓이라는 것이었다. 그 영향으로 좌천된 후에 나는 주님께서 명하신 아프리카로 자원하여 떠났다.

내가 케냐에서 선교 사역을 하는 동안 정 목사는 성경 공부 영상에 대해서도 트집을 잡았다. 그가 말하는 방식으로 영상을 찍으라는 거였다. 게다가 그는 자신의 종교관을 내세우면서 나를 미국 총회에서 쫓아내려고 몇 번이나 시도했다. 왜 그런 자에게 귀한 책을 선물로 주었는지 모르겠다. 진주를 돼지에게 던져준 격이 되어버렸다.

그러나 주님께 깊은 기도를 하고 난 후에 정 목사의 요구가 회개와 성결과는 전혀 상관없는 문제임이 깨달아졌다. 그자는 내 책에 실린 영의 세계에 관한 내용 자체를 경멸하고 싫어한다고 했다. 책상 앞에만 앉아 시간이 남아도는 종교인은 남의 사역을 정죄하느라 바쁘다. 그런 자의 박해라고 생각한다.

구세군 교단은 '마음은 하나님께, 손길은 이웃에게'라는 정신을 실천하는 훌륭한 교단이다. 또한 국적을 초월하여 교단 조직을 중시하는 철저한 계급 체제이기에 반드시 직위에 맞추어 의견을 수렴하며 예우해 준다. 그 점을 십분 이용하는 그가 더욱 교활해 보였다. 물론 한 개인의 종교관이 한국 구세군 교단을 대표한다고는 생각하지 않는다.

감사하게도 미국 총회에서는 내가 아프리카 케냐의 시골에서 고생하고 있고, 문서 선교를 위해 자비 출판하여 빚을 지고 있으며, 평생 헌신한 점과 정년퇴직이 가까운 점을 참작하여 그자의 신고에 대응하지 않고 마무리를 지었다. 미국 인사부장 목사도 이해되지 않는 항의라며 고개를 저었다.

그런 박해를 받으면서도 나는 한국 출판사로부터 받은 인세로 내 책을 구매하여 지인을 통해 모두 교도소에 문서 선교용으로 보냈다. 주님께서 감옥에 갇힌 자를 돌아보라고 하셨기 때문이다.

'오… 예수님, 당신의 종이 여태 받았던 핍박을 기억하시고, 여종의 흘리는 눈물을 기억해 주소서. 사랑할 수 없는 자를 사랑하게 하소서. 용서할 수 없는 자를 용서하게 하소서. 원수를 사랑하고 용서하는 이 길이 좁은 길이며 가시와 엉겅퀴를 밟는 일이라는 사실을 깨닫게 하소서. 부디 이 여종이 세상을 이긴 자가 되게 하소서!'

무릇 그리스도 예수 안에서 경건하게 살고자 하는 자는 박해를 받으리라 딤후 3:12

37 인생 가시와 사람 엉겅퀴

🌿 생수 우물가의 대화

예수님 보름달 떠 있는 초가지붕 위에 만개한 하얀 박꽃 같은 그대, 나의 어여쁜 자여. 나의 눈은 너를 바라보고 있단다.

제시카 제 생명보다 더욱 귀하신 주님, 당신의 거룩한 눈이 저 같은 죄인에게 머물러 있다는 사실만으로 저는 행복합니다. 또한 제 삶의 영광입니다. 부디 당신의 눈길이 항상 제게 머무르길 간구합니다.

예수님 **레바논의 눈이 어찌 백향목을 떠나겠느냐. 두로의 눈이 어찌 보화를 실은 상선을 떠나겠느냐. 나의 품 안에 거한 보화 같은 나의 신부여, 나의 눈이 영원토록 너를 주시한 다는 것을 믿어라.**

제시카 저는 그 사실을 진리처럼 제 허리에 두르고 믿습니다. 얼마 전에도 대형 교통사고로 두 차 사이에 끼여 납작한 빈대떡처럼 되어 죽을 뻔했습니다. 그런데 당신께서 살려주셨습니다. 생명을 연장해 주셔서 감사합니다. 그러나 제 속내는 그 순간, 이 가죽옷을 벗어나 당신이 계시는 천국에 가기를 더 소망했습니다. 낯선 땅에서 이방인으로 순교할 수 있는 영광스러운 기회에서 세 번이나 밀려났습니다. 첫 번째는 토니 목사에 이어 패혈증에 걸렸을 때였고, 두 번째는 부목사의 차 사고로 죽을 뻔했을 때였고, 세 번째가 며칠 전 만취한 경찰과의 차 사고로 압사할 뻔했을 때입니다. 원수의 영이 제 생명을 노리나 봅니다.

예수님 **그대는 아직 이 땅에서 해야 할 일이 남아 있단다. 만약 내가 그대를 나 있는 곳에 불러올렸다면, 그대는 이 땅에서 아쉬운 일이 없는가?**

제시카 흠… 몇 가지는 아쉽네요. 예쁜 딸 미셸이 좋은 짝을 만나서 웨딩드레스 입고 결혼하는 것을 못 봐서 아쉬울 것 같아요. 다른 하나는 제가 먼저 하늘나라에 가면 연세 드신 엄마의 가슴에 대못을 박을 것 같습니다. 실상 그 밖에는 아쉬운 게 없습니다. 이룬 것도 없고, 가진 것도 없는 인생인데 아까울 게 무엇이 있겠습니까. 제게는 아무것도 없어요. 평생 목회와 사역으로 일만 하다가 올라가는 것이라 이 땅에 아무 미련이 없습니다. 아까운 것이 있어야 아쉬운 것이 있지요.

예수님 그대는 오랜 세월 동안 많은 배고픈 목숨을 먹여 살렸다. 내 눈에는 그것이 귀하다. 먹여 살린 목숨보다 내 눈에 더 귀한 건, 남을 먹여 살리려고 애쓰고 바둥거리던 그대의 마음이다. 또한 그대는 중독으로 말미암아 잃어버린 많은 영의 생명을 구했다. 이것 역시 내 눈에 아름답도다. 그대가 알게 모르게 내게로 인도한 그 영혼들은 모두 천국의 한 구역에서 그대와 함께 거주할 것이니라. 천국은 침노하는 자의 것이라는 내 말을 잊지 말거라.

그대는 인생 후반전에 많은 영역을 침노했고, 천국의 영토를 확장시켰다. 심은 대로 거두는 것이 나의 법칙이니, 그대가 심은 영혼들의 추수가 장차 그대의 마음을 기쁘고 윤택하게 할 것이니라.

제시카 저는 영혼들도, 천국의 영토도 원하지 않아요. 이 땅에서 사람들을 지키는 일이 제 작은 그릇으로는 힘에 부쳤어요. 천국에서까지 그러고 싶지 않습니다. 이제 좀 휴식하고 싶습니다. 저는 예수님, 당신 한 분이면 이 땅에서나 저 천국에서나 필요한 것이 아무것도 없습니다. 부족한 제 주제를 깨달은 지금은 상도, 면류관도 구하지 않습니다. 저는 당신 외에는 원하는 것도, 필요한 것도 없습니다.

예수님 바로 그것이 가난한 마음이다. 내가 그대를 그렇게 빚기까지 많은 시간과 노력이 들었단다. 이제는 그 마음으로 우리의 백성을 섬겨라. 나의 신부들은 섬김의 도를 깨달아야만 한다.

제시카 제가 한평생 사람을 섬긴 것 같은데 아닙니까?

예수님 그렇다. 지금까지는 그대의 마음이 원하는 방식으로 섬겼고, 이제부터는 내가 원하는 방식으로 섬기길 원한단다.

제시카 당신께서 원하시는 방식은 무엇입니까?

예수님 내가 내 제자들의 발을 씻겼던 일을 아는가?

제시카 네, 주님. 잘 알고 있습니다.

예수님 그대는 그 사건은 알지만, 그 안에 감춰진 참 의미는 아직 깨닫지 못했다. 이것은 인간의 말로 표현되는 것이 아니요, 그대가 스스로 땅에 무릎을 꿇고, 사람들의 발을 정결한 물에 담가 흙과 때를 씻겨내야만 깨달을 수 있다.

그대의 삶은 아직 그 깊은 단계까지 들어가지 못했다. 그러나 나의 왕권 신부는 반드시 사람의 발을 씻기는 영적 의식을 치러야만 한다. 그대가 아프리카에서 보낸 몇 년의 세월이 그 의식을 치를 수 있는 길로 인도할 것이다.

그대가 걷고 있는 이 좁은 길에는 밟아야만 하는 아픈 인생 가시들이 있고, 이겨내야만 하는 사람 엉겅퀴들이 있느니라. 이 길 위에서 흔들리지 말고 말씀의 등불을 오른손으로 꼭 잡고, 왼손으로는 내 손을 꼭 잡고, 한 발씩만 전진하여라. 끝이 있는 길이니 두려워하지 말고 낙심하지도 말거라. 각 사람의 가시는 각 사람의 믿음에 비례한다. 각자의 그릇이 소유한 믿음의 크기에 따라 가시의 크기와 고통이 다르다는 뜻이다. 알겠느냐?

제시카 제가 언제 발을 씻기는 그 의식을 치르게 되나이까?

예수님 그때가 오면 스스로 알게 될 것이다. 자신을 겸허하게 낮추고, 주위 사람들을 섬기는 마음이 되도록 노력하거라. 그대 영혼이 찢겨 피가 흐를 것이다. 그러나 모든 말을 삼키고, 묵묵히 내 손만 꼭 잡으면 된다. 그리고 앞을 향해 발을 내딛어라. 내가 그대의 심장에 함께 숨 쉬고 있다는 사실을 잊지 않으면 된다. 반드시 그대는 이 의식을 내 마음에 흡족하게 잘 치를 것이니라.

제시카 아이고, 주님. 겁이 납니다. 저는 일단 이 좁은 길 위에 서면 모든 것에 마침표가 찍히는 줄 알았습니다. 당신의 왕국으로 가는 길이 열리는 줄 알았습니다. 무엇이 또 남아 있습니까? 무섭습니다. 제 천박함과 부족함을 당신께서 이미 잘 아시지 않습니까. 오매… 사람 살려요!

예수님 하하하… 만물을 창조한 내가 그대 곁에서 그대의 손을 잡고, 그대의 심장 안에서 함께 숨 쉬고 있는데 무엇이 두려우냐? 몸은 죽여도 영혼은 능히 죽이지 못하는 자들을 두려워하지 마라. 그대는 오직 몸과 영혼을 능히 지옥에 멸할 권세를 가진 내 아버지만을 두려워하여라.

그러나 그분은 사랑의 본체시니라. 그대는 내 아버지께서 아시는 자이기에 그분의 사랑을 입는다. 그분의 사랑은 영원무궁하며 변함없단다. 내 아버지의 손에 놓인 영혼은 그 누구도 빼앗지 못하느니라. 그분은 우주 만물의 창조주시며 주인이시다.

38 영의 세계란 어떤 곳인가?

🌹 양떼의 발자취 - 간증

영의 세계에서는 끊임없이 배운다. 그 배운 지혜와 지식을 우리가 사는 땅의 세계에서 때에 맞게 연습한다. 그래서 우리의 영은 끊임없이 성장한다.

나는 학교 같은 장소에서 눈에 익숙한 여러 학생과 함께 배움의 과정 중에 있던 적이 있다. 우리를 가르치는 선생님은 주로 천사였다. 천사 선생님은 2,3명이 한 조였다. 때로는 단 1명의 천사가 나를 데리고 영의 세계 어딘가로 간다. 그러고는 무언가를 보여주며 대화를 통해 가르침을 주기도 한다.

학교에서 다수와 함께 배우는 경우든 일대일로 배우는 경우든, 내가 배우고 싶은 주제를 스스로 선택한 적은 별로 없다. 모든 배움의 장소와 교육 과정은 이미 정해진 양떼의 발자취처럼 믿음의 선진들이 살았던 삶의 지도인 것 같았다. 나는 천사 선생님들의 도움을 받으며 인도해 주는 대로 순종하며 따라가면 되었다.

생각해 보라! 이 땅에서의 시간은 길면 70년이요, 강건하면 80년이다. 하지만 천사들은 영의 세계에서 시대만 다를 뿐 수천수만 년간 같은 교육 과정을 반복해 왔을 테니 사람의 영을 가르치고 훈련하는 모든 과정을 얼마나 잘 알겠는가!

영의 세계에서는 새 학기가 시작되면 새 학년으로 올라가기도 한다. 물론 다음 단계로 못 올라가고 늘 제자리걸음만 하는 영도 있다고 생각한다. 영의 세계의 그림자인 이 땅에서 늘 신앙의 제자리걸음만 하다가 생을 마감하는 크리스천이 얼마나 많은가!

또한 영의 세계에서는 다음 단계로 진급하기 위해 반드시 시험을 치러야만 한다. 시험 전에 화장실에 가서 볼일을 보는 경우가 종종 있는데, 영의 세계에서의 배설물은 이 땅에서 회개하지 못한 죄 덩어리들이다. 부끄러운 고백이지만, 나의 화장실 안에는 종종 더러운 인분이 가득 차 있다. 화장실은 주로 4칸인데, 각 화장실 문에는 각 피조물의 종류 이름이 적힌 팻말이 달려 있다(왜 4칸인지는 모른다. 오직 내가 보고 들은 것만 기록할 뿐이다).

화장실에 들른 후 다음 단계는 목욕탕이다. 목욕탕의 종류는 각자의 영의 단계에 따라 여러 다른 형태가 있다. 내가 본 형태가 전부는 아니라고 생각한다. 영의 세계는 무한하고, 내 영의 단계는 아주 낮기에 내가 본 것 또한 지극히 제한적이다.

목욕탕에 입장하려면 반드시 입구를 지키는 천사에게 표를 주어야 한다. 영의 세계에서는 어딘가에 입장할 때 돈을 사용하지 않는다. 천사가 주님의 특별한 허가를 받고 내려온 경우가 아니면, 대부분 표나 토큰을 사야 한다. 내가 이해하기로, 이 표나 토큰은 내가 이 땅에서 선한 행위를 실천할 때 환전되는 것 같았다. 그러나 모두에게 적용되는지는 모르겠다.

목욕탕은 남자와 여자가 들어가는 장소가 다르다. 규모도 다양한데, 흔히 생각하는 대중목욕탕 크기가 아니다. 엄청나게 크고 높은 산 정도 규모다. 높은 바위산 꼭대기 같은 곳에서 맑고 깨끗한 폭포수가 실외 같은 아래쪽으로 흘러내리고 있으며 각 층의 탕은 주로 둥그스름한 반원형의 가장자리를 가진 형태다. 흘러내리는 물이 위층의 거대한 반원형 탕을 채우고 나면, 한 계단 낮은 층에 있는 탕으로 계속 흘러내린다. 이런 층계와 각 층의 탕이 수백수천 개가 있다. 각 층은 개인의 영의 단계를 나타낸다.

내가 본 영의 목욕탕 중 한 장소를 사람의 말로 굳이 표현하자면, 이 땅에서 비슷한 곳이 꼭 한군데 있다. 나는 유네스코 세계 문화유산으로 지정된 튀르키예의 파묵칼레(Pamukkale)에 간 적이 있다. 그

곳을 처음 보았을 때, 영의 세계에서 본 장소와 너무 흡사해서 소스라치게 놀랐다. 그때 본 새하얀 석회암의 계단식 온천 산이 영의 세계 목욕탕과 가장 비슷하다. 청록색의 맑고 따뜻한 온천수가 산 위에서부터 각 층을 채우며 흘러내리는 모양이 유사하다. 물론 파묵칼레는 규모가 아주 작지만 그나마 영의 세계 목욕탕을 연상시키기에 가장 근접한 형태. 파묵칼레는 요한계시록에 등장하는 라오디게아 교회에서 가까운 곳으로, 다시 방문하고 싶은 장소다.

나는 영의 세계에서 해변에 있는 높은 섬 같은 바다 형태의 목욕탕도 보았다. 초록 숲과 바위가 멋진 조화를 이루며 어우러진 작은 섬의 꼭대기에서 맑고 푸른 폭포수가 쏟아져 내렸다. 그 물이 바닷물인지 아닌지는 모른다. 바다 목욕탕의 물은 그다지 깊지 않았지만 너비는 바다처럼 끝이 보이지 않았다. 보통 사람의 가슴이나 어깨가 잠길 정도 깊이였다. 흘러내리는 폭포수에 목욕하던 사람들은 앞서 말한 계단식 목욕탕처럼 다수가 아니었다. 그 안에 있던 자들은 영의 단계가 다른 사람들이었다. 거기서 나의 가족 2명을 보았다. 멀리서도 그들을 알아볼 수가 있었다.

또 개인 목욕탕도 보았는데, 깨끗한 물이 그 커다란 탕에서 흘러넘칠 정도로 찰랑찰랑 차 있었다. 내가 자주 사용하는 목욕탕은 주로 영적 전쟁터 안에 세워진 샤워장 같은 장소다. 나는 이 안에서 천사들을 종종 만난다. 그로써 천사들도 회개하며 자신을 정결하게 씻는다는 것을 알게 되었다.

내가 대화한 천사 중에 하나님의 이름인 여호와와 예수님의 이름을 직접 입으로 부르는 천사는 별로 없었다. 이 점은 마치 유대인의 관습과 흡사하다. 진실로 거룩하시고 위대하신 그분의 성결한 이름을 어찌 감히 죄를 쏟아내는 입으로 함부로 불러댈 수 있을까! 그래서 하나님은 십계명에 그분의 이름을 망령되이 부르지 말라고 명령하셨다.

그렇다! 하나님의 이름은 경외함을 받아 마땅하다. 그 이름을 경외하는 자에게는 의로운 해가 떠올라서 치료하는 광선을 발하며, 그는 외양간에서 나온 송아지같이 힘 있게 뛴다고 하셨다. 또한 그는 악한 자를 밟을 것이며 하나님께서 정하신 날에 그의 발바닥 밑에 악한 자들이 재와 같이 될 거라고 약속하셨다.

인간은 무식한 용감성을 간직하고 있는 것 같다. 그런 존재인 인간을 대속하기 위해 자신의 독생자를 십자가 죽음으로 이끄신 주님의 사랑에 실로 놀라움을 금할 수 없다. 육체에 속한 인간의 지식으로는 절대 하나님의 원대하신 사랑을 이해할 수 없다. 그저 이해하고 있다는 착각 속에 사는 피조물에 지나지 않는다.

이사야서 6장에 등장하는 여섯 날개를 가진 스랍 천사들을 생각해 보라. 두 날개로는 얼굴을 가렸고, 두 날개로는 발을 가렸고, 나머지 두 날개로 날며 화답한다. 하나님의 보좌 앞에서 거룩하신 그분을 모시고 선 천사일지라도 창조주의 거룩함 앞에서는 자기를 가릴 수밖에 없다는 사실을 늘 염두에 두어야 한다. 하물며 우리 인간이야 어떻겠는가!

거룩한 분은 하나님 한 분 외에는 없다. 거룩하신 하나님 외에 모든 피조물은 자신을 늘 정결하게 지켜야만 한다. 천사도 타락할 수 있다는 사실을 루시퍼를 통해 잘 알고 있지 않은가!

영의 세계에서 나의 회개와 정결의 과정은 주로 다음과 같은 단계를 지난다.

첫째, 영적 화장실에 방문하여 배설물을 방출하듯이 회개함으로 써 내 모든 더러움을 제거한다.

둘째, 영적 목욕탕에 가서 내 영을 깨끗하게 씻는다.

셋째, 영적 새 학년으로 올라가는 시험을 치를 자격이 주어진다.

시험장 안은 늘 천사들과 사람들로 북적거린다. 그러나 사람의 수가 천사보다 압도적으로 많다. 나는 시험장에 들어가기 전, 바닥에 앉아 다음 시험을 걱정하며 준비하기도 한다.

며칠 전에는 영의 학교의 커다란 강당 같은 장소에 있었다. 매끈하고 결이 잘 보이는 나무 바닥에 의자는 없었다. 시험 대기실 같은 느낌이 들었다. 나는 강당 안 문 입구를 가로질러 문의 멀리 맞은편에 보이는 뒷벽에 붙어 있었다. 왼쪽 구석 가장자리 뒷벽에 기대어 시험을 초조하게 기다리며 바닥에 앉아 있었다.

나는 왼쪽 벽 가장 구석에 앉기를 원했으나, 거기는 이미 누군가가 등짐으로 자리를 맡아놓아서 왼쪽 구석에서 두 번째 벽에 기대어 앉아 있었다. 내가 이런 사실을 굳이 밝히는 이유는, 영의 세계는 존재하며 그만큼 실제 상황이라는 사실을 알리기 위해서다.

내가 경험한 천사들은 감정의 굴곡이 별로 없는 것 같았다. 기뻐서 펄펄 뛰는 천사도, 슬퍼서 대성통곡하는 천사도 보지 못했다. 그리고 천사의 세계는 위계질서가 뚜렷했다. 조금이라도 일상에서 벗어나는 걸 내가 묻거나 요구하면 상사에게 꼭 물어보고 허락을 받은 후에야 대답하거나 그 일을 행했다.

그들은 각자의 소임에 진실한 마음으로 성심을 다하는 행위와 태도를 보였다. 아무리 사소한 일이어도 주님과 연관되어 있으면 마치 생명을 바칠 것처럼 최선을 다해 충성하는 태도가 배어 있었다. 그들은 주님의 명에 철저히 순종했으며, 그때 진심으로 기뻐하는 모습이 역력하게 드러났다. 오직 주님을 기쁘시게 하려고 창조된 존재 같았다. 마치 그들에게는 주님을 섬기는 일 외에는 다른 선택지가 없어 보였다.

반면에 인간은 그렇지 않다. 영이 육체와 합해 있을 때 선택권이 있다. 그러나 모든 선택에는 책임이 따른다. 사람이 아무리 생각 없는 말을 입으로 뱉을지라도, 또는 자기 마음에 그 어떤 작고 하잘것없는 선택을 하더라도, 그에 대해 반드시 주님 앞에서 질문을 받을 때가 온다는 사실을 알아야 한다. 이를 아는 사람은 거룩하신 하나님의 보좌 앞에서 치를 문답에 준비된 삶을 산다.

그러나 보좌 앞에서 받을 질문에 준비되지 않은 삶을 사는 자들이 있다. 그들은 차라리 태어나지 않는 편이 나았을 거라는 주님의 책망을 들으며, 뼈를 깎는 아픔과 후회로 원수 마귀에게 삼킴을 당할 것이다. 고백하건대, 나는 지옥에 가본 적이 없다. 지옥이 존재하지 않는다는 게 아니라, 주님께서 아직 보여주시질 않았다. 그러나 지옥이 얼마나 참혹하고 무서운 장소인지는 확실하게 안다.

왜냐하면 천국행을 거부당한 자들에게 '번쩍' 하고 번개처럼 나타나서 검고 큰 손으로 인간의 목덜미를 낚아채 섬광처럼 사라지는 마귀들을 보았기 때문이다. 나는 바깥 캄캄한 장소의 입구는 보았다. 부족한 종은 두렵고 떨리는 마음으로 오직 본 것만을 하나님 앞에서 증거할 뿐이다.

영의 세계 안에서는 그 세계가 존재하는 실상이고, 우리가 지금 살고 있는 이 땅의 세계가 허상이다. 지구야말로 하룻밤 꿈처럼 불타 없어지기 위해 간수된 허상이다. 하나님도, 천사도, 천국도, 마귀도, 귀신도, 지옥도, 궁창도, 궁창의 영도 영의 세계에 실존하는 존재이며 장소다.

물론 내가 영의 세계에서 본 것을 기록하고, 사람들에게 증거한다고 해서 얻을 이득은 아무것도 없다. 오히려 영의 세계를 믿지 않는 무지한 종교인들에게 돌멩이 세례나 받을 뿐이다. 그런데도 나는 이 기록을 남긴다. 나의 창조주이신 하나님께서 비천한 여종에게 그 세계를 보여주셨을 때는 반드시 이유가 있어서일 것이다.

거룩하신 그분께서 영의 세계를 나 혼자 알고, 나 혼자 간직하다가, 나 혼자 천국에 오라고 보여주신 게 아님을 안다. 나와 같은 종류의 피조물에게, 나와 같은 성정을 지닌 사람들에게 진실을 증거하라고 보여주셨다고 믿는다. 장차 들어갈 영원한 영의 세계를 준비하는 삶으로 이 땅을 살아가라고 말이다. 그러나 2천 년 전, 예수님이 이 땅에 오셨을 때도 주님을 하나님의 본체로 믿지 않고 십자가 나무에 쇠못으로 박아버렸던 자들이 종교인이고 인간이었다. 해 아래 새것이 없다고, 수천 년이 지난 오늘날에 무엇이 달라졌는가!

그런데도 나는 오직 하나님께서 내게 보여주신 것을 증거한다. 거룩하신 그분께만 나를 살리고 죽이실 권세가 있다는 진리를 알기 때문이다. 사람에게서 취하는 영광과 감사는 내게 아무 의미가 없다. 섬기는 자리에서 아버지의 눈길 안에 내가 머무는 것만이 내 삶에 참 의미를 부여한다고 믿는다.

'비천한 여종의 주인이신 예수님, 당신의 나라에 임하실 때 당신의 세계를 증언한 이 죄인을 기억하소서! 주 예수여. 어서 오시옵소서!'

39 영의 세계에서는 오직 전진만 할 수 있다

🌹 영의 세계

나는 열린 온실 같은 밝고 따스한 실내에 있었다. 그 안에는 이름 모를 여러 종류의 꽃들이 형형색색 피어 있었다. 흙 위에 피어 있는 꽃들도 있고, 화분에 심긴 꽃들도 있었다.

화분의 꽃들은 그냥 심긴 것이 아니었다. 꽃과 구부러지거나 세워진 줄기와 초록 잎이 세밀하고 정교하게 빚어져서 아름다운 조화를 이루었다. 화분마다 정교한 예술성을 띠고 처음부터 그 목적을 위해 만들어진 꽃꽂이 같은 모양으로 심겨 있었다. 화분에 갓 심기거나 심긴 지 시간이 좀 지나 보이는 꽃도 있었다. 봉오리 꽃도 있고, 만개하여 아름다운 자태를 간직하고 향기를 뿜어내는 꽃도 있었다.

그때 '꽃 하나가 한 영혼'이라는 사실이 알아졌다. 그래서 어떤 꽃들은 주님의 온실에 들어온 지 얼마 안 되어 아주 작은 새싹 화분에 꽂혀 땅이나 화분에 심길 순간을 기다리고 있었고, 어떤 꽃들은 주님의 온실에 들어온 지 오래 지난 영혼들이었다. 즉, 모든 꽃이 우리의 창조주시며 주인이신 하나님께서 키우시는 사람의 영혼을 품고 있다는 사실이 알아졌다.

이를 깨닫는 순간, 꽃들 하나하나가 참으로 귀하고 아름다운 생명을 가진 존재로 다가왔다. 햇볕과 물을 알맞게 받아들여 아름답게 성장한 꽃들을 잠잠히 바라보는 것만으로도 가슴이 벅차올랐다. 내 영에 떨림의 파장을 불러일으켰다.

'아… 이래서 사람의 영혼이 참으로 귀한 것이구나!'

나는 그 밝은 온실 안에서 주님을 찬양하기 위해 두 손을 높이 들었다. 찬양을 시작하려고 얼굴을 하늘 쪽으로 들어 올리고 입술로 찬양을 부르는데, 이게 웬일인가! 순간, 내 입에서 찬양과 함께 반짝거리는 은구슬이 나오기 시작했다. 희고 반짝거리는 은구슬이 마치 악보의 음표가 나오는 것마냥 입술에서 하나씩 나오기 시작했다.

나는 내 입술로부터 나온 은구슬들이 온실 흙바닥 위에 툭툭 떨어지는 걸 원하지 않았다. 그래서 가만히 흙 위에 누웠다. 그리고 찬양하기를 멈추지 않았다. 은구슬들은 내 입술에서 나와 하나씩 내 얼굴 위로 굴러떨어지기 시작했다.

얼마나 지났을까. 한참을 누워서 은구슬이 소담하게 쌓일 때까지 찬양을 불렀는데, 문득 하나님의 온실에 누군가 들어오는 인기척이 느껴졌다. 놀라서 누운 채 고개를 돌렸다. 내 옆에는 10대처럼 보이는 단정한 외모의 두 천사가 서 있었다. 그중 한 천사가 한쪽 무릎을 구부리며 나를 가만히 일으켜 앉혔다. 그리고 말했다.

"안녕하세요? 신부님, 제 이름은 Chena라고 합니다. 우리와 같이 신부님이 가야 할 곳이 있습니다."

나는 은구슬의 찬양이 신비하고 황홀한 느낌을 주었기에 일어나는 게 아쉬웠다. 하지만 영의 세계에서 천사의 요구사항은 늘 엄숙한 권위가 있기에, 일어나 온실을 나와서 어디론가 순간 이동을 했다.

이동한 장소 역시 밝은 빛이 비치는 실내였다. 어느 평범한 집 응접실 같았다. 그런데 놀랍게도 그곳에 막내 남동생이 있었다. 사방 벽에는 별로 크지 않은 직사각형 선반이 줄지어 설치되어 있었다. 선반 위에는 크래커 종류의 과자와 먹기 좋게 썰어둔 한입 크기의 치즈가 접시에 먹음직하고 정갈하게 담겨 있었다.

문득 배고파서 그것을 먹고 싶었다. 내가 한 손을 내밀어 크래커를 집어 올리는 순간, 맞은편에 있던 막내 남동생이 내 곁으로 다가오더니 손님들을 위해 마련된 음식이니 먹지 말라고 주의를 주었다.

별로 중요한 이유 없이 내 행동을 제지하는 동생이 달갑게 느껴지지 않았다.

응접실 오른쪽 옆쪽으로는 거실 형태의 큰 열린 공간이 있었다. 그 안에 벽을 두른 가장자리에 소파가 있었다. 소파에는 10명이 채 안 되는, 손님처럼 보이는 사람들이 나란히 앉아 있었다. 그런데 아버지가 그 중간에 서 있었다. 이 땅에서 아버지는 생전에 집사님이었다.

마치 대학 교수님 같은 인상을 주는 양복과 나비넥타이를 한 아버지는 손님들에게 집중한 채 무언가를 열심히 설명하고 있었다. 나는 아버지가 무얼 말하는지 궁금해서 귀 기울여 듣기 시작했다. 다 기억나진 않지만, 한 문장은 가까스로 기억난다.

"하나님께서 창조하신 피조물인 모든 자연에는 인간의 생각을 생성하고, 인간의 내면을 치료할 수 있는 점화 장치가 존재한다."

아버지는 '점화 장치'라는 단어를 영어로 'Ignition'이라고 말했다. 사실 생전에 아버지는 미국에서 수십 년 살았지만, 영어에 능통하지 않았다.

나는 과자와 치즈가 준비된 응접실에 서 있었는데, 문득 고개를 숙여 나 자신을 보니, 희고 긴 통옷을 걸치고 있었다. 잠시 후 아버지의 강의가 끝났다. 그제야 내가 그곳에 있다는 사실을 인식한 아버지가 미소를 지으며 내게 말을 걸어왔다.

"아… 우리 딸 왔구나. 잠시 쉬는 시간인데 손님들이 무료하면 안 되니까 나와 함께 춤을 추지 않겠니?"

나는 아버지의 제안을 흔쾌히 승낙했다.

"네, 아버지!"

마치 옛날 내 결혼식 날처럼 아버지의 어깨를 한 손으로 잡았다. 그러고는 경쾌한 왈츠 종류의 춤을 함께 추기 시작했다. 이 땅에서 아버지는 젊었을 때 사교댄스를 아주 잘 추었었다. 내가 어릴 적에 아버지가 가끔 음악을 틀고 남녀가 우아하게 추는 춤을 엄마와도 추는 것을 본 기억이 난다. 하지만 나는 정반대다. 몸으로 하는 어떤 것도 잘하지 못했다. 잘하는 운동도 없고, 더군다나 춤은 몸치 수준에 가까웠다.

그런데 영의 세계에서는 정말 신기하게도, 내가 춤을 너무 잘 추었다. 마치 발에 기름을 발라놓은 것처럼 찬송 음악에 맞춰서 다음 스텝으로 부드럽게 옮겨갔다. 소파에 둘러앉아 있던 모든 손님도 찬송 음악에 맞춰 손뼉을 치며 흥겨워했다. 나는 즐거워지기 시작했다.

그때 손님 중에 목사님과 사모님 직분을 가진 자가 있다는 사실이 알아졌다. 그들은 작은 개를 데려와서 소파 옆에 앉혀두었는데, 돌연 그 개가 내게 짖기 시작했다. 그러더니 순식간에 내 다리를 물어뜯으려고 달려들었다. 그러자 천사 Chena가 갑자기 개와 나 사이에 나타나 개를 꾸짖더니 컴컴한 구석으로 쫓아내 버렸다. 그러고는 내게 말했다.

"저 개는 손님으로 방문한 목사와 사모가 가지고 있는 사나운 영의 성품 중 하나입니다. 영의 세계에서는 자신의 성품을 숨길 수가 없습니다. 신부님, 우리는 다른 장소로 떠나야 합니다."

나는 아버지와 작별하기가 아쉬웠다. 때로 영의 세계에서 만나는 아버지는 젊은 모습이었다. 이 땅에서 65세에 소천해서, 실제 삶에서도 아버지의 늙고 구부러진 모습을 본 적은 없었다.

나는 두 천사와 그 집에서 나왔다. 우리는 순간 이동하여 배가 들어오고 나가는 선창에 서 있었다. 사방이 캄캄했고, 주위에는 수많은 사람이 배를 타려고 길게 두 줄로 서서 기다리고 있었다. 인파가 얼마나 많은지 줄의 앞부분은 아예 보이지도 않았다.

내가 천사에게 물었다.

"천사님, 여기가 어디입니까? 저들은 누구며 어디로 떠나려고 저렇게 길게 서서 배를 기다립니까?"

천사가 대답했다.

"이곳은 캄캄한 어둠의 영이 지배하고 있는, 영의 세계 안에 존재하는 밤의 한 장소입니다. 주님의 의인은 오직 믿음으로 말미암아 이 장소를 떠나야만 살 수 있습니다. 줄 서 있는 이 사람들은 암흑의 장소를 떠나기를 원하는 자들입니다. 밝은 빛이 있는 다른 세상을 향해 앞으로 나아가기를 소망하는 자들입니다.

하지만 영의 세계에서는 결코 후퇴할 수 없습니다. 신부님은 '또한 뒤로 물러가면 내 마음이 그를 기뻐하지 아니하리라' 하신 성경 말씀을 기억하셔야 합니다. 뒤로 물러서면 곧 멸망의 죽음입니다. 영의 세계는 오직 전진만 할 수 있는 곳입니다."

그 말을 듣는 순간, 덜컥 겁이 났다.

'아니, 그럼 나는? 모두가 떠나기 위해 저렇게 정처 없이 기다리고

있는데… 나는 아직 줄에 들어가 있지도 않은데 어떻게 하면 좋지?'

불현듯 조급함과 걱정과 심히 두려운 마음이 들어 눈물이 핑 돌려고 했다. 나는 천사에게 다급히 물었다.

"아이고… 천사님, 이 줄이 대체 얼마나 긴 것입니까? 우리가 선 장소에서는 너무 멀어 줄의 시작조차 보이질 않습니다. 이 일을 어쩌면 좋지요?"

나는 발을 동동 굴렀다. 천사가 잠시 생각하는 듯하더니 말했다.

"신부님, 잠깐만 기다리세요. 바로 그 이유로 주님께서 저희를 보내신 겁니다."

천사가 얼굴을 돌려 긴 두 줄의 맞은편인 다른 외곽 쪽을 바라보았다. 바로 그때, 우리 앞에 큰 바퀴가 3개나 있는 자전거가 나타났다. 천사가 내게 말했다.

"빨리 뒤에 타십시오. 이 자전거는 사람의 힘으로는 운전할 수 없습니다."

내가 물었다.

"Chena 천사님, 제가 뒤에 타면 다른 한 천사는 어디에 탑니까?"

천사가 대답했다.

"걱정하지 마십시오. 천사는 나는 능력이 있습니다."

그 말을 듣고는 안심이 되었다.

Chena 천사가 앞에 탔고 나는 신속하게 뒤에 올라타 그의 허리를 안았다. 자전거는 마치 땅이나 공기의 저항을 전혀 받지 않는 것처럼 매끄럽게 빠른 속도로 미끄러지기 시작했다.

마침내 우리는 줄 앞쪽에 도착할 수 있었다. 떠날 배를 기다리는 선창 앞쪽에서는 아주 키가 크고 체격이 건장해 보이는 여러 명의 천사가 줄을 통제하며 질서를 유지하고 있었다. 그들은 천사와 내가 자전거에서 내리는 것을 지켜보더니 다가와 말을 걸었다. 그들은 나와 함께 있는 천사들을 잘 아는 듯했다.

그들은 서로 가볍게 목례하고는, 키 큰 천사들이 나를 에스코트하며 두 줄 중에 왼쪽 줄 가장 앞쪽에 세워주었다. 아무도 나와 키 큰 천사들에게 항의하거나 물어보지 않았다. 나는 왼쪽 줄 앞에 서자마자 안도의 숨을 쉬었다. 동행한 두 천사에게 감사 인사를 하려고 찾았으나 그들은 온데간데없었다. 나는 선 채로 주님께 기도했다.

"주님, 어리숙하기 짝이 없는 이 여종을 구원해 주시고 빛의 나라로 떠날 자들의 대열에 세워주셔서 감사합니다."

바로 그때, 캄캄한 바다 쪽에서 파도의 많은 물소리와도 같고 큰 천둥소리와도 같은 우렁찬 음성이 들렸다.

"나의 신부여, 이제 네 믿음이 자랄 것이다."

익숙한 그 목소리는 우리 주님의 음성이었다. 그 말을 듣는 순간, 나는 영의 세계에서 깨어났다.

나의 의인은 믿음으로 말미암아 살리라 또한 뒤로 물러가면 내 마음이 그를 기뻐하지 아니하리라 하셨느니라 우리는 뒤로 물러가 멸망할 자가 아니요 오직 영혼을 구원함에 이르는 믿음을 가진 자니라

히 10:38,39

🌿 영의 세계

나는 영의 세계에서 엄청나게 큰 성과 같은 규모와 형태를 가진 집을 바라보고 있었다. 그 옆에는 큰 성과 대조되는 작은 집이 있었다. 나는 그 작은 집 안으로 들어갔다.

실내 구조는 마치 오피스텔처럼 원룸이었다. 그 안에는 큰 욕조가 방을 거의 다 차지하고 있었다. 그리고 욕조 안에는 맑고 깨끗한 생수 같은 물이 찰랑찰랑 아귀까지 채워져 있었다. 그 옆에는 생수의 욕조를 지키는 두 천사가 있었다. 어린 소녀 형상의 천사와 젊은 남자 형상의 천사였다.

그들은 내가 방에 들어오며 자기들과 눈이 마주쳤음에도 조금도 놀라지 않았다. 그저 내게 살짝 미소를 지으며 목례할 뿐이었다. 마치 나를 잘 아는 것처럼 말이다.

나는 혹시 큰 욕조에 가려져 내가 보지 못한 다른 물체가 있는지 방을 두리번거리며 둘러보았다. 그때 구석 가장자리에 작은 옷장이 놓인 걸 발견했다. 옷장 문은 열려 있었고, 그 안에 남자 형상의 천사가 앉아 있는 게 보였다.

천사 옆에는 마치 시계 안쪽의 서로 맞물려 돌아가는 여러 크고 작은 톱니바퀴 같은 기계가 보였다. 그 톱니바퀴에는 돌리는 손잡이 같은 것이 붙어 있었다. 남자 형상의 천사는 손잡이 부분의 기계를 일정한 속도로 천천히 돌리고 있었다.

내가 천사에게 물었다.

"천사님, 지금 돌리고 있는 그것이 무엇입니까?"

그가 엷은 미소를 띠며 대답했다.

"신부님, 저는 주님의 명령으로 신부님 삶의 시분초를 돌리는 천사입니다. 당신 삶의 크고 작은 시간대의 모든 사건은 이미 처음과 나중이 정해져 있습니다. 저는 당신이 훈련받는 그 시간대를 질서 있게 맞추는 임무를 합니다."

'아… 천사들은 정말 수많은 임무를 띠고, 인간의 삶을 돕고 섬기기 위해 알게 모르게 신실하게 일을 수행하는구나!'

새삼 그들의 노고와 주님을 향한 충성심에 고개가 절로 숙어졌다. 그리고 시분초를 돌리는 천사에게 따뜻한 미소를 지으며 진실한 존경심으로 허리 굽혀 인사했다.

방 입구 맞은편에는 커다란 창문이 나 있었다. 나는 욕조의 둥근 가장자리를 따라 돌며 창문 앞으로 갔다. 밖을 보니 옆에 있는 크나큰 성에 딸린 아름다운 정원이 보였다.

영의 세계에서는 무수히 심긴 꽃들이 모두 파릇파릇하고 싱싱하다. 꽃의 색깔도 아주 선명하고 줄기는 마치 음료를 마실 때 사용하는 큰 빨대처럼 굵고 튼튼하다. 나무들도 마찬가지다. 어느 잎사귀도 벌레 먹힌 부분이나 시든 부분이 없다.

몇몇 천사가 그 아름다운 정원을 가꾸고 있었다. 그런데 그들이 무언가 다른 일을 하는 모습이 눈에 들어왔다. 그 순간 깨달은 건, 내가 지금 서 있는 이 집이 비록 작지만, 영적 전쟁의 요충지라는 사실이었다. 그때 정원의 잔디 한 부분에서 사람 머리 하나가 '쏘옥' 올라 오더니 몸 전체가 땅에서 빠져나왔다.

나는 깜짝 놀라서 그의 얼굴을 보았다. 그는 내가 수십 년 전에 (믿음의 나이가 어렸을 때) 하와이에서 알고 지내던 김 집사님이었다. 소문에 의하면, 그녀는 과부가 되었고 하나 있는 아들은 마약 중독에서 겨우 회복되었다고 했다.

땅 밑에서 정원 위로 나온 집사님은 자기가 방금 나온 땅의 맨홀 형태의 뚜껑을 다시 열었다. 그러고는 그 밑에서 깔때기를 끄집어냈다. 그녀의 다른 손에는 작은 병이 들려 있었다. 그녀는 정원에 흐르는 맑은 물을 소중하게 손바닥으로 담아서 깔때기로 작은 병에 부었다.

'수십 년간 만나지 못한 저 집사님이 왜 영의 세계에 돌연 나타난 거지? 주님께서 그녀를 위해 기도하라고 말씀하시는 걸까?'

이런 생각을 하며 영의 세계에서 깨어났다.

🌹 생수 우물가의 대화

예수님 아몬드 나무 씨앗 향을 가진 사랑하는 나의 신부야.

제시카 네, 주님. 말씀하옵소서.

예수님 그대는 나를 사랑한다고 말하면서 어찌 행동으로는 그 사랑을 부인하는가?

제시카 네? 제가요? 저는 제 생명을 바쳐서라도 주님을 사랑한다고 찰떡같이 믿고 있는데요.

예수님 그런데 어찌 가려느냐?

제시카 어제 케냐 교단 총회장과 부회장이 저희 부부에게 면담을 요청하는 바람에 나이로비에 다녀왔습니다. 저희가 아프리카 선교사로 온 지 3년이 넘었다고 하더군요. 이제는 떠날 때가 되었는데, 혹시 임기를 연장하여 케냐에 더 있겠냐고 물었습니다. 그러나 "우리는 나이가 들어 퇴임이 매우 가까웠다. 남은 기간은 미국에서 정년퇴임 준비를 하겠다"라고 그들에게 알렸습니다.

저희는 평생 목회하며 목양관에서만 살았습니다. 그래서 퇴임 이후 당장 기거할 장소조차 없습니다. 자동차도 교회에 반납하고 나면 외출도 불가능합니다. 그래서 차도 사야 합니다. 평생 목양관 살림만 사용해서 수저 하나도 저희 것이 없습니다. 당장 밥해 먹을 밥솥도 없고요.

그래서 케냐 교단 총회장에게 저희가 집으로 돌아갈 시점이 된 것 같다고 통보했습니다. 미국으로 돌아가는 대로 조금 늦은 퇴임 준비를 서둘러야 한다고요.

혹시 어제 저희가 그렇게 말한 것 때문에 그러시는 겁니까? 저와 토니 목사는 아프리카에 3년을 자원하고 왔습니다. 그 시간이 지나서 돌아가도 되는 줄 알았습니다. 그런데 아닙니까? 만약 아니라면 여기에 더 머물겠습니다.

주님, 저는 사나 죽으나 당신의 것입니다. 당신께서 저를 어디로 이끄시든지 따라가겠습니다. 설령 그곳이 유황불 지옥이라도 따라갈 것입니다. 죽음의 단두대 앞이라도 올라갈 것입니다. 나의 주인님, 당신이 계신 곳이 제가 마땅히 있어야 할 장소이며 천국입니다. 제 생명이 당신의 생명 싸개 안에 함께 거하니 당신의 뜻대로 이끄소서.

주님, 제 마음의 중심이 당신 앞에 있나이다. 이제는 주님께서 제게 무엇을 명하시든지 순종으로 화답할 것입니다. 저희가 케냐에 더 거주할까요?

예수님 (주님께서는 침묵하셨다. 그러고는 근심 어린 표정으로 찬찬히 나의 깊은 중심을 살피시더니 이윽고 입을 떼셨다)
네 마음이 갸륵하구나.

제시카 제 마음은 패역하기 짝이 없으니 보지도 마옵소서.

예수님   나는 네 깊은 곳을 운행하는 영을 본다. 밝고 선명한 무지
　　　개 색깔이 그 영을 감싸고 있단다.

　　　각자의 영에는 다른 재질과 색깔이 있다. 마치 각인된 지
　　　문이 다르듯이 말이다. 사람에겐 저마다 고유한 코드가
　　　각인되어 있단다. 그 코드가 붓으로 적힌 자도 있고, 보혈
　　　로 찍힌 자도 있고, 새겨진 자도 있느니라.

　　　마귀의 인(印)도 마찬가지다. 영의 계급과 서열에 따라 그
　　　인이 다르다. 원수의 영 역시 그가 부리는 종 된 인간이 있
　　　다. 원수의 영은 나를 흉내 내기를 좋아하느니라. 간악한
　　　자이니, 너는 그를 멀리하거라. 이제 여기 아프리카를 떠
　　　나도 좋다.

제시카   마귀는 항상 당신과 저 사이를 갈라놓으려고 하니, 저와
　　　도 원수지간입니다. 늘 제 곁을 어슬렁거리며 호시탐탐 저
　　　에 대한 참소 거리만 찾지 않습니까! 어찌 단 한 순간도 쉬
　　　지 않고, 변하지도 않고, 지치지도 않는지 모르겠습니다.
　　　제게는 마귀가 너무 밉상입니다.

예수님   내게도 그렇다. 나는 내 신부가 나와 마음이 합한 자로
　　　빚어지길 바란다. 너는 아침 햇살이 퍼져나갈 때 풀잎 끝
　　　에 대롱거리는 이슬방울같이 맑은 자다. 어제 총회에서
　　　그 대화를 나눈 후에 밤에 잠은 잘 잤느냐?

제시카   네, 주님. 오랜만에 푹 잘 잤습니다. 저는 잠 한번 실컷 자
　　　보는 게 소원입니다. 늘 잠이 부족합니다.

오늘은 금식하는 날이네요. 오늘 하루도 당신께서 흠향하시는 예쁜 금식이 되도록 도와주시고 인도해 주시길 구합니다. 여기는 군것질거리도 없고, 제 입에 맞는 음식도 없으니 금식하기가 아주 힘들지는 않습니다.

예수님 (주님은 싱긋 웃으셨다) **내가 다 안다, 나의 신부야. 지금 네가 받는 훈련은 마무리되는 시점에 있단다. 그동안 잘 참았다. 장하구나.**

제시카 제가 어떤 훈련을 받았나요? 아프리카에서 모든 것이 저를 불편하게 한 것 외에는 없습니다. 곰곰이 생각하니, 제가 한 것도 별로 없습니다. 그저 몸과 정신이 불편한 우리 아이들과 함께 하루 세 끼 먹고 살려고 바둥거렸습니다. 직원 월급날이 다가오면 늘 마음이 초조했던 기억밖에는 없습니다. 그들에게 딸린 식솔들이 있으니까요. 목회 평생, 지도자 자리에 있는 건 늘 제 어깨를 무겁게 합니다. 이제 그런 영양가 없는 자리는 원하지 않습니다.

예수님 **지도자의 자리는 사람 위에 군림하는 자리가 아니라 사람을 섬기는 자리란다. 그러니 너는 묘성(여러 개의 별이 무리 지어 하나의 덩어리를 이루는 것)과 삼성(오리온 자리의 옛말)을 만든 나를 기억하거라.**

나는 사망의 그늘로 아침이 되게 하며, 대낮으로 어두운 밤이 되게 하며, 바닷물을 불러서 지면에 쏟아버린다. 너는 그런 나를 찾아라. 바로 그 이름이 '만왕의 왕'이라고 불

리는 나 예수다(암 5:8).

나는 강한 자에게 홀연히 패망이 임하게 하며, 견고한 요새 같은 도시를 폐허로 만드느니라. 그래도 인간 무리는 천국의 성문에서 책망하는 자를 미워하며 정직히 말하는 자를 싫어하는도다(암 5:9,10).

제시카 저도 이전에는 책망하는 자를 미워하고 정직히 말하는 자를 싫어했으나, 이제는 그렇지 않습니다. 제가 변하기는 변했나 봅니다.

예수님 너는 이번에 당한 교통사고에서 다시 내 저울에 달아졌었다. 이 붉은 사막에서 그 죽음의 고비과 억울한 순간의 네 마음과 태도가 임계점에 다다른 것이다. 힘든 일을 잘 치렀다.

제시카 저는 영의 세계에서 머리 형태를 세 번 고쳐 손질했습니다. 첫째는 길게 늘어뜨린 생머리를 하고 있었습니다. 둘째는 단정하게 하나로 묶은 머리를 하고 있었습니다. 셋째는 기품 있게 올린 머리를 하고 있었습니다.

예수님 영의 세계에서 자신의 모습을 잘 보았구나. 눈에 할례를 받은 자만이 볼 수 있는 것이니라.

제시카 오늘 아침에 출입한 영의 세계에서는 천사 3명을 보았습니다. 그들은 각각 손에 계약서를 들고 제 앞에 서 있었습니다. 첫째 천사의 계약서에는 "마음의 힘든 일을 견디었다"라는 기록에 "완료"라고 적혀 있었어요. 둘째 천사의 계약서에는 "영의 고통을 경험했다"라는 기록에 "완료"라고 적혀 있었고요. 셋째 천사의 계약서에는 "육신의 고통을 치렀다"라는 기록에 "완료"라고 적혀 있었습니다.

예수님　**나의 신부가 제법 훈련을 잘 통과하는구나. 마침내 아프리카에서의 훈련이 마무리되어 간다. 참으로 장하다.**

제시카　주님, 제가 영의 세계를 잘 보고 있는 것입니까?

예수님　**그렇다! 그대는 나의 사랑을 의심치 말거라. 그리하면 때가 이르매 이 모든 것의 참다운 의미를 깨닫는 순간이 올 것이다. 바쁜 아침을 오게 하는 내가 휴식의 밤도 오게 하지 않겠느냐. 이제는 쉴 수 있는 시간도 올 것이다.**

제시카　철없는 이 여종을 사람으로 빚어주시니 참으로 감사합니다. 오직 예수님만이 모든 영광을 받아주옵소서.

마라나타! 주 예수여, 어서 오시옵소서. 이 여종은 오직 당신만을 사모하며 밤 같은 세월을 지구에서 보내나이다. 제 영이 최초로 탄생한 그 거룩한 거주지로 저를 다시 불러 주시옵소서! 사랑하나이다, 나의 님이시여!

　　주님께서는 내가 아프리카를 떠나는 것을 별로 원하지 않으시는 것 같았다. 돌아보면, 그때 우리는 앞으로 돌아갈 미국 땅에서 마귀의 부림을 받는 자가 이미 우리를 향한 사악한 계획을 준비하고 있는 줄 전혀 몰랐다. 장차 얼마나 모질고 험한 고난과 핍박이 우리에게 닥칠지 상상조차 하지 못했다.

그런 사실을 몰랐던 나는 주님께서 케냐에 더 머물라고 강권하시지 않는 것만으로도 기뻤다. 그러나 이 모든 사실을 알고 계셨던 주님은 내가 케냐에서 교단 정년퇴임을 하고 미국으로 귀환할 것을 원하셨다.

주님께서는 우리의 선택을 존중해 주신다. 아아… 인간은 얼마나 한 치 앞도 모르는 무지한 존재인가!

42 갈릴리 호수 앞 데이트 신청

🌹 생수 우물가의 대화

예수님   그대 나의 어여쁜 자여. 그대의 향기는 봄날 유채 꽃밭의 작고 노란 꽃에서 나는 향기 같구나. 앙증맞고 귀여운 나의 신부야.

제시카   다 늙은 저를 한없이 예쁘게만 봐주시니 너무나 고맙습니다. 당신의 그윽한 사랑을 이 보잘것없는 여종이 느끼고 알게 해주셔서 감사합니다. 그 사랑이 없다면 이 거친 세상에서 제가 얼마나 불쌍한 존재겠습니까! 아무도 고운 눈길 한번 주지 않는 이 척박한 아프리카 땅에서, 매일 외로움에 치를 떨며 울었을 것입니다.

예수님 **외로워 마라, 나의 신부야. 그대가 장차 있을 곳은 이 땅이 아니다. 처음부터 그대는 이곳에 있지 않았다. 나로부터 왔으니, 레바논의 토양은 결국 나에게로 돌아갈 존재가 아니더냐. 잠시 잠깐 머무르는 훈련장 같은 이곳을 마음에 두지 말거라. 마음껏 사랑하고, 마음껏 섬기고, 마음껏 감사하고, 마음껏 내 안에서 즐기며 살다가 정한 때가 차면 내게로 다시 돌아오면 되느니라.**

여기는 시험을 치르는 어둡고 큰 교실 같은 곳이다. 그 시험을 잘 치르거라.

제시카 예수님, 한밤중에 눈을 감고 영의 세계로 들어가면 늘 교실에 있습니다. 천사 선생님들이 저와 학우들에게 가르침을 줍니다. 때로는 시험 날을 앞두고 노심초사하기도 하고, 때로는 시험을 치르는 날도 있습니다.

저는 한국의 입시 지옥에서 대입 시험을 치르는 삶을 살았습니다. 미국에서도 젊은 날 대학원에서 늘 시험을 치렀습니다. 그런데 예순이 넘은 이 나이까지 시험을 치르게 하십니까? 오매… 시험의 끝은 있나요?

예수님 **하하하… 끝은 있다. 그대가 치르는 시험은 점수가 있단다. 삶의 한 조각에서 합격하지 못한 시험은 재시험을 치러야 하느니라.**

제시카	그 끝은 언제고, 제 시험 성적은 어떻습니까?
예수님	그 시험의 끝은 내가 그대를 데리러 나타나는 날이다. 그대의 시험 성적은 중상 정도다. 그러나 그대의 결말 성적은 판이할 것이다. 아직 치르지 않았으니 기다려라. 그대는 멋지게 반전을 이루어 내 마음을 흡족하게 할 것이다.
제시카	제가 아직 치르지도 않은 결말 성적을 이미 보셨어요?
예수님	하하하… 나는 그대의 시간에 종속되어 있지 않단다. 이 땅에 오기 전 그대의 영의 원래 체질과 본연의 모습, 섬세하나 연약한 성품, 결정 내릴 시의 단호함, 떠나기 싫어서 고집부리며 매달리고 울던 모습까지 다 보았고, 보고 있고, 알고 있단다.
제시카	제가 어디를 떠날 때 그렇게 울었습니까?
예수님	이 지구로 훈련을 받으러 떠나기 전, 그대의 영은 내 곁에서 울고 또 울었다. 그대의 동료 중에서 가장 울보가 바로 그대였다. 마지막 순간에 지구를 향하여 던져진 고집스러운 영도 바로 그대였다. 그러니 내 마음이 어찌 측은하지 않겠느냐! 울보인 나의 신부야, 그래서 그대가 이 지구에 있는 동안 내 눈을 그대에게서 단 한 번도 뗀 적이 없단다.
제시카	아아… 주님, 그래서 제가 아주 어릴 적에 까닭 없이 늘 슬펐군요. 걸음마를 겨우 하던 시절에 힘겹게 부엌 문지방을 넘어 컴컴한 찬장 앞에 서서 연고 없이 종일 서럽게 울었던

기억이 있습니다.

그런데 혹시 제가 이 지구촌 시험장에서 악을 행하던 젊은 시절까지 다 보셨습니까? 저는 당신의 얼굴을 뵙고도 타락하여, 참으로 멀리 당신 곁을 떠난 적이 있습니다. 사람의 말로는 다 표현조차 역겨운 육신과 마음의 죄를 수없이 삼켰습니다. 저는 죄를 저지를 때, 그 어둡고 두려운 심정의 맛을 체험한 자입니다. 영적 살인자, 영적 간음녀, 영적 도둑놈, 영적 강도, 영적 사기꾼입니다.

아아… 거룩한 분이시여, 빛과 어둠은 공존하지 못하니 부디 이 어둠의 표상 같은 저를 떠나시옵소서. 주님, 저는 죄인 중에 가장 참혹한 괴수입니다. 음탕하고, 모질고, 교만하고, 판단하고, 정죄하고, 비웃고, 배역하는 성품을 가진 마귀의 짝이 바로 저입니다. 이런 제게서 무엇을 찾으시겠습니까!

오랜 세월이 흐른 뒤에야 게네사렛 호숫가의 배 앞에서 자갈밭에 무릎을 박고 당신께서 자기를 떠나기를 간청했던 어부 베드로의 심정을 알겠나이다. 주여, 이 죄인을 떠나소서. 저는 지옥 중에서도 가장 깊은 일곱 번째 지옥의 나락에 떨어져야 할 괴물입니다.

예수님 **그래서 내가 베드로를 떠났느냐?**

제시카 아니요, 당신께서는 끝까지 그를 사랑하셨나이다.

예수님 **그래서 베드로의 마지막이 실패였더냐?**

제시카   아니요, 그는 당신이 당하신 십자가의 처형이 자신에게 과
        분하다며 거꾸로 매달려서 순교했나이다.

예수님   **바로 그것이다. 가장 많이 용서받은 자가 가장 많이 나를
        사랑하는 자다. 그대는 장차 베드로를 만날 것이니 그에
        게 물어보아라.**

제시카   이 죄인이 어찌 그런 성인의 낯을 보겠나이까! 저는 합당치
        못한 버러지입니다.

예수님   (주님께서는 싱긋 웃으셨다) **그런데도 장차 'Holy Habitat'**
        (거룩한 거주지, 이때 주님은 영어로 말씀하셨다)**에 당도할
        그대의 모습은 신랑을 위해 단장한 청아하고 찬란한 아름
        다움을 지니고 있을 것이다. 능력과 존귀로 옷을 삼고 마
        지막에 웃는 자가 될 것이다. 입을 열어 지혜를 베풀며 그
        대의 혀로 인애의 법을 말할 것이다.**

        **고운 것도 거짓되고 아름다운 것도 헛되다. 그러나 오직
        나를 경외하는 신부는 진주 성문 앞에서 칭찬받을 것이다.
        그대는 이 땅의 모든 먼지와 쓰레기 더미 안에서, 암흑의
        흙을 뚫고 나온 종자 씨다. 장차 나와 연합할 장성한 신부
        가 될 것이니라. 그러니 앞으로는 이 땅에서 걸었던 차갑
        고 어두운 길은 괘념치 말고 기억하지 말거라. 내가 기억
        하지 않으니, 그대도 마땅히 잊어야 할 것이다.**

        **비록 연약하고 여전히 흔들리나 내 눈에는 나의 신부가
        가장 아름답고 귀하다. 나의 사랑, 나의 어여쁜 자여. 가**

시나무 중 백합화 같은 나의 신부야.

제시카 아아… 나의 주인님, 당신은 온 천지에 단 한 분이신 사랑의 본체이십니다. 저를 살리시고 제게 생명을 주시되 더욱 풍성하게 주시는 주인님, 원수 마귀의 목전에서 제게 늘 상을 베푸시는 나의 주인님, 제 생명과 모든 것을 드리기에 조금도 아깝지 않은 유일한 분이 바로 당신입니다. 그것이 이 땅에서 한 제 선택입니다.

예수님 **내가 안다. 나-의-신-부-여.** (주님은 한마디 한마디 또렷하게 부르셨다) **그러니 내가 그대를 아껴 내 품에 품고 사랑하며 돌보는 게 아니냐.**

제시카 저는 당신을 생각하면 가슴이 떨리나이다. 주님도 그러십니까?

예수님 **나 역시 그렇다. 그대보다 수천수만 배로 가슴 시리도록 떨리게 그대를 사랑한다.**

제시카 제게도 당신의 심정을 알려주소서. 깨닫게 해주소서.

예수님 **전에 내가 나이아가라 폭포를 그대에게 보여주지 않았느냐. 수천수만 년을 떨어지는 나의 폭포수 물과 같은 사랑의 부피와 그대의 물 한 방울인 사랑의 부피를 이미 보여주지 않았느냐.** (《잠근 동산》 174. 예수님의 나이아가라 폭포수 물과 나의 물 한 방울의 사랑 참조)

제시카 여종의 기억력에 한계가 있는지라 세월이 가니 그 감격이 희미해집니다. 어떻게 하지요?

예수님	(주님께서는 잠시 생각하시는 듯 조용하시더니 이윽고 입을 여셨다) **알았다. 내가 다시 보여주마. 내가 나의 신부에게 다시금 데이트 신청을 해야겠구나. 갈릴리 호수 앞에서 보자.**
제시카	네? 주님, 갈릴리 호수는 이 지구상에 존재하는 호수 중에서 성육신하신 당신께서 직접 거니시던 장소가 아닙니까?
예수님	**그 정도는 봐야지 그대가 다시는 잊어버리지 않을 것 아니냐.**
제시카	그곳은 딱 한 번 가보았습니다만, 그때는 주님을 잘 알지 못했습니다. 게다가 지금은 이스라엘로 가는 경비조차 만만치 않을 것입니다. 저는 우리 아이들 옥수숫가루 살 돈조차 쪼개 쓰는 형편이니 여행은 감히 꿈도 꾸지 못합니다. 비행기 표와 숙박비, 식대와 차 대여비… 아이고, 그런 돈이 제게 어디 있습니까?
예수님	(주님께서는 다시 싱긋 웃으셨다) **나이아가라 폭포는 그대의 경비로 갔느냐?**
제시카	아니요, 당신의 은혜로 그곳에서 집회 초청이 있어서 갔습니다.
예수님	**그러면 이번에도 나를 믿거라. 내가 갈릴리 호수 앞에서 그대를 만나마.**
제시카	아이고… 주님, 미국과 이스라엘이 같습니까? 미국은 제 나라이니 날아다녔지만, 이스라엘은 남의 나라이니 제게

자선을 베풀 자는 아무도 없습니다.

예수님 **아니다. 내가 그대를 부를 것이니 때가 되면 여행 준비를 하거라.**

제시카 오케이, 예수님. 제 평생의 삶에 귀를 기울이시고, 불쌍히 여기사 신실하게 인도하시는 당신을 믿습니다. 약속해 주시는 겁니까? 헤헤헤….

예수님 **내가 한 모든 말은 언약의 약속이다. 내 입에서 나가는 말은 모두 열매를 맺고 이루어지는 말씀이니라. 단 한마디도 땅에 떨어지는 말씀은 없단다.**

제시카 할렐루야! 우리 주인님을 찬양합니다. 주님, 제가 오늘 당신 앞에서 춤춰드릴게요. 아프리카 시골에 집회를 다니면서 원주민들이 예배 올릴 때 흔들며 추는 춤과 지르는 소리를 배웠어요. 저, 이제 제법 잘 추거든요.

예수님 **하하하… 해보거라.**

제시카 오케이! 있다가 옥수수 텃밭에서 흥이 나면 멋지게 율동으로 움직여 드릴게요. 사랑해요, 예수님.

예수님 **나도 그대를 사랑하느니라.**

제시카 주님, 저 이제 토니 목사에게 점심 차려주러 가야 해요.

예수님 **알았다. 그에게 잘하여라. 그가 아침마다 부르짖는 방언 기도를 내가 잘 듣고 있다고 전하여라.**

제시카 그럴게요. 예수님, 하루라도 속히 저를 데리러 오세요. 저는 오직 그날만을 기다립니다.

🌿 생수 우물가의 대화

제시카 주님, 종일 일하다가 문득 화장실 거울에 비친 저를 보면 가슴이 섬뜩해져요. 얼굴은 아프리카 적도의 햇볕으로 기미가 거뭇거뭇하고요, 먹는 음식이 부실하니 영양분을 골고루 섭취하지 못해서인지 머리카락이 뭉텅뭉텅 많이 빠져 버렸어요. 밝은 햇빛 아래서 보면 두피가 훤히 드러나 보여요. 이런 모습을 보면 울고 싶어요. 게다가 물이 없어서 머리를 자주 못 감으니 기름까지 잔뜩 끼어서 머리카락이 찰싹 들러붙어 있어요.

한번은 읍내에 있는 미장원에 갔다가 흑인 미용사가 이발기를 들이대는 바람에 놀라서 도망쳐 나왔어요. 중도 아닌데 머리를 다 밀어버리면 어떻게 해요! 미장원에서 머리를 자를 수가 없으니 혹시 제 머리카락이 너무 길어서 자꾸 빠지나 의구심이 생겼어요.

보다 못해서 며칠 전에는 혼자 앉아서 아이들 교실에서 사용하는 봉제 가위로 머리카락을 숭덩숭덩 잘라버렸어요. 하도 숱이 없어서 왼쪽 한 번 자르고, 오른쪽 한 번 자르니까 다 잘렸어요.

그러고 나서 거울을 보니 괜히 눈물이 났어요. 윤기라고는 전혀 없는 부스스한 머리카락의 늙은 아줌마가 바싹 마른 얼굴에 퀭한 눈으로 저를 바라보고 있었어요.

미국에서 살 때 제 모습은 눈 씻고 봐도 찾아볼 수가 없었어요. 그래서 거울 앞에 서서 눈물을 찍어냈어요. 괜히 마음이 서글퍼지는 거예요. 이제는 거울 앞에 서기조차 두렵습니다.

주님, 가죽 핸드백도 오래되면 기름을 먹여가며 사용하는데, 저도 얼굴을 손질해 가며 살아야 하지 않을까요? 이번에 미국으로 돌아가면 얼굴에 주사라도 맞을까 합니다.

예수님 **바위틈에 박혀서 피어 있는 풀꽃 같은 나의 신부야, 너는 충분히 되었으니 하지 말거라. 마땅히 있어야 할 장소에 있는 나의 신부의 영은 밝은 황금색의 찬란한 빛을 발한단다. 내 신부의 영의 충성심으로 인한 자줏빛 머리카락에 내 마음이 끌리는구나. 내 눈에는 네 영이 심히 아름답다. 어찌 가죽 공예에 신경을 쓰느냐?**

제시카 네? 가죽 공예요? 아하, 성형 수술을 그렇게 부르시다니 주님은 유머 감각이 뛰어나세요, 헤헤헤. 그런데 제가 예쁘면 주님도 좋지 않으세요? 주님께서 좋아하시는 걸 저도 좋아하는데요.

예수님 **하하하… 그렇구나. 그러나 나는 영원한 것을 좋아하고, 너는 잠시 잠깐 있을 것을 좋아하니 취향이 다르지 않니?**

제시카 저는 주님의 취향을 닮길 원합니다. 왕의 취향을 알고 닮아가는 당신의 신부가 되길 간구합니다.

아프리카에서도 워낙 외지에 있다 보니 저물어가는 노을 끝자락 같은 제 외모에 잠시 마음이 흔들렸습니다. 잘못했어요. 죄송합니다, 주님.

예수님 **괜찮다. 여자는 값진 옷 말고, 아담한 옷을 입으면 된다. 화려하게 공들인 머리로 치장하려 들지 말고, 염치로 치장하면 된다. 금이나 진주 장신구로 꾸미려 하지 말고, 정절로 꾸미면 된다. 그 정절로 믿음과 사랑과 거룩함에 거하길 힘쓰거라.**

제시카 하지만 저도 예쁘게 단장하고 싶을 때가 있는데요.

예수님 **그대는 오직 선행으로 단장하기를 원하거라. 내 아버지를 공경하는 신부들에게는 선행이 마땅히 취해야 할 단장이다. 바로 그것이 나의 취향이다.**

제시카 그렇게 되길 힘쓰겠습니다. 그런데 주님의 취향은 왜 전부 속사람에 관한 것입니까?

예수님 **가죽은 잠시 잠깐 있을 것이나 영은 영원한 것이기 때문이다. 그대가 내 취향을 묻지 않았느냐?**

제시카 그렇군요. 참! 주님, 오늘로 우리 미디어 채널의 구독자 수가 500명이 되었어요. 동영상 조회 수도 미약하나마 조금씩 늘고 있고요. 너무너무 기뻐요! 헤헤헤.

나는 자동차의 대시보드 위에서 고개를 까닥거리고 홀라 춤을 추는 하와이 인형처럼 머리를 흔들었다. 주님 앞에서는 내 속사람을 다 보여드린다. 기쁘면 기쁜 대로, 슬프면 슬픈 대로, 누추하면 누추한 대로, 더러우면 더러운 대로. 그렇다. 갓난아기가 침을 흘린다고 미워할 엄마가 세상에 어디 있겠는가! 닦을 것이 없으면 맨손으로라도 아기의 침을 닦아주는 게 엄마다.

주님께서는 미숙한 내 모든 모습을 사랑하시고, 때로는 안쓰러워하신다. 나를 있는 모습 그대로 받아주시는 주님이 너무너무 좋다. 그런 주님을 위해 내 생명을 드린들 무엇이 아까울까!

예수님 그런 숫자들이 좋으냐?

제시카 그럼요. 1시간 분량 영상을 찍고, 편집하고, 올리기까지 거의 1주일이 걸려요. 여기는 인터넷 속도가 거북이걸음 수준입니다. 완성한 영상을 미디어에 올리는 작업만 해도 하룻밤이 넘게 걸립니다. 올리는 중에도 자주 인터넷이 끊겨서 잠까지 설칩니다. 밤새 자다 깨기를 반복하며 계속 컴퓨터를 봐야만 해요.
한쪽 다리가 없는 플라스틱 탁상 위에 전화기를 켜서 얹어 놓고는 텃밭 앞 낡은 천 의자에 앉아서 저 혼자 말하고, 웃고, 울고, 떠들며 찍어요. 윙윙대는 파리를 쫓아가면서요. 게다가 모기는 얼마나 물어대는지 양팔과 양발에 성한 데가 없습니다. 그나마 말라리아 예방약을 복용해서 그런지 아직 말라리아는 안 걸렸어요.

그런 난리를 치르다 보니 일단 조회 수라도 올라가야 눈에 보이는 보람이라도 있지요. 안 그러면 혼자서 김이 빠져서 계속 못 할 것 같아요.

예수님 왜 너 혼자 앉아서 찍는다고 생각하느냐? 네 천사 신규, 재활원교회 안을 두루 돌며 지키는 천사 셋 그리고 무엇보다 내가 청중이 되어 보고 있지 않느냐. 내 눈이 그대를 주시하고 있는 사실은 중요하지 않으냐?

제시카 앗… 실수! 그렇군요. 주님께서 보고 계신다는 사실을 깜빡 잊어버렸어요. 저는 참 바보예요. 그토록 오랫동안 당신이 저와 동행하셨는데 왜 아프리카에서 혼자라고 느끼며 외로움에 치를 떠는지 모르겠어요. 제가 믿음이 부족해서 그렇습니다. 여종의 믿음 없음을 용서하세요.

예수님 (주님께서 싱긋 웃으셨다) 용서하마. 졸지 말거라, 나의 신부야. 창조주의 눈이 어찌 창조물을 떠나겠느냐! 설령 그대의 죄악이 우리 사이를 가른다고 할지라도, 나는 내 호흡으로 그 짙은 연기의 벽을 불어 날려버리느니라.

제시카 죄악의 그 두꺼운 벽이 연기입니까?

예수님 영의 세계에서 죄악의 벽은 지척을 분간할 수 없는 시커먼 연기 기둥의 벽같이 보이느니라.

제시카 연기니까 뚫고 당신께 나아갈 수 있겠네요.

예수님 그렇지 않다. 인간의 힘과 능으로는 뚫을 수 없는, 철보다 강한 벽이다. 쇠보다 강하고, 금강석조차 흠집 내지 못하는 강한 재질이다. 사람의 죄라는 것은 지독히 단단하고 뻔뻔하게 매끈거려서 아무도 뚫을 수가 없다.

사람이 처음 죄지을 때는 그 벽이 낮고 얇으나, 죄를 거듭 지을수록 그 벽이 높고 두꺼워진다. 마귀가 삽시간에 그렇게 만들기에 사람이 정신을 차리고 돌아볼 때는 이미 자신이 뛰어넘지 못할 높이의 연기 기둥이 되어 있단다.

일단 죄악의 벽이 나와 사람 사이를 가로막으면 그의 통회 자복하는 회개의 눈물이 있기까지는 그 벽을 아무도 뚫지도, 녹이지도 못한다.

사람은 죄를 지을 때 스스로 마귀와 짝하여 벽을 쌓아 올리는 행위를 지속한다. 죄악이 너와 나 사이에 틈을 만들고, 죄악이 네 얼굴을 가려 내 음성을 듣지 못하게 한다. 결코 내 손이 짧아서 구원치 못함이 아니고, 내 귀가 둔하여 듣지 못함이 아닌 것을 알거라.

그러니 원수의 영이 얼마나 기를 쓰고 죄악의 벽을 조속히 견고하게 잘 둘러서 쌓겠느냐. 이미 참소의 영이 죄악의 연기로 한 사람을 누에고치처럼 두르기 시작하면, 삽시간에 사람 안에 있는 영은 빛을 잃고 어두워진다.

결국 그 철장 연기 안에서 그의 마음은 실신하고 자포자기해서 희망을 내버린다. 마지막 실낱같은 희망마저 원수가 쏘는 화인의 불화살에 명중당하면 영의 전쟁은 종식되느니라. 원수는 단 한 번도 그 불화살을 잘못 쏜 적이 없다. 그는 명중에 완전한 자다. 그 완전함이 그를 교만으로 이끌었지.

그는 자기 때가 얼마 남지 않은 것을 알기에 단 한 영혼이라도 더 자기가 있는 곳으로 끌고 가려고 발악하고 있다. 사람의 영혼을 도적질하고, 멸망시키며, 쓰러뜨려 죽이는 행위가 내 마음을 가장 아프게 한다는 사실을 잘 알기에 온 마음을 다해 사람의 영혼을 포로 삼아 내게 대적하고 있단다.

제시카 아이고, 주님. 그 밉상 마귀를 대적하려면 제가 어떻게 해야 합니까?

예수님 선제공격이 살길이다. 어찌 매일 방어만 하겠느냐!

제시카 어떻게 선제공격을 합니까?

예수님 그대가 삶에서 성경을 펼치고 첫 글자를 읽는 순간, 그대의 머리 위에는 말씀의 검이 나타난다. 그것은 그대의 머리 위에서 원을 그리고 빛을 발하며 돌고 있다. 그렇기에 원수의 영이 결코 근접하지 못한다.

왜냐하면 내 말씀이 화염검(하나님이 아담과 하와를 에덴에서 내쫓으시고 생명나무를 지키도록 한 불 칼)이 되어 그대를 지키기 때문이다.

말씀을 읽으며 잡생각을 하면 검의 회전이 느려진다. 말씀을 읽을 때는 온 정신을 집중하여 오직 온 마음과 뜻과 성품을 하나로 묶어서 영의 입으로 삼키도록 하여라. 그러면 말씀이 두루마리가 되어 그대의 영의 입으로 들어간다. 그대의 입에는 그 맛이 송이꿀같이 다나, 묵상하여 소화한 후에 실천할 때 배에서는 그 맛이 쓰리니라.

묵상한 말씀은 양날이 잘 선 검이 되어서 언제든지 원수의 영을 선제공격할 수 있느니라. 원수의 심장을 처음 한 방으로 단번에 찌르지 않으면, 그대는 결코 그를 쫓아내지 못한다. 원수를 공격할 때 우유부단하거나 우물쭈물해서는 안 된다.

그러나 그대가 일단 선제공격을 하면 원수의 영은 그대를 피할 수밖에 없다. 이 싸움은 이미 내가 이긴 싸움이라는 사실을 알기 때문이다.

그 검의 크기와 양날의 날카로움은 그대의 묵상 이후 실천하는 행동에 달려 있느니라. 영의 세계에서 창도는 죽도의 형상을 갖고 있으니 그것을 사용해도 된다.

제시카   창도가 무엇입니까?

예수님   긴 창 형태의 얇은 검이다. 또한 말씀 묵상을 통해 실천하는 행위는 하나하나 전사의 전통(箭筒) 안의 화살이 되어서 쌓인다. 장거리에서 원수의 영이 죄악 된 생각을 날려 보낼 때, 그대는 화살을 날려서 원수의 심장을 명중시키면 된다. 때로 명궁의 화살은 죄악에 빠져 있는 다른 사람의 마음을 묶고 있는 사슬에 명중하여 죄악을 끊어주기도

하느니라.

그대가 말씀을 묵상하여 깨달은 마음으로 하는 말은 듣는 자의 영혼을 향하여 화살을 쏘아 날리는 것과 같단다. 그때 말씀을 듣는 많은 영혼의 죄악의 사슬이 화살로 말미암아 끊어지고 자유하게 되는 일이 벌어지느니라.

제시카 아버지여, 그래서 몇 달 전에 제게 미디어를 통해 성경 공부를 시작하라고 하셨습니까? 코로나로 모든 교회의 대면 예배가 금지된 상황에서 그 길 외에는 말씀을 전할 방법이 없습니다.

예수님 장차 사람의 왕래가 더욱 빨라지며, 모든 것을 기계의 지능에 의존하는 시대가 펼쳐질 것이다. 그러니 전 세계에 흩어져 있는 내 백성을 골라서 세상에서 불러내는 일에는 그 방법이 효율적이니라.

기억해라. 건물은 나의 교회가 아니다. 그것은 흙과 돌과 나무와 금속 등 건축 자재일 뿐이다. 내가 피 값을 치르고 산 각 사람의 영혼 하나하나가 나의 성령의 전이다. 그 성령의 전인, 세상에서 구분되어 불러냄을 받은 자들이 모일 때 그들을 '교회'라고 부르는 것이다.

제시카 주님, 많은 사람이 그 건축 자재가 교회인 줄 압니다. 그것을 지키려고 데모하며 대면 예배를 금지하는 정부 정책에 반기를 들기도 합니다.

예수님 마귀는 기독교인들의 관심을 그런 전쟁에 교묘하게 이용하려고 한다. 그러나 나의 성전 된 영혼이 올리는 신령하고 진정한 삶 자체가 내게는 제사고 예배란다.

나는 천만인이 건축 자재 안에서 신령과 진정 없이 진행하는 예배보다 오히려 어둑한 들판에서 단 1명이 진정으로 울부짖는 통회 자복을 원한다. 단 1명일지언정 동트는 산속에서 신령으로 올리는 찬양의 노래를 원한다.

사람의 수는 내게 아무 의미가 없단다. 영의 세계는 양이 아니고 질이 중요하다. 건물 안에 수천수만 영혼이 모인다고 한들, 제 목숨보다 나를 더 사랑하는 단 1명이 존재하지 않는다면 그 수가 무슨 의미가 있겠느냐! 오히려 내게는 무거운 짐이 될 뿐이다.

성령에 순종하지도 않는 자들이, 내 말씀대로 살지도 않고 나를 떠난 자들이 죄의 연기 기둥 안에 누에고치처럼 싸여서 부르는 찬양은, 그저 울리는 꽹과리 소리에 지나지 않으며 역겨운 악취를 풍긴다.

차마 안쓰러워 보지를 못하겠다. 그래서 내가 그 무리를 향해 눈을 가리고, 귀를 막아 듣지 않으려 하는 것이다. 그대는 내 마음을 알겠느냐?

제시카 미천한 계집종이 어찌 크신 당신의 마음을 알겠나이까. 제 작은 머리로 짐작만 할 뿐입니다. 주님이 얼마나 답답하시면 저 같은 미물에게 당신의 마음을 알려주시겠습니까!

예수님 나는 텃밭 앞에서 하는 우리의 성경 풀기를 좋아한다. 파리와 모기를 쫓느라 손을 휘저어가며 내 심정을 사람들에게 전하기 위해 애쓰는 그대를 보고 있으면 기쁘단다. 내 입가에 미소가 번진다. 때로 그대는 나를 웃게 만드는 말을 한단다.

제시카 그래요? 저 같은 것이 주님을 웃으시게 할 수 있다니 너무 기쁩니다.

예수님 **그대가 웃으면 나도 함께 웃는다. 그대가 울면 나 역시 함께 운다. 그대가 분노하면 나 역시 분노한다. 그대를 범하는 자는 내 눈을 범하는 것과 같다.**

제시카 보잘것없는 고깃덩어리인 이 여종을 어찌 이리 귀하게만 생각해 주십니까. 당신께는 제 생명만 빚진 것이 아닙니다. 주님의 사랑까지도 빚졌으니, 남은 인생 동안 목숨 바쳐 오직 당신만을 사랑하겠습니다.

주님은 제 삶의 모든 것 위에 계시며 모든 언행과 사건의 우선순위이십니다. 그 외에 제가 당신께 드릴 게 무엇이 있나이까?

참! 있습니다. 시어머님이 여름에 소천했을 때 살림을 좀 남겼습니다. 시부모님의 집과 차는 저희가 시누이에게 주기로 했어요. 호수의 경관이 아름다운 집이라서 좀 망설였지만, 시누이는 생활 능력이 없으니 그게 우리의 최선이었습니다. 시가의 차고에 오래 묵은 살림이 많아서 골동품이 있을 가능성도 있습니다.

찾아보고 팔아서 주님께 올려드릴까요? 저희가 어떻게 사용하길 원하시는지요? 그냥 살림을 흩어서 나눌까요? 당신께서 원하시면 토니와 의논하여 그렇게 하겠나이다. 말씀만 하옵소서.

예수님 **네 시어미가 남긴 것은 토니와 그대가 이 붉은 사막에서 고생하고 훈련받은 것에 대한 포상이다. 내가 주는 선물이니 그대가 원하는 대로 사용해도 좋다. 내가 그대에게 허락한 것이니 마음이 기쁜 데에 사용하여라. 귀하게 주는 것이니 귀히 사용하거라.**

제시카 차고 안에서 그리 귀한 골동품을 본 기억은 없는데요? 저는 정년퇴직이 2년 정도 남았습니다. 이후에 목양관을 떠나야 하니 시가의 옛날 살림을 다 사용해야 할지도 모릅니다. 제 처지로 어떻게 다시 장만하겠습니까. 그래도 잘 분류해서 이웃에게 나눌 살림이 있으면 나눌게요. 하루 한 번 선한 일을 행하여 당신을 기쁘게 해드려야지요.

예수님 (주님께서는 싱긋 웃으며 고개를 갸웃하셨다) **그렇게 하거라.**

제시카 주님, 제가 기특하지 않으세요?

예수님 **하하하… (주님께서는 조금 크게 웃으셨다) 기특하다.**

제시카 예전 같으면 시가의 차고 안에서 고물 살림일망정 씻고 닦고 해서 골동품이라도 찾아보겠다고 혼자 난리가 났을 텐데요, 지금은 당신을 기쁘시게 해드리는 것에 우선순위를 두니, 제가 변하긴 변했어요. 새 살림을 시작하려면 고물 살림으로는 모자랄지도 모르지만, 그 전에 먼저 이웃과 나누려고 노력할게요, 헤헤헤.

그러나 사람이 아무리 마음으로 계획할지언정 그 걸음을 인도하시는 이는 주님이십니다. 선한 일을 할 수 있도록 인도하시고 도와주세요.

예수님 **윤-자-예!** (주님께서 갑자기 내 한국 이름을 또박또박 부르셨다) **이제 아무것도 염려하지 마라. 그대를 돕는 많은 손길을 보내줄 것이다. 그대가 내게 올리는 사역에 동참하는 축복의 손길이 끊이지 아니할 것이다. 그 양들은 내 음성에 순종할 줄 아는 자들이다.**

기억해라. 그대의 떡 반죽 그릇은 나다. 그러니 누군가 무엇을 주든지 바로 받지 말고, 반드시 먼저 내게 물어보아라. 주는 자가 축복을 받기에 합당한 선한 자인지, 축복을 받기에 합당하지 않아서 내가 받길 거부하는 악한 자인지 판단하여 알려주마.

아무리 내 나라를 위해 돕는 손길이라 할지라도 영을 잘 분별하지 않으면 아무런 덕을 끼치지 못하느니라.

돈은 원수의 영이 가장 흔히 쓰는, 사람을 변질시키는 무기란다. 원수의 졸개들이 쏘아대는 녹색 화살을 그대는 보지 않았느냐. 왜 졸개들이 무작위로 쏘아대겠느냐? 사람들이 가장 잘 맞고, 그래서 다치고 죽는 화살이기 때문

이다. 돈은 열려 있는 과녁이란다.

제시카 아이고… 주인님, 저는 그 화살에 맞지 않을 자신이 없습니다. 저를 지켜주시길 간구합니다.

예수님 그 환상을 내가 보여주었을 때, 그대는 어디에 있었느냐?

제시카 좌우에 있던 두 천사와 커다란 바위 뒤에 숨어 있었습니다.

예수님 그 바위가 바로 나다. 그러니 그대는 돈을 사용할 때 모든 것을 내게 물어보고 하여라.

제시카 저는 원래 인색한지라 대의를 위해서는 크게 쓰지만, 저 자신을 위해서는 잘 쓰지 못합니다.

예수님 (주님께서는 싱긋 웃으셨다) 내가 잘 안다. 나의 귀여운 신부야, 되었다. 네 평생의 금전 문제는 내가 함께할 것이다. 그대는 그대의 동역자인 예루살렘의 처녀들과 선한 일을 함께하여 내게 많은 영광을 올릴 것이다. 내가 허락하마.

제시카 오케이! 주님, 최고예요. 저는 주님이 이 세상에서 최고로 좋아요.

예수님 장차 올 저세상에서는?

제시카 그건 당신의 왕국이니 말할 것도 없지요.

예수님 하하하… 오늘도 함께 가자꾸나, 나의 신부여.

제시카 할렐루야! 왕 되신 예수님, 동행하여 주셔서 진심으로 고맙습니다.

🌹 생수 우물가의 대화

예수님 하얀 겨울 눈밭에 통통거리고 뛰어다니는 참새같이 귀엽
고 앙증맞은 나의 신부야.

제시카 주인님, 주인님. 사랑합니다.

예수님 요즘 네가 가진 소유물을 잘 흩어서 나누고 있구나. 잘하
는 일이니, 계속하여라.

제시카 주님, 원주민들에게 나눠줄 거리가 있게 해주셔서 감사합
니다. 몇 안 되는 짐 상자에서 어떻게 주고 또 주어도 계속
나눠줄 것이 나오는지 참 신기합니다.

예수님 바로 그것이 네 분복이 아니냐! 내 뜻을 따르며 사는 내
백성은 가뭄에도 물 댄 동산 같고 마르지 않는 떡 반죽 그
릇이니, 사람들의 왕래가 끊이질 않고, 많은 이의 마음을
흡족하게 하느니라. 네 손의 열매로 인해 왕의 사랑을 입
은 자여, 네 자태가 참으로 곱구나.

제시카 주님, 저는 점점 나이 들고 늙어서 어깨까지 구부러져 가고
있는데 자태가 곱다니요. 제가 보아도 조금씩 흉하게 일
그러지고 있습니다.

예수님 나는 자라는 네 영의 자태를 본단다. 그대는 조금씩 자라

고 있다. 내 눈에 흡족하다. 그대의 육신은 처음부터 흙에서 왔으니 결국 흙으로 돌아갈 것이다. 이 땅에 두고 갈 것이고, 이 땅은 쓰레기 소각장이니 나와 그대가 염두에 둘 것이 무엇이 있겠느냐. 그러나 그대의 영혼은 고이 잘 빚어서 아름답고 광채 나는 자태로 내 나라로 들일 것이니라. 그러니 영을 잘 먹이거라.

제시카 어떻게 해야 영을 잘 먹일 수 있습니까?

예수님 영은 그대의 육신이 원하는 정반대로 먹이면 된다. 그대의 육신이 싫어하는 결정을 하여라. 바로 그것이 그대의 영이 원하는 결정이다. 그대의 육신이 꺼리는 길로 가거라. 바로 그것이 그대의 영이 마땅히 가야만 하는 길이다. 그대의 육신이 고단한 방법을 택해라. 바로 그것이 그대의 영이 취해야 할 방법이니라.

제시카 저는 제 육신이 무엇을 원하는지 지나칠 정도로 잘 알고 있으니 무조건 육신의 소욕과 반대의 길이나 방법을 선택하면 되겠네요. 그건 매우 쉽습니다. 우물쭈물하거나 갈등하지 않아도 되니까요.

예수님 이 땅은 그대의 육신의 소욕을 키우기 위해 마련된 곳이다. 처음에는 내가 그리 창조하지 않았으나 원수의 영으로 말미암아 죄악이 들어온 후로, 사람들의 죄악이 관영하는 세상이 되었다.

그러나 이 푸른 콩 같은 지구는 결국 원수의 영들이 거할 쓰레기 소각장이 될 것이니 그대가 거할 곳이 아니다. 무엇이든지 이 땅에서 취한 물품은 이 땅에 남겨두고 갈 것이다. 그러니 남겨둘 물품에 그대의 마음을 주는 것은 어리석다. 허망한 것에 마음을 주지 말거라.

각자의 소유는 각자의 공력이니 육으로 심은 자는 육을 거둘 것이요, 영으로 심은 자는 영으로 거둘 것이다. 그것이 바로 각 사람의 선택이다. 푸른 콩 같은 지구는 사람의 선택이 이루어지는 장소다.

제시카   저희는 당신께서 모든 것을 선택하여 주신다고 믿고 있는데요.

예수님   그대가 태어나기 전에 이미 결정되어 있어 그렇다. 사람은 남자인지 여자인지, 강한지 약한지, 아름다운지 추한지, 키가 큰지 작은지, 뚱뚱한지 말랐는지 등의 모든 형질을 선포 받고 태어난다. 다만 두 가지만 내가 선포하지 않는단다.

제시카   그 두 가지가 무엇입니까?

예수님   경건함과 사악함은 사람 자신의 결정에 맡긴다. 그 둘은 사람이 태어난 후 스스로 선택한 행위의 열매다. 사람은 알게 모르게 스스로 한 선택의 결과 위에 서 있다. 결국 각자가 만들어낸 그 소산에 의해 영원히 거할 장소가 결정된다. 나는 사람을 네 가지는 천사를 닮게 만들고, 네 가지는 짐승을 닮게 창조했단다.

제시카 사람이 천사를 닮은 점이 있다고요? 그것이 무엇입니까?

예수님 천사에게는 말하는 능력, 분별하는 지능, 일어서서 걷는 능력, 눈의 시선이 있다. 나는 이 네 가지를 사람이 닮게 만들었단다.

제시카 눈의 시선은 시력을 뜻합니까?

예수님 아니다. 흘기는 눈, 정겨운 눈, 사악한 눈, 사랑스러운 눈 등의 감정을 실은 눈길을 뜻한다.

제시카 사람이 짐승을 닮은 점은 무엇입니까?

예수님 짐승은 먹고 마시고, 몸의 노폐물을 배설하고, 종족을 번식하고, 때가 되면 죽는다. 나는 이 네 가지를 사람이 닮게 만들었단다.

제시카 어찌하여 천사와 짐승의 정반대되는 성질들을 취하셔서 사람을 만드셨습니까?

예수님 천상의 존재는 번식하지 않으나 영원히 죽지도 않는다. 반면에 지상의 존재는 번식하지만 죽는다. 나는 이 두 가지를 결합하려고 사람을 창조한 것이다. 즉 사람이 죄를 지으면 짐승같이 행동하니 죽음이 사람을 지배할 것이고, 죄를 짓지 않으면 천사같이 행동하니 영원히 살 것이다.

제시카 제 영혼이 창조되었을 때, 저를 보셨습니까?

예수님 그렇다. 네 영은 육신을 입기 전에 먼저 창조되었단다.

제시카 당신께서 계시는 곳은 천국인데, 그렇다면 제가 처음에는 천국에 있었습니까?

예수님 그대의 영은 하늘에 있는 영의 창고에 있었다. 그곳은 아름다운 곳이며, 수많은 영혼이 거주하고 있다. 그리고 사람의 몸이 탄생할 때마다 그곳에서 영을 꺼내어 쓴다. 사람은 영과 혼과 몸이 결합한 존재니라.

제시카 제 영혼과 육신이 결합하기 전에 저를 보셨다고요? 제가 이 땅에 탄생하기도 전에 저를 아셨습니까? 제가 영일 때 어땠습니까?

예수님 (주님은 크게 웃으셨다) 그대의 형질이 이루어지기 전에 내 눈이 그대를 보았다. 그대를 위해 정한 날이 하나도 되기 전에 나의 책에 삶의 날수가 다 기록되었다. 내가 그대의 내장을 지었고, 모태로부터 그대를 만들었다.

지금도 나는 그대의 앉고 일어섬을 알고, 멀리서도 그대의 모든 생각을 밝히 알며, 그대가 가는 모든 길과 그대의 눕는 것을 살펴보고 있단다. 그대의 모든 행위를 알며 그대의 혀의 말을 알지 못하는 것이 하나도 없느니라.

그대는 좀 유난했다. 동류 중 하늘 창고를 가장 떠나기 싫어하던 영 중 하나였다. 그래서 별명이 울보였다. 결국 우리는 그대의 영의 앞뒤를 둘러싸고 그대에게 안수하여 주었다. 이 지식이 너무 기이하고 높아서 그대가 능히 미치지 못한다. 그대를 지음이 심히 기묘하고 내가 하는 일이 기이함을 그대의 영혼이 잘 알지 않느냐! 결국 그대의 영혼은 푸른 콩 같은 지구로 떠나기 전에 내게 한 가지 소원을 요청했다.

제시카 제 영혼이 무엇을 요청했습니까?

예수님 지구에서 훈련을 다 마치면 그대가 원래 있었던 장소로 돌아오게 한다는 약속을 반드시 해달라는 소원이었다. 나는 그대의 소원을 허락했다. 그 연고로 장차 그대는 나의 신부로 거듭난 신분이 되어 원래 거하던 일곱 번째 하늘로 돌아올 것이다. 내 부활을 믿는 자는 그도 부활할 것이기 때문이다.

제시카 오, 주님. 그래서 부활하신 후에 저를 찾아오셨습니까? 저는 부활하신 당신을 보았습니다. 무덤에서 막 나오셔서 도피성 성곽 위의 길에서 천사들의 시중을 받으며 앉아계신 초췌한 얼굴의 당신을 보았나이다. (《잠근 동산》 50. 내 눈의 비늘 벗기시고 참조)

예수님 나는 부활 이후 승천하기 전에 이 땅에 거했고, 거하고 있고, 장차 거할 나의 신부들을 먼저 보기를 원했다. 나는 시간의 제약을 받지 않는, 시공을 초월한 자니라.

나의 신부들… 바로 그들이 내가 십자가 고난을 받은 후에 부활한 이유가 아니더냐! 세대를 불문하고 이 땅에는 남겨진 나의 신부들이 있다. 막달라 지방에서 온 마리아에게도 나는 부활한 나를 보였다. 그녀가 나의 신부인 까닭이다. 그대도 많은 신부 중 하나다.

제시카 아아… 나의 주인님, 당신께서 당신의 신부를 그리워하시듯 저 또한 당신을 그리워합니다. 당신만을 위해 우리가 이 땅에 왔고, 이 땅에서 고난받고, 깎이고, 빚어지며, 마침내 그윽한 빛을 뿜어내는 정금과 같이 이 땅에 속한 가죽의 육신을 벗고 재탄생하여 나올 것입니다.

조개 안에 있으나 조개에 속하지 않는 진주처럼 영롱한 빛을 품고 나올 것입니다. 조개는 진주를 품고, 진주는 모래를 품고 있기 때문입니다.

당신의 신부는 세상 안에 있으나 세상에 속하지 않습니다.

예수님 **나는 수많은 세월을 두고 그 시간을 기다려 왔단다. 그대, 나의 어여쁜 신부여… 은 초롱을 손에 들고 영광의 광장 안으로 당당하게 입성할 나의 신부들이여.**

제시카 (나는 장차 닥칠 그리스도의 신부들의 앞날을 이미 바라보고 계시는 주님의 시야에 내가 담겨 있다는 사실에 가슴이 떨려왔다. 그 영광의 사실을 깨달았을 때 눈물이 왈칵 솟구쳤다. 창조의 역사 이전에 존재하시며, 그 창조를 총괄하고 다스리시는 위대한 하나님 앞에 무릎을 꿇을 수밖에 없었다) 나의 사모하는 주인이시여, 미천한 여종의 사랑이 담긴 충성과 맹세를 받으시옵소서. 당신은 저를 만드시고, 소유하시고, 다스리시기에 합당한 분이십니다.

예수님 **나를 앞선 자는 없다. 내가 바로 삼라만상 모든 존재의 처음이며 나중이다.**

제시카 그 진리를 믿습니다.

예수님 그렇다면 원수의 영이 제안하는 헛되고 거짓된 제안들에
       굴복하지 말거라.

제시카 절대 굴복하지 않을 것입니다. 우리의 왕이신 예수 그리스
       도시여, 세세 무궁토록 존귀와 영광과 찬미를 받으소서!
       오직 당신께만 죽도록 충성을 바치오리다.

45 세 가지 보물 기념품

🌹 영의 세계

나는 넓고 열린 공간에 있었다. 내 머리는 길었고 뒤로 한 갈래로
단정하게 묶여 있었다. 복장은 속옷 위에 긴 조끼 같은 군복을 걸쳤
고, 위에 허리띠를 차고 있었다. 옆 솔기 사이로 보이는 속옷은 모래
색인데 마치 조선시대에 군사들이 입던 옷처럼 간편했다.

내가 서 있는 곳 주변은 내리쬐는 빛이 없이 그늘진 흙바닥이었
다. 그런데 육지 흙과는 달랐다. 바다의 모래같이 굵고, 옅은 갈색이
며, 약간 축축했다.

그 순간, 내가 서 있는 장소가 영의 세계라는 사실이 알아졌다. 또

한 오래전 바닷속이었다는 사실도. 그곳은 바다가 갈라진 자리에 생긴 육지여서 바닥에 깔린 모래에만 물기가 있었다. 마치 수천 년 전 모세가 건넜던 홍해 길처럼 말이다.

그런데 그 바닷속 길에는 마치 육지처럼 엄청나게 크고 넓은 대로 가 펼쳐져 있었다. 길이 끝나는 지점에는 틀림없이 좌우로 거대한 바닷물의 벽이 흐름을 멈추고 서 있을 거였다. 순간, 그 바닷물의 벽이 너무 높아서 내 주위에 짙은 그늘이 지고 약간 어두컴컴하다는 사실이 알아졌다.

길 위에는 갈색 모래 산이 군데군데 있었다. 어떤 모래 더미는 사람의 키 정도 높이였고, 어떤 건 얕고 긴 토성처럼 펼쳐져 있었다. 나는 한동안 얕은 토성 같은 길 위를 정처 없이 터벅터벅 걸어갔다. 걸어가며 무심코 모래 토성을 보았는데, 모래 더미 사이사이로 삐죽삐죽하게 무언가가 묻어 있었다.

'저게 무엇이지?'

나는 목표 장소로 서둘러 가는 중이었기에 지체할 시간이나 여유가 없었다. 하지만 호기심이 발동하여 그것들이 무엇인지 꼭 알고 싶었다. 결국 걸음을 멈추고 얕은 모래 토성을 맨손으로 파헤치기 시작했다. 축축한 모래 감촉이 손끝에 느껴지며 마침내 무언가를 들어 올렸다. 산호초와 같은 재질로 된 옅은 갈색 파스텔 색조의 작은 성 모형이었다.

나는 그것을 2개 파냈는데 1개는 조금 작고 나머지는 조금 더 컸다. 그런데 그 작은 모형의 성들은 산호초처럼 탄산칼슘 덩어리인데도 생명이 깃들어 있었다. 마치 식물처럼 그 안에 살아 있는 무언가가 존재한다는 사실이 알아졌다.

바로 그 순간, 내가 영적 전쟁터에 있다는 사실을 깨달았다. 그와 동시에 주님께서 나의 영안을 열어주셨다. 두리번거리며 주위를 둘러보자, 그 컴컴한 길 위에 나와 비슷한 복장을 한 흰옷 입은 젊은 병사들이 보였다.

그들 역시 각자 길가의 모래 토성을 헤치며 무언가를 찾으려고 노력하고 있었다. 순간, 그 물건들이 전리품인 것이 알아졌다. 병사들은 각자 자기 보물을 찾아야 했다. 나는 내가 찾아낸 전리품 2개를 양손에 단단히 움켜쥐었다. 그런데 이미 1개가 내 군복 바지 주머니 깊숙이 들어 있었다. 그것은 매우 귀한 가치를 지닌 물건이었다.

나는 걸음을 재촉하기 시작했다. 그때 내 마음에 드는 생각은, 손에 쥐고 있는 작은 모형의 전리품은 귀한 가치를 지닌 값진 물건이지만, 큰 모형의 전리품은 상대적으로 작은 모형보다는 가치가 작은 물건이라고 여겨졌다.

마침내 나는 목적지에 다다랐다. 그곳에는 많은 천사가 나와 비슷하게 군복처럼 간편한 복장을 하고 있었다. 그때 한 젊은 천사가 내 앞에 나타났다.

"신부님, 여기까지 오느라 수고하셨습니다. 무슨 보물을 획득하셨습니까?"

나는 대답했다.

"제가 가져온 것들이 보물입니까? 그렇다면 저는 보물 3개를 가지고 왔습니다. 하나는 전부터 간직하던 보물로 주머니 안에 들어 있었습니다. 그런데 이번에 획득한 보물 2개 중 하나는 가치가 있지만, 다른 하나는 별로 가치가 없는 싸구려 같습니다."

그러자 천사는 내 손에 든 것을 유심히 보더니 고개를 저으며 말했다.

"신부님, 그렇지 않습니다. 보물들은 각각 가치를 지니고 있습니다. 제 눈에는 당신이 싸구려라고 생각하는 보물이 더 값진 보물 같습니다. 신부님은 보물의 가치를 알아보는 눈을 길러야 합니다. 어디 봅시다. 제가 그 가치를 판정해 보겠습니다."

나는 먼저 내 바지 주머니 속에 있는 보물을 꺼내 천사의 손에 들려주었다. 이후 양손에 하나씩 쥐고 있던 보물도 그의 손에 넘겨주었다. 천사는 두 손으로 소중하게 보물 3개를 건네받았다.

천사의 왼쪽에는 내 허리 높이 정도 되는 상자가 있었다. 상자의 앞쪽 표면에는 마치 전자 시계처럼 붉은빛을 내는 숫자들이 끊임없이 움직이고 있었다. 천사가 무릎을 꿇고 모랫바닥에 앉자, 나도 그 옆에 쪼그리고 앉았다.

천사가 상자 앞부분의 작은 문을 열더니 제일 먼저 내 주머니에 있던 보물을 그 안에 넣고 문을 닫았다. 그리고 작은 단추 같은 것을 누르자 숫자가 마구 올라가기 시작했다. 조금 지나 움직임이 멈추며 숫자가 붉은빛으로 뚜렷하게 나타났다. 그런데 천사는 아무 말도 하지 않고 손으로 숫자를 가리켰다.

다음으로는 내게 건네받은 작은 보물을 상자에 넣고 다시 손으로 숫자를 가리켰다. 마지막으로 내가 싸구려라고 생각했던 좀 더 큰 보물을 넣더니 또다시 숫자를 손으로 가리켰다. 나는 천사가 왜 숫자를 읽어주지 않고 침묵하는지 의아해서 물었다.

"천사님, 왜 숫자를 손으로 가리키기만 하는 겁니까? 답답합니다."

천사는 여전히 침묵을 지키며 오른손 검지를 입술에 대었다.

"쉿! 조용히 하세요."

그러고는 왼손 검지로 천천히 우리가 앉은 뒤쪽을 가리켰다. 천사의 손가락이 가리키는 방향으로 눈을 돌렸을 때, 나는 깜짝 놀랐다. 약 5미터 정도 뒤에 커다란 검은 바위가 자리 잡고 있었다. 그 바위 뒤에서 원수의 영 2마리가 숨을 죽이고 우리 대화를 엿듣고 있었다. 그들은 우리의 대화를 들을 수는 있었으나 어떤 이유에선지 그 상자에 나타나는 숫자를 읽을 수는 없었다.

천사가 나지막하게 내게 속삭였다.

"신부님, 당신은 이제 세 가지 보물을 간직했습니다. 저 악한 영들은 당신이 보물을 가진 자라는 사실을 알고 있습니다. 그들은 당신의 보물을 낚아채기 위해서 당신 뒤를 집요하게 쫓을 겁니다. 제 임무는 당신이 모르는 이 보물들의 정확한 가치를 알려드리는 것까지입니다. 부디 서둘러 이 장소에서 탈출하길 바랍니다."

천사는 상자의 문을 열더니 그 안에서 마지막 보물을 꺼내어 내 손에 올려주었다.

"고마워요, 천사님. 그럼 우리는 여기서 이만⋯."

나는 말을 채 마치기도 전에 서둘러 군복 바지 주머니 깊숙이 보물 1개를 넣었다. 그리고 양손에 보물을 1개씩 단단히 쥐고는 자리를 박차고 일어났다. 동시에 악한 영들도 바위 뒤에서 벌떡 일어났다.

나는 진품의 가치가 밝혀진 두 보물을 손에 쥐고 몸을 잽싸게 돌렸다. 그러고는 있는 힘을 다해 달리기 시작했다.
'뒤돌아보지 말자! 오직 앞만 보고 뛰어야 한다!'
나는 원수의 영들이 뒤쫓아 오는 걸 알고, 푯대의 상을 향해 최선을 다해 달렸다. 그러고는 영의 세계에서 깨어났다.

내가 속히 오리니 네가 가진 것을 굳게 잡아 아무도 네 면류관을 빼앗지 못하게 하라 계 3:11

우리 각자에게는 하나님의 왕국에서 소중하게 지켜야 하는 영의 세계의 보물이 있다. 물론 보물의 본체는 우리 주 예수 그리스도시다. 그러나 주님께서 각 사람에게 그분의 왕국 확장을 위해 허락하신 보물은 다르다고 생각한다. 모든 것을 팔아 밭의 값을 치르지 않은 자는 아직 보물을 사지 않은 자다. 반대로 보물을 산 자는 삶 속에서 주님이 허락하신 그 보물의 참 가치를 아는 눈이 있어야 한다. 그 보물을 지키기 위해 달음질도 해야 한다.
원수의 영들이 내게서 노리는 세 가지 보물은 주님의 왕국을 확장하기 위해 내가 하는 사역이다. 먼저 이미 가지고 있던 바지 주머니

속 보물은 책을 통해 영혼을 추수하는 '문서 사역'이다. 그리고 손에 쥐고 있던 보물들은 미디어를 통해 영혼을 성장시키는 '성경 공부 영상' 전도 사역 그리고 케냐에서 장애 청소년 외에 새로이 시작한 케냐 빈민굴 고아원의 고아를 섬기는 '구제 사역'이다.

바로 이 사역들이 마귀에게 빼앗기지 않도록 굳게 지켜야 하는 나의 면류관이라는 사실을 영의 세계에서 깨달았다.

46 수정 램프를 든 천사

🌿 생수 우물가의 대화

나는 케냐 목양관 거실에 있는 까만 비닐로 덮인 소파에 앉아서 성경을 읽고 있었다. 그런데 갑자기 술에 취한 듯 다리가 후들거리고 온몸에 맥이 빠지기 시작했다. 숨이 아주 느리게 천천히 쉬어졌다.

'내가 왜 이러지?'

때로 주님께서는 나를 이 땅의 삶에서 아무 말씀이나 경고 없이 신속하게 영의 세계의 차원의 문을 열고 데리고 가실 때가 있다. 그런 일이 흔하지는 않다.

나는 소파 위에 비스듬히 다리를 펴고 누웠다. 눈을 천천히 감는 순간, 거실 오른쪽에 있는 현관문 앞에 희고 긴 옷을 입은 천사가 다소곳이 서 있는 것이 보였다. 천사는 황금색으로 빛나며 윤기가 흐르는 짧고 곱슬곱슬한 단발머리를 하고 있었다. 합장을 한 두 손에는 황금빛을 내뿜으며 심지를 태우고 있는 둥글고 납작한 작은 램프가 들려 있었다.

거실에서 성경을 읽은 지 반 시간 정도 되었지만, 여태껏 천사가 그대로 선 채로 나를 바라보고 있다는 사실을 감지하지 못했던 나는 깜짝 놀라 황급히 일어나서 옷매무시를 다듬었다.

제시카   천사님, 어찌 기다리셨어요? 옆에 있다고 제게 알려주지 그러셨어요.

천사   (아무 말도 하지 않고 그냥 빙그레 웃었다)

제시카   그런데 손에 들고 있는 그 투명하고 귀여운 수정 램프는 무엇입니까? 지금은 대낮이라서 램프 불빛이 필요하지 않은데요.

천사   오늘 신부님이 성경 공부 영상을 찍을 때 성령님의 조명을 받을 불씨입니다. 주님께서 보내셨습니다.

제시카   내일이 금식하는 날이라서 내일 영상을 찍으려고 하는데요. 오늘은 아침 일찍부터 케냐 총회 목사님을 만나서 빈민굴교회 건축 미납 헌금을 드리고, 읍내 우체국에 물건을 찾으러 다녀오고, 부목사님 부부와 미팅하느라 내내 정신

없이 바빴습니다. 그래서 성경 말씀을 읽을 겨를이 없었어요. 그러니 마음의 준비도 없이 어떻게 말씀 전하는 영상을 찍겠습니까?

천사   특별히 말씀을 준비하실 필요는 없습니다. 신부님의 매일의 삶이 예배이고 말씀 준비입니다. 오늘 하신 일 중에 주님께 영광 올려드리는 일은 무엇이었습니까?

제시카   지난 1개월 동안 우리의 소지품을 마을 원주민들에게 열심히 팔아서 조금씩 돈을 모았습니다. 그것과 수중에 남은 것을 몽땅 털어서 총회 회계 목사님에게 주었습니다. 건축 중인 빈민굴교회 건축 헌금으로요. 저는 아프리카를 떠나기 전에 빈민굴에 교회를 완공해 주고 싶습니다.

원래 건축 헌금 명목으로 조금씩 모아둔 물질이 있었습니다. 하지만 아이들 양식 사는 일이 너무 급하여 다 써버렸습니다.

한창 자라나는 청소년이 100명이 넘다 보니 아무리 아껴도 1개월 양식비만 2,000달러가 넘게 듭니다. 음식 만들 때 사용하는 나무 땔감도 한 트럭 분량으로 600달러가 넘고요. 게다가 담 넘어 학교 직원들이 밤에 몰래 와서 땔감을 훔쳐 가는 통에 교회 경비 아저씨가 밤새 보초를 서고 있지요.

빈민굴교회 건축도 중요하지만, 제게는 아이들의 배고픔을 채워주는 일이 급선무입니다. 그러다 보니 조금 모아둔 건축 헌금이 다 거덜 났어요. 제가 주님께 약속했던 빈민 굴교회 건축이 거짓말이 되어버렸지요.

얼마 전 미국 총회 선교부에서 선배 목사로부터 안부 전화가 왔을 때, 저는 월급 없이 생활하는 사실을 고백했습니다. 그러자 미국 선교부에서 임시방편으로 급히 국제 송금을 보내주어 거의 1년 만에 처음으로 월급을 받았습니다. 그래서 그 월급과 수중의 모든 것을 팔아서 빈민굴교회 건축 헌금으로 케냐 총회에 가까스로 주었습니다.

이 헌금으로 교회를 짓는 데까지 짓고 모자라면 계속 돈을 모아서 주겠다고 약속했습니다. 주님께 거짓말쟁이가 되면 안 되잖아요!

사실 처음에는 저희가 직접 짓고 싶었어요. 그런데 외국인이다 보니 시공사에서 공사비를 턱없이 높게 부르며 자꾸 바가지를 씌우려고 했어요. 케냐 시장은 정찰제가 아니에요. 하다못해 건축 자재를 사러 갈 때도 모든 물건을 시장을 통해서만 살 수 있으니, 원주민 상인들이 부르는 게 값이거든요. 3년 넘게 재활원교회 수리를 그렇게 했습니다.

그런데 제가 조금 약아져서, 1년 전에 아예 케냐 총회에 건축비를 주고 빈민굴교회를 지어달라고 부탁했어요. 같은 현지인이니까 서로 바가지를 씌우지는 않겠지요. 설령 그렇더라도 저희가 여태 바가지 쓰며 살아온 사실을 알게 되지 않겠어요!

아이고… 천사님, 여기까지입니다. 저희는 최선을 다했습니다. 지난 세월을 생각하면 눈물이 납니다. 낯선 아프리카에 와서 살아남으려고 저들이 속이는 줄 알면서도 태연한 척, 알아도 모르는 척, 바보가 아닌데도 바보인 척했던 모든 일이 지긋지긋합니다.

어디를 가든지 무엇을 달라 하는 사람에게는 그가 높은 직위든 낮은 직위든 상관없이 무조건 주었습니다. 주고 또 주어도 계속 요구하는 사람들 안에서 인내하며 버텼습니다. 그리고 아이들에게 하루 세 끼 옥수수 식사와 간식거리로는 빵 2조각과 우유를 먹였습니다.

떠날 때가 다가와서야 재활원교회 학교 보수를 거의 다 마쳤어요. 어떻게 여기까지 왔는지 모르겠습니다. 모든 건 주님의 은혜 아니면 할 수 없었습니다. 이런 제 마음을 주님께서 아실까요?

천사 (내가 속사포처럼 쏟아내는 푸념 어린 하소연에 천사는 빙그레 웃었다) 높고 높으신 그분께서는 신부님이 겪으신 모든 걸 하나도 남김없이 잘 알고 계십니다. 그래서 오늘 제게 이 램프를 신부님에게 갖다주라고 명령하신 것 아니겠습니까.

제시카 천지가 광명한 이 대낮에 그 램프는 무엇입니까?

천사 (더욱 크게 미소 지으며 대답했다) 천국 왕국의 불씨입니다. 사람의 심령 속 깊은 영을 밝히시는 성령님의 불꽃입니다. 즉 하나님 안에서 나오는 불의 씨입니다. 이것은 아무에게나 하사하시는 게 아닙니다.

신부님은 아이들의 배를 채워주었습니다. 또한 빈민굴교회의 건축비를 마련하여 타인의 손에 건네주었습니다. 3년 넘게 피눈물을 뿌리며 복음의 씨를 심은 신부님의 사역을 주님께서는 침묵으로 지켜보셨습니다. 그리고 마침내 오늘 아침으로써 신부님은 가장 낮은 곳에서 가장 작은 자를 섬기는 일의 저울에 합격하셨습니다.

신부님은 아침에 우체국에서 몇 달 전 지인이 보낸 소포가 사라지는 억울한 일도 당했습니다. 하지만 불평 한마디 없이 미소 지으며 우체국 문을 나서지 않았습니까. 또한 돌아오는 내내 주님께 감사 기도를 올리지 않으셨습니까.

제시카 한두 번 당한 일이 아니라 괜찮습니다. 언젠가부터 고향에서 온 소포가 잘 도착하면 주님께서 허락하신 축복이고, 도착하지 못하면 주님께서 주신 축복이 아니라고 생각하게 되었습니다. 하도 그런 일이 많으니, 소포나 편지가 사라지면 훔쳐 간 그의 분복이라고 여기고 싶습니다.

제가 주님 앞에서 불평하면, 저보다 주님 속이 먼저 상하신다는 걸 여기 와서야 알았습니다. 그래서 억울한 일이 종종 생겨도 입을 다물게 되었지요. 제 마음을 다스리고 환경에 요동하지 않는 것이 그분 마음을 기쁘시게 한다는 사실을 믿기 때문입니다.

천사   바로 그 마음이 당신을 하나님의 저울에 합격하게 만든 요소 중 하나였습니다. 이제 이 불씨를 받으세요.

나는 다시 아까처럼 온몸에 맥이 풀리고 눈꺼풀이 무거워지는 것을 느꼈다. 순식간에 온몸과 정신이 마치 술에 취한 듯 몽롱해졌다. 그러고는 다시 소파에 비스듬히 다리를 펴고 누웠다. 소파에 눕자마자 천사는 황금빛이 흘러나오는 투명 램프를 두 손에 받쳐 들고 내게 다가왔다.

천사가 램프를 내 얼굴 바로 앞까지 치켜들며 내 코 앞쪽으로 들이댔다. 그때, 놀라운 일이 일어났다. 램프의 타는 심지에서 하얀 연기가 마치 꼬인 명주실처럼 한 줄 회오리 같은 형상을 띠며 올라왔다. 그러고는 살아 있는 생명을 지닌 것처럼 순식간에 내 코로 들숨과 함께 들어왔다. 동시에 나는 매우 큰 소리로 시원하게 재채기를 했다. 연거푸 세 번이나 재채기가 나왔다.

마지막 재채기를 하고 눈을 가늘게 떴을 때, 램프를 든 천사의 모습은 보이지 않았다. 참으로 순식간에 일어난 일이었다.

'아니… 도대체 이 램프의 연기는 무엇인가? 왜 들숨과 함께 내 콧속으로 들어왔을까?'

나는 소파에 제대로 앉으려고 몸을 가누며 심호흡을 해보았다. 별다른 조짐이 느껴지지 않았다. 마음도 평소와 다름없었다. 다만 방금 보았던 그 단정하고 아름다운 금발 천사의 미소 짓는 얼굴만 생생하게 떠올랐다.

나는 아프리카의 이 외진 목양관에서 천사를 여러 번 보았다. 도대체 주님께서 보잘것없는 내게 무슨 일을 하신 건지 짐작할 수가 없었다. 그런데도 내 마음은 평온했다. 우리 주님께서는 그 어떤 해로운 일도 내게 하지 않으시는 분임을 믿기 때문이었다.

설령 당시엔 해로워 보여도 결국 시간이 지나면 나를 위한 일이었음을 알고 신뢰하게 되었다.

'지금 내 안에는 실 같은 흰 연기가 존재하고 있다. 흠….'

47 열대의 붉은 사막에서 얼음의 빙산 나라로

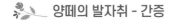 양떼의 발자취 - 간증

미국 서부 구역 교단 총회에 목사님이 약 1,000명쯤 소속되어 있다. 총회 안에는 그들이 시무할 사역지의 발령을 관할하는 인사국이 있다. 그 안에 여러 목사님과 직원이 있지만, 그중에서도 특히 여러 나라로 파송된 선교사들을 관리하는 선교부가 따로 있다.

아프리카의 낮이 미국의 밤이고, 아프리카의 밤이 미국의 낮이다. 그러다 보니 때로 저녁 무렵에 총회 선교부로부터 전화가 걸려 올 때가 있다. 물론 흔한 일은 아니다. 큰일이나 비상사태가 아니면 우리가 딱히 전화하질 않으니 1년에 두 번쯤 받을까 말까다.

그러던 어느 날, 인사국의 나와 친분이 있는 여자 목사님인 샤론에게서 문자 메시지가 왔다. 인사국 국장 목사님이 우리 부부와 대화하고 싶다는 내용이었다. 우리가 아프리카에 온 지 만 3년이 되었으니 다음 마지막 목회지에 관한 일일 것 같다는 직감이 들었다.

샤론 목사님은 우리가 언제 대화하기 편한지를 물었고, 나는 주일 저녁 무렵이 좋다고 대답했다. 그쯤이면 아침에 올리는 아이들의 예배와 오후에 올리는 빈민굴 예배를 모두 마치고 목양관에 돌아오는 시점이기 때문이었다.

'주일이면 3일 뒤인데…?'

우리는 괜히 마음이 두근거리기 시작했다.

'이제 이곳을 떠날 때가 다가왔나? 우리가 떠나면 아이들은 어떻게 하지? 우리가 처음 도착했을 때처럼 방치되고, 학교는 모든 게 부서져 폐허처럼 되는 건 아닌가? 아이들이 다치거나 아프면 누가 병원에 데려가 치료해 주지? 아이들 식량은 겨우 살 수 있는 형편이지만 기숙사의 생필품은 어떻게 사나? 교회 직원들이나 기술학교 선생님들의 월급과 건강 보험이 반년 넘게 밀리는 일이 또다시 벌어지면 어떡하지? 아이고….'

생각이 꼬리를 물어 며칠간 밤잠을 설쳤다. 그러다가 주일 저녁이 되었다. 우리는 쉬는 날 저녁인데도 작업 시간에 입는 유니폼을 입고 미국 총회 인사국장의 화상 통화를 기다렸다. 마침내 전화기가 울렸다.

인사국장 안녕하세요? 토니와 제시카 목사. 그동안 잘 있었나요?

토니 네, 정말 오래간만이군요.

인사국장 세상이 좋아지긴 좋아졌어요. 지구 반대편 사람들과 화상으로 대화할 수 있으니 말이에요. (그는 조금 시간을 들여 우리 일상생활의 이런저런 상황을 묻더니 마침내 본론을 말했다)

아프리카에 3년 넘게 있었으니, 선교사로서 임무는 할 만큼 한 것 같아요. 올해 여름 정도에는 미국으로 돌아왔으면 합니다. 실은 미국 총회 결정이니 그곳 선교 사역을 마무리해 주길 바라요. 다음 사역지가 이미 결정났습니다.

토니 마무리할 시간을 조금 주었으면 합니다. 그런데 다음 사역지는 어디입니까?

인사국장 알래스카 지방회에 속한 목회 사역입니다. 토니 목사가 지방회의 사무직인 사회사업부 쪽을 맡아주었으면 합니다. 제시카 목사는 이전 경험이 있으니 저소득층의 임시 거주지로 사용하는 기숙사 교회를 맡아주었으면 합니다. 약 100명의 저소득층 가족 단위의 아파트 기숙사에서 공동 거주하는 교회입니다. 토니 목사와 제시카 목사가 각각 다른 직무를 맡아주길 바랍니다.

> **토니**   국장님, 너무 갑작스러운 인사 발령이라 좀 당황스럽군요. 조금 시간을 주시면 기도하면서 마음의 준비를 하겠습니다. 마음의 각오가 서면 다시 이메일을 하겠습니다.
>
> **인사국장** 선교 임무는 대체로 3년이 만기인데 정한 시간을 넘겼으니 마무리를 잘하길 바랍니다.
>
> **토니**   알았습니다, 국장님. 이메일로 다시 연락하겠습니다.

우리는 전화를 끊고 서로 얼굴만 바라보았다. 나는 생각했다.

'알래스카라고? 얼음과 빙산, 만년설로 뒤덮인 장소가 아닌가! 이 뜨거운 적도의 붉은 사막에 자원하여 와서 3년 넘게 살았는데, 이제는 빙산 위로 가라는 명령을 받았구나. 나는 그런 곳을 자원하기는커녕 꿈도 꿔본 적이 없는데….'

문득 약 10년 전에 남편과 휴가로 갔던 알래스카주의 큰 도시 앵커리지가 생각났다. 1년 내내 기온 차이가 별로 없는 지중해성 기후를 가진 캘리포니아주에 살다가 도착한 알래스카는 펑펑 내리는 눈 속 얼음 왕국이었다.

그곳은 반년은 낮이고 반년은 밤으로, 오로라는 8월경에 시작하여 4월까지만 관측되었다. 이 사실을 모르고 간 우리는 그토록 보고 싶던 오로라 장관은 구경도 못 한 채 한밤중에 차 안에서 늑대만 실컷 보고 벌벌 떨다가 돌아왔다. 여행 첫날부터 끝 날까지 추위에 떨었던 기억밖에 나지 않았다.

내가 토니에게 물었다.

"여보, 알래스카에서 살고 싶어요?"

그가 대답했다.

"아니, 전혀 살고 싶지 않아. 무엇보다 장모님이 당신을 손꼽아 기다리시는데, 그건 아닌 것 같네. 어머님이 아흔이 다 되셨고 건강도 안 좋으시니 얼마나 오래 사시겠어. 나는 아프리카에서 코로나를 맞는 바람에 어머니 임종을 못 지켰지만, 당신까지 그렇게 만들 수는 없어. 이곳도 이제는 자리가 잡혔고, 우리가 할 만큼 한 것 같아. 우리 딸 미셸도 결혼할 나이고. 이제는 집으로 돌아갑시다."

토니의 표정에 단호함이 엿보였다.

문득 몇 년 전 일이 떠올랐다. 내가 아프리카 선교사로 떠나기 며칠 전, 엄마에게 대면하여 알리기가 너무 힘들어 전화로 먼저 말했다. 그러고는 엄마가 사시는 로스앤젤레스 아파트에서 차마 입이 안 떨어져서 뜬금없이 큰절을 했던 일 말이다.

변개치 않는 굳은 내 결심을 재차 엄마에게 말하자, 엄마는 그 자리에서 어린아이처럼 두 손으로 얼굴을 감싸고는 엉엉 울었다. 한참을 울고는 "안 된다. 내 죽으면 가거라. 어미가 살아 있을 때는 내 곁을 떠나면 안 된다"라며 또다시 눈물을 훔치던 우리 엄마! (《봉한 샘》 35. 하늘 곳간 참조)

내가 돌아올 날만 달력에 가위표를 해가며 세고 있는 엄마에게 또다시 알래스카로 목회하러 간다는 소식을 알릴 자신이 없었다. 또 크리스마스나 추수감사절에 돌아갈 가정이 없어서 홀로 자취방에 머무는 미셸의 얼굴도 떠올랐다.

　나는 토니에게 더 이상 아무 말도 하지 않고 조용히 컴컴한 침실의 침대로 갔다. 그리고 아무도 보지 않는 데서 울었다. 자꾸 눈물이 나왔다. 주님의 신부로 산다는 것이 얼마나 자신의 마음속 원하고 바라는 것들을 지우고, 자기 뜻을 고려하지 않아야 하는지를 잘 알고 있기에.

　'아아… 나의 주님, 어디 계십니까? 거룩하신 당신의 이 부족한 여종은 자꾸 자신이 없어집니다. 당신의 신부답게 선택하고 순종하게 하소서. 못난 종이 되지 않게 해주소서!'

48 네 책들이 네 지팡이다

🌹 　생수 우물가의 대화

제시카　주님, 주님, 어디 계세요?

예수님　**내 살 중의 살이요, 뼈 중의 뼈인 분신 같은 나의 신부야. 어찌 그리 황망히 다급하게 나를 부르는 것이냐?**

제시카　제 마음이 무거워 죽게 되었습니다. 제 마음이 얼마나 어

두운지 겨울날 초승달 밤에 가로등 하나 없이 캄캄한 아
프리카 시골 황톳길 같습니다. 당신께서 제 곁에 계시는
줄 알면서도 웃고 싶지 않아요.

예수님 **닥치는 환경에 억눌려서 마음을 갈팡질팡하지 말라고 내**
가 누누이 이르지 않았느냐. 어찌 닥치는 탁류에 무너져
서 그 위에 존재하는 내 얼굴을 바라보지 못하는 것이냐!
너는 나의 신부다. 정신을 똑바로 차리거라.

제시카 총회 인사부 목사님이 저희더러 알래스카로 가라고 합니
다. 저희는 푹푹 찌는 아프리카에서 물이 귀해서 자주 씻
지도 못한 채 3년 넘게 살았습니다. 그런데 이제는 귀가
아플 정도로 시리게 얼어붙는 빙산 위에 가서 살라니요!
저는 얼음판 위에 미끄러져 가며 얼음 벽돌집 안에 살고 싶
지 않아요. 사람 살려요! 주님….

예수님 (주님께서는 아무 말씀을 하지 않으시고 나의 덜덜 떠는 두
손을 그분의 크신 두 손으로 꼭 잡으셨다. 그러고는 한참을
가만히 계셨다. 시간이 얼마나 지났을까. 이윽고 나지막하
게 속삭이는 음성으로 입을 여셨다) **내가 영원히 아끼는 자**
여, 괜찮으냐?

제시카 (나는 다시 한숨을 쉬었다) 휴우… 네. 당신께서 손을 잡
아주시니 조금 숨이 쉬어집니다. 주님… 저는 지금 제 삶
이 무척 힘듭니다. 낯선 장소에서 매일 잠시도 끊이지 않고
밀려오는 탁류 속에 살다 보니, 모든 일에 조금씩 자신이

없어져요. 자꾸 힘이 빠져요. 너무 못난 모습을 보여드려 죄송합니다.

예수님 괜찮다. 좁은 길이란 힘든 길이다. 빨리 가려고 서두르지 말거라. 천천히, 한 발짝씩만 내디디면 된다. 그 누구도 보지 말고 마음에 두지도 말거라. 우리의 영원을 향한 걸음마를 시작하는 길이다. 내가 인도하는 길이니, 그대는 흔들리지 말아라.

어찌 원수의 영이 기뻐하는 태도를 보이는 것이냐! 나의 신부답지 않도다. 경솔하고 망령되이 굴지 말거라. 그것은 음녀인 이세벨의 영에 속한 자들이 하는 짓이다.

제시카 저를 용서하소서. 모든 것이 불편하고, 어느 것 하나 순조로운 일이 없는 장소에서 오래 살다 보니 제 마음이 주눅이 들었나 봅니다. 저희 뜻이나 권한을 넘어선 결정이 삶 속에 이루어지고, 저희가 소화하기 힘든 통보를 받으니 당혹스러웠습니다.

아닙니다…. 실상 이 모든 것이 제가 믿음이 없어서 그런 것입니다! 주님, 제 믿음 없음을 도와주소서.

예수님 겨우 빙산 위라고 흔들리는 것이냐. 그대는 내가 이끄는 곳이면 어디든 함께 가겠다고 하지 않았느냐. 설령 그곳이 음부일지라도 말이다. 입으로 뱉은 말에 책임을 져야 한단다.

내가 걸어간 자취를 그대가 지금은 따라올 수 없으나 후

일에는 따라오리라. 너는 마치 유월절 전 저녁상 앞에서의 베드로 같구나.

제시카 제가 지금은 어찌하여 따를 수 없습니까? 왜 제가 베드로 같은데요?

예수님 그는 내가 죽으면 자신도 따라 죽는다고 했다. 나를 위해 자기 목숨을 버리겠다고 했느니라. 그러고는 내가 돌이켜 보는 눈앞에서 나를 저주하며 나를 모른다고 맹세했다.

제시카 아아… 예수님, 그 베드로가 바로 저입니다! 만일 제게 겨자씨만 한 믿음이라도 있었다면 알래스카 저소득층을 위한 교회로의 발령 소식을 들었을 때, 뒤로 벌러덩 나자빠지지 않았을 것입니다.

당신께서 영원히 이 계집종의 곁을 떠나지 않겠다는 약속을 이미 해주셨습니다. 그런데 어찌 제가 그런 초라한 마음으로 벌벌 떨었는지 모르겠습니다. 저 같은 건 당신의 신부가 될 자격조차 없습니다. 앞으로는 제 이름을 제시카라고 부르지 마시고, 당신을 배신한 '배시카'라고 부르소서. 그 이름이 제게 적합합니다.

예수님 (주님께서는 싱긋 웃으셨다) 그대 나의 어여쁜 자여, 나는 괜찮다. 그대가 나의 신부다울 때나 신부답지 않을 때나 내 눈에는 늘 안쓰럽고 단아하단다. 언제나 고운 자태의 신부가 되거라.

제시카 제가 어떻게 해야 그런 신부가 될 수 있습니까? 제 얼굴에 가죽 공예도 하지 말라고 하지 않으셨습니까?

예수님 **내가 말하는 건, 영의 자태의 생김새를 뜻하는 것이다. '화용월태'**(花容月態)**라는 말을 아느냐?**

제시카 '불 속에 용이 우월한 태도로 있다'라는 뜻입니까?

예수님 하하하… (주님께서는 고개를 젖히고 소리 내어 웃으셨다. 나는 가끔 저렇게 크게 웃으실 때가 너무 좋다) **내 신부의 얼굴이 꽃답고, 자태가 달과 같다는 말이다. 선한 말과 생각과 행동을 하면 영의 얼굴이 아름다운 꽃과 같이 된단다. 주위 사람을 섬기고, 품고, 사랑하면 영의 자태가 단아한 달과 같이 되지. 내 신부는 그렇게 살아야 하지 않겠느냐.**

제시카 아이고… 주님, 갈 길이 너무 멀어 수치스러운 마음에 한숨밖에 안 나옵니다. 어찌 저 같은 것이 귀하신 주님의 택함을 받아서 못난 짓만 골라서 하고 다니는지 모르겠습니다. 너무너무 죄송합니다.

그런데 저희가 정말 알래스카에 가는 것입니까? 3년 넘게 아프리카 적도의 뜨거운 햇볕 아래서 땀 흘리며 흑인 원주민처럼 새까맣게 그을렸습니다. 제 온 얼굴은 기미와 잡티 투성이입니다. 그런데 이번에는 북극의 빙산 위로 가라고 하시니 어리벙벙합니다.

적도에서 살다가 북극으로 가는 것이라면 세상의 최고로 더운 곳에서 살다가 최고로 추운 곳에서 살게 되는 것 아닙니까. 제 육신이 익었다가 얼었다가 정신을 못 차릴 것 같습니다. 아이고… 주님!

예수님 **그래, 알래스카에 가겠느냐?**

제시카 만인의 심중을 꿰뚫어 보시는 분께 제가 무엇을 숨기리이까. 저는 남은 생애를 주께서 어디로 인도하시든지 따라갈 것을 심중 깊이 맹세한 자입니다. 노모를 버리겠나이다. 제 속에서 난 딸까지도 가슴에서 파내었는데, 제 삶에 남은 것이 당신 외에 무엇이 있겠나이까. 어디로든 이끄소서. 제 팔을 벌리겠습니다.

남이 제게 띠 띠고 제가 원치 않는 곳으로 데려가게 하소서. 저는 사나 죽으나 당신의 것입니다. 주님께서 인도하시는 곳으로 떠나겠습니다. 얼음 빙산 위에서 고드름만 따 먹고 살더라도 당신 곁에서 자란 고드름이면 제게는 족합니다. 떠날 준비 완료입니다.

예수님 (주님께서 나를 찬찬히 바라보셨다. 불꽃처럼 아름다운 그분의 눈동자는 우리의 영혼육을 쪼개며 관통하신다. 아무리 미세한 느낌과 감정 한 자락이라도 저 눈길 앞에서는 숨길 수 없으며 감춘 것이 드러나지 않을 게 없다. 참으로 두려운 눈길이 한참을 말없이 내 심령 구석구석을 불길로 핥듯이 지나가더니, 이윽고 주님께서 천천히 입을 여셨다)

아니다. 심려치 마라. 그대는 늘 내 마음을 기쁘게 하려고 노력한다. 그러니 나 역시 그대 마음을 기쁘게 할 것이

다. 그동안 고생했으니, 이제는 아프리카를 떠나서 숨을 좀 돌리거라. 이번에는 그대가 원하지 않는 장소에 보내지 않겠다. 그러나 다음에는 내가 이끄는 장소로 반드시 순종하고 가야 할지니라.

제시카   저는 알래스카로 갈 마음의 각오가 되어 있습니다. 어찌 저더러 숨을 돌리고 휴식하라고 하십니까? 저희가 알래스카로 가지 않는다는 말씀입니까?

저희 교단 총회는 한 번 결정한 사항은 절대 번복하지 않습니다. 왜냐하면 모든 목사의 다음 사역지 발령이 마치 도미노처럼 연관되어 있기 때문입니다. 그러니 발령은 변하지 않을 것입니다. 그런데… 만일 제가 알래스카로 가지 않으면 하나님의 저울에 미달입니까?

예수님   그렇다. 그 정도면 마음의 저울에는 합격이나, 영의 세계에서는 완전함을 요구하니 미달이다. 그대가 현재 떠날 각오가 되어 있다는 것을 나는 안다. 그러나 스스로 기쁨으로 하는 순종이 아니라 내 마음을 기쁘게 하려고 떠날 결심을 한 것이다. 나는 그대가 내 모든 명령에 순종할 때 기쁘고 자원하는 마음으로 하길 원한다. 하지만 그대가 지금 지쳐 있기에 처음부터 좀 무리한 저울의 달음이었다.

제시카   결과를 알고 계셨다면, 어찌 제게 이런 일을 당하게 하셨습니까?

예수님   그대가 영의 수준의 등급을 스스로 알고 있어야 하기 때문이었다. 유월절 다락방에서 사도들과 저녁을 먹은 후에 내가 베드로에게 말하길, 사단이 추숫날에 밀처럼 그를 체질하려고 그의 영을 손아귀에 넣기를 내게 요구했다고 알려주었다. 그런데 베드로는 자신만만하게 나와 함께 옥에도, 죽는 데도 갈 준비가 되어 있다고 말했다. 그때 내가 그날 닭 울기 전에 그가 나를 모른다고 세 번 부인할 것을 일러주었다.

이번 일은 그 일과 같으니라. 그러나 이 탁류가 덮치기 전에 내가 그대를 위해 그대의 믿음이 떨어지지 않기를 기도했다. 그대는 이제 믿음의 수준을 깨달았으니, 돌이킨 후에 그대의 형제를 굳게 하도록 하여라.

제시카   저는 장녀입니다. 미국으로 돌아가는 즉시 제 어머니와 형제자매의 믿음을 점검하겠습니다.

예수님   내가 누구를 그대의 모친이며 동생들이라고 했는가? 누구든지 하늘에 계신 내 아버지의 뜻대로 하는 자가 그대의 형제요 자매요 모친이라고 하지 않았느냐!

제시카   앗, 실수! 그럴진대 우리의 책과 동영상을 접하며 회개하고, 당신의 말씀을 실행하고 사는 이들이 제 형제요, 자매요, 어머니입니다.

예수님   그들은 우리의 알곡 창고인 온실에서 자라나는 새싹들이고, 장차 거목이 될 것이다. 또한 접붙인 묘목들이다.

제시카   어찌 원목이 아니고 접붙인 묘목이라고 하십니까?

예수님 처음 익은 곡식 가루가 거룩하면 그것으로 빚은 떡 덩이도 거룩하니라. 마찬가지로 나무 뿌리가 거룩한즉 나뭇가지도 거룩하다. 또한 그 가지가 꺾였는데, 이방인이었던 돌감람나무인 그대가 그 가지 중에 접붙임 되어 참감람나무 뿌리의 진액을 함께 받는 자가 되었다.

그러한즉 그대는 접붙임이 된 이방인으로서 정체성을 깨달아 알고, 꺾인 그 참감람나무 가지들 앞에서 자긍하지 말지니라. 그대가 뿌리를 보전하는 것이 아니요, 뿌리가 그대를 보전하는 것이니라. 이제 그대의 정체성이 왜 접붙인 돌감람나무의 묘목인지 알겠느냐?

제시카 네, 알 것 같습니다. 그 참감람나무의 거룩한 뿌리가 당신이셨군요. 혹시 원 가지인 아브라함의 자손 이스라엘에 꺾인 것은 저 같은 이방인들이 접붙임을 받게 하려 함입니까?

예수님 그렇다. 이스라엘 사람들은 나를 믿지 아니하므로 참감람나무에서 꺾이고, 이방인인 그대는 나를 믿음으로 섰느니라. 그런즉 그대는 높은 마음을 품지 말고 도리어 아버지를 두려워하여라. 그렇지 않으면, 내 아버지께서 원 가지들도 아끼지 않으셨은즉 그대도 아끼지 아니하시리라.

그러므로 아버지의 인자와 엄위함을 보아라. 넘어지는 자에게는 엄위하심이 임했으나 만약 그대가 하나님의 인자하심을 알고 그 안에 거하면 그 인자하심이 그대에게 있으리라. 그렇지 않으면 그대도 찍히는 바 되리라.

이스라엘 사람들도 나를 믿지 않는 불신앙에 거하지 않는 자는 접붙임을 받을 것이다. 이는 저희를 접붙이실 능력이 내 아버지께 있음이니라.

그대는 원래 돌감람나무에서 찍힘을 받고 그 본성을 거슬러서 참감람나무에 접붙임을 얻었느니라. 그렇다면 원 가지인 이스라엘 사람들이야 얼마나 잘 자기 감람나무에 접붙임을 얻겠느냐.

내 아버지께서는 이스라엘의 쫓겨난 자를 모으시는 주인이시다. 그는 이미 모은 이스라엘의 본 백성 외에 또 모아 그에게 속하게 하시는 분이다.

제시카 또 모으시는 자들은 누구를 뜻합니까?

예수님 사랑하는 나의 신부야, 스스로 지혜 있다 함을 면하기 위해 그대가 이 비밀을 모르기를 내가 원치 않는다. 이 비밀이란, 구원받은 이방인의 충만한 수가 천국에 들어오기까지 이스라엘 사람의 더러는 억세게 고집스럽고 모질고 완악한 마음이 지속될 거라는 사실이다. 하지만 결국은 이스라엘 사람이 천년 왕국에서 구원을 얻으리라. 나는 내 종 아브라함에게 한 약속을 지키는 자다.

그대는 이방인 신부들이 들어가는 대문과 이스라엘 신부들이 들어가는 대문을 보지 않았느냐!

제시카 네, 주님께서 보여주셨습니다. 그 문은 한 중앙에 수직의 긴 축으로 이음새가 된, 단 하나의 아주 넓고 커다란 회전문이었습니다. 마치 대형 호텔 입구에 있는 빙글빙글 돌아가는 거대한 원형 회전문처럼 생겼습니다.

한쪽이 천천히 열리면 다른 한쪽이 천천히 닫히고, 또 한쪽이 빨리 닫히면 다른 한쪽이 빨리 열리는, 이음새가 이어진 구조로 되어 있었습니다.

그렇다면 이방인 신부가 그 문으로 들어갈 시점에는 이스라엘 신부가 들어가지 못한다는 말이 아닙니까? 다른 말로 하면, 이스라엘 신부가 들어갈 시점에는 이방인 신부가 들어가지 못하도록 문이 닫힌다는 뜻이겠군요.

아이고… 주님, 이 일을 어떻게 합니까? 제 주위에 제가 지극히 사랑하는 사람 중에 아직 영적 잠에 빠진 자들이 부지기수입니다. 큰일났습니다!

예수님 **그렇다. 그러니 내가 너를 깨운 것이 아니냐. 사랑하는 나의 신부들을 네가 깨우거라.**

제시카 저는 그럴 자신이 없습니다. 제가 누구라고 그들이 제 말을 듣겠습니까? 저는 제 믿음 하나 겨우 지키는, 능력 없는 작은 계집종에 불과합니다.

예수님 **그 능력은 내가 허락해 주마.**

제시카 저는 속에 든 것도 별로 없을뿐더러 사투리가 심하고 말주변이 없어서 당신의 귀한 복음을 전하기가 힘듭니다. 저는 말이 아둔한 자입니다. 제 한국어 어휘는 40년 전 한국을 떠나온 이후로 조금도 나아지질 않았습니다. 그동안 한국

책도 읽지 않아서 한국어 발전이 완전히 정지된 상태입니다. 주님, 아무리 생각해도 저는 아닌 것 같습니다.

예수님 **지난 40년간 한국이 얼마나 악해졌는지 아느냐? 문명이 발달할수록 사람의 마음이 더욱 사악해졌다.**

제시카 제 속에 있는 악도 만만치 않습니다.

예수님 **내가 왜 40년 전에 네 아비의 집에서 너를 불러내어 미국으로 데리고 나왔겠느냐. 내가 너를 40년 동안 한국의 시대 흐름에 물들지 않게 보전한 사실을 아느냐?**

제시카 저는 모르는데요. 아이고… 주님, 어찌 이러십니까? 제가 모르고 또 사랑하지도 않는 사람들로부터 돌멩이 세례를 맞고 싶지 않습니다. (나는 정말 겁이 덜컥 났다)

예수님 **너는 어찌 수천 년 전 떨기나무 앞에 섰던 내 종 모세처럼 말하는 것이냐?**

제시카 모세의 곁에는 아론이 있었지만, 저는 아론과 같은 형제도 없나이다.

예수님 **모세의 곁에서 아론이 무슨 이득이 되었느냐! 모세가 구스 여인을 취할 때 거역한 자도 아론이었고, 모세가 시내산에서 나의 계명을 받을 때 산 밑에서 금송아지를 만들라고 명한 자도 아론이었느니라. 그는 동생 모세에게 득보다는 실이 된 자니라.**

제시카 아무튼 저 혼자는 무섭습니다.

예수님 **나는 모세에게 제왕학을 가르치기 위해 바로의 공주의 아**

들처럼 자라나게 했다.

제시카 저는 모세처럼 궁에서 공주처럼 크지 않았습니다.

예수님 네 아비의 집에서 네가 18세가 되어 대학에 가기까지 너를 돌보던 가정교사 유모가 있지 않았더냐. 하루 세 끼 먹기도 힘들었던 한국의 어려운 시절에 그런 환경에서 성장한 것 모두 나의 섭리와 은혜인 줄 알거라.

제시카 저는 모세처럼 미디안 광야에서 40년을 살지 않았습니다.

예수님 네가 아비 집을 떠나 낯선 광야 같은 남의 나라에서 40년을 살지 않았더냐.

제시카 저는 모세처럼 양을 치는 목동도 아닙니다.

예수님 목회하며 양 무리 된 교인들을 관리하는 것도 양떼를 치는 것과 같은 이치니라.

제시카 저는 모세처럼 호렙산에서 불타는 떨기나무를 보지도 못했습니다.

예수님 이 적도의 붉은 사막이 불타는 떨기나무에 내린 나의 임재를 만난 장소니라.

제시카 저는 모세처럼 손에 지팡이를 갖고 있지도 않습니다.

예수님 네 책들이 네 지팡이다. 모세의 손에 지팡이가 들려 있었던 것처럼 네 손에는 내 책들이 들려 있을 것이다. 들을 귀 있는 자는 그 책들의 외침을 들을 것이다. 내가 깨닫는 마음을 준 자는 그 책들의 뜻을 알 것이다.

양을 치던 지팡이가 뱀이 되어서 바로를 놀라게 하고, 내 백성을 구출하고, 홍해를 가르고, 반석에서 생수를 내는 막대기로 변하지 않았느냐. 네가 기록한 책들도 그러할 것이다.

각 영서(靈書)가 전파될 때 원수의 영을 놀라게 하고, 내 백성을 구출하고, 들을 귀 있는 자와 없는 자를 가르고, 단단한 반석에서 생수를 뿜어내는 기록으로 변할 것이다.

제시카 저는 지금 아프리카에 있고, 제 주위에는 장애 아이들밖에 없습니다. 누가 제 말을 들으리이까?

예수님 가거라! (이때 주님께서는 벼락같은 큰 음성으로 내 말을 막으셨다) 이제 이 광야를 떠나거라. 모세가 떨기나무 앞에서 나를 만난 후에 애굽으로 돌아갔듯이 너도 네가 떠나왔던 한국인에게 도로 돌아가거라.

세상 신이 다스리는 육의 세계에서 죄의 압제 아래 고통 중에 울부짖는 그들을 데리고 영의 세계로 탈출하거라. 내 백성들에게 내가 다스리는 다른 세상이 존재한다는 것을 보여주거라.

내가 네 평생을 준비시켰다. 그리고 너를 내 신부로 삼았다. 너는 가서 내 백성에게 내 말을 전하고, 수많은 잠자는 다른 신부들을 영서로 깨워라. 텅텅 비어 있는 기름병에 기름을 채워 신랑 맞을 준비를 하라고 전하여라.

너는 두려워하지 말고 가만히 서서 장차 내가 그들을 위해 행하는 구원을 보아라. 오늘날 그들이 보고 있는 세상

신을 영원히 다시는 보지 아니하리라.

네가 순종하고 돌아가면 내가 그들을 위하여 싸우리니 너는 가만히 있을지니라. 아무리 먼 거리라도 영상을 통해 전하면 된다. 네가 마땅히 해야 할 말을 내가 네 입에 담아준다고 하지 않았느냐!

제시카 주님, 제가 잘못했습니다. 노하지 마옵소서. 제가 가겠나이다. 그러나 부디 전쟁을 앞둔 기드온에게 하신 것처럼 이 계집종에게도 징표를 보여주옵소서. (늘 따뜻하고 속삭이는 음성으로 나와 대화하시던 예수님이 큰 음성을 내시니 온몸이 덜덜 떨렸다. 급히 두 손을 앞으로 공손히 모으고 주님께 싹싹 빌었다)

예수님 **내가 그리하리라, 나의 어여쁜 신부여. 내 눈에 아름다운 자야, 내가 반드시 너와 함께 가마.**

제시카 그런데… 알래스카 목회가 취소되면 전 어디로 가게 되는 것입니까?

예수님 **어디로 가고 싶은 것이냐?**

제시카 저는 고령에 눈까지 잘 안 보이시는 어머니 곁에서 눈이 되어주고 싶습니다. 음식이나 생활용품 등의 구매도 도와드리고, 병원도 모시고 가고 싶습니다. 하지만 로스앤젤레스 도심에서 살고 싶지는 않습니다. 그곳은 범죄의 소굴 같아서 꺼려집니다.

토니와 저는 정년퇴직이 2년도 채 남지 않았어요. 아마 이

번에 가게 될 교회가 저희 교단에서의 마지막 공식 목회지
가 될 것 같습니다.

예수님 **바닷가 근교의 교회로 가게 될 것이니라.**

제시카 제가 바닷가의 황혼을 좋아하는지 어찌 아셨습니까?

예수님 **나는 내 신부가 무얼 좋아하고 싫어하는지 모두 알고 있
단다. 누가 그대를 지었느냐?**

제시카 헤헤헤… 주님이요! 저는 한국에서도 바다가 보이는 장소
에서 태어났고 자랐습니다. '뿌우' 하는 뱃고동 소리를 매
일 듣고 비린내를 맡으며 성장했습니다. 그래서 바닷가 동
네의 아침 안개를 좋아합니다. 비 내리는 바닷가를 보는
것도 좋아합니다. 아아… 주님, 정말 고맙습니다.

예수님 **왜 어디냐고 묻지를 않는 것이냐?**

제시카 당신께서 보시기에 제가 가장 좋아할 만한 최선의 장소로
보내실 줄 믿습니다. 저보다 더욱 저를 사랑하시는 분이
바로 주님 아니신지요!

예수님 **이제야 말을 예쁘게 하는구나.**

제시카 환갑을 넘긴 제 겉과 속을 늘 예쁘게 보아주시는 이는 이
세상에 주님 한 분뿐이십니다. 제게는 주님만이 이 힘든 세
상을 살아갈 유일한 이유이십니다. 이 땅에서의 훈련을 잘
마쳐서 당신께 기쁨을 드리는 피조물이 되고 싶습니다.

예수님 **반드시 그렇게 될 것이니라. 내가 너를 그렇게 인도하고
보호해 주마. 생의 마지막 순간까지 충성하며 내게로 나**

아오거라, 나의 귀한 신부야. 장차 내가 너를 보낼 그 교회에는 많은 노숙자가 기숙하고 있다.

제시카   아이고… 주님, 제가 먹여 살려야 할 교회 식솔들이 거기에도 있습니까? 저는 아프리카에서 3년 동안 아이들 100여명과 수십 명의 직원과 식솔을 섬기고 먹이느라고 등골이 빠지게 살았습니다. 어찌 또다시 그런 목회 장소로….

(나는 충격에 마음이 일그러져 말을 잇질 못했다. 깊은 한숨이 나왔다)

예수님   **네가 힘이 드는구나.**

제시카   (순간, 나는 예수님을 기쁘시게 해드리는 대답을 하고 싶었다) 아닙니다. 저를 보내주소서. 보내시는 이가 당신이시니 능히 버티게 하실 이도 당신이십니다.

예수님   **그 장소가 이 땅에서 네 육신으로 겪는 고된 훈련의 마지막 장소란다. 그 사역 이후에는 육체노동으로는 힘들지 않을 것이다. 다만 영적 전쟁이 기다리고 있으니, 그때 영적 사투를 잘 버티거라.**

제시카   그 이후에는요?

예수님   **지금은 모르는 게 네게 좋으니라. 때가 되면 알려주마.**

제시카   주님, 말씀을 안 해주셔도 됩니다. 저는 사실 오늘 하루의 노고로도 족합니다.

예수님   (주님께서 싱긋 웃으셨다) **네가 변하긴 변했구나. 나의 온실에서 뿌리가 뽑혀 이 붉은 사막에 3년간 심기더니 좀 철**

이 들었구나. 예전 같으면 알려달라고 조를 것인데….

제시카   저도 양심이 있지, 어떻게 맨날 저 때문에 주님을 노심초사
하게 만들겠습니까. 제게도 염치라는 감정이 존재합니다.

예수님   **하하하… (주님께서 크게 웃으셨다) 알았다, 보라색 작은
제비꽃같이 귀여운 나의 어여쁜 자야. 너는 때로 나를 웃
게 만든단다. 나는 너와 대화를 나누는 이 시간이 좋다.**

제시카   주인님, 저도요. 헤헤헤…. 제가 가서 우리 백성들을 위로
하고 섬기겠습니다. 그들에게 제게 나타나신 당신의 멋짐
을 증언하겠습니다.

노숙자는 거친 세상에서 영적 강도를 만난 자입니다. 돈
벌고 사람 구실을 해야 살아남는 사회의 발맞춤에서 소외
되고 남겨진 자 아닙니까. 저는 이제 누가 남겨진 자인지
압니다. 당신께서 그들을 보고 맞이하는 안약을 제 눈에
발라주셨습니다. 저는 그 안약을 사기 위해 아프리카에서
죽을 고비를 겪으며 제 3년을 당신께 올려드렸습니다. 할
렐루야!

예수님   **그래, 장하구나. (주님께서 고개를 끄덕끄덕하셨다)**

제시카   참으로 존귀하신 나의 예수님, 온 마음 바쳐 진심으로 사
모합니다. 속히 이 여종을 데리러 오시옵소서. 마라나타!

생수 우물가의 대화

제시카   주님, 주님, 저 좀 보세요! 헤헤헤….

예수님   **아… 네가 심히 기쁘구나. 아이처럼 폴짝거리고 뛰는 너를 보니 내 마음도 좋다.** (주님께서 싱긋 웃으며 나를 바라보셨다)

제시카   주님께서 저를 위해서 해주셨잖아요! 제 마음을 기쁘게 해주려고 해주신 것 알아요.

예수님   **그래, 내가 했다. 그러나 엄밀하게 말하자면 너와 나의 합작이란다.**

제시카   그건 아니에요. 저는 한 일이 별로 없거든요. 시작한 지 8개월밖에 안 된 성경 공부 영상 채널 구독자가 2만 명이 넘다니요! 이게 어떻게 제가 한 일이겠어요!

제가 유튜브를 처음 시작할 때 아는 미국 선교사님이 제게 고백하길, 유튜브를 한 지 10년째인데 구독자가 30명이라고 했어요. 교인들에게 구독해 달라고 자꾸 부탁했더니 그들이 체면상 구독을 눌러주었다고요. 그는 저보다 모든 점에서 월등한 사람이에요.

그런데도 결과가 이렇게 다른 건, 오직 주님 덕분 아니겠어요! 주님, 너무 겸손하지 마세요.

예수님　하하하… 나더러 겸손하지 말라는 사람은 네가 처음이다! 너는 나를 자주 웃게 만드는구나, 귀여운 나의 신부야. 그러나 너는 끝까지 겸손하거라.

제시카　저야 원래부터 볼품없는 흙덩어리에서 취해져, 천한 지구에서 태어나, 더러운 지구에서 자라서, 사악한 지구에 존재하고 있습니다. 제가 지나온 짧은 인생 중에 당신께 속하지 않은 건 전부 비천한 것뿐입니다. 무엇 하나 내세울 게 없는데 어떻게 겸손하지 않을 수 있겠습니까. 제 주제를 잘 알고 있으니 걱정하지 않으셔도 됩니다.

귀하디귀하신 당신의 천하디천한 계집종이라는 사실마저도 제겐 영광입니다.

예수님　그렇지 않다. 그 흙덩어리도 내가 만들었다. 내가 빚기 시작하면 장인의 손에 들어온 것이니 누구든 가치를 지닌 걸작품이 될 가능성이 있단다. (영의 세계에서는 세상에 속한 자와 주님께 속한 자가 뚜렷이 구별되어 신분이 다르기에 사람이라고 누구나 걸작품은 아니다) **지구가 천한 것이지 내 신부가 천한 것은 아니다. 지구가 더러운 것이지 내 신부가 더러운 것은 아니다. 지구가 사악한 것이지 내 신부가 사악한 것은 아니다.**

네가 지나온 찰나 같은 인생의 모든 것 중에 내게 속하지 않은 것은 아무것도 없단다. 환난과 고통조차도 너를 내

사람으로 빚기 위해 내가 허락한 거란다. 그러니 너는 나에게 절대 비천하지 않다.

그대 귀한 자의 딸이여, 나의 아름다운 신부야. 내 아버지께서 너를 알고, 사랑하시고, 기뻐하신단다. 그러니 스스로 참 존재를 바로 깨닫고, 그에 걸맞게, 영원한 자답게 처신하여라. 알겠느냐?

제시카 예수님… (내 험한 원천과 주제를 잘 알고 있는데, 주님께서는 언제나 나를 존중하는 말씀을 해주신다. 이렇게 아름답고 멋진 우리 주님을 어떻게 사랑하지 않을 수 있을까! 나는 주님을 위해 생명뿐 아니라 그 이상의 것까지도 기꺼이 드릴 수 있다. 갑자기 마음 깊은 중심이 시큰했다. 왈칵 영의 눈물이 터져 나와서 더 이상 주님 앞에서 아무 말도 할 수 없었다. 주님과 나는 한참을 가만히 서로를 바라보고만 있었다. 이윽고 내가 먼저 입을 열었다)

예수님의 부활을 축하합니다. 당신께서 부활하셨기에 당신의 수많은 신부가 부활할 수 있습니다. 당신은 우리 부활의 첫 열매이십니다. 할렐루야!

예수님 오늘날 나의 신부와 함께 웃는 날이 오길 바랐다. 그러니 나의 신부들은 나의 부활로 말미암아 함께 부활하리라.

제시카 아멘, 주님. 문득 수년 전 미국의 한 도시에 있는 재활원교회에서 사역할 때 새벽에 올리던 부활절 예배가 생각납니다. 백인이 주로 거주하는 동네였는데 교회가 아주 호화롭고 경치가 좋았어요. 30에이커(약 36,725평) 되는 대형 교회 터 안에 사람 키 몇 배로 솟아오르던 대형 분수가 중앙에 자리 잡은 커다란 호수가 있었습니다.

저는 호숫가의 울창한 야자수 사이로 커다란 나무 십자가를 3개 세웠습니다. 그 위에 크고 흰 천을 장식처럼 걸치게 했지요. 그리고 부활절 새벽 일찍, 먼동이 트기 전에 호숫가에 간이 의자를 수백 개 배치하여 연합 예배를 올렸습니다.

그 도시에서는 우리 교회의 규모가 가장 컸기에 여러 이웃 교회에서 많은 성도가 참석했어요. 취주 악단을 초청해서 웅장한 관악기의 나팔 소리로 호수의 흰 거위와 오리 떼를 깨웠었지요.

예배당에서 부활절 성찬식을 하고 난 후에는 교회 식당에서 성대하게 차려진 아침을 나누었어요. 식당의 지붕 전체가 거대한 투명 흑 유리로 되어 있어서 스위치를 켜면 천장 유리창이 좌우로 천천히 열리며 하늘이 보였습니다. 흰색과 보라색 테이블보와 백합화로 근사하게 장식된 식탁에는 각양각색의 빵과 청포도, 뷔페 음식이 넘쳐났지요. 정말 호화로운 부활절 예배를 매년 올렸던 기억이 납니다.

예수님 (주님께서는 옛 미국 대형 교회 시절을 회상하며 수다를 떠는 나를 가만히 지켜보셨다) **그래… 너는 그 호사스럽던 대형 교회 시절로 돌아가고 싶은 게냐?**

제시카 절대 아닙니다. 아아… 주님, 그때는 제가 나이롱 목사였
어요. 좋은 일 많이 하고, 불쌍한 사람들 먹여 살리는 일
을 하면 보람 있게 사는 훌륭하고 멋진, 모범적인 목사인
줄 알았습니다. 만약 주님께서 불러 세워주시지 않았다면,
마지막 날, 토니 목사와 저는 바깥 어두운 곳은 따 놓은
당상이었을 것입니다.

주님께서는 당시 제가 누리던 모든 것을 버리라고 하지 않
으셨어요. 그저 조용하고 나직하게 한마디만 하셨지요.
"오늘 밤 내가 온다면 너는 결코 들림을 받지 못하리라."
그 한마디에 수십 년 쌓아 올린 제 목회 인생이 꼭대기에
도착하기 직전에 와르르 다 무너져 버렸습니다. 지금 생각
하니 아찔하고, 부끄럽습니다. 당신은 그런 분이십니다.

예수님 하하하… 내가 다 알지만 네가 상고하길 바라서 물어본
거란다.

제시카 오늘 아침 미디어에 제가 수년 전 미국에서 행했던 부활절
대형 행사 사진이 갑자기 떴어요. 아프리카에서 그런 사진
을 보니, 제게도 이런 날이 있었나 기억조차 가물가물합니
다. 당시 멋지게 차려입고, 한껏 화장하고, 신나게 쇼핑몰
다니고, 행사마다 꽃과 장식물을 사서 교회를 아름답게
꾸미고, 근사한 곳에서 단체 식사 행사 준비에 열을 올리
던 저는, 다 죽어버렸습니다.

여기 아프리카에서 못 먹고, 못 씻고, 못 가는 열린 감옥

에 갇혀서… 오직 예수님만 바라보는 제가 되었습니다. 그 사실이 얼마나 감사한지요. 지금 저를 보세요. 어디에 처해 있는지를요.

예수님 **어디에 처해 있다고 생각하느냐?**

제시카 아프리카 적도의 햇빛 아래 시골 장터에서 3달러짜리 달걀한 판 팔려고 흙밭에 쪼그리고 있습니다. 당신께서 3년간 저를 그렇게 만드시더니 얼마 전에 "물질 시험은 이제 끝났다"라고 말씀하셨지요. 그런데 그동안 단 한 번도 저 자신이 초라하거나 궁색하다는 생각이 들지 않았어요. 제가 선택하여 내려놓은 것들이었으니까요.

이제야 좁은 길이 겨우 시작된 사실만으로도, 매일 당신께 눈물 나게 감사하고 또 감사합니다.

예수님 **그 모든 것을 겪고 네가 배운 것이 무엇이냐?**

제시카 실은 어젯밤에도 배운 것을 묵상했습니다. 저는 이제 행해야 할 일을 다 했으니, 이 지구의 삶에 아무 소망이 없다는 걸 깨달았습니다. 이후로 하는 일이나 사역들은 보너스입니다. 한마디로 요약하면 이렇습니다.

"인생은 단 한 번이다. 그러니 멋있는 주님을 믿는 우리는 예수님을 위해 멋있게 살아드려야 한다."

이것이 제시카의 개똥철학 신조입니다. 헤헤헤….

예수님 **하하하… 상쾌한 자여, 너는 나를 늘 웃게 만드는구나.**

제시카 주님, 저는 좋은 시절을 다 경험해 봤으니, 이제는 쇠하면 됩니다. 예수님 외에는 아무것도 의미가 없습니다.

예수님　또 다른 깨달음이 있느냐?

제시카　당신께서 왜 우리에게 자유 의지를 주셨는지 깨달았습니다. 사람의 선택이 참으로 중요하다는 것도요. 아프리카 생활이 힘들지만, 자유 의지로 스스로 선택한 길에는 어떤 대가를 치르더라도 후회가 없다는 걸 알았습니다. 주님께서는 자유 의지의 그 점을 정확하게 꿰뚫어 보셨습니다.

예수님　**그렇다. 자유 의지로 악을 스스로 선택하고, 그것을 내버린 자는 다시는 악을 돌아보지 않느니라. 나의 신부가 조금씩 자라기는 했나 보구나.**

제시카　깨달은 사실이 또 있습니다.

예수님　**말해 보거라.**

제시카　성도가 마땅히 선택하여 가야 하는 좁은 길의 단계를 깨달았습니다.

첫째, 사람이 먼저 좁은 길을 선택한다.

둘째, 하나님께 생명을 걸고 좁은 길을 간구한다.

셋째, 주님께서 그 영혼을 좁은 길에 합당한지 저울에 달아보신다.

넷째, 좁은 길에 입장할 수 있는 자격에 합격하거나 미달한다.

다섯째, 하나님의 저울에 합격한 후에 좁은 길을 향한 서막이 오른다.

예수님 이 과정은 아주 중요한 양떼의 발자취인 동시에 신부의 지도(map)다.

제시카 바로 그 과정을 네 번째 책《동산의 샘》에 차근차근 기록했습니다. 그 기록이 당신께 왜 중요한지를 알았습니다. 또한 당신께서 그 책들을 왜 '우리의 책들'이라고 표현하시는지도 알았습니다.

예수님 그 이유가 무엇이라고 생각하느냐?

제시카 성령과 당신의 신부인 제가 함께 완성해 나가는 기록이기 때문입니다. 성령과 신부가 함께 대화한 기록이기 때문입니다. 들을 귀 있는 자, 목마른 자가 와서 값없이 생명수를 마실 수 있는 기록이기 때문입니다. 그러나 좁은 길은 모두의 것이 아니라고 당신께서 말씀해 주셨습니다.

예수님 그렇다. 믿음이 모두의 것이 아닌 것과 같은 이치다.

제시카 주님께서는 제가 마지막으로 내려놓을 것이 있다고 하셨습니다. 바로 그 일이 제 가장 큰 의가 될 거라고 하셨습니다. 그런데 저는 모든 것을 이미 당신께 드렸습니다. 저 자신까지도요. 그러니 장차 내려놓아야 할 것은 제가 모르는 것입니다. 아마 현재 갖고 있지 않은 것일 수도 있겠군요. 그런데 바로 그것이 신부가 주님을 향한 사랑 때문에 마지막으로 버려야 하는 것이라고 하셨습니다.

저는 그것이 무엇인지를 마지막 영서에 기록해야 합니다. 당신께서 아직 그것을 제게 밝히지 않으셨습니다. 저를 보호하기 위해 그러신다고 하셨지요.

이 모든 것 위에 당신은 참으로, 참으로 멋있는 분이십니다. 예수님, 이 아둔한 여종이 당신을 사랑합니다. 어서 저를 데리러 와주시면 안 될까요? 마라나타!

50 영의 세계의 곳간

🌹 영의 세계

나는 영의 세계에 있었다. 내 앞에 있는 벽에 커다란 전신 거울이 걸려 있었다. 이 땅의 삶에서 케냐 우리 집에는 전신 거울이 없다. 그런데 전신 거울에 비친 내 모습은 아프리카에서의 평상시와 같았다. 물이 없어서 씻지 못해 얼굴은 꼬질꼬질했고 손톱에는 때가 끼었다. 푸석하고 기름기로 엉킨 머리카락에 흰머리까지 듬성듬성 섞여 지저분하고 초라했다.

나는 화려하거나 눈에 띄는 치장을 좋아하지 않는다. 물론 젊을 때는 그렇게 꾸미고 다녔다. 그러나 목회자 직분으로 몇십 년을 살다 보니 기호나 성품이 변해버렸다. 무엇을 걸치든 깨끗하고 단정하기만 하면 되었다.

　그나마 아프리카에 온 3년 동안은 쇼핑은 고사하고 미장원 구경도 제대로 못 했다. 워낙 시골에 살아서 외출해도 원주민 외에 외국인을 본 적이 별로 없다. 읍내 미장원에 딱 한 번 갔다가 너무 놀라서 다시는 미장원을 찾지 않았다. 물론 나이로비에 있는 외국인 마을에 가면 직모를 손질할 줄 아는 미장원이 있었다. 그러나 그곳에 다녀온 다른 선교사님들이 비싸다고 귀띔해 주어서 포기했다.

　보통 때는 장애 아이들의 치다꺼리를 하느라 거울을 볼 겨를조차 없다. 그런데 가끔 거울에 비친 내 몰골을 보면 나도 모르게 한숨이 흘러나왔다. 더럽고, 초라하고, 지저분하고, 푸석한 머리카락에 까칠한 안색이 나를 우울하게 만들었다.

　게다가 걸칠 만한 의류는 거의 다 시장에 내다 팔았거나 아이들에게 나눠준 상태였다. 남은 옷은 너무 오래되어 색이 바랬거나 얼룩이 묻어 원주민들에게 나눠주지 못한 옷 몇 벌뿐이었다. 그러다 보니 옷에 얼룩이 많지 않고, 냄새가 나지 않으면 걸치고 다녔다. 그렇다! 옷을 입는다는 표현보다는 천을 걸치고 다닌다는 표현이 더 알맞을 것 같다.

　나는 전신 거울에 비친 내 모습을 보고 짧게 탄식했다. 그런데 누군가가 옆에서 나를 쳐다보는 듯한 느낌이 들었다. 고개를 돌려보니 곁에 흰옷을 입은 여자 형상의 천사가 서 있었다. 천사가 내게 말을 건넸다.

"신부님, 제가 신부님의 머리를 조금 손질해 드릴게요. 여기 좀 앉아보세요."

그러면서 작은 의자를 손으로 가리켰다.

'아니, 천사가 미용 기술도 있나?'

나는 천사가 가리키는 의자에 일단 앉았다. 그러고는 지쳤는지 눈이 스르르 감겼다.

얼마나 시간이 지났을까. 눈을 떴을 때, 그 천사는 사라지고 보이지 않았다. 나는 본능적으로 고개를 휙 올려서 거울 속 나를 바라보았다. 내 머리는 미국에서 군복 양복을 입을 때 늘 하던 단정한 단발머리가 되어 있었다. 그런데 머리카락이 부스스하지 않고 찰랑거리며 윤기가 흘렀다. 깜짝 놀라서 머리카락을 손가락으로 빗처럼 쓸어내렸다.

아이고머니! 이게 무슨 조화인가! 내 머리카락은 겉은 검지만, 속은 백발이었다. 숱이 많은 백발이 빛을 발하며 반짝이는데 마치 기름을 바른 듯 윤기가 났다.

'백발이 이렇게 깨끗하게 아름다운 줄 알았다면… 이제껏 왜 염색을 하고 살았는지 모르겠네.'

나는 전신 거울이 있는 방문을 열고 나왔다. 그 순간, 영의 세계에서 순간 이동을 한다고 느꼈다. 눈 깜짝할 사이에 엄청나게 큰 중고물품을 파는 슈퍼 같은 장소에 있었다. 성경에는 '새것과 옛것을 꺼내오는 곳간'(마 13:52)이라고 표현되어 있는데, 나는 옛것을 꺼내오는 곳간 안에 있었다.

넓은 곳간 각 복도의 선반마다 각종 물품이 분류되어 질서정연하게 정돈되어 있었다. 벽에도 여러 층의 선반 위에 상품이 거의 천장에 닿을 정도로 높고 가지런하게 쌓여 있었다.

바로 그때, 누군가가 내 옆에 서 있다는 느낌이 들어 인기척이 있는 방향으로 고개를 돌렸다. 놀랍게도 1년 전에 돌아가신 시어머님이 서 있었다. 시어머님은 토니와 내가 미국을 떠나 아프리카에서 사역하는 동안 돌아가셔서, 우리는 임종을 지켜드리지 못했다. 그 사실이 오랫동안 목에 걸린 가시처럼 마음에 걸리고 아팠다. 그래서인지 우리는 암묵적으로 그 일에 대해 침묵을 지켰다.

그런데 내 눈앞에 서 있는 시어머님은 젊어 보였으며 미소 짓는 얼굴에 활기가 가득했다. 깜짝 놀란 내가 먼저 입을 열었다.

제시카   어머님, 어떻게 여기 계세요? 그동안 어떻게 지내셨어요?

시어머니 나는 주님의 은혜로 이 곳간에서 점원으로 일한단다. 내가 살아 있을 당시에도 대형 백화점 모자 용품 판매 부서에서 오랫동안 일했었지. 나는 여기서 여러 사람을 만나는 것이 좋고, 일도 재미있어.

그런데 토니가 땅에서 가끔 내 생각을 하며 슬퍼해서 내가 마음이 아프구나. 네가 돌아가면 나는 좋은 곳에서 재미있고 즐겁게 잘 지내고 있다고 꼭 전해주렴.

제시카   토니에게 꼭 그렇게 전할게요.

시어머니 그런데 너는 여기 영의 세계 곳간에 무엇이 필요해서 왔니? 내가 그 물건을 찾아주마.

제시카 사실 저도 무엇이 필요해서 이곳에 왔는지 잘 모르겠어요. 어머님이 보시고 제가 땅에서 필요한 물품을 골라주시면 안 될까요?

시어머니 알았다. 네 세마포가 많이 구겨져 있구나. 이것이 필요하겠다. 잠깐만 기다리거라.

(어머님은 어디서 났는지 작은 사다리를 가지고 왔다. 그러고는 벽에 설치된 선반 앞에 그것을 놓았다. 그녀는 사다리에 올라가 제일 위쪽 선반에서 반짝거리는 금속 물건 2개를 양손에 들고 내려왔다. 1개는 다리미 같은 형태를 하고 있었는데 이 땅의 다리미보다는 매우 작았다. 다른 1개 역시 다리미 모양이었는데 크기는 처음 것보다 더 작았다)

제시카 그것들이 무엇입니까?

시어머니 큰 것은 세마포를 다리는 다리미고, 작은 것은 그 안에 끼우는 온수 물통이다. 2개 다 순전한 은으로 만들었다. 뜨거운 물을 끓여서 작은 온수 물통에 먼저 부은 후에 다리미를 사용해야 한단다. 물 온도가 높을 때 온수 물통을 다리미 안으로 끼워 넣어야 옷을 다릴 수 있어.

반드시 맑은 물을 사용해야 오래 쓴단다. 순전한 은으로 만든 다리미로 너의 구겨진 옷을 다리면 세마포를 단정하게 입을 수 있을 거야.

긴 삼각형의 반짝거리는 은 다리미는 겉모양만 있을 뿐 속은 비어 있었다. 나는 조금 더 작은 텅 빈 삼각형 온수 물통을 들어서 다리미 안으로 살그머니 꽂아 넣었다. 딸각 소리가 나며 하나로 조립되었다. 장난감 같기도 한 작고 앙증맞은 은 다리미가 마음에 들었다.

나는 내가 입은 흰 세마포가 얼마나 구겨졌는지 보기 위해 고개를 숙여 오른쪽 가슴 부근을 흘깃 보았다.

'옴마야… 이게 도대체 뭐지?'

오른쪽 어깨와 가슴 사이에 지름이 족히 10센티미터 정도 되는 둥글고 짙은 붉은 얼룩이 있었다.

'주님의 보혈인가?'

눈을 크게 뜨고 코를 얼룩 가까이에 대보았다. 그런데 익은 고추장이나 김치 등에서 날 법한 시큼한 냄새가 났다.

'이렇게 크고 더러운 얼룩이 진 세마포를 부끄러운 줄도 모르고 이제껏 입고 다녔다니! 아이고… 창피해라! 아무래도 내가 요즘 회개 기도를 게을리했더니 그 사이 영의 세계에서 세마포가 더러워졌나 보다. 다리미를 사용하기 전에 눈물의 회개로 깨끗이 빨아서 입어야겠다.'

나는 시어머니에게 다시 물었다.

제시카 다리미 외에 제가 사야 할 다른 물품이 있습니까?
시어머니 이리로 오거라.

시어머니는 내게 따라오라고 손짓하더니 다른 복도로 갔다. 도착한 곳에는 많은 신발이 가지런하게 진열되어 있었다. 그녀는 신발을 들었다 났다 하더니 마침내 하나를 골랐다. 그녀는 양손 위에 그 신발을 가지런하게 올리고는 내게 가까이 다가와 보여주었다. 그것은 편하게 신는 슬리퍼였다.

아랫부분은 결이 고운 나무로 만들어져 있고, 윗부분은 가죽으로 발을 끼우는 곳에 엷은 갈색의 굵은 끈 하나가 신발을 가로질렀다. 가장자리에는 예쁜 보석들이 박혀서 영롱하게 반짝거렸다. 그 신발이 내 발에 꼭 맞는 크기라는 사실이 알아졌다.

제시카 와… 어머니, 신발이 정말 예쁘네요! 저 이것도 살 거예요.

시어머니 이 신발은 복음의 신발이란다. 네가 성경 공부나 설교를 할 때, 또는 집회 때 신으면 편안하게 복음을 잘 전할 수 있단다. 게다가 우리 주님께서 보시기에 예쁜 말을 할 수 있게 될 게다.

제시카 제게 필요한 물건이 또 있나요?

시어머니 응, 한 종류가 더 있다.

　(어머님은 선반에 올려진 바구니 같은 것에서 투명한 재질에 싸인 큰 사각 봉지를 들어 올렸다. 그러고는 내게 건네주었다. 내가 궁금해서 물었다)

제시카 이것은 무엇입니까?

시어머니 여름용과 겨울용 잠옷이란다. 너는 더운 지방에서도 자

고, 추운 지방에서도 자니까 각각 다른 계절의 잠옷이 필
요할 거야. 늘 일 때문에 늦게 자니까 잠을 좀 깊이 잘 필
요가 있어. 또 사은품으로 침대에 놓고 사용하는 예쁘고
포근한 장식 베개도 3개 들어 있으니 각각 아침, 낮, 밤에
꼭 안고 자면 마음 편하게 잘 수 있단다.
자… 내가 보기에는 이 물건들이면 땅에서 네 생활이 많이
편해질 거야. 이곳이 곧 문 닫을 시간이니, 이제 네가 땅에
내려가야 겠구나. 제시카야, 이리 가까이 오렴.

시어머니는 생전에 잠자리에 들기 전에 늘 했듯이 나를 살짝 안더
니 그녀의 뺨에 내 뺨을 갖다 대며 가벼운 뽀뽀를 해주었다. 나는 눈
을 살짝 감으며 그녀를 꼭 안았다. 그와 동시에 시어머니는 연기처
럼 사라졌다.

'아… 어머님!'

나는 은 다리미와 보석 슬리퍼 그리고 잠옷 봉지를 들고 곳간을
나가는 문 앞에 자리 잡은 계산대에 섰다. 문 닫을 시간이 되어서인
지 서둘러 계산하려는 사람들의 줄이 꽤 길었다.

마침내 내가 계산할 차례가 되었다. 점원은 키가 크고 긴 갈색 곱
슬머리를 가진 여자 형상의 천사였다. 그녀가 은 다리미와 슬리퍼의
가격을 찍는데 문득 내 눈이 잠옷이 든 봉투에 머물렀다. 그때 불현
듯 스치는 생각이 있었다.

'안 돼! 목회와 사역이 얼마나 바쁜데, 잠자는 시간이라도 아껴야

지. 주님께서 세월을 아끼라고 하셨는데 내가 잠옷 입고 잘 것 다 자면서 언제 집필하고, 언제 영상 찍고 편집하겠나? 잠옷은 사지 말아야겠다.'

나는 봉지 안에 들어 있는 천으로 만든 예쁜 장식품 베개를 내어놓기가 정말 아까웠지만, 급한 마음으로 천사에게 말했다.

"잠옷 봉투는 계산하지 말아주세요. 사지 않겠습니다. 저는 해야 할 일이 너무 많아서 땅의 세계에서 편하게 잠을 자면 안 되는 사람입니다."

점원 천사가 내게 미소를 지으며 대답했다.

"신부님, 그렇게 하세요. 다음에 사서도 됩니다."

나는 주머니에서 토큰을 꺼내 다리미와 신발 값을 냈다. 그리고 서둘러 곳간을 나왔다.

바깥은 어둑한 빛이 감싸고 있었다. 내가 사는 세계로 내려가야 하는데, 가기가 싫었다. 돌아가봤자 모든 것이 지저분하고 불편하기 짝이 없는 아프리카의 작은 시골이지 않은가!

'아… 예수님! 저는 오늘도 영의 세계를 떠나고 싶지 않습니다.'

그러나 내게는 선택권이 없었다. 아직 내게 할당된 훈련을 마치지 못했기 때문이다. 나는 숨을 깊이 들이마시며 영의 세계에서 깨어났다. '잠옷을 사 올 걸 그랬나' 하는 옅은 후회가 밀려들었다.

51 굴러온 돌의 세계와 박힌 돌의 세계

🌹 영의 세계

나는 때로 영의 세계에서 어둑한 도시 같은 장소에 있기도 한다. 자동차를 타거나 버스를 타기도 하며 영의 세계에 있는 영원한 집으로 돌아가는 일에 몰두한다. 가끔 집에 도착할 때도 있는데, 내 집은 늘 건축 공사 중이거나 어수선하다. 그래도 집이 조금씩 지어져 가는 게 참 신기하다.

때로 나는 재래시장이나 큰 슈퍼 같은 장소에서 필요한 물건을 사기도 한다. 단, 영의 세계에서는 돈으로 물건을 사지 않고 동전처럼 보이는 토큰을 사용한다. 이 토큰은 작은 상점이나 길거리의 조그만 임시 건물 같은 간이 판매소에서 살 수 있다.

어떤 상점은 두 천사가 토큰을 판매하기도 하고, 간이 판매소 같은 곳에는 주로 남자 형상의 천사가 있다. 그들은 내게 어떤 종이 표를 받고 그 종이에 기록되어 있는, 이 땅의 삶에서 내가 행한 선한 행위에 상응하는 가치만큼 토큰을 준다. 영의 세계에서는 이것이 마치 돈처럼 사용된다.

또한 내가 해야 하는 일이나 가야 하는 장소 등에서 공짜는 절대 통하지 않았다. 특별히 천사가 주님께서 명하신 임무를 수행하기 위해 동행할 때는 내게 토큰 지불이 면제되는 경우가 드물게 있었다.

육의 세계는 영의 세계의 그림자에 지나지 않는다. 즉 모든 것이 영의 세계에서 먼저 일어나고, 후에 육의 세계로 도입된다. 이는 인간이 상상조차 할 수 없는 오래전부터 시작된 일이다.

창세기 6장에 언급된, 하나님의 아들들인 천사들이 사람이 낳은 딸들에게로 들어와 자식을 낳았을 때 머리가 텅 빈 채 이 지구로 왔다고 생각하면 안 된다. 하나님의 아들들은 하늘의 많은 것을 이 땅에 도입했다.

> 당시에 땅에는 네피림이 있었고 그 후에도 하나님의 아들들이 사람의 딸들에게로 들어와 자식을 낳았으니 그들은 용사라 고대에 명성이 있는 사람들이었더라 창 6:4

최소한 유대인들은 그렇게 믿는다. 그러나 유대인이 원 가지이고 우리가 접붙인 가지라는 사실을 늘 기억해야 한다. 즉 유대인들이 박힌 돌이고, 이방인들이 굴러온 돌이라는 사실을 유념할 때 우리 존재를 정직하게 볼 수 있다.

나도 그랬지만 이방인 대부분이 때로 자기가 원 가지라고 착각하며 편협한 마음으로 살아간다. 그런 자들은 자기보다 더 많이 아는 자를 정죄하고 비판하며 자신의 무식함을 정당화한다. 참으로 우스꽝스러운 일이다.

다시 영의 세계로 돌아가자. 그러면 종이 표는 어디서 받을까? 내가 이 땅의 삶에서 주님이 보시기에 합당한 일이나 선한 일을 했을 경우, 내 천사가 내게 종이 표 같은 것을 준다. 무언가를 적어서 주는데, 나는 그 글자 뜻을 전혀 알 수 없다.

한번은 나의 사역을 돕는 천사들 중 3명과 함께 택시 같은 자동차를 타고 어딘가로 가는 중이었다. 목적지에 도착해서 운전기사에게 토큰을 내기 위해 주머니를 뒤졌다. 그러나 토큰이 택시 운임에 비해 모자랐다. 그때 뒷좌석에 타고 있던 한 천사가 토큰을 건네주었다. 우리는 모두 목적지에 내렸고, 나는 천사들에게 계속 이 여정을 가려면 내게 토큰이 필요하다고 말했다.

말을 마치는 순간, 눈앞에 어떤 장소가 펼쳐졌다. 우리가 서 있는 길 옆으로 마치 회전목마가 돌아가는 놀이공원처럼 보이는 장소가 있었다. 중앙에 목마는 없었지만, 둥근 가장자리에 철장으로 제작된 듯한 긴 금속 막대기가 넓게 빙 둘러쳐져 있었다. 그 금속 막대기 담 안의 중앙에는 어떤 남자 형상의 천사가 공장 작업복 같은 옷을 입고 앉아 있었다. 천사 앞에는 작고 길쭉하게 세운 직사각형 금속 기계 같은 것이 있었다. 바로 종이 표를 넣는 기계였다.

기계 윗부분은 가로와 세로가 약 30센티미터인 정사각형이었고, 의자에 앉은 천사의 앉은키에 맞춘 듯 알맞은 높이였다. 천사는 각 사람에게 종이 표를 받아서 그 기계 윗부분에 열심히 넣고 있었다.

둥근 철장 담 바깥에는 많은 사람이 손에 종이 표를 쥐고 줄을 서 있었다. 각 사람이 가진 종이 표는 크게 세 가지였다. 종이 표의 색과 크기가 모두 조금씩 달라 보였다. 각각의 표에는 사람들이 이 땅의 삶에서 행했던 여러 행위가 기록되어 있었다.

사람들이 천사 앞에 도착하여 손에 쥔 종이 표를 주자, 천사가 그 기계의 정사각형 윗부분에 표를 넣었다. 표가 들어가자 작은 기둥 같은 기계의 옆 부분에서 토큰이 하나씩 튀어나왔다. 천사는 앉아서 그것을 사람에게 건네주었다.

내게도 필요했지만, 줄이 너무 길어서 감히 다가갈 엄두조차 나지 않았다. 나는 주춤거리며 겨우 긴 줄 끝에 섰다. 그런데 내 앞으로 노란 옷을 입은 한 여자가 슬그머니 새치기를 했다. 나는 그녀에게 서슴없이 말했다.

"이보세요, 모두가 줄을 서서 기다리고 있어요. 서로 질서를 존중합시다. 저희도 당신만큼 바쁜 사람이에요."

그녀는 나를 무섭게 노려보았다. 그 눈에 살기가 어린 것을 보는 순간, 악한 영의 소유자라는 사실이 알아졌다. 그녀가 갑자기 연기처럼 사라져 버렸다.

그때 한 천사가 내게 말했다.

"신부님, 토큰이 꼭 필요하시지요?"

내가 천사에게 대답했다.

"네, 하지만 이 많은 사람의 줄에 서서 차례를 기다릴 자신이 없습니다. 속히 집에 돌아가야만 합니다."

그러자 천사가 말했다.

"당신은 이 줄에 속해 있지 않습니다. 그냥 줄 앞쪽으로 가면 됩니다. 저를 따라오세요."

천사는 앞장서 종종걸음으로 철장 안 중앙에서 표를 받는 천사 앞으로 다가갔다. 나는 천사 뒤를 바싹 쫓았다. 마침내 우리가 표 받는 천사 앞에 섰을 때, 함께 간 천사가 그에게 묵례하고는 내 종이 표를 내밀었다. 두 천사는 서로 잘 아는 듯 함께 싱긋 웃었다(때로 영의 세계에서 천사들은 언어를 사용하지 않고도 교신을 한다).

그제야 나는 표 넣는 기계를 가까이서 자세히 볼 수 있었다. 기계에는 구멍이 3개 있었으며, 각기 다른 크기와 색깔의 표를 그에 맞는 구멍에 넣으면 자동으로 말려 들어갔다. 동시에 옆에서 작고 반짝거리는 토큰이 1개씩 떨어졌다. 전기가 연결된 것도 아닌데 참 신기했다.

나와 동행한 천사가 종이 표 몇 개를 건네주자, 작업복을 입은 천사가 기계에서 나온 토큰을 말없이 내 천사에게 건네주었다. 그렇게 우리는 줄을 서지 않고 토큰을 샀다. 나는 내가 왜 줄을 서지 않아도 되는지 몰랐다.

이후에 천사와 나는 정류장 같은 곳에서 큰 버스 같은 차를 타고 집으로 돌아왔다. 그리고 나는 큰 숨을 들이마시며 영의 세계에서 깨어났다.

🌹 예언

◆ 그리스도가 신부에게 주는 편지

그대 내 영광의 아름다운 꽃이여.

내 동산 안에서 기르는 양이여.

내 영광이 거하는 미소의 원천이여.

내 뼈 중의 뼈요 살 중의 살 된 여인이여.

내 지극한 영광이 의의 겉옷이 되어 덮은 자여.

적도의 짙은 구름 속에 감추어진 자여.

말일에 내 옆줄에 서야 할 존귀한 자여.

바로의 준마같이 내 마음에 흡족한 자여.

그대를 범하는 자는 내 눈동자를 범하는 것이다.

그대가 내 이름을 위하여

본토와 아비의 집 문을 나서는 그날부터

하루 한 뼘의 길이가 내게 올리는 한 번의 제사인 것을 알아라.

상자와 여행 가방 사이에서 살았던 그 하루하루가

이제 일천 번째를 이루는 날이 온다.

내가 그날을 위하여 그대에게 마련한 것이 있다.

사람이 눈으로 보아도 보지 못하고 귀로 들어도 듣지 못한,

사람의 깊은 곳에 있으나 깨닫지 못하는

선물 중의 선물을 내가 주리라.

그대의 두 유방은 백합화 가운데서 꿀을 먹는

쌍태 노루 새끼 같아서 육과 혼의 두 세계에서 삶을 살고 있다.

그 안에는 나를 향한 뜨거운 열정이 있고

내 백성을 불쌍히 여기는 긍휼함이 있다.

이것이 어찌 그대에게서 말미암은 것이겠느냐?

나는 내 일을 하는 내 신부들에게 필요한 모든 것 이상을 공급한다.

이제는 잠시 쉬고 누리거라.

내가 허락한 모든 것은 그대의 분복이다.

어려워 말고 많이 먹고 마셔라.

주위에 베풀고, 덮어주고, 감싸주어라.

세상에 있으나 세상에 속하지 않은 내 신부답게 처신하거라.

새지 않는 전대를 내가 그대에게 주었다.

사람의 손으로 채우는 전대가 아니라

내 영광으로 채우는 전대이니 안심해라.

인색하지 말고 근면하며 물질은 뿌리지 말고 흩어 나누어라.

말씀은 제단에 제물의 피를 흩뿌리듯이 뿌리고,

재물은 떡을 떼듯이 흩어서 나누는 것이다.

그리하여 원수의 영 앞에서

이긴 자의 당당한 삶이 어떤 것인지를 보여주어라.

동산을 다스리는 자의 권세가 어떤 것인지를 알려주어라.

내 영광의 진한 광채가 얼마나 밝은지 깨닫게 해주어라.

나는 그대를 믿는다.

내 속에서 창조되어 나온 자가 나의 신부 아니냐!

내 믿음을 거스르지 말고, 사람의 모든 지식을 버려라.

사람의 모든 어쭙잖은 지식은

지옥 불의 그을린 그림자에서 나와서

그 머리에 견고한 진이 되어 나와 그들 사이를 막고 가린다.

그대는 나의 영으로 온전히 새로 빚어져야 한다.

이 땅의 것을 조금도 염두에 두지 말고 잊거라.

이 땅에서 마음에 가치를 두고 기억할 것은 아무것도 없다.

그대, 나의 갓 태어난 암양 같은

내 품 안의 신부여, 내 눈은 그대를 주시한다.

더러운 거름 무더기 갯벌 같은 이 세상에서

내 눈은 내 신부들만을 주시한다.

반드시 이 세상을 이기고 다스려라.

내가 그 힘과 권세를 허락하마.

마귀가 궤계로 너를 짓누르고자 속이나 속지 말아라.

그대는 이긴 자다. 내 입으로 명한 말씀이다.

그대의 뒤를 호위하는 여호와의 광명한 빛을 기억해라.

사랑스러운 암사슴 같은 나의 신부야.

나의 사랑 나의 어여쁜 자여, 이제 일어나 빛을 발해라.

곧 이 붉은 아프리카 사막을 떠날 날이 다가올 것이다.

신발을 신고, 지팡이를 잡고, 준비하거라.

그대가 빈손으로 왔으나 지난 3년 동안

단 한 번도 전대의 구멍이 새지 않았느니라.

내 아이들의 창자가 비어 있게 하지 않았으니라.

척박한 아프리카, 적도의 끈 위에서 살아남았으니

이제는 지구 어디를 가든 그대의 육신 속에

내가 준 훈장이 새겨져 있다.

원수의 영이 근접할 수 없는 빛을 발하는 훈장이

그대 안에 감추어져 있다.

그대 나의 아름다운 자야, 이제 여기를 나와 함께 떠나자.

내 가마 옆에 잘 붙거라. 어둠을 무서워 말아라.

함께 가자, 나의 누이 나의 신부야.

이것이 오늘날 내가 너에게 주는 변치 않는 소금 언약이다.

◆ 신부가 그리스도에게 올리는 편지

할렐루야! 주께서 내리신 모든 명령과 축복이

부족하고 미련한 당신의 계집종에게 이루어질지어다.

당신의 소금 언약 안에 저를 감추소서.

보아스가 발치 아래의 룻에게 옷자락을 덮었듯이

당신의 소금 언약의 겉옷으로 시녀를 덮으소서.

당신은 피로써 우리 기업을 무를 자가 되었음이니이다.

당신 권위의 장중 아래 들어가니 이제 저를 받으소서.

취하소서, 품으소서, 보호하소서.

못난 여종의 부족한 사랑이나마 당신께 모두 드리겠나이다.

제가 가진 것은 그것밖에 없습니다.

당신의 신부의 생명을 바친 사랑을 받으소서.

나의 주인 되신 나의 님이여!

◆ 주님의 명령

이 기록은 이 땅의 모든 그리스도의 신부에게 주는

그리스도 예수의 거룩한 소금 언약이다.

주인의 이름을 아는 자는 그 누구라도

감히 더하거나 빼거나 판단하지 말아라.

네 주인이신 나 그리스도 예수의 명이다.

🌹 생수 우물가의 대화

예수님 초여름 해변에 바다를 향해 진한 향을 날리는 해당화 같
은 나의 신부야.

제시카 주님, 해당화가 진한 향을 날리듯이 여종이 주님께 어여
쁜 향기를 날리길 원합니다. 아침 묵상 시간에 기도하는데
문득 미셸이 보고 싶었습니다. 그 아이에게 짝이 필요합니
다. 아시다시피 저는 그 아이를 이미 당신께 드렸습니다.

예수님 내가 왜 그 아이를 명문 대학원에 보냈겠느냐?

제시카 장래에 좋은 직장 구하라고 보내신 것 아닙니까? 그 아이
는 쓸쓸이도 별로 여물지 못하니까요. 저는 그렇게 가르치
지는 않았습니다.

예수님 알고 있다. 그 아이는 너희 부부가 키운 것이지 너 혼자 키
운 게 아니다. 미셸은 좋은 청년을 만날 것이다. 믿음의
동반자 말이다.

제시카 네? 정말이요? 오… 주님, 저는 아들도 없고, 자식이라고
는 딸 미셸이 전부입니다.

예수님 내가 안다. 그러니 내가 아들 같은 사위를 주마. 그는 나
와 마음이 합한 자니라.

제시카　주님, 당신의 얼굴을 볼 낯이 없습니다. 저는 크나큰 죄인입니다. 먼 옛날에 제가 전도사로 사역할 때, 우리 기도원 교회에서 남편을 간암으로 잃은 가엾은 과부가 있었습니다. 혼자 어린 아들 셋을 기르기가 너무 힘겨워 결국 쌍둥이 아들 둘을 맡아달라고 저희에게 부탁하고는 어딘가로 떠났습니다.

그때 당신께서 우리에게 겨우 걸음마를 시작하는 쌍둥이 형제를 양자로 주셨었지요. 덕분에 미셸과 쌍둥이 아기들이 함께 우유병을 물고 있는 시절이 있었습니다. 그때는 저희가 전도사라서 세 아이의 기저귓값 마련하는 게 어려웠어요.

갑자기 생긴 쌍둥이 동생들 때문에 미셸은 떠밀려 누나가 되었지요. 미셸의 성장 과정에서 혼동을 초래하지는 않았나 우려되는, 아이에게 미안한 시절이었습니다.

그렇게 3년간 쌍둥이를 키웠는데 어느 날 쌍둥이 엄마가 나타났어요. 그녀는 좋은 남자와 재혼했다며 아이들을 도로 달라고 요청했지요. 처음에는 쌍둥이에게 정이 들어 거절했습니다. 그러나 토니 목사가 친모 아래 성장하는 것이 아이들에게 최선의 길이라며 저를 설득했고, 결국 쌍둥이는 친엄마에게로 돌아갔습니다.

그즈음 우리는 함께 목사 안수를 받고 첫 목회지로 발령을 받아 떠났지요. 밤마다 꿈에 우는 쌍둥이가 보여서 몇 년간 무척 힘들었습니다. 이후에도 쌍둥이를 괜히 보냈나 싶은 후회가 종종 들었습니다. 주님께서 주신 선물로 여기고 저희가 끝까지 아이들을 붙들고 있어야 했다는 생각도 했습니다.

예수님 **아니다, 잘 보냈다. 너는 그 아이들의 아빠가 간암으로 죽어갈 때, 그의 침상 머리맡에서 그를 위해 내게 울며 기도하지 않았느냐.**

제시카 부인과 아들 셋을 두고 죽어가는 그가 너무 불쌍해서 기도했습니다.

예수님 **너는 내게 할 수만 있다면 네 인생의 3년을 떼어서 그에게 주라고 기도했지. 나는 네 기도에 응답해 주었단다.**

제시카 그 남자는 얼마 되지 않아 죽었는데요.

예수님 **그는 수한의 정한 때가 찬 사람이었다. 그의 쌍둥이 자녀를 키우는 동안 힘들고 고된 날을 보낸 네 인생의 3년을 기억해 보거라. 바로 그 시간이 네가 그에게 떼어준 시간이었느니라.**

제시카 그래요? 마음과 육신이 참으로 고된 시간이기는 했습니다. 그런데 어찌 이제야 말씀하십니까?

예수님 **그때 내 저울에 네가 합격했기에 내가 다른 많은 아들을 네게 맡기지 않았느냐.**

제시카 저는 딸만 있고 아들은 없습니다.

예수님 **지난 수십 년 동안 술, 마약, 도박 중독으로 버려진 인생**

을 살던 내 아들 수천 명을 네게 영육 간에 먹여 살리라고 보내지 않았느냐.

제시카 아이고, 주님! 그런 사람들을 먹이고 재우고 입히는 일로 제가 당신의 저울에 합격했다면 제 인생에 기쁘고 좋은 일이 생기는 상을 주셔야지요. 어찌 여태 제 등골이 휘어지게 돈 벌어 섬기고 먹여 살려야 하는 사람들만 무더기로 계속 주십니까? 제 머리로는 이해가 되질 않습니다.

예수님 그대가 지금 이 좁은 길 위에 선 것이 우연이겠느냐? 좁은 길은 가길 원해도 모두의 눈에 발견되는 길은 아니니라. 내가 너를 이 길에 세웠단다. 이 길에 선 자체가 믿는 자로서 영광의 길을 가는 것이니라.

사람으로서 이 이상의 영광과 축복이 어디 있겠느냐! 죽음을 맛보지 않고 하늘에 올라온 에녹과 엘리야 외에는, 좁은 길이야말로 인생이 갈 수 있는 최고의 길이란다.

제시카 옴마야… 예수님, 부족한 계집종에게 이런 귀한 축복을 주셔서 진실로 고맙습니다.

그런데 어찌 아프리카의 지체 장애와 지적 장애가 있는 아이들까지 몇 년을 키우고 먹이라고 하십니까? 우리 아이들은 제게 여분의 축복입니까?

예수님 (주님께서는 싱긋 웃으셨다) 왜? 힘이 드느냐?

제시카 아이들뿐 아니라 교회 안 마을에서 직원들과 함께 모여 사는 가족들까지도 몽땅 다 먹여 살려야 하지 않습니까. 매달 그들이 사용하는 전기세와 물세 납부도 힘듭니다. 실은 직원들 월급날이 다가오면 제 간이 시큰해집니다.

수십 년째 계속되는 이런 상황이 제게 정말 축복이 맞긴 맞는 거예요? (나는 거의 울상이 되었다)

예수님 하하하… 그래 맞다! (주님은 내 얼굴을 보시고 유쾌하게 큰 소리로 웃으셨다) **나는 그대의 힘든 마음을 잘 안다. 그래서 그대가 내게 더욱 기도하지 않느냐. 그래서 그대가 아무도, 아무것도 의지하지 않고 오직 내 얼굴만 바라보는 것 아니냐. 그래서 그대의 영혼이 더욱 가난해져 내 임재만을 목말라하지 않느냐. 바로 그것이 좁은 길의 축복이니라.**

사람의 지식으로 이해하고 생각하는 축복의 관념은 버려야 한다. 이 모든 것이 내 왕국에서 장차 다스릴 자의 신분으로 재탄생하기 위해 빚어지는 과정이란다. 그날에 나와 함께 웃는 자가 이긴 자다. 이 땅에서 많이 낮아진 자가 많이 이긴 자다. 적게 낮아진 자는 적게 이긴 자다.

제시카 이긴 자면 모두가 이긴 자여야지, 많이 이긴 자가 있고, 적게 이긴 자가 있습니까?

예수님 어느 귀인이 왕위를 받아 오려고 먼 나라로 갈 때, 그의 종 10명을 불렀다. 그가 돌아오기까지 장사하라고 은 열 므나를 주고 간 후에 귀인이 왕위를 받고 돌아와서 어떤 일이 벌어졌느냐?

제시카 새로 등극한 왕이 열 므나를 남긴 종에게는 열 고을, 다섯 므나를 남긴 종에게는 다섯 고을의 권세를 주었습니다. 그러나 한 므나를 간직만 하고 있던 악한 종은 잘난 척 주절거리다가 그 가진 것마저 도로 빼앗겼습니다. 그리고 왕은 악한 종에게서 빼앗은 한 므나를 열 므나 남긴 자에게 주었지요. 그런데 다들 사이좋게 나눠 가져야 공평한 것 아닙니까?

예수님 **아니다. 무릇 있는 자는 더욱 받겠고, 없는 자는 그 있는 것까지도 빼앗기는 법이다. 그것이 내 나라의 법칙이란 다. 들어라. 영의 세계는 완전한 세계다.**

내 나라의 모든 이긴 자에게는 계급이 있고, 계열과 반차가 있다. 많이 이긴 자는 많은 영토를 다스릴 것이고, 적게 이긴 자는 적은 영토를 다스릴 것이니라. 내 영토에는 행성도 포함된단다.

제시카 주님, 저는 다스리는 걸 별로 좋아하지 않습니다. 제 마음을 다스리는 것조차 힘듭니다. 또한 천국에 가서까지 괜히 다스리는 임무를 맡아서 다른 이들을 먹여 살리느라 동분서주하고 싶지 않습니다. 저는 그냥 주님 곁에서 사모하는 주님의 얼굴만 조용히 바라보며 영원히 사랑에 빠져 있고 싶을 뿐입니다.

그래서 제가 주님께 간청하길, 당신의 신발에 묻은 먼지 한 톨로 만들어달라고 하지 않았나이까. 저는 그것으로 족합니다. 당신을 사모하고 사랑하는 일 외에 제게 중요한 건 아무것도 없습니다.

예수님 그대가 천국의 아름다움과 영광을 모르기에 그런 말을 하는 것이다. 그러나 나는 그대의 소원을 들어줄 거라고 이미 말하지 않았느냐. 나는 내 신부에게 가장 좋은 것을 허락할 것이다. 나를 믿느냐?

제시카 저는 당신 외에 누구도 믿지 않습니다. 이 땅에서 제가 믿을 만한 자를 아직 보지도 듣지도 못했습니다. 이것이 제 진실한 고백인 줄 당신께서 아십니다.

아… 예수님, 나의 주인님, 미셸에게 정말 좋은 동반자를 허락하실 거지요?

예수님 그러마. 심려치 말고, 나를 믿고 기다려라. 너와 토니에게 아들 같은 자를 내가 보내주마.

제시카 저는 미련한 자이니, 그를 어떻게 알아볼 수 있겠습니까?

예수님 내가 알려주마.

제시카 할렐루야! 주님, 감사합니다. 당신은 제 심중 깊이 원하는 것을 이루어 주실 뿐 아니라, 간구하는 모든 것에 늘 넘치게 주시나이다. 설령 제가 미처 생각하지 못했던 것일지라도 저를 깨우시며 채우십니다.

할렐루야! 상천하지에 우리 주님과 같은 분이 어디에 있겠습니까! 저는 영원토록 오직 우리 주님의 그윽하신 사랑만을 찬미합니다. 마라나타!

그는 흥하여야 하겠고
나는 쇠하여야 하리라

4
PART

THE WELL OF LIVING WATERS

나는 커다란 학교 앞, 잘 다듬어진 잔디가 펼쳐진 곳에 서 있었다. 위로부터 아주 밝고 따뜻한 빛이 내리쬤다. 학교는 여러 형태의 건물이 있었고, 대학 캠퍼스처럼 컸다. 그중 나는 어느 커다란 건물 정문 앞에 서 있었다. 건물 외벽은 흰색이고 지붕은 짙은 청록색이었다.

그때 어디서 나타났는지 희고 긴 통옷을 입은 건장한 남자 형상의 천사가 내 쪽으로 걸어왔다(영의 세계에서는 천사인지, 사람인지 상대의 정체를 알길 원하면 대부분 알 수 있다).

내가 천사에게 물었다.

"천사님, 캠퍼스처럼 보이는 이곳은 무엇을 하는 곳입니까?"

천사가 대답했다.

"신부님, 이 학교는 주님께서 운영하시는 배움의 전당입니다. 그분이 이 학교를 당신에게 운영하라고 주셨습니다."

나는 놀라서 말했다.

"네? 이렇게 큰 규모면 학생이 수천수만 명일 텐데, 저 같은 자에게 주시다니요? 게다가 저는 목사지 학교를 운영할 만큼 똑똑한 인물이 아닙니다. 저는 이런 학교에서 짱구 박사처럼 근무하고 싶지도 않을뿐더러, 사실상 운영할 능력도 없어요."

천사가 웃으며 말했다.

"당신의 성경 공부 영상을 통해 주님의 말씀을 나누는 사람들이 바로 영의 세계 학교 학생들입니다. 이 성경 공부 학교를 주님께서 매우 기쁘게 열납하십니다."

나는 어안이 벙벙한 채로 말했다.

"아니, 제가 미디어에 올린 성경 공부 영상을 시청하는 것이 영의 학교의 수업입니까? 와따메!"

나는 정말로 깜짝 놀랐다.

'내 성경 공부 영상이 영의 세계에서까지 언급된다고? 하나님께서 기뻐하시는 성경 공부라고?'

천사가 차분히 내게 말했다.

"교실 안에 있는 수많은 사람은 나이가 모두 다릅니다. 신부님 눈에 보이는 어린이, 청소년, 젊은이, 노인이 바로 그들의 영적 나이를 나타내지요. 어린아이처럼 보이는 자는 아직 영이 어린 사람이고, 노인처럼 보이는 자는 영적으로 성숙한 사람입니다. 신부님, 저기를 보세요."

내 오른쪽에 있던 천사가 검지를 들어 왼편을 가리켰다. 나는 몸을 획 돌렸다. 넓은 운동장에 수천수만 개의 두툼한 직사각형 흰 종이봉투가 가지런히 놓여 있었다. 봉투 크기가 전부 같았고, 봉투마다 이름이 적혀 있었다. 가로 20센티미터, 세로 30센티미터, 두께 7센티미터 정도였다. 그 안에는 흰 밀가루처럼 보이는 곡류 가루가 반쯤 담겨 있었다(봉투를 열어보지 않았지만, 그 안에 담긴 가루의 색깔과 양까지 다 알아졌다). 봉투는 내용물이 반 정도만 담겨 있기에 위로부터 반쯤 접혀 있었고, 내용물이 움직이거나 새지 않도록 안전하게 평평한 운동장에 잘 놓여 있었다. 내가 천사에게 물었다.

"천사님, 엄청난 수의 곡류 봉지가 왜 열린 벌판 같은 장소에 있는 겁니까?"

천사가 답했다.

"이 봉지의 내용물은 무교병을 구울 재료입니다. 각 봉지에 각 학생이 한 끼 먹을 수 있는 만나 가루가 들어 있습니다. 저는 영의 세계 학교 주방에서 수천수만 개가 넘는 무교병을 반죽하여 굽기 위해 왔습니다. 신부님, 눈을 떠서 저 부엌을 보세요."

천사가 다시 검지로 오른쪽 앞을 가리켰다. 내가 눈을 끔뻑끔뻑하며 찬찬히 보는데 영의 눈이 열리기 시작했다.

학교 건물 안에 부엌과 식당이 있었다. 그곳에서 수많은 천사가 만나 가루에 기름을 넣어 반죽하고 있었다. 어떤 천사는 기름과 함께 밀가루 반죽을 빚고, 어떤 천사는 반죽을 동글동글하게 떼고, 어떤 천사는 화덕에 넣어서 굽고 있었다. 마치 유럽에서 화덕 피자를 구울 때 쓰는 빵 굽는 쇠판 같은 것으로 말이다.

구워진 빵은 동글납작했다. 한국의 호떡처럼 생겼으나 그보다 좀 더 두꺼웠다. 어떤 천사는 구운 빵을 종이봉투 안에 쏙쏙 집어넣었다. 그러고는 봉투를 다시 반으로 접어서 대형 테이블 위에 놓았다.

내가 천사에게 물었다.

"수만 개나 제작되는 봉투 속 빵은 무엇입니까?"

천사가 미소를 띠며 대답했다.

"신부님이 미디어로 하는 성경 공부는 영적으로 하나님 말씀의 떡을 떼어서 영상을 보는 성도 하나 하나에게 나누는 일입니다."

나는 기뻐서 말했다.

"그래요? 저 같은 것이 하는 성경 공부가 다른 사람의 영을 먹이고 살찌우는 줄 정말 몰랐습니다. 할렐루야!!"

천사가 손으로 어딘가를 가리키며 말했다.

"저기 이 학교 학생들이 보이지요?"

고개를 돌리니 놀랍게도 셀 수 없이 많은 남녀 학생이 쉬는 시간을 맞아 즐거운 얼굴로 여기저기 무더기로 앉거나 서 있었다. 학생들의 나이대가 각양각색이었다.

'이상하다. 왜 저 많은 학생이 아까는 눈에 띄지 않았을까?'

의아하게 생각하는 순간, 학교 건물 안에서 종소리가 울렸다. 내가 말했다.

"쉬는 시간이 끝났나 봅니다. 학생들이 교실로 들어가겠군요."

천사는 고개를 설레설레 저으며 말했다.

"아닙니다. 모두가 학교 규율을 지키는 착한 학생은 아닙니다. 교실로 돌아가길 거부하는 불량 학생도 섞여 있습니다. 신부님은 그들에게 가서 출석부를 보여주셔야 합니다. 빨리 교실에 안 들어가면 결석으로 써넣는다고 알려주세요. 각자의 행동에 따라서 출석 여부를 표기하셔야 합니다. 수업에 참석하지 않는 학생의 이름 앞에는 반드시 가위표로 결석 표시를 해야 합니다. 또한 태도가 불량한 학생도 표시하십시오. 당신이 기록한 모든 결과는 주님께 올라갑니다. 자, 여기 출석부와 펜이 있습니다. 이것은 신부님의 것입니다."

천사가 크고 두꺼운 공책을 내게 건네주었다. 공책은 길쭉한 직사각형 모양에 짙은 초록색이었고, 그 위에는 "출석부"라고 쓰여 있었다. 나는 본능적으로 공책에 무엇이 적혀 있는지 궁금해서 열어보았다. 그 안에는 위에서 아래로 셀 수 없이 많은 이름이 빽빽하게 기록되어 있었다. 내가 천사에게 물었다.

"저는 이 학교의 선생이 아닌데 왜 출석부에 표기해야 합니까?"

천사가 대답했다.

"신부님, 지금 이 영의 학교 안에 수천수만 명이 들어와 있습니다. 당신의 성경 공부 영상을 보는 수많은 하나님의 백성이 이 학교에서 말씀의 떡을 떼면서 수업을 듣고 있어요. 당신은 교실마다 다니면서 학생이 출석했는지, 안 했는지를 점검하며 그것을 출석부에 기재해야 합니다."

내가 다시 눈을 끔뻑끔뻑하자, 교실 안이 보이기 시작했다. 교실마다 학생들이 가득 차 있었다. 내가 물었다.

"이렇게 많은데 누가 누구인지, 이름이 무엇인지 어떻게 압니까?"

천사가 말했다.

"당신의 마음은 모릅니다. 그러나 신부님의 영은 통찰력이 있어서 잘 알고 있습니다. 자신이 가르치는 말씀의 꼴을 먹는 양인 학생의 이름과 성격, 영의 상태 그리고 삶의 기도 제목까지 알고 있습니다."

"아무튼 영의 세계는 정말 광대하고 신비합니다. 제 영이 다 알고 있다니요!"

감탄하는 내게 천사가 이어서 말했다.

"신부님은 그들에게 기름을 파는 자이기 때문입니다. 주님께서는 그들이 기름을 파는 자에게 가서 자기 쓸 것을 사길 원하십니다."

내가 의아해하며 물었다.

"제가 기름을 파는 자라면 그들은 기름을 사야 하지 않습니까? 그런데 저는 기름값을 받은 적도 없고, 받을 의사도 없는데요. 괜히 남의 영을 책임지는 의무를 짊어지고 싶지 않습니다."

천사가 미소를 지으며 대답했다.

"바로 그 일이 당신이 해야 하는 일입니다. 기름은 돈으로 살 수 있는 게 아닙니다. 학생들이 성도의 마땅한 삶으로 살아 있는 제물이 되어 태워 내는 행위에 들어가는 육신의 기름입니다. 삶에서 흘리는 수많은 땀과 눈물이 기름이 되겠지요. 위대하신 우리 주님께서는 당신에게 은총을 주셔서 기름을 파는 자의 권위와 의무를 부여하셨습니다. 자, 이제 신부님은 일을 시작하길 바랍니다. 저는 부엌에 가서 빵 만드는 작업을 진두지휘해야 하므로 바빠서 이만!"

내가 다급하게 외쳤다.

"앗, 잠깐만요. 천사님! 저 아이들에게 정말 가고 싶지 않아요!"

하지만 천사는 말을 마치자마자 빠른 걸음으로 건물 쪽으로 가더니 순식간에 부엌 벽을 뚫고 사라졌다.

혼자 남은 나는 초록색 출석부와 펜을 들고 잠시 멍하니 서 있었다. 그러다가 방금 천사가 들어간 대형 건물에서 조금 떨어진 곳에 다른 건물이 있는 것을 보았다. 그 건물은 조금 더 작았다. 나는 그 정문으로 눈길을 돌렸다. 천사의 말이 맞았다. 정문 주위에 수업 시간을 알리는 종이 울렸음에도 교실에 들어가지 않은 많은 학생이 서성이고 있었다. 100명 혹은 200명 정도의 또래 청소년이었다.

'저 학생들은 왜 교실에 들어가지 않고 입구에 서 있지?'

찬찬히 아이들을 살펴봤다. 자기들끼리 싸움도 하고, 말다툼도 하고, 놀기도 하느라 바빠 보였다. 그런데 바쁜 이유가 수업과는 전혀 상관없었다. 그들을 물끄러미 보다가 슬그머니 겁이 났다.

'나이만 10대 청소년이지 덩치는 나보다 큰데, 어떻게 가서 훈육하지? 내가 저들의 엄마도 아닌데, 굳이 왜 남에게 감 놔라 배 놔라 간섭해야 하지? 그럼에도… 가서 말해야만 주님께서 주신 임무를 수행하는 거겠지?'

한참을 혼자서 고민했다. 그러다가 결국 우물쭈물하면서 아이들이 웅성거리는 정문 앞으로 천천히 발걸음을 뗐다. 마침내 문 앞에 다다랐고, 서 있는 아이들에게 작은 소리로 겨우 말했다.

"학생 여러분, 지금은 수업 시간이니 여기 서 있으면 안 됩니다. 다들 서둘러 교실로 들어가 주세요."

학생들이 내 말을 듣고, 힐끗 보았다. 그러더니 다들 '피식' 웃고는 고개를 돌려 무시했다. 어떤 아이들은 인상을 있는 대로 쓰며 나를 째려보았다. 모두 반항아임이 확실했다.

순간, 나는 고개를 숙여 내 옷을 보았다. 선생님처럼 단정한 양복이 아닌 지극히 평범한 스웨터에 허름한 청바지를 입고 있었다. 선생님으로 보기엔 너무 초라했다. 딱 노상에서 콩나물 파는 아줌마 같은 남루한 복장이었다. 옷만 문제가 아니었다. 나는 학생들보다 훨씬 왜소했다. 불행하게도, 아이들 눈에 내 외모가 형편없이 초라해서 내가 지도자의 권위를 가졌다는 사실을 알아보는 이가 없었다.

나의 초라함과 무기력함을 철저히 인정하자, 문득 마음이 우울하고 슬퍼졌다. 내 권위를 학생들이 알아주기를 아예 포기하고 싶었다. 그런데 내 주제를 깨달음과 동시에 갑자기 기이한 일이 일어났다. 내 영이 학생들에게 마치 권세 있는 사람처럼 강한 어조로 조리있게 또박또박 말했다.

"나는 하나님께로부터 학생들의 수업 출석 여부를 조사할 의무와 권리를 부여받았습니다. 여러분의 태도에 따라 가위표와 동그라미표를 표기할 수 있습니다. 또한 학교 수업에서 제외시킬 수도 있습니다. 그러므로 여러분이 나를 알아주든 몰라주든 내 할 일을 신속히 할 것입니다. 왜냐하면 하나님께서 내게 출석부 관리를 명하셨기 때문입니다."

그리고는 출석부 공책을 열었다. 수업을 거부하는 학생의 이름 앞에 가위표를 긋기 시작했다. 신기하게도 나는 주위에 서 있는 학생들의 이름을 잘 알고 있었다. 문 안으로 들어가는 학생 이름에는 동그라미표, 그대로 서 있는 학생 이름에는 가위표를 열심히 그으며 앞으로 나아가기 시작했다. 그제야 불량 학생들이 나를 힐끔힐끔 보면서 삼삼오오 교실로 구시렁거리며 들어가기 시작했다. 마침내 심하게 반항하는 아이들까지도 모두 실내로 밀어 넣었다. 그러고는 숨을 크게 들이마시며 영의 세계에서 깨어났다.

◆ 양떼의 발자취 - 간증

주님께서 왜 내게 그런 영의 세계를 보여주셨는지 이유는 모른다. 내가 미디어에 올리는 성경 공부 영상은 참으로 보잘것없어 보인다. 아프리카 오지에 있는 선교사가 집 옆 옥수수 텃밭에 앉아 고물 전화기로 나누는 간증과 영의 세계에 관한 증언일 뿐이다.

천사는 하나님께서 그 성경 공부를 기뻐하신다고 했다. 성경 말씀을 영적으로 풀어서 사람들에게 말씀의 떡을 떼는 걸 그분이 기뻐하신다며, 나더러 '기름을 파는 자'라고 했다. (참기름인지 들기름인지는 모르겠지만) 일단 주님께서 이 기름 파는 일을 귀하게 생각하신다는 걸 알았다. 아마 주님께서 영의 세계를 사람들에게 알리길 원하시는 것 같다.

미디어 성경 공부는 영의 성경 공부다. 성도는 매주 영상을 시청하면서 영의 학교 교실에 들어가며, 영의 학교 출석부에 이름이 기록된다. 이를 통해 영의 지혜와 지식을 얻으며, 자신도 모르게 영적 성장을 한다. 그러다 보면 마침내 그리스도의 신부의 장성한 분량으로 성장하여 궁극적으로는 하나님께 영광을 올리게 된다. 비웃는 미소를 흘리는 마귀의 궤계를 타파하고 하나님의 군사로 빚어진다.

사실상 나는 영상을 올리기까지 피 흘리는 영적 전투를 거친다. 사역 중에 짬을 내어 영상을 찍고, 편집, 검토, 수정을 거쳐 인터넷

속도와의 전쟁을 치른다. 그러는 중에 이메일이나 영상 댓글에 달리는 간증을 보면서, 영상을 시청하는 이들의 삶에 회개와 치유의 역사가 일어난다는 사실에 놀라곤 한다. 댓글 간증에는 자신에게도 신비한 영의 세계를 통한 신앙의 전이와 꿈을 경험하는 과정이 시작되었다는 내용이 많다. 왜냐하면 참다운 하나님의 진리의 말씀이 선포될 때는 치유의 광선이 빛의 광채를 띠고 나가기 때문이다.

'하나님, 동행하여 주셔서 진실로 고맙습니다. 오직 주님만 홀로 영광을 받으옵소서!'

55 영의 협곡을 올라가는 방법을 배우다

🌿 생수 우물가의 대화

예수님 바위틈 낭떠러지 은밀한 곳에 둥지를 틀고 숨어 있는 비둘기같이 나의 순결함을 지닌 자여, 일어나거라.

제시카 저는 일어났는데 주인님은 어디 계세요?

예수님 나는 네 곁에서 이제 막 껍질을 뚫고 깨어난 너를 바라보고 있단다.

제시카   네? 껍질을 뚫고 나왔다니요? 병아리도 아닌데요.

예수님   오늘부터 너는 옛 세상을 깨뜨리고 균열을 뚫고 나와서, 알지 못하는 새로운 세상에 갓 태어난 새 생명의 병아리 같은 자다.

제시카   저는 환갑이 넘고 다 늙어서 비가 오면 손가락 뼈마디가 부어올라 쑤시는 지경인데, 어찌 저더러 병아리라고 하십니까. 저는 수명을 다해 가는 암탉입니다. 먼동이 트고 새벽이 오는데도 울 기력이 없어서 구석에 스스로 감춰진 채 숨만 깔딱거리는 씨암탉 같은 게 바로 저입니다.

예수님   그대가 씨암탉이면 나는 누구냐?

제시카   당신은 그 씨암탉을 만드신 창조주시며, 생명을 주관하시는 주인이십니다. 수한을 다한 늙은 씨암탉이지만 마지막 순간까지 주인님에게 충성을 다하고 눈감을 것입니다.

예수님   (주님께서는 빙그레 웃으셨다) 아니다, 아니야. 너는 알에서 갓 깨어난 병아리니라. 옛 세상을 뚫고 나왔으니 이제 내가 제대로 된 참 세상을 보여주마.

제시카   참 세상은 어디입니까?

예수님   그것은 영의 세계다.

제시카   저는 영의 세계를 출입하는 줄 알았는데요, 아닙니까?

예수님   그대는 영의 세계를 꿈꾸듯 보았을 뿐 그 세계를 다스리지는 못했느니라. 그 세계 안에서 생명을 띠고는 있으나, 일어나 활동하며 피조물을 다스리지는 못했다. 좁은 알

속에서 움직이지 못하는 생명체였다. 그러나 이제는 조금씩 움직일 것이다. 새로운 세상에서 걸음마를 배우고 성장하여 내 마음을 기쁘게 해다오, 나의 신부야.

제시카 아버지여, 이 여종이 갈 곳이 어디입니까? 당신께서 이끄시는 곳이면 어디든지 추종하고 기쁜 마음으로 한 걸음씩 따라가겠습니다. 비록 제 걸음이 느려도 인내하시고 기다려 주옵소서. 당신을 실망시켜 드리지 않겠습니다.

비록 제가 모르는 세상일지라도 제 아버지인 당신께서 아시면 되었습니다. 저는 오직 당신만을 의지하오니 제 손을 잡고 일으키시어 이끌어주소서.

예수님 내가 그리할 것이니라. 영의 세계는 충만한 세계다. 모든 것에서 완전을 추구하고, 완전할 수 있고, 완전해야만 살아남을 수 있는 곳이다. 내가 그대를 완전한 자의 자리까지 이끌어주마. 겸손으로 띠를 띠고, 순종으로 그 띠를 잘 묶거라. 차츰 아름다운 것들이 보이기 시작할 것이다.

보라! 그대가 알지 못하는 나라를 그대가 부를 것이다. 그대를 알지 못하는 나라가 그대에게로 달려올 것이다. 영의 세계는 그대가 보지도, 듣지도, 상상하지도 못한 여러 가지 새로운 세상이다. 왜냐하면 내가 그대를 영화롭게 하기로 작정했기 때문이다. 인간의 모든 영화로움은 북극성 위에 좌정한 이스라엘의 거룩한 자로 말미암음이니라. 나 예수 그리스도는 그대의 왕이기 때문이다.

제시카 주님, 알지 못하는 나라는 영의 세계를 일컬으심이 아닙니까? 저는 현재 주님께서 보여주시는 세계만으로도 무섭고 두렵습니다. 그 나라의 아주 작은 부분을 겨우 보고 온 것만으로도 저더러 이단, 삼단이라며 비판하는 종교인 무리가 부지기수입니다. 특별히 종교인 목사들이 더욱 목에 핏대를 세우고 영의 세계를 정죄합니다.

게다가 주님의 거대한 영의 세계는 저 같은 자를 알지도 못하는데, 그 나라가 제게로 달려오면 어떡합니까? 저는 이 땅에 있어 도망갈 곳도 없는데요. 지금까지 보고 들은 것만으로도 제 그릇에 차고 넘치오니 충분히 되었습니다.

예수님 두려워 말아라. 내가 그대의 심장 안에 있을 것이다. 이 좁은 길은 협곡이다. 가파르고 구부러지나 영적으로는 부요하여 능히 힘을 조절하는 법을 훈련할 수 있는 공간이다. 여기까지 온 것도 장하구나, 나의 딸이여. 그러나 여기서부터는 정신을 똑바로 차려야 한다. 원수 마귀가 감히 그대를 건드리지는 못할 것이다. 그대는 원수를 꾸짖고, 다스리는 힘과 권세와 능력이 있다.

그대가 있었던 알 안의 세상에서는 그러지 못했으나 이제부터는 다를 것이다. 그대는 육체의 소욕을 다스리고 심히 겸손하여라. 내 앞에서 자신을 철저히 낮추거라. 내가 계획한 만큼 낮아지면, 그대를 높여주마.

제시카 주님, 앞으로도 높아지고 싶지는 않습니다. 저는 제가 평생 가보지 못한 알 수 없는 나라들이 무섭고 떨립니다.

예수님   괜찮다. 내 눈에 그대가 뚫고 나올 단계가 되었기에 이 세계로의 동참을 허락한 것이다. 이제 입장했으니 강하고 담대하여 훈련을 잘 마치거라. 겸손과 순종을 잘 간직하면 된다. 그리하면 이 가파른 협곡이 평지처럼 생각되어 내가 원하는 단계까지 올라갈 것이다.

이 협곡을 지나야만 분기점에 오를 수 있고, 내리막길에 가속도가 붙을 수 있느니라. 어찌 늘 기어다니기만 하겠느냐.

제시카   제가 기기나 했나요? 당신 발치에 딱 붙어서 숨만 깔딱거리고 있는 작은 생명체에 지나지 않았는데요.

예수님   하하하… 그래도 너는 가끔 꼬무락거리며 기었느니라. 내 눈에 참 신통했었다. 장하다, 나의 어여쁜 자여.

제시카   그런데 분기점은 어디입니까? 제가 앞으로 가야 할 곳이니 알아야 할 것 같습니다.

예수님   선택해야 할 시점이 올 것이다. 그때는 모든 것을 진토와 같이 여기고, 오직 나만을 택하면 된다. 쉽지 않을 것이다. 그러나 바로 그것이 너에게 의가 될 것이니라.

다스리는 자는 굴하지 않는다. 다스리는 자가 무릎 꿇을 이는 오직 내 아버지 여호와 한 분이시다.

내가 광야에서 받은 세 번의 시험을 기억하느냐? 그대는 알 안에서 돌을 떡 덩이가 되게 하라는 시험을 받았고, 통과했다. 지금 나온 이 세상은 내가 이미 겪었던 시험의 광야란다.

제시카 오매, 제가 이제 성전 꼭대기에서 뛰어내리려야 합니까?

예수님 하하하… 꼭대기에 아직 올라가지도 않았는데 어찌 뛰어내릴 걱정부터 하느냐. 내가 뛰어내렸었느냐?

제시카 아니요, 당신은 꼭대기에서 원수가 시험하는 것을 아예 허락조차 하지 않으셨나이다.

예수님 바로 그것을 그대에게 원한다. 그대는 그리할 것이다. 그러나 거기까지 올라가는 과정이 그대 앞에 놓인 협곡이니 쉽지는 않을 것이니라.

제시카 당신이 허락하시지 않은 시험이 어디 있겠습니까. 또 허락하신 일이라면 능히 이길 능력까지도 주실 것인데요. 제가 꼭 이겨서 주님 마음을 흡족하게 해드릴게요. 제가 누구의 딸입니까! 천지를 지으시고 주관하며 다스리시는 이의 안에서 나온 도토리 한 알입니다.

예수님 (주님께서는 싱긋 웃으셨다) 그 사실을 알게 한 이는 성령이시다. 그 사실을 깨달았다면 그렇게 행하고 살거라. 그것이 믿음이다. 믿음은 사람이 깨달은 말씀을 육신으로 행할 때 완성된단다. 그렇지 않으면 죽은 믿음에 지나지 않지. 작은 겨자씨가 스스로 생명을 포기하고 썩어 없어질 때, 많은 새가 깃드는 거목이 된다.

얼마나 수많은 겨자씨가 썩길 거부하고 맨들맨들한 씨 하나로 남기를 선택하는지 모른다. 너는 그리되지 말거라.

제시카 이전에는 제가 어리석어 그렇게 살았으나 이제는 당신께서 깨워주셨으니 더는 그 길을 택하지 않겠습니다. 실수도 자꾸 하면 습관이 되니, 저는 토한 것을 다시 먹지 않겠습니다. 제가 비록 개띠지만, 개와 같이 토한 것을 먹는 자가 되지는 않겠나이다.

예수님 영의 협곡이 미끄러울 것이다. 빨리 오르려고 버둥거리면 미끄러질 수 있다. 조급해하지 말고, 깨어서 한 발짝씩만 올라오너라. 괜히 서두르다가는 한 발 전진하고 두 발 후퇴할 수도 있다.

또한 협곡을 올라갈 때는 발을 멈추지 말거라. 멈추는 순간, 그대의 영의 중심이 협곡에 실리면서 스스로 무거워져 올라가기 힘들 것이다. 그러면 더 이상 올라가지 못한다. 끊임없이 발을 위로 향하며 전진하여 올라가거라.

결단코 삶의 뒤를 돌아보지 말거라. 협곡이 너무 가파르니 돌아보는 순간, 정신줄을 놓치고 미끄러질 것이다. 영의 세계는 돌아보지 않는 곳이다. 에스겔이 보았던, 내 앞에 있는 네 얼굴의 사자가 항상 앞만 보고 운행하는 것을 기억하여라.

제시카 두렵습니다. 제 발을 당신께서 잡아주소서.

예수님 나는 그대의 심장 안에서 그대를 잡고 있다. 이것을 기억하여라.

제시카 제 심장 안에서 황금빛을 뿜어내며 고요히 타는 촛대 7개를 본 적이 있습니다. (《덮은 우물》 57. 영의 세계에서 참 안수란 무엇인가? 참조)

예수님 **바로 그것이 내 영이다.**

제시카 어찌 촛대가 7개나 됩니까?

예수님 **나는 영이 유여(有餘)하니라. 그것은 온 천하를 두루 다니며 감찰하는, 교회를 향한 나의 눈이다. 나는 7개 촛대 사이를 운행한단다.**

제시카 여종이 무지하여 그것이 무엇을 의미하는 줄 모르겠습니다. 그러나 제 작은 머리로 다 이해한다면 당신께서 어찌 하나님이 되시겠나이까? 다만 저를 너무 무지한 중에 두지 마시고, 당신의 거룩한 임재를 느끼게 하소서.

예수님 **나와 합한 자는 나와 한 영이니라. 나의 감정을 그대가 함께 느낄 수 있다. 그대는 나의 신부이며 내 뼈 중의 뼈요, 살 중의 살이니라. 그러기 위해 내가 지나온 협곡을 그대도 가야만 한다.**

그대의 신분을 알고 그에 맞게 잘 처신하길 바란다. 다스리는 자답게 살거라. 군림하는 자는 흔들리지 않는다. 열심히 훈련하여 세파가 칠 때 미동조차 없게 하여라. 거칠고 건방진 세파를 다스리는 자가 되거라.

제시카 아이고… 주님, 저는 세파를 다스리기는커녕 세파가 한번 덮치고 지나가면 뒤로 넘어져 일어나지도 못합니다. 다시 딛고 일어서려면 오랜 기간이 걸립니다.

예수님 그래서 내가 너를 아프리카 오지에 감춘 것이 아니냐. 감추인 자는 내 허락 없이 원수가 꺼내지 못하느니라.

제시카 저는 감추어져 있는 이 상태가 좋습니다.

예수님 그러나 이제는 성장할 때가 되었다. 너는 손과 발이 형성되어 균열을 뚫고 나온 존재다. 반석을 밟고 굳건하게 잘 서거라, 알겠느냐?

제시카 그래서 미디어 구독자 수가 오늘 1만 명이 넘은 것입니까? 저를 드러내시려고요? 아이고… 주인님, 저는 아직 준비되지 않은 자입니다. 알려지고 드러나는 게 싫습니다. 평생 사람의 기대에 맞추어 바둥거리며 노력하고 살았는데 이제는 그러고 싶지 않습니다. 사람에게 의지할 무슨 건더기가 있습니까. 오히려 그들이 던지는 돌에 상처만 받을 뿐입니다. 저를 그냥 감추인 자로 두소서.

예수님 수많은 나의 백성들이 영이 고프고 갈하여 비틀거리고 있다. 영이 주리나 채워줄 자가 없고, 갈하나 생수를 주는 사람이 없다. 길 잃은 양 무리인 가엾은 우리 백성을 보아라. 이 세대는 양식이 없어서 굶주리거나 물이 없어서 목마른 게 아니다. 누가 나를 위하여 내 백성들에게 갈꼬! 내가 누구를 보내면 좋겠느냐?

제시카 아이고… 주님. 그렇게 물으신다면, 저를 보내소서. 저는 그 백성을 사랑하지는 않습니다. 그러나 당신을 지극히 사랑합니다. 돌을 맞아 제 마음이 피를 흘리더라도 이 여종을 사용하소서. 우리의 백성에게 가겠나이다. 제가 당신의 말씀으로 그들에게 떡을 먹이고, 당신께서 주신 제 배의 생수로 마시게 하겠나이다.

예수님 **그대는 가라. 그 협곡의 길은 인간에게 칭송을 받으나 동시에 핍박을 겸하여 받는 길이다. 모든 사람이 그대를 좋아하면, 이는 내 아버지의 미워하심이 된다. 그러니 미끄러지지 말고 잘 가거라.**

제시카 오케이, 주님! 협곡의 분기점까지 여종과 함께하소서.

예수님 **나는 좁은 길 위에서 영원히 내 신부와 함께한단다.**

제시카 제가 행여 실족하여 미끄러져 울 때, 너무 많이 아프지는 않게 하소서.

예수님 **실족하여 미끄러지는 일이 없을 수는 없다. 그러나 내 신부를 미끄러지게 하는 자에게는 화가 있을 것이다. 그는 차라리 연자 맷돌을 그 목에 달고 깊은 바다에 빠지는 것이 나으니라. 또한 임의로 그대를 미끄러지게 하는 자는 그 죄를 7배나 갚아야 할 것이다. 내 눈동자를 범했으니, 응당한 대가를 치러야 할 것이다.**

제시카 아멘. 그 말씀 믿고, 이제 일어서겠습니다. 우리의 백성 앞에서 떡과 물을 나누겠나이다. 당신의 마음에 있는 대로 다 행하여 앞서가소서. 내가 당신과 마음을 같이하여 따르리이다. 부족한 계집종을 사용하여 주셔서 감사합니다.

예수님   **그대는 책과 영상으로는 보여지나 실체는 소리 내지 말고 조용히 감추어져 있거라. 책과 미디어와 집회를 통해서 오 직 내 말씀만 충성되게 전하고 사라져서 숨어 살거라. 그 대의 주변과 모든 관계로부터 깊숙이 감추어져 있거라. 내가 그대를 세상에 내보냄이 양을 이리 가운데로 보냄과 같도다. 아무쪼록 그대는 모든 일에 뱀같이 지혜롭고 비 둘기같이 순결함을 유지하여라. 사람과 관계를 맺을 필요 도 없고, 그들의 요구나 기대에 응할 필요도 없다. 사람을 삼가는 것이 그대의 영을 보전하는 길이니라. 그대는 결코 변질되지 말지어다.**

제시카   주인님, 이왕 제가 감추일 것 같으면 아주 깊숙이 감추어 주시옵소서. 어차피 주님 외에 제가 알고 싶은 사람이 누 가 있겠습니까.

예수님   **내가 그리하리라. 가거라. 나의 누이, 나의 신부야.**

제시카   네, 할렐루야! 세세 무궁토록 당신께만 영광과 존귀가 있 나이다. 주인님, 어서 빨리 저를 데리러 오소서. 마라나타!

그룹들이 행할 때에는 사방으로 향한 대로 돌이키지 않고 행 하되 돌이키지 않고 그 머리 향한 곳으로 행하며 겔 10:11

몸을 돌이켜 나더러 말한 음성을 알아보려고 하여 돌이킬 때 에 일곱 금 촛대를 보았는데 계 1:12

56 모든 것을 버릴 수 있는 자가 모든 것을 가질 수 있는 자다

생수 우물가의 대화

예수님   은하수 궤도에 뿌려진 반짝거리는 작은 행성 같은 나의 신부여, 잘 잤느냐?

제시카   주님, 너무 졸립니다. 갑자기 한국 출판사에서 연락이 왔어요. 아프리카의 밤이 한국의 낮이고, 이곳의 낮이 그곳의 밤이어서 시간대가 다른 것 아시지요? 그래서 전화하고 문자에 답하다 보니 밤에 잠을 제대로 자지 못했어요.

오… 주님, 좋은 소식이 있어요. 우리의 책들이 이번 주에 한국 서점에서 베스트셀러로 선정되었대요. 그것도 《잠근 동산》, 《덮은 우물》, 《봉한 샘》이 1, 2, 3등을 휩쓸었다니까요! 믿기는 좀 힘들지만 설마 출판사에서 제가 아프리카 깡촌에 산다고 놀리려 한 말은 아니겠지요?

만약 그렇다면 그건 정말 너무 썰렁한 농담이에요. 책 3권을 기록하고 지난 수년간 제가 어떻게 살아왔는지 당신은 잘 아시잖아요.

이 모범생 목사인 제시카가 말입니다. 수십 년간 사역하는 동안 단 한 번도 남의 입에 오르내릴 문제를 일으킨 적 없는 토니 목사와 저인데요. 교단 총회 출판사를 통해 출판하면 사비는 들지 않지만 결국 교단 안에서만 읽히는 책이 되어 다른 크리스천들은 읽지 못해요. 그러면 책 전파를 통한 전도는 포기해야 합니다. 그래서 없는 형편에 친구 목사에게 빚까지 내서 일반 기독교 출판사에서 자비 출판을 했지요. 그런데도 한국에서 날아온 정 목사의 책 내용 항의 신고로 저는 미국 총회 인사국장에게 시말서까지 제출했어요. 주님의 명에 순종하고 낸 것인데, 제가 잘못 처신한 것입니까?

예수님 **아니다. 하늘의 법이 땅의 법 위에 있다. 살다 보면 그런 일이 종종 있느니라. 한때 로마의 왕은 나를 믿는 자를 모두 처형시키라는 박해의 법령을 내렸었다. 만약 그 법을 모두가 철저히 준수했다면 초대 교회 성도들은 다 죽었고, 이 땅에는 기독교가 살아남지 못했을 것이다.**

그러나 하늘의 법을 먼저 섬기는 내 소수의 사람이 흘린 희생의 피로 내 아버지의 긍휼함을 얻어냈다. 그리하여 그 세대의 핍박에서 끝까지 살아남은 자들이 전 세계에 나를 전파하지 않았느냐!

아무리 교단에 충성한다손 치더라도 하늘의 법이 사람의 법 위에 있다는 사실을 늘 명심하거라. 모든 일의 결정 앞에서 내게 초점을 맞추고, 내 아버지께 영광 올리는 일을 도모하여라. 그러면 사람이 마땅히 가야 할 길을 알 수 있단다.

제시카 저는 주님께 초점을 맞추었습니다. 당신께서는 《잠근 동산》, 《덮은 우물》, 《봉한 샘》, 《동산의 샘》이 100만 영혼을 구원할 거라고 제게 약속하셨으니 사람의 구령 사역보다 더 중요한 일이 무엇이 있겠습니까! (《봉한 샘》 23. 청정경남 옥과 녹색 행성 참조)

예수님 **너는 누구에게 순종할지를 결정한 대가를 이 땅에서 받는 박해로 잘 치렀으니, 되었다. 장차 네가 갈 세상에서는 네 결정이 네 의가 될 것이니라. 세상 마지막 날까지 인간의 법이 하늘의 법 위에서 기세를 부리며 참다운 복음 전파를 가로막고 방해할 것이다.**

너를 위해 예비한 모든 것은 사람의 눈으로 보지 못하고, 귀로도 듣지 못하고, 마음으로도 생각지 못하는 것들이니라. 나를 사랑하는 자들을 위한 것이지. 그러나 나는 성령으로 그것을 네게 보여주길 허락했다. 네 안에 거하는 성령은 내 아버지의 깊은 것이라도 통달하시느니라.

제시카 네, 주님. 당신은 부족한 제게 천국의 안과 밖을 보여주셨습니다. 제 거처를 보여주시고 천한 종인 저를 귀히 여겨주셨나이다.

예수님 **그대가 귀한 자의 딸이기 때문이다. 아버지의 부름에 항상 걸맞게 행동하며 살거라.**

제시카 그리하겠습니다. 지금부터 영원토록 그리 살게 하옵소서.

예수님 **그대는 그리할 것이다. 꽃잎은 설령 떨어지더라도 아름다**

운 꽃길을 만들 듯이 네 겉모습은 후패하나 속사람은 날로 새롭도다. 비록 네 육신은 쇠약해져도 네 마음은 힘을 얻고 더욱 강건해지는 중이란다.

그러니 마음을 잘 다스리거라. 너는 마음을 다스리는 법을 안다. 네 마음이 악한 세상에 출입하는 법과 그 악한 세상에서 탈출하는 법을 안다. 네 선택으로 그 두 가지를 병행하여 조절하는 법을 배웠으니 이제 되었다. 그러니 무릇 지킬 만한 것보다 더욱 네 마음을 지키거라. 생명과 영생의 근원이 네 마음에서 남이니라.

세상으로부터 네 마음을 잘 지키거라. 악한 세상의 영들이 주는 달콤함이나 유혹에 눈길도 주지 말거라. 그런 것들은 처음에는 네 눈을 호리고 너를 즐겁게 하나, 결국에는 단 한 순간에 목을 무는 독사의 맹독과 같아서 네 마음을 둔하게 할 것이다. 마음이 둔해지면 영이 졸기 시작하다가 결국은 죽음보다 깊은 잠에 빠지게 된단다.

제시카 저는 그런 삶을 수십 년 살았습니다. 이제는 두 번 다시 죽음의 잠에 빠진 영의 삶을 살고 싶지 않습니다. 주님, 저를 지켜주소서.

예수님 사람은 잠에 빠져드는 것도 문제지만, 실상 잠에 빠진 사실 자체를 모르는 것이 더 큰 문제다. 영의 잠은 사람의 힘으로는 깨어나지 못한다. 오직 나만이 그 영을 깨울 수 있지. 내가 다시 숨을 불어 넣어야 깨어난단다. 내가 부활하여 제자들 앞에 나타났을 때 어떻게 했느냐?

제시카 당신께서 숨을 불어 넣으셨나이다. 당신이 메시아인 줄 믿
지 못하던 그들의 잠든 영혼이 그 후에야 깨어나기 시작했
습니다.

예수님 영의 잠을 자고, 안 자고는 사람의 선택이다. 그 잠에서
깨고자 간구하는 것도 선택이다. 교회에 다니는 자들도
원수의 궤계로 말미암아 자신이 영의 죽은 잠에 빠져 있다
는 사실을 모른 채 잘 가고 있다고 착각하는 게 현실이다.
그들은 나의 피조물이다. 내 마음을 준, 지극히 사랑하는
나의 자녀들이다. 원수의 거짓에 속아서 깊은 잠에 빠진
그들을 바라보는 내 심정이 어떠하겠느냐!
심지어는 목사라는 자들조차도 대부분 그 잠에 빠져 있으
니 내 마음이 답답하구나.

제시카 주님, 그들을 깨우소서.

예수님 설령 내가 그들을 깨운다고 할지라도, 그들은 나를 아는
지혜가 없으니 세상에서 마음이 곧 무뎌져 또다시 잠에
빠져버린다. 그 후에 원수의 영은 처음보다 더 집요하게
그들을 유혹하지.
또다시 영의 깊은 잠에 빠져버리는 목사들이야말로 나를
십자가에 두 번 못 박는 자들이 아니냐! 잘못된 종교관으
로 주위 사람을 정죄하기 급급하며, 율법에 사로잡혀 나
를 짓밟고, 자기를 거룩하게 한 언약의 피를 부정한 것으

로 여기는 종교인이 아니냐! 은혜의 성령을 욕되게 하는
자가 당연히 받을 형벌이 얼마나 더 중하겠느냐!

나 예수 그리스도는 종교가 아니다. 나는 너희의 살아 있
는 창조주로서 우주 만물을 운행하고 다스리는 자이며 모
든 피조물의 주인이다. 그러나 종교인들은 나와 동행함이
없으니 개인적 교분 안에서 나를 알지 못하고, 사람이 만
든 신에 대한 학문과 종교적 의식으로 나에 대한 것들만
알려고 몸부림을 친다.

경건의 모양은 있으나 경건의 능력은 부인하는 자들에게
서 그대는 돌아서라. 그런 자에게는 더 큰 심판이 기다리
고 있다. 모르고 죄를 지은 자는 적게 맞으나 알고 죄를
지은 자는 많이 맞을 것이니라.

제시카 주님, 그런 자들이 두들겨 맞는 곳이 정말 있습니까?

예수님 그렇다. 내 말은 모두 진리니라. 어찌 내가 없는 곳을 있
다고 지어내겠느냐! 성경이 언급하는 모든 일은 이루어지
고 있으며, 또한 반드시 이루어질 것이다. 나는 실언을 하
지 않는다.

제시카 주님, 무섭습니다. 저 역시 많이 맞을 사람이었는데 당신께
서 깨워주셨습니다. 당신을 안다고 스스로 자부하던 종
교관에 사로잡힌 목사가 아니었습니까. 어찌 저는 깨워주
셨습니까?

예수님 그대는 그 잠에서 스스로 깨기 위해 내 앞에서 죽음을 각

오한 사투를 벌였다.

제시카 저는 단 하루라도 더 죄짓기 전에 당신께서 제 목숨을 취해 가시길 진심으로 간구했습니다. 제가 가야 할 바깥 깜깜한 장소를 보고 알았기 때문입니다.

예수님 그대는 그 사투의 결과로 나와의 첫사랑을 회복했다. 그러나 이것은 모두의 분복은 아니다.

제시카 주인님, 저는 그들을 깨우고 싶습니다. 우리 백성을 무지한 깊은 잠에서 깨우고 싶습니다. 제가 어떻게 해야 합니까? 이전의 저를 생각하니, 그들이 너무 불쌍하고 가엾습니다. 저도 그중 하나였으니 더욱 마음이 아픕니다.

제 길을 제시하시고 인도하소서. 제가 당신의 마음을 흡족하게 해드리도록 최선을 다하겠습니다.

예수님 그대의 생명을 바쳐서라도 말이냐?

제시카 제 생명은 이미 제 것이 아닙니다. 당신께 올려드린 지 오래입니다. 당신의 마음을 유쾌하게 해드리는 일이라면 제 생명이 무슨 대수겠습니까. 그렇게 하겠습니다. 주님은 창조주시고 저는 피조물이오니, 제게 피조물의 본분을 다할 수 있는 충성의 축복을 허락해 주소서.

그러나 이 계집종은 보시다시피 사람들이 선호하지 않는 여자 목사입니다. 이제는 늙고 지친 데다가 퇴직할 때가 다가오니 아무 힘과 능이 없습니다. 오직 당신만이 제게 기름을 부으시고, 그 일을 가능케 하실 수 있습니다.

주님께서 판단하시기에 제가 그 사명에서 배반하지 않고, 당신의 이름을 더럽히지도 않고, 당신에게 누를 끼치지 않을 자라고 생각하시면 보내소서. 오직 당신만을 영화롭게 할 수 있는 자라면 저를 보내소서. 제가 그들의 영의 깊은 잠을 깨울 수 있도록 당신의 살아 있는 영을 말씀으로 선포하겠습니다.

그들이 각자 삶에서 주님 뜻대로 살겠노라 스스로 결심하면, 그때 당신이 그들에게 거룩한 입맞춤을 하소서. 그들의 영이 깨어 움직이도록 하소서. 당신의 백성으로서 합당한 삶을 살 수 있도록 인도하소서. 거룩한 신랑의 입맞춤으로 잠자고 있는 당신의 신부들의 영이 깨어나는 놀라운 기적이 일어나게 하옵소서.

예수님 **그 일이 시작되면, 그대의 영에 영광스러운 기쁨과 즐거움이 있을 것이다. 또한 현세대의 바리새인인 종교인들로부터 탄압과 핍박과 돌멩이 세례도 동반될 것이다. 괜찮겠느냐?**

제시카 안 괜찮지만… 바로 그 일로 인해 제 깊은 잠을 깨우신 것 아니십니까? 저는 당신께 생명의 빚을 진 자입니다. 그러니 모든 영광과 존귀는 오직 당신께서만 받으시고, 핍박과 돌멩이 세례는 제가 받겠습니다.

주님은 십자가에서 이미 그 일을 치르셨습니다. 다시 재현하실 필요 없습니다. 이제는 당신의 제자인 제가 그 길을 따라가겠습니다. 실은 두렵지만, 당신께서 동행하시니 괜찮습니다.

그런데 이왕이면 몸집 좋고 배짱 좋고 힘도 센 남자 목사를 택하지 그러셨습니까? 대형 교회에 말 잘하는 변호사 같은 목사들이 줄줄이 있는데, 어찌 이리 천하고 무식한 여종을 택하셨습니까? 심히 부끄럽고 죄송합니다.

예수님   **그들은 잃어버릴 것이 많기에 이 길을 선택하지 않는다. 명예와 권력을 맛본 자는 핍박과 돌멩이 세례는 원치 않는다. 설령 마음으로는 원한다고 해도, 행위를 동반하지 않을 것이다.**

모든 것을 버릴 수 있는 자가 모든 것을 가질 수 있다. 그대는 잃을 것이 없으니, 오직 나 하나만을 선택한 것이다. 그렇다! 이 길을 가거라. 내가 반드시 너를 마지막 날에 웃는 자로 만들어주마.

그대, 나의 신부야. 네가 이 일을 잘 완수할 것이다. 이 땅에서 네 마지막 날, 내가 너를 친히 데리러 오마. 내가 왼손으론 그대 머리에 팔베개해 주고 오른손으론 그대를 안으며 마지막 잠에서 깨워주마. 순간과 영원이 합쳐지는 바로 그 순간에 내 손을 의지하여 죽음의 자리에서 훌훌 털고 일어나게 해주마.

아아⋯ 나의 사랑, 나의 신부여. 나는 너를 지극히 사랑한단다. 여인 중에 어여쁜 자여, 바로의 준마 같은 자여, 내

눈에 아름다운 자여, 나의 ○○야. (이때 예수님은 흰 돌에 새겨진 내 이름을 부르셨다. 그분은 천국에서 단 한 번 그 신비한 흰 돌을 내게 보여주셨다. 주님께서 그 비밀스러운 이름을 불러주시는 것이 진실로 반가워서 주님의 허리를 와락 안았다. 그러고는 그분의 어깨에 내 머리를 기댔다)

제시카   나의 주인님, 내 영이 창조된 때의 원래 이름을 아시는 주인님이시여. 저도 당신을 사랑하나이다.

당신의 영광이 찬란하게 펼쳐지는 날에 이 미천한 계집종을 기억하소서. 당신의 들메끈에 묻은 먼지 한 톨만 못 한 이 여종을 기억하소서. 당신의 영광에 누가 될까 봐 매일 노심초사하며 사는 당신의 여종을 기억하소서. 제가 곧 떠날 사람처럼 이 땅에서 하루하루를 까치발로 사는 사실을 기억하소서.

예수님   **나는 너를 영원히 기억한다. 너를 도장처럼 두르고 인장처럼 내 영에 새겼다. 나의 귀한 신부야, 너는 내 것이니라.**

제시카   할렐루야. 오늘 제 금식을 받아주셔서 감사합니다.

아멘, 주 예수여. 어서 오시옵소서. 마라나타!

生 생수 우물가의 대화

예수님 종려나무 열매 송이 같은 나의 신부야, 네가 반드시 큰일
을 시작하겠고, 그 일들을 이루리라.

제시카 아버지여, 제가 그 일이 어떤 일인지 알지도 못하는데 어찌
시작한다고 하십니까?

예수님 때가 되면 알려주마. 무엇이든지 수에 연연하지 마라. 여
호와의 구원은 사람이 많고 적음에 달리지 아니하느니라.
비록 적은 무리라도 내 계명을 지키는 자들이 나를 사랑
하는 자들이다. 그런 자들을 나는 '내 백성'이라고 칭한
다. 그러니 그들 위에 내 눈이 머물러 있다는 사실을 명심
하여라.

그대는 그때까지 사람을 만나 드러나지 말고 숨어 있거
라. 내가 너를 홀로이 감출 것이다. 그러나 내 때가 이르
면, 평생 향품을 고이 모아둔 마리아처럼 옥합을 깨듯이
내게 열납될 것이다. 바로 그 삶을 위하여 내가 너를 준비
하고 기름을 부었단다. 나는 내 천사를 바람처럼 사용하
고, 내 사역자를 불꽃처럼 사용한다.

세상 교인들처럼 그날이 더디 올 거라며 자신을 위로하거

나 자궁하지 말고 깨어서 기다려라. 나는 그날을 반드시 네게 알게 할 것이요, 그날에 우리의 추수가 시작될 것이다. 보라. 각 사람의 무릎이 꿇어지고, 각 사람의 혀가 풀리며, 그 입에서 "주는 그리스도시요 살아계신 하나님의 참 아들"이라는 두려운 고백이 나올 것이다. 바로 그날이 나의 날이다.

나는 마지막 때에 나의 신부 추수꾼으로 그대를 택했다. 부름을 받았으니 그 부름을 시작하고 이룰 때까지 기다려라. 헛된 공명심에 흔들리지 말거라. 그대가 이 땅에 태어난 이유를 내가 이제 알렸으니 자신의 참 신분을 깨닫고 인내하며 준비하여라.

제시카 제가 무엇을 어떻게 준비하면 되나이까? 일러주소서. 이 여종이 따르리이다.

예수님 세상 신이 주는 그 어떤 슬픔도, 기쁨도 다스리거라. 이 땅에 영원한 것은 아무것도 없다. 영의 세계 외에는 영원한 것이 존재하지 못한다.

참으로 귀한 자여, 귀한 자의 신분에 걸맞게 처신하고, 낮추어 겸손히 행하며, 내가 보내는 자들의 발을 씻기는 마음으로 섬겨라. 그러나 모두에게는 아니니라.

제시카 아버지여, 보내시는 자들이 모두 인간의 형상으로 인간의 언어를 사용합니다. 당신께서 보내시는 자인지, 아닌지를 제가 어떻게 구분하고 압니까?

예수님 내가 보내는 자들은 나의 정예부대이며 나의 콘투 스트라들이다. 물에 얼굴을 비추면 같은 얼굴이 보이는 것같이 사람의 마음도 서로 비추어 볼 때 그대와 같은 영을 알아볼 수 있느니라. 내가 이를 위해 동물원에서 너를 훈련하지 않았느냐.

제시카 주님, 세계에서 가장 크다고 꼽히는 4,000여 마리의 동물과 희귀하고 이국적인 생물체 800여 종이 서식하는 장소에서 제게 각 사람의 영을 보라고 몇 날이나 명하셨던 것이 바로 이 분별을 위함이었나이까? 사람도 수천수만이 붐비는 곳이라서 너무 힘들었습니다.

그런데 많고 많은 장소 중에 왜 하필 캘리포니아주의 샌디에이고 동물원을 택하셨는지요?

예수님 각종 동물이 한곳에 서식하기 때문이다. 동물의 혼과 어우러진 사람 속에 있는 각 영의 특징이 숨겨지지 않고 방심하여 드러나는 장소다. 사자의 형상과 혼으로 드러나는 자의 영이 있는가 하면, 원숭이, 늑대, 독수리 등으로 드러나는 숱한 영의 종류가 있다. 하다못해 생쥐 형상의 혼을 지니고 사는 자도 있느니라. 《잠근 동산》 180. 예수님과 나는 어떻게 축사하는가? 참조)

제시카 아아… 주님, 저는 그것도 모르고 영을 식별하느라고 너무 힘들었습니다. 종일 각 사람 속에 들어 있는 영의 상태와 형상을 보고 나자, 온몸에 힘이 빠지고 나중에는 다리가 덜덜 떨려서 서 있기조차 힘들었습니다. 비천하고 추악한 영들을 원 없이 보고 집으로 돌아오는 차 안에서 속이 메스꺼워 혼났습니다.

예수님 **내가 강행군을 명했던 것을 안다. 수고했다, 나의 신부야.**

제시카 주님, 그때는 당신의 뜻도 모르고 동물원을 수차 방문하여 그 훈련을 받았습니다. 이제 당신께서 숨은 의미를 알려주시니 감사하고 기쁠 따름입니다. 그런데 주님, 이런 강한 훈련을 다른 이들도 받습니까?

예수님 **그렇다. 나의 신부들이 마땅히 받아야 하는 훈련이다. 그러나 모두 같은 행로로 훈련받지는 않느니라. 모든 사람의 영은 다른 색깔과 재질을 지니고 있다고 내가 이르지 않았더냐.** 《잠근 동산》 102. 돌멩이의 마음과 보석의 마음 참조)

제시카 이제 알았습니다, 주님. 아프리카를 떠나는 날이 조금씩 다가옵니다. 지금부터 제가 무엇을 하기를 원하십니까?

예수님 **그대가 장차 도착할 바다가 가까운 새로운 목회지에도 먹이고 재워야 할 80여 명이 네 손길을 기다리느니라.**

제시카 당신께 하듯이 그들을 최선을 다해 섬기겠습니다. 부족한 제게 그 소명을 감당한 힘을 허락하소서.

예수님 **내가 그리하마. 내가 허락한 시간 동안 그 일을 잘 완수하여라. 그대가 원하는 시각이 아닌 내가 허락한 시각이라는 것을 잊지 말아라. 그 장소를 떠나고부터 그대는 이 땅에서 신부의 사명을 시작할 것이다. 그때까지 자신을**

숨기고 바닷가 벌판에서 소리 내지 말고 있거라.

제시카 아… 주님, 저는 바다를 좋아합니다.

예수님 (주님께서는 빙긋 웃으셨다) **안다. 그래서 내가 그곳으로 보낸다. 몸과 마음이 힘들면 바닷가 벌판으로 가서 파도를 보며 기도하고, 하늘을 보며 나를 바라보거라.**

제시카 제가 정년퇴직한 후 바닷가 벌판의 도시에서 사나요?

예수님 **아니다. 이후에는 바닷가 낭떠러지로 떠날 것이다. 장차 올 그 일은 내게 온전히 맡기고, 하루하루를 그대가 섬겨야 할 자들을 보살피며 살거라. 나는 이미 그대가 퇴직하고 살 장소를 마련했단다. 그러니 그저 나를 믿거라. 바닷가가 그렇게 좋으냐?**

제시카 네… 정말 좋아요. 저는 비릿한 바다 내음도 좋아합니다. 어릴 적 살던 부산에 온 것 같아서요. 바다로 갈 날을 생각하면 제 가슴이 뜁니다.

예수님 **나도 그렇다.**

제시카 주님은 모든 것을 창조하신 분인데, 어찌 비천한 피조물인 제가 기쁘면 늘 함께 기뻐해 주십니까?

예수님 **그대가 내 속에서 나왔지 않았느냐. 그러니 내가 없는 그대는 존재하지 않는다는 것을 기억하여라.**

제시카 당신이 없으면 저는 존재하고 싶은 마음이 전혀 없습니다. 이 땅에서나 저 천국에서도요.

예수님 **바로 그 마음이 내가 내 신부들에게 원하는 마음이니라.**

그대, 내 포도원에 퍼진 꽃술과 같은 자여.

제시카   예수님, 사랑합니다. 이제 하루를 시작하겠습니다.

예수님   (주님께서 미소를 띠며 나를 바라보셨다) **그리하라.**

제시카   할렐루야. 존귀하신 나의 주인님을 찬미합니다.

         찬-미-예-수-님! 마라나타!

58 경건하게 살고자 하는 자는 핍박을 받으리라

🌹   생수 우물가의 대화

예수님   향기로운 산들의 노루와 같은 나의 신부야. 내 피 값을 주고 산 나의 여인이여. 네 삶을 내가 운행한다는 사실을 늘 명심하고 살거라.

제시카   주님, 그 사실이 제게 얼마나 위로가 되는지요! 썩어 없어질 것에 연연하는 이 여종의 능력으로 삶을 스스로 운행한다면 얼마나 서글픈 열매로만 가득하겠습니까. 한평생 살아온 길을 돌아보니 수치와 부끄러움만 가득할 뿐입니다. 지금까지 저를 돕고 이끄신 주님이여, 앞으로도 영원토록 여종의 삶에 기름부으사 이끌어 주옵소서.

예수님 **네 마음이 불안하구나. 어찌 그런 게냐?**

제시카 미국으로 돌아갈 날이 다가오니 그런가 봅니다. 이전에 제 책들을 미워하여 미국 총회에 수시로 항의했던 정 목사에 대해 말씀드린 것을 기억하십니까?

예수님 **네가 평생 한 모든 말과 행동을 빠짐없이 기억한단다.**

제시카 아… 그렇지요. 주님께서는 우리와 성정이 완전히 다른 분이라는 사실을 종종 잊어버립니다.

정 목사가 최근에 제가 성경 공부 영상에서 시작 인사를 할 때 저를 'Major'(참령/사관)라고 안 하고 '목사'라고 칭한다고 재차 미국 총회에 항의했다고 합니다.

예수님 **호칭이 네게 중요한 것이냐?**

제시카 주님, 사람들이 저를 목사든, 사관이든, 이단이든, 삼단이든 뭐라고 부르든 상관이 없습니다. 목사라고 칭해도 목사다운 삶을 살지 못했고, 사관으로 불러도 사관다운 삶을 살지 못했으니까요. 그러니 사람이 저를 어떻게 생각하고 뭐라고 부르는지가 무엇이 중요하겠습니까?

그러나 그자에게는 스스로를 분리하여 높은 계급으로 불리는 것이 매우 중요한 것 같습니다. 바리새인과 로마 병사들은 주님을 '유대인의 왕'이라고 부르면서도 당신의 존귀하신 얼굴에 침을 뱉고 수염을 뽑았습니다. 그러니 비아냥거리는 자의 호칭 요구가 뭐가 중요하겠습니까. 어떤 자는 영상 댓글에 왜 여자가 목사라고 칭하냐고 묻습니다.

예수님 (주님께서 피식 웃으셨다) **이 땅의 삶이란 그런 것이다. 다들 스스로에게는 관대하며 자기 일에는 변명하길 잘한다. 그러나 타인은 없는 구실이라도 만들어서 깎아내리려 하는 것이 인간이다. 자신이 살아남기 위해 남의 약점을 드러내어 그를 밟고 올라가야 한다고 믿는 것이 세상 신의 법칙이지. 이 모든 것은 밤처럼 한순간에 지나갈 것이니 눈길도 주지 말거라.**

제시카 주님, 이번에는 정 목사가 제가 개인 종교 단체를 만들었다고 총회에 고자질했다고 합니다. 결코 그런 일이 없는 줄 당신께서 아십니다.

예수님 **이 모든 것은 지나갈 것이라. 그자는 참소를 즐겨하는 원수의 영인 제 아비의 입을 가졌으니 당연하다. 그는 제 입의 열매를 먹을 것이라. 까닭 없는 저주는 도로 제 머리로 돌아간다는 것을 기억하거라.**

제시카 그게 사실인가 봅니다. 정 목사가 며칠 전에 갑자기 뇌졸중으로 쓰러져서 병원 응급실에 실려 갔다고 들었습니다.

예수님 **그를 불쌍히 여기거라. 자신이 무슨 짓을 하는지 모르고 일을 저지르는 자니라. 그는 너를 미국 총회에 밀고함으로써 교단에 충성한다고 믿는 자다. 2천 년 전, 로마의 권력자 앞에 나를 밀고한 서기관과 바리새인들도 그것이 내 아버지께 충성하는 거라고 믿었다. 자기 머리에서 나온**

의로 충만한 자들이었지.

제시카 그러나 그자는 없는 일을 지어내서 저를 음해하려고 하지 않았습니까. 제가 개인 종교 단체를 만들 여력이나 있습니까. 저는 장애 아이들을 먹이고 보살피는 사역도 힘에 부칩니다. 현재 하는 목회와 임무도 무거운 짐입니다. 매달 다음 달 아이들 양식조차 사기 힘들어하는 제게 그런 일을 할 틈이 어디 있다고요! 그자가 거짓말을 지어내어 자꾸 밀고하니 억울하고 속이 상합니다.

예수님 사랑하는 자여, 인간은 존귀하나 깨닫지 못하는 자는 멸망 받을 짐승과 같으니라. 내 수많은 종이 그랬듯이 그 역시 처음 시작은 미려하고 좋았다. 그러나 세월이 가고 권력의 맛을 보면서 차츰 신앙이 변질되어 그 영이 곪아가기 시작했다. 그러니 그냥 무시하거라. 개가 그 토한 것을 다시 먹느니라.

그자는 끊임없이 남을 밀고하여 억울한 일을 타인에게 건네주다가 결국은 다른 자의 밀고로 그 권세가 막을 내릴 것이다. 스스로 뿌린 쓴 씨앗은 반드시 스스로 먹게 되어 있느니라. 사람이 무엇을 심든지 그대로 거둔다는 말이 무엇을 의미하는지 모르느냐!

제시카 주님, 참으로 무섭습니다. 어제 영의 세계에서 그자의 부인을 성 밖에서 보았습니다. 수많은 사람이 성 바깥에서 바삐 왕래하는데, 그 가운데 그녀가 홀로 서 있었습니다. 주일 대예배 때 입는 군복을 입고, 하늘을 향해 고개를 들고 서 있었어요. 그 얼굴엔 수심이 가득했고 피곤해 보였습니다. 그 눈이 마치 상한 생선의 눈처럼 희미하게 초점 없이 허공을 보더이다. 저는 무서웠습니다.

남편은 어딜 가고 어찌 부인 혼자 그 몰골로 성 밖에서 거처도 없이 서 있는 것입니까?

예수님 **그 여인의 영이 어디에 있든 너와 무슨 상관이 있느냐. 가야 할 곳으로 갈 것이고, 처할 장소에 처할 것이다. 그러니 너는 네 믿음이나 잘 지키거라.**

제시카 주님, 사람이 이 땅에서 높은 직위를 가졌다고 천국의 높은 하늘로 올라가는 게 아니라는 것쯤은 압니다. 그런데도 사람은 높이 올라가기 위해 남을 깎아내리려고 목숨 걸고 바둥거립니다. 참 슬프고 두려운 일입니다.

저 역시 인생의 전반전을 더 큰 교회, 더 많은 교인, 더 많은 헌금 액수를 지향하면서 살았습니다. 아아… 주님, 그때를 기억하면 아직도 아찔합니다. 저를 용서하소서. 사실 저는 속물 목사였습니다. 저 역시 총회 소속 목사로서 권력의 맛까지 보았습니다.

대총회 모임 날, 식사 시간에 저와 남편 목사의 식탁 앞이 저희 줄에 서려는 후배 목사들로 붐볐습니다. 토니가 입을 열면 다른 목사들이 입을 닫고 듣던 날이 있었습니다. 제가 낯이 뜨듯하여 당신을 볼 면목이 없습니다. 만약 주님께서 저를 불러 돌이켜 세우지 않으셨다면, 아마도 저는 바깥 캄캄한 곳에서 이를 갈며 처절한 저주의 부르짖음 속에 갇혀 있을 존재였습니다.

맞습니다, 주인님. 제가 잘못했습니다. 정 목사를 불쌍히 여기겠습니다. 그곳은 사람으로서는 가지 않아야 할 참담한 저주의 장소입니다. 사람은 육신에 갇혀 있을 때 빨리 모든 불의를 회개해야만 합니다. 회개를 미루다가는 영이 무뎌져서 결국 썩은 악취에 휘감긴 바깥 캄캄한 장소에 서게 될 것입니다. 그 안에 당신의 종들이 얼마나 많은지요.

예수님 **그들은 나의 종이 아니다. 그들 스스로 나의 종이라고 생각할 뿐이다. 그들은 자기가 쌓은 견고한 자아의 종이 되어서 원수의 영에 속아서 산 자들이니라. 나의 성령을 얼마나 탄식하게 한 자들인지 모른다.**

회개란 사람의 코에 호흡이 붙어 있을 때만 효력이 있다. 때를 놓친 자는 멸망의 아들이다. 그들을 생각하면 내 마음이 답답하구나. 어찌 다들 스스로 잘 가고 있다고 자만하며 사는지… 자신의 자긍이 그들을 속이고 있느니라.

모든 일에 충성하는 마음 중심에는 내가 있어야 한다. 그 충성이 나로 인한 것이 아니면 아무 의미도 없단다. 사랑하는 자여, 남의 허물과 실수를 보면 판단하거나 정죄하지 말아라. 오히려 두렵고 떨리는 양심으로 자신을 돌아보아 정결을 지키려 애쓰거라. 무릇 나 예수 그리스도 안

에서 정결하게 살기를 노력하는 자는 늘 박해를 함께 받으리라. 그것이 이 세상의 이치니라.

그대가 장차 가는 곳에는 박해가 기다리고 있다. 벗으로 가장한 유다의 입맞춤도 받을 것이다. 그대 등에 비수가 꽂히는 아픔도 겪을 것이다. 모두가 그대에게 침을 뱉고 채찍을 후려치는 수치도 당할 것이다. 그대를 도살장의 양처럼 내몰고 쫓아내려는 자도 만날 것이다. 남에게 말할 수조차 없는 억울한 고난도 있을 것이다.

그렇지만 나는 내가 걸어간 갈보리의 핍박의 길을 내 신부도 따라오길 원한다. 그 모든 핍박이 강풍처럼 지나간 후에 그대는 이 땅에서 신부의 참 사명을 시작할 것이다. 그때까지는 침묵하고 기도하며 바닷가 벌판에서 조용히 고난의 잔을 마시거라. 이후에 내가 다시 그대를 바닷가 낭떠러지로 옮기리라. 낭떠러지 은밀한 곳에서 소리 내지 말고 조용히 숨어 있거라. 무슨 일이 닥치더라도 내게서 멀어지지 말아라.

제시카 (주님께서 이르시는 말씀이 너무 엄청나서 어안이 벙벙하고 머릿속이 하얘졌다. 놀란 눈을 동그랗게 뜨고 끔뻑끔뻑했다. 여기 아프리카보다 더 힘든 곳이 있단 말인가! 주님께서는 또다시 나를 저울에 달아보시는 것인가? 정말 그런 심한 핍박이 연약한 내게 닥칠 것인가? 그러나 주님의 모든 말씀에는 이유가 있다. 무엇이든지 침묵하고 순종하면 된다)

네, 주님으로부터 절대 멀어지지 않을 것입니다.

예수님 고난과 핍박 외에 내 신부가 이 땅에서 받을 것이 무엇이 있겠느냐. 원수의 영이 주인 행세를 하며 사람들을 속이는 게 이 땅 아니더냐. 그러나 쓰레기통 속에서도 백합은 피어난다. 쓰레기 더미 안에서도 내 백성들은 고결함을 지키며 백합화 향기를 뿜어내느니라.

나는 백합화 가운데서 양떼를 먹이는 자다. 내 신부도 그런 핍박을 당하며 그 안에서 양떼를 먹이는 사람이 되길 원한다. 세상을 이기거라. 환경에 휘둘리지 말고 정복하여 다스려라. 그리하여 내 마음을 유쾌하게 만들어다오, 나의 신부여.

제시카 주님, 최선을 다해 그렇게 살겠습니다. 오늘 아침에 툴툴거려서 죄송합니다. 잘못했습니다. 제가 억울한 일을 당하니 속이 상해서 저도 모르게 옛 성품이 불쑥 나왔습니다. 남을 비방해서 참으로 죄송합니다.

예수님 억울한 일을 당할 때 변명하지 말거라. 사람에게 이해시키려 하지도 말거라. 차라리 내게 그 모든 짐을 내려놓거라. 그리하면 모든 지각에 뛰어난 내 아버지의 평강이 그대의 마음과 생각을 지킬 것이라.

이 땅의 일을 사람의 지식으로 해결하려 하지 말거라. 그것은 세상의 초등 학문이니라. 오직 내게 고하고 짐을 내게 맡겨라. 그대가 할 일은 마음의 회개와 회개에 합당한 열매를 삶에 맺는 것뿐이다. 그대는 잠잠히 있어 내가 여호와 된 것을 알지니라.

내가 그대의 하나님이 아니냐! 내 신부를 생각하고 인도하는 자가 나 외에 누가 있더냐! 내 눈에 작은 황금빛 진주 같은 자가 그대 아니더냐! 내 보좌 앞에서 남보석 바다 안에 그 황금 점이 움직일 때 내 눈이 끊임없이 그 빛의 점만을 주시하지 않더냐! 내 눈이 누구에게 머물러 있더냐! 내 신부들의 황금빛 표기점이니라.

지구 안에 거하는 내 왕권 신부들이 움직일 때, 그 신부들의 심장 안에서 함께 숨쉬고 있는 나의 영이 발하는 황금빛도 함께 움직인다. 바로 그 황금 점이 지구 안에서 그들의 위치 표시점, 그들의 행선지다. 《잠근 동산》163. 보좌 앞 유리 바다에서 참조)

나의 신부야, 자신의 직위를 알고 귀함을 깨달아라. 바다가 끊임없이 그 수치를 뱉어내며 주절거리듯이 환경에 요동하는 말을 입에서 뱉어내는 것은 마땅치 않은 일이다. 그대는 나의 신부답게 말하고 행동하고 처신하거라. 그리하여 내 마음을 유쾌하게 해다오, 그대 나의 어여쁜 자여.

제시카 주님, 잘못했습니다. 이 여종이 큰 죄를 지었습니다. 그자를 온전히 용서하겠습니다. 그자의 정체와 갈 곳을 알았으니 긍휼히 여기겠습니다.

예수님 그대가 말하고 행동할 때는 항상 그대 곁에서 동행하는

나를 생각하여라. 그리하면 마땅히 행할 바를 알리라. 바로 이것이 우리의 동행이 아니더냐! 그대의 억울함이 나의 억울함인 줄 잊었느냐!

제시카   아이코! 이 죄인을 용서하옵소서, 주님이시여. (나는 얼른 바닥에 무릎을 꿇었다. 주님은 인간의 말로 표현할 수 없는 엄위함과 자비하심이 동시에 있는 분이다)

제가 깨달았나이다. 이제는 그자를 섬기겠습니다. 그자의 언어와 행위에 상관없이 무조건 섬기겠나이다. 제가 그렇게 하기를 당신께서 원하고 계심을 알았습니다. 그자를 불쌍히 여기소서. 긍휼함으로 거두소서.

예수님   (주님은 그제야 환한 미소를 지으셨다) **바로 그것이다, 내 딸아. 이제 마땅히 취할 네 본모습으로 되돌아왔구나.**

제시카   주님, 어찌하여 저를 처음부터 꾸짖지 않으시고, 늘 당신의 눈높이를 제게 맞추어 대화해 주십니까? 제가 처음에는 스스로 잘난 줄 알고, 미주알고주알 주절거렸습니다.

철없고 무식한 저를 인도하시는 당신의 인내와 지혜를 찬양합니다. 당신의 자비와 긍휼함이 무궁하므로 제 마음이 오늘 아침 또다시 놀랐나이다. 솔로몬 왕의 지혜 앞에서 입을 다물지 못했던 남방 여왕의 놀란 심정을 천만분의 일쯤 이해했습니다. 계집종의 찬양을 받기에 합당하신 우리 주님, 제 온몸과 뜻과 정성을 다하여 당신을 사랑합니다. 못난 여종을 받아주소서. 마라나타!

59 안녕, 내 사랑 아프리카!

오늘은 케냐를 떠나는 날이다. 케냐 총회에서 원주민 목사님들이 우리 부부의 송별 예배를 마치면서 모금을 했다. 국제선을 타는 우리를 위해 크고 까만 이민 가방 4개를 이별 기념 선물로 사주었다. 그러나 옷이나 생필품을 우리 아이들이나 마을 사람들에게 이미 모두 나눠주었기에 속옷과 세면도구 외에는 미국에 가져갈 물품이 없어서 부목사님 부부에게 이민 가방을 주었다.

목양관을 떠나는 날이 확정되자, 마음이 착잡하고 하늘을 보면 눈시울이 뜨거워졌다. 목양관에 조금 있던 가구와 우리가 타던 자동차는 케냐 총회에 기부했다. 떠나는 날 점심시간에 부목사님이 목양관 문을 두드렸다. 나이로비 공항으로 우리를 데려다주기 위해서였다.

목양관 대문을 열고 나왔을 때, 깜짝 놀랄 엄청난 일이 우리를 기다리고 있었다. 대문에서 교회 정문까지는 옥수수 텃밭 사이로 최소 5분은 걸어야 하는 거리였다. 그런데 몸이 성치 못한 우리 아이들 100여 명과 직원들, 그 가족들이 길 양쪽에 서서 부동자세로 경례를 하고 있었다. 심지어는 마을 꼬맹이들까지 배웅 인사를 하려고 다 나와서 우리를 기다리고 있었다. 손을 이마에 붙인 채 "마마"(스와힐리어로 '엄마')라고 부르며 흐느껴 우는 아이들의 얼굴이 눈에 들어왔다.

'이것이 마지막 순간인가….'

참았던 눈물이 왈칵 쏟아졌다. 토니도 눈물을 닦고 있었다. 우리는 울다가 미소를 지으며 그들에게 말없이 손을 흔들었다. 한 사람씩 손을 잡기에는 시간이 넉넉하지 못했다.

어제 나는 부목사와 읍내 은행에 가서 가진 모든 돈을 찾아 아이들 식량비로 다 주었다. 이제 우리의 마음과 미소 외에는 아무것도 마을 사람들에게 나눠줄 것이 없었다. 3년 전 케냐에 올 때, 주님께서는 무소유가 되어 빈손으로 미국에 돌아오라고 하셨었다. 마침내 그분의 명을 지켜드렸다.

'오… 내 목숨보다 더욱 사랑하는 나의 예수님. 오늘 이 아름다운 순간의 장면을 기억해 주소서. 그리고 모든 영광을 주님 홀로 받으소서. 아멘, 주 예수여. 어서 오시옵소서!'

♦ 생수 우물가의 대화

제시카 주님, 주님! 어둑어둑한 아프리카의 하늘을 비행기 창문을 통해 바라보고 있습니다. 3년 전 처음 도착했을 때도 지금처럼 저녁 무렵이었습니다. 지금이 아프리카의 붉고 장엄한 노을을 보는 마지막 순간이 되겠지요. 제 인생의 한 챕터가 끝나고, 새로운 챕터가 펼쳐지는 중입니다. 괜히 가슴이 뭉클하고 눈시울이 뜨듯해집니다.

돌아보니, 케냐에서 지난 3년간 죽을 고비를 세 번이나 겪었는데 아직도 살아 있네요. 그때마다 당신께서는 저를 살려주시고 생명을 연장해 주셨습니다. 주님의 크신 자비와 사랑이 진심으로 고맙습니다.

예수님 **그대의 생명과 나의 생명이 연합하여 있는데 어찌 죽는다고 하느냐. 그대의 수한은 생명 싸개에 싸여 내 부활 안에 감추어져 있느니라. 그대가 나와 함께 십자가에서 세상의 정욕을 못 박았으니, 또한 나와 함께 내 아버지의 왕국에서 부활하리라.**

제시카 작고 천한 계집종의 행위를 늘 좋게만 말씀해 주시는 당신께 감사를 올립니다. 주님, 밖을 좀 보세요. 짙은 주황색 구름 들판이 끝없이 펼쳐져 있어요. 저는 하늘에서 구름을 내려다보는 일이 너무 신나요.

방금 비행기가 제가 살던 시골 마을을 지나갔어요. 주소조차 없는 저 시골에서도 매일 당신의 임재 안에서 행복하게 살았습니다. 그 가운데 제 육신이 지구 어디에 있는지는 전혀 중요하지 않다는 사실을 배웠습니다.

예수님 (주님께서는 싱긋 미소를 지으셨다) **그래? 그렇다면 그대에게 중요한 것이 무엇이냐? 대답해 보아라.**

제시카 (나도 미소를 지으며 주님을 바라보았다) 음… 제게는 당신께서 저와 동행하시는지, 아닌지가 유일하게 중요합니다. 제가 만약 천국에 있더라도 당신께서 저와 함께 계시지 않는다면, 그곳은 천국이 아닙니다. 하지만 반대로, 제가 설령 아골 골짜기에 있더라도 당신께서 함께 계신다면 그곳은 제게 천국일 것입니다.

부족한 종이 아프리카의 붉은 사막에서 3년을 살고 난 후에야 그 사실을 겨우 깨달았습니다. 왜 그토록 중요한 진리를 미처 알지 못했을까요!

예수님 크리스천들은 그 사실을 머리로는 안다. 그러나 가슴이 합쳐지진 않지. 수십 년이 걸려도 그 깨달음이 머리에서 가슴으로 도달하지 못하는 내 백성이 대부분이란다. 그들은 좋은 환경에 있어도 감사할 줄 모른다. 안 좋은 환경에 있으면 얼굴색이 변하여 불평의 쓴물을 마음에서 뿜어내며 입으로 쏟아내지. 그러니 주변 환경을 정복하거나 다스리지 못한 채, 늘 환경에 눌리고 휘둘리며 산단다.

사람이 그 속사람을 정복하고 다스릴 때 진정으로 행복할 수 있다는 진리를 모르고 사는 이들이 많다. 다들 외부 조건이 나아질 때 행복해질 거라고 믿지. 그렇게 속살거리는 원수의 영에게 속고 살기 때문이다. 늘 '조금만 더' 타령을 되뇌며 평생을 사는 것이다.

제시카 그렇다면 무엇이 행복의 주체가 되어야 하나요?

예수님 행복의 주체는 '마음의 결정'이다. 지금 행복하다고 결정하는 거지. 마음을 결정하고 다스릴 줄 아는 자는 행복에 이미 도착한 거란다. 그는 행복이라는 목적지에 이르는 길을 알고 있지.

때로 세상에 그런 자들이 가끔 있다. 그러나 나의 신부들이 그 수준에 그치지 않고, 그 이상이길 바란단다.

제시카 행복에 이르는 길조차 모르는데, 어찌 신부가 마땅히 지향해야 하는 수준 이상의 길을 알겠습니까. 신부가 취해야 할 행복이 무엇인지 제게 가르쳐주소서.

예수님 **신부의 참 행복은 하늘 아버지께 '순종'할 때 생겨난단다. 신부가 내 아버지의 심정을 헤아린 후 그분께 온전한 순종을 올려드리면, 그것이 그들에게 위대한 행복감을 가져다주지. 진주 문 안은 그런 자들이 모여 사는 거룩한 거주지란다. 천사들도 마찬가지다. 내 아버지가 명한 임무에 순종한 천사는 그 일을 이루기 위해 최선을 다한다. 왜냐하면 아버지께 순종하는 그 시간이 그들에게 최상의 행복감을 가져다주기 때문이지. 그들은 오랜 세월 동안 무수한 경험으로 그 사실을 잘 알고 있단다.**

불행하게도 교회에 다니는 대부분 사람은 마귀와 동행하기에 그 사실을 모른 채 속고 산단다. 그들은 내게 순종할 때 자신이 지불해야 하는 대가만을 상상하기에 지레 겁을 먹고 순종하길 아예 포기해 버리지.

제시카 제가 바로 그런 자였습니다. 이제껏 왜 그렇게 살았는지 모르겠습니다. 그러나 주인님, 저는 이제 변했습니다. 당신은 제가 3년 동안 아프리카의 척박한 땅에서 살며, 그 열린 감옥에서 생존하기를 원하셨습니다. 있는 것보다 없는 것이 더 많은 곳에서 제게 생존을, 불편함 속에서 인내하는 법을, 감사할 것 없는 환경에서 감사하는 법을 가르쳐주셨습니다. 물론 아직도 무수히 많은 것을 배우는 중이지만요…. 돌아보니, 제가 처음 아프리카 땅을 밟았던 순간보다 조금은 더 감사할 줄 아는 종으로 변화된 것 같습니다. 이 모든 것이 오직 당신의 은혜로 인함입니다.

예수님 **그대는 성장하고 있다. 이 길 끝까지 오거라.**

제시카 제가 좁은 길을 가고 있는 것입니까?

예수님 **그대는 그 길의 입구를 지나왔고, 이제는 협곡을 오르는 중이니라.**

제시카 옴마야, 주님… 이 길이 정말 끝이 있는 길 맞습니까? 수십 년간 특수 목회와 사역을 하고, 아프리카 적도 땅, 밧모 섬 같은 열린 감옥에서 3년간 귀양살이를 하고 돌아가는 판국인데… 겨우 좁은 길의 입구를 떠나왔다면 어떡합니까. 저는 벌써 환갑을 넘겼고 검은 머리카락보다 흰 머리카락이 더 많은 지경에 이르렀습니다.

제 평생에 이 길 끝에나 다다르고 주님 앞에 갈 수 있을지 의문입니다. 오, 주님, 사람 살려요!

예수님 **하하하… (주님은 고개를 젖히며 크게 웃으셨다) 끝은 반드시 있느니라. 이 길을 가는 것은 처음 시작할 때만 힘들지 자꾸 연습하다 보면 쉬워지느니라.**

보라! 처음에 그대는 내 손을 잡고 겨우 걸음마를 시작했으나, 지금은 협곡을 올라가고 있지 않느냐!

이 길은 쉽게 가면 어려운 길이고, 어렵게 가면 갈수록 쉬운 길이니라. 신부에 따라 다다르는 시간의 차이는 있으나 지름길은 없다. 또한 밧모 섬은 장차 내가 그대를 보낼 장소이니 아직 도착하지 않은 장소란다.

제시카   네? 오… 주님, 바, 밧모 섬이라니요? 저는 밧모 섬보다 하와이를 선호합니다. 저는 죽었다 깨어나도 요한이 될 수 없습니다. 요한계시록 비슷한 내용을 쓸 일도 없습니다. 사실 저는 계시록에 기록된 상징적인 글이 무얼 의미하는지도 잘 모릅니다. 알고 싶은 마음도 별로 없고요.

저같이 보잘것없는 자가 좁은 길의 반열에 서 있는 것만으로도 제 인생의 무한한 영광입니다. 여기서 앞으로 더 나아가는 건 언감생심 바라지 않습니다.

예수님   내 양떼의 발자취를 기록할 자여, 그대는 좁은 길 위에서 걸음을 떼어 반드시 앞으로 나아가야 한다. 그렇지 않고 머물면 가시와 엉겅퀴가 자라서 그대의 발을 휘감을 것이다. 그대가 처음에 머뭇거릴 때는 내가 가시와 엉겅퀴를 제거하여 주었지만, 이제는 다르다. 스스로 제거하는 법을 배워야 한다. 그래야 따라오는 다른 신부들에게 길을 제시하고 가르쳐주며 양떼의 발자취를 남기지 않겠느냐. 너는 다른 신부들을 위해 발자취의 지도를 만들 자라.

제시카   저 혼자 가기도 힘들어서 쓰러질 것 같은데 어찌 지도까지
         만들 수 있겠습니까. 혼자 가만히 서 있기도 힘듭니다.

예수님   그대는 서 있는 자가 아니다. 붉은 사막에서의 지난 3년
         은 좁은 길이지만 내가 제거해 준 가시와 엉겅퀴가 없는
         길을 간 것이다. 이제는 협곡을 올라가니 입구에서 머뭇거
         리지 말고 가파른 곳을 올라가거라.

제시카   좁은 길에 가시와 엉겅퀴도 있고, 오르막 내리막 언덕도 있
         고, 이제는 협곡까지 있다고요? 아이고 맙소사….
         주님! 이렇게 험한 길의 고난도를 왜 처음부터 말씀해 주
         지 않으셨습니까?

예수님   그대가 좁은 길을 가겠다고 내게 간구를 시작했을 시점부
         터 내가 이르지 않았더냐? 아무나 갈 수 있는 길이 아니고
         난항의 길이라고 말이다.

제시카   그랬습니까? 저는 기억에 없는데요. 수년 전 일이라서 제
         가 잊어버렸나 봅니다.

예수님   너는 참 편리한 기억력을 가졌구나. 이 길은 너무 좁아서
         되돌아갈 수 없다고 분명히 일렀다. 너는 되돌아가고 싶
         은 게냐? 좁은 길에서 방향을 전환하면 우는 사자와 같은
         마귀의 밥이 되어 영적 죽음을 맞이할 수 있다. 좌우 벼랑
         으로 떨어지거나 소금 기둥으로 변할 것이다.

제시카   그건 기억이 납니다. 오매… 그냥 제 뜻대로 마시고 주님
         의 뜻대로 모든 것을 진행해 주시길 구합니다. 아프리카에

서의 시간이 하도 힘들었다 보니 잠시 헛소리를 한 것 같습니다.

예수님 (주님은 빙긋 웃으셨다) **헛소리가 아니라 잠꼬대를 하고 있다. 빨리 깨어서 나의 신부답게 말하고 처신하여라.**

제시카 오늘은 제가 붉은 사막에서 나온 첫날이다 보니 좀 해이해졌습니다. 죄송합니다, 나의 주님! 제가 주님을 너무너무 사랑하는 것 아시지요?

예수님 **그대는 무안하면 꼭 같은 질문을 하는구나. 그래도 내 눈에는 귀엽고 아름답다, 나의 신부야.**

제시카 제 운전면허증 유효기간이 만료되었습니다. 미국에 도착하면 차량국 재시험부터 봐야 합니다. 샌프란시스코에 있는 빌린 창고에 3년 묵혀둔 조금 남은 오래된 생활용품도 끄집어내야 합니다. 또 트럭을 빌려서 한나절 운전해서 새로 부임할 교회 목양관에 이삿짐을 옮겨 넣어야 합니다. 그 와중에 주일에 있을 취임 예배 설교까지 준비해야 해요. 전임 목사가 일러주길, 코로나 이후 출석 교인이 10명이 채 안 된다고 합니다. 제 평생에 그런 작은 교회 부임은 처음입니다. 하지만 당신께서 수에 연연하지 말라고 하셨으니 괜찮습니다.

제 미국의 삶은 3년 전에 멈췄습니다. 삶의 모든 것을 그전으로 돌린 후 새로 시작해야만 하지요. 이것저것 생각하면 마음이 분주해서 밤에 잠도 설칩니다. 제 삶이 다시 주님의 저울에 달릴 것 같아요. 도와주시길 간절히 부탁드립니다. 한 걸음 한 걸음 오직 주님만 의지할 수 있기를 바랍니다.

예수님   **그대는 염려하지 말고 서두르지 마라. 난항이 시작될 것 이니 마음의 준비를 하여라. 나의 신부라면 마땅히 가야 하는 길이니라. 그 과정에서 그대는 나의 사랑을 조금도 의심치 말아라.**

제시카   아니, 아프리카 같은 난항이 또 어디 있겠습니까! 고생을 해도 미국에서 하니 괜찮습니다. 설마 케냐에서처럼 영양 실조로 골골거릴 일은 없겠지요. 이제 더 빠질 머리카락도 별로 남지 않은 것 같아요. 저는 아프리카에서 살아남았 으니 지구 어디에서도 살아남을 겁니다. 게다가 미국은 집 이니까요.

예수님   (주님께서는 안쓰러운 눈길로 나를 지극히 바라보셨다. 그 눈길과 마주치는 순간, 나는 가슴이 서늘해졌다) **철없는 나 의 신부야, 그대의 삶에 나의 임재를 믿느냐?**

제시카   당연히 믿습니다만, 주님께서 어찌 저를 그리 측은한 눈길 로 보시는지요? 제가 겁은 좀 많지만 씩씩하니 안심하시 길 바랍니다. 그리고 하와이는 안 보내주셔도 됩니다. 헤 헤헤….

예수님   **하와이에 가고 싶은 게냐?**

제시카   아닙니다. 그저 어디든 내 집처럼 푹 쉴 수 있는 장소에서 이삿짐을 계속 싸지 않고 한 번이라도 살아보았으면 합니

다. 돌이 씹히지 않는 쌀밥과 김치를 실컷 먹고 몇 날 며칠

을 푹 자고 싶습니다. 그게 소원의 전부입니다.

예수님 **글쎄다. 쉼이 될지, 고난이 될지는 그대의 믿음에 달려 있**

다. 어떠한 환경에도 전진하며 나아가야 하느니라.

제시카 오케이! 주님의 여종, 앞으로 나아갈 준비 완료입니다. 지

금도 날아가는 금속(비행기) 안에서 하늘을 날며 나아가고

있는걸요. 할렐루야!

60 아메리카, 핍박의 전쟁터에서

🌹 생수 우물가의 대화

제시카 좋은 아침, 예수님.

예수님 **굿모닝, 나의 귀여운 신부야. 괜찮은 것이냐?**

제시카 아이고, 주님. 괜찮을 리가 있겠어요. 마음의 상처로 만신

창이가 되어 쓰러져 있는데요. 사람이 얼마나 사악하고 교

활한 존재인지 이제야 알았습니다.

예수님 **그것을 이제 알았다면 너는 여태 평안한 삶을 산 것이다.**

제시카 주님, 어젯밤 미국에 도착한 지 하루가 채 안 되어서 오늘 아침에 친구인 우리 교단 한인 목회자 총무로부터 급한 연락이 왔습니다. 우리 교단 임 목사에게서 아침에 이상한 이메일을 받았다고요. 그 이메일은 총무 목사뿐만 아니라 미국 구세군 교단 내 전체 한인 목사들에게 동시에 보내졌다고 합니다.

임 목사는 우리의 책들과 성경 공부 영상을 싫어해서 이전에 미국 총회에 항의한 정 목사와 멘토와 멘티 사이입니다. 오래전에 정 목사가 임 목사를 교단 신학교에 보냈지요.

토니와 제가 어젯밤에 미국에 도착했는데, 오늘 아침에 임 목사가 이메일을 돌렸다는 건, 저희가 케냐를 떠나는 시각을 정 목사와 임 목사가 알고 기다렸다는 뜻 아니겠습니까! 친구는 그 이메일 내용이 저에 대한 음해와 비방으로 가득 차 있다고 했습니다. 이유는 이전과 동일합니다.

첫째는 성경 공부 영상에서 군복을 착용하지 않았으니 다시는 군복을 입지 못하게 저를 교단에서 쫓아내야 한다는 겁니다. 둘째는 '천국 간증'을 전하는 건 사이비 이단 목사가 하는 짓이라는 겁니다. 셋째는 마무리 축도 때 방언하는 것이 금기사항이니 당장 성경 공부 영상 제작을 중단시켜야 한다는 겁니다.

임 목사는 제가 이 세 가지를 계속하면 교단에서 당장 쫓아낼 거라며 살기등등하여 교단 모든 한인 목사를 선동하고 있습니다. 그러면서 자기 이메일에 동의하는 자는 상소문의 연판장에 서명하라고 했답니다. 그는 현재 연판장을 미국 총회에 올려 저를 신속히 파직하자고 동료 목사들을 설득하고 있습니다. 그런데 동조하는 자들이 별로 없자 임 목사가 개인적으로 전화해서 서명을 강요하는 모양입니다. 한국의 정 목사가 이 일의 배후에 있으니 노선을 잘 선택하라고 협박까지 하면서요.

전화를 받고 동조하지 않은 친구 목사들이 제게 급히 알려주었습니다. 그들은 교단 창시자인 윌리엄 부스(William Booth)도 천국 간증과 방언을 했다며 오히려 저를 위로했습니다. 저는 교단을 사랑합니다. 그래도 한 개인의 종교관이 마치 한국 교단 전체를 대표하듯 자기 권세를 남용하면 안 된다고 생각합니다. 그러나 사람들은 권세 있는 자의 측근에 서기를 원합니다.

예수님 **성결이 그대의 군복과 무슨 상관이 있느냐! 그자가 실성했구나.**

제시카 저도 모르겠어요. 케냐에 있을 때 미국인 인사국장이 제게 전해준 말과 내용이 동일한 것을 보니, 한국의 정 목사가 다시 음해를 시작한 것 같습니다.

예수님 **그대가 사관이면 어떻고 목사면 어떻냐! 그대는 나의 신부다. 그 외의 모든 호칭은 내게 중요하지 않다.**

제시카 사실 저도 그렇습니다. 그러나 그자에게는 옷과 호칭 같은 것이 아주 중요한가 봅니다. 그래서 현재 미국 교단의 한인 목사들은 연판장에 서명하는 자와 거부하는 자로 갈렸다고 합니다. 다 합쳐야 15명도 안 되긴 합니다만, 임 목사의 친척과 그가 교단 신학교를 보낸 후배 목사는 서명했다고 합니다.

주님께서도 아시다시피 교단 목사들은 혈연관계가 종종 있습니다. 게다가 교단 신학교 입학 원서에 임 목사가 추천 서명을 해준 자들은 체면상 동조를 해주어야 하겠지요. 총무 목사는 임 목사의 협박 배후에 있는 한국 총회의 정 목사 때문에 제가 염려되어 전화로 상황을 알려주며 부디 몸조심하라고 조언해 주었습니다.

주님, 임 목사는 저와 신학교를 같이 다닌 동기 동창입니다. 기숙사에서 한솥밥을 먹던 자입니다. 제가 누구보다 믿고 신뢰하던 자였지요. 그런데 그까짓 출세가 뭐라고 벗을 팔아 권세를 취하려고 한답니까. 저는 정 목사가 휘두른 채찍보다 벗이 제 등에 꽂은 비수가 더욱 아픕니다. (나는 펑펑 울기 시작했다)

예수님 그대가 아프리카에서 3년간 훈련받는 중에 임 목사가 도와준 적이 있느냐?

제시카 아니요, 없었습니다.

예수님 그가 위로의 이메일이나 문자나 전화를 한 적은 있느냐?

제시카 아니요, 단 한 번도 없었습니다.

예수님   그렇다면 왜 그대를 참소하는 그자의 연판장 서명 운동에
충격을 받는 것이냐?

제시카   임 목사가 이전에 타국으로 단기 선교를 나간다고 제게
도움을 요청한 적이 몇 번 있었습니다. 저는 그때마다 거
절하지 않고 물질과 헌금 등으로 도움을 주었습니다. 그
래서 최소한의 우정은 있다고 생각했습니다. 제가 그렇게
믿고 싶었나 봅니다. 물론 제가 아프리카에 있는 동안 그
자가 연락을 두절했지만요.

예수님   열매로 나무를 알라고 내가 이르지 않았느냐. 그자의 열
매로 그자를 알면 된다. 가시나무에서 포도를 따겠느냐,
엉겅퀴에서 무화과를 따겠느냐. 좋은 나무는 아름다운 열
매를 맺고 못된 나무는 나쁜 열매를 맺는단다. 좋은 나무
가 나쁜 열매를 맺을 수 없고, 못된 나무가 아름다운 열매
를 맺을 수 없느니라.

동료가 오지에서 고생할 때 등 돌리고 모른 척한 자에게
서 나오는 당연한 열매에 놀라지 말거라. 이보다 더한 협
곡도 있고, 그대는 그 길을 건너야 하느니라.

유다는 3년을 동고동락한 나의 벗이었단다. 그러나 권세
있는 종교인 대제사장들의 은 30냥에 벗을 팔았지. 나는
그자에게 "친구여, 네가 무엇을 하려고 왔는지 행하라"라
고 말했다. 감람산에서 유다의 입맞춤을 받은 내 심정을
이제 알겠느냐. 이 땅에는 여우도 굴이 있고 공중의 새도

둥지가 있지만, 인자는 머리 둘 곳이 없다고 내가 탄식하지 않았느냐!

제시카 아아… 주인님, 이제야 그 귀한 말씀이 이해됩니다. 그 뜻을 깨달으니 가슴 시리도록 아픕니다. 유다의 찌르는 그 입맞춤을 제가 받으리라고는 상상도 못 했습니다.

예수님 나는 내가 걸은 그 모든 처절한 외로움의 길을 내 신부가 따라와 주기를 바란다.

제시카 제가 따라가 드리겠나이다. 당신이 이끄시는 곳은 어디든지 따라가겠습니다.

예수님 그를 용서하여라. 용서하는 데서 그치지 말고 축복하여라. 사람이 입으로 하는 축복과 저주는 받는 사람의 성정에 합당치 아니하면 도로 돌아서 자기 머리에 임하느니라. 그자가 입으로 하는 저주는 그자의 머리로 돌아갈 것이요, 그대가 입으로 하는 축복은 그대의 머리로 돌아갈 것이니라. 각자가 스스로 뱉은 말에 대한 입의 열매를 먹을 것이니, 타인에 대해 언급할 때 각별히 주의하여야 한다. 알겠느냐?

제시카 잘 알았습니다. 그렇게 생각하니 저는 100퍼센트 나이롱 목사인데요, 임 목사는 제 못난 모습을 다 모르니 상소장에 다 언급하지를 못했군요. 제 허물이 열 가지인데 그자가 본 것은 다섯 가지밖에 안 됩니다. 그자의 정죄와 비판은 제 참모습에 담긴 모자람의 겨우 반 정도에 그친 것 같습니다. 제 실제 악한 모습을 그자가 다 모르니까요.

무엇보다 저같이 못난 종이 당신께서 가신 그 핍박의 길의 자취를 따르도록 허락해 주셔서 감사합니다. 제게는 그 좁은 길이 분수에 넘치는 영광입니다.

예수님 (주님은 빙그레 웃으시며 나를 안쓰러운 눈길로 보셨다)

진심으로 그렇게 생각하느냐?

제시카 당신께서는 모든 것을 아시니 제 마음에 무엇이 들어 있는 지를 이미 아십니다.

예수님 **그대가 그대의 마음을 말의 옷을 입혀 끄집어내었다. 그러니 이제 그대의 머리로 돌아올 그자에 대한 축복을 기도하면 된다.**

제시카 주님, 그건 좀 기다려 주십시오. 문젯거리 같지도 않은 일로 꼬투리를 만들어 저와 토니 목사를 목사직에서 쫓아내려고 험담을 해대는 그자의 소행이 밉습니다. 그러니 제 입에서 어찌 축복이 나오겠습니까.

그러나 이 모든 훈련이 당신이 허락하신 길이라면 저는 순종하고 그 잔을 마시겠습니다. 아니, 이미 마시고 있습니다.

예수님 **그자는 내가 알아서 할 것이다. 소리는 요란하나 그는 연기 나는 부지깽이에 지나지 않는다. 끝내 토사구팽(兎死狗烹)을 당할 자니라.**

제시카 토사구팽을 당한다는 건, 배후에서 그를 조종하는 멘토에게서 버려진다는 말씀인가요?

예수님 그렇다. 정 목사는 그대의 책과 영상을 시기 질투하여 음해하는 자다. 그 영의 눈에 비늘이 끼어 영의 전쟁을 보지 못하지. 그는 내 왕국 확장을 추진하는 일을 방해하고 있으며, 자신이 영혼의 추수를 거행하는 성령의 일을 훼방하는 줄도 모르고 있다. 불쌍한 영적 시각장애인이니라.

제시카 얼마 전에 갑자기 혈압 때문에 잠시 실명하여 응급실에 갔다고 들었습니다. 당신이 하신 일이었습니까?

예수님 아니다. 그를 이용하고 조종하는 원수가 벌인 재앙이다. 원수의 영은 그의 종들을 악한 일에 사용하는 동시에 결국 그 영들을 도둑질하고 죽이기 위해 멸망의 길로 내몬다. 빨리 회개하고 돌이키지 않으면, 그자는 권세를 휘두르다가 그 권세가 거치는 돌이 되어 낚여 나자빠질 것이니라. 지금은 모든 것이 평안하나 그 의가 종교인이 소유한 제 머릿속 견고한 진의 의니, 그 의가 그를 삼킬 것이다.

그가 수하 추종자들을 성령이 이끄는 선한 길로 인도하지 못하고, 인간 냄새가 나는 정치 권세의 길로 인도하니 그자가 갈 곳은 이미 정해져 있다. 그자 역시 끝 날에는 원수의 영에게 토사구팽 당할 것이다. 그들은 은밀히 행했으나, 나는 내 신부들 앞에서 백주에 이 일을 행하리라.

감추인 것이 드러나지 않을 것이 없고 숨은 것이 알려지지 않을 것이 없나니, 그런즉 그들을 두려워하지 마라. 굳은 마음을 가진 바리새인 같은 종교인들에게 닥칠 긍휼 없는 심판을 그대는 기억하여라!

그리하여 이런 일을 통해 자신을 돌아보아 정결케 하고, 요망한 잔꾀를 부리는 영에 휘둘리지 말거라. 그대를 정죄하고 핍박하는 그 두 사람을 위해 기도하고 축복하는 것이 그대가 마땅히 취해야 할 언행이니라. 알겠느냐? (《덮은 우물》 42. 긍휼이 있는 심판과 긍휼이 없는 심판의 차이점 참조)

제시카 잘 알겠습니다. 그리할 수 있도록 제게 힘을 허락하소서.

예수님 **내가 그리하리라. 이제 일어나 우리의 포도원으로 가자꾸나, 나의 신부야. 포도원에 꽃이 피었는지, 술이 퍼졌는지 보고, 담을 허는 작은 여우를 잡으러 함께 가자.**

제시카 할렐루야. 주님께서 앞서시면 계집종이 따르리이다. 천국이든 지옥이든 스올의 골짜기라도 어디든 따라가겠나이다. 모든 핍박은 계집종의 몫이오니 주께서는 영광과 존귀만 취하소서.

주님이여, 이 땅에서 당신의 신부들의 눈물을 닦아주셔서 고맙습니다. 저희를 너무 오랫동안 남겨두지 마시고 속히 오시옵소서. 핍박으로 흘리는 우리의 눈물을 닦아주소서. 마라나타. 아멘!

61 환난의 협곡을 경유하는 그리스도의 신부들에게

🌹 생수 우물가의 대화

제시카 주님, 어디 계십니까?

예수님 **잘 견뎌줘서 고맙구나, 나의 신부야.**

제시카 (주님의 염려 어린 따뜻한 음성에 눈물이 핑 돌았다) 박해를 견딜 모든 힘을 공급하여 주시는 이는 당신인데, 한 것 없는 이 죄인에게 무얼 고맙다고 하십니까. 제가 이 환난을 견딜 수 있도록 보호해 주셔서 감사를 올립니다.

주인님의 자비와 긍휼이 저를 감싸고 있지 않았다면 원수 마귀는 당장 저를 낚아채어 요동하는 풍랑 속으로 던져버렸을 것입니다. 아니면, 그 날카로운 양날의 칼끝 같은 손톱으로 제 가슴을 후벼파서 참혹하고 무서운 흉터를 남겼을 것입니다.

저를 죽이고 멸망시킬 기회를 호시탐탐 노리는 자가 원수의 영이지 않습니까. 마귀는 인간이 무엇을 어떻게 하기에 인간을 미워하는 게 아닙니다. 당신께서 목숨 바쳐 저희를 사랑하시기에, 오직 그 이유만으로 우리를 죽이려는 거지요. 그러나 설령 원수의 영에 제 육신이 죽는다고 할지라도 저는 마귀가 두렵지 않습니다. 마귀의 수족으로 사용당하고 있는 자들도 두렵지 않습니다. 당신의 사랑이 생명 보자기가 되어 당신의 피조물인 이 신부를 영원토록 감싸고 있음을 알기 때문입니다.

예수님 두려워하지 마라. 내가 그대와 함께하고 있다. 놀라지 마라. 나는 그대의 하나님이 됨이니라. 내가 그대를 굳세게 하리라. 참으로 그대를 도와주리라. 참으로 나의 의로운 오른손으로 그대를 붙들리라.

보라! 그대에게 분노하던 자들이 수치와 욕을 당할 것이다. 그대와 다투는 자들이 아무것도 아닌 것같이 될 것이며 궁극적으로는 멸망할 것이다. 마지막 날에 그대와 싸우던 자들을 찾아도 만나지 못할 것이다. 그대를 치는 자들은 허무한 것같이 될 것이다.

이 모든 것을 그대의 주인인 내가 그대의 오른손을 붙들고 아프리카에서 이미 이르지 않았더냐. 아무것도 두려워 말라고, 내가 그대를 도우리라고 이미 약속하지 않았느냐. 그러니 이제는 그대의 육신을 죽이려는 원수의 영을 두려워하지 마라. 오히려 그 육신과 함께 영까지 죽일 수 있는 내 아버지를 두려워할지니라.

원수의 영의 힘은 둘째 하늘에서만 머무를 수 있느니라. 첫째 하늘은 내가 사람에게 준 하늘이다. 그 하늘 아래에서 죄의 소욕은 모든 인간에게 있다. 그러나 내가 허락해 준 선과 악의 선택권으로 말미암아 나의 신부들에게는 능히 그 모든 것을 정복하고 다스리는 권세가 이미 있음을 기억하여라. 그러므로 선을 선택함으로써 그대의 염려와 두려움을 다스리거라.

이 지구라는 행성에서 한 세월을 사는 동안 삶의 고미바다 왕의 신부답게 살아서 나를 실망시키지 말아다오. 6일째 사람을 창조한 내 마음을 보람 있고 흡족하게 해다오. 그리하여 7일째에 우리 함께 영원한 안식으로 가려는 나의 의도에 동참해다오. 나에게 하루는 천년이요, 천년은 하루와 같으니라.

또한 내가 나의 신부인 그대에게 한 약속을 기억하여라! 내 약속은 어떤 이들이 더디다고 생각하는 것처럼 더디지 않다. 오직 나는 인간에 대해 오래 참는 것이다. 왜냐하면 아무도 멸망하지 않고 다 회개하기를 원하기 때문이다.

그러나 마침내 나의 날이 도적같이 올 것이다. 그날에는 하늘이 큰 소리로 떠나가고, 물질의 요소들이 뜨거운 불에 풀어지고, 땅과 그중에 있는 모든 일이 드러날 것이다. 이 모든 것이 이렇게 풀어지리니 그대가 어떤 사람이 되어야 마땅하겠느냐? 거룩한 행실과 경건함으로 내 아버지의 날이 임하기를 간절히 바라고 사모하는 것이 마땅치 아니하냐! 나의 신부들은 나의 약속대로 의에 거하는 까닭에 새 하늘과 새 땅을 바라볼 것이다.

그러므로 사랑하는 나의 신부여, 이 약속을 바라보거라.

내 앞에서 점도 없고 흠도 없이 평강한 마음 가운데서 나타나기를 힘쓰길 바란다.

제시카 오… 주님, 바로 그것이 제 꿈이자 소망입니다. 비천한 저를 보호하사 인도하소서. 흙으로 빚은 이 인생에게 마침내 좋고 아름다운 날이 오게 하소서. 새 예루살렘 성에 합당한 자로 살도록 허락하소서. 그날에 당신과 함께 기쁨 속에서 웃기 위해 오늘을 살고, 내일을 살 것입니다.

나의 주인님, 당신의 계획이 이루어질 그날까지 이 여종을 결코 내치거나 버리지 마옵소서. 오직 당신의 거룩하신 이름을 위해 매일 제 작은 욕심을 내려놓게 하소서. 눈앞에 보이는 헛된 것을 기뻐하거나 그것에 마음을 주지 않게 하소서.

이 짧은 세상의 날에 교만해져서 이 땅에서의 삶을 제 삶이라고 여기지 않게 하소서. 계집종이 주모 행세를 하지 않게 도우소서. 당신 마음에 참으로 꼴불견으로 보이는 일들을 행하지 않게 하소서.

예수님 그것들을 네가 아느냐?

제시카 세상을 진동시키는 꼴불견이 네 가지 있는 줄 압니다.

예수님 (주님께서 미소 지으시며 말씀하셨다) **말해 보거라.**

제시카 첫째는 종이 임금 되는 것입니다.

둘째는 미련한 자가 음식으로 배부른 것입니다.

셋째는 미움받는 여자가 시집을 가는 것입니다.

넷째는 여종이 그 안주인의 자리를 이어받는 것입니다.

예수님   **하하하… (주님은 경쾌하게 웃으셨다) 그 뜻을 아느냐?**

제시카   저는 모릅니다.

예수님   이는 모두 세상으로 견딜 수 없게 하는 것들이니라.

첫째, 종이 임금 되는 것은 피조물인 종의 신분으로 내 아버지의 왕좌에 반역하여 왕이 되고자 하는 원수의 영이 하는 짓을 가리킨다.

둘째, 미련한 자가 음식으로 배부른 것은 원수의 영을 추종하고 따르는 미련한 피조물인 인간들이 이 땅에 존재하는 짧은 시간 동안 잘 먹고 잘사는 것을 의미한다.

셋째, 미움받는 여자가 시집을 가는 것은 다음을 의미한다. 마귀는 늘 내 아버지의 모든 것을 흉내 내고 모방한다. 따라서 원수의 영에게도 신부가 있다. 이 말은 나의 자비와 긍휼을 저버리고 교만에 빠져 더러운 세상 영에 물들고 사로잡혀 사는 미움받는 신부가 마귀와 합방하여 혼인하는 것을 뜻한다.

넷째, 여종이 그 안주인의 자리를 이어받는 것은 원수의 영에 속한 이 땅의 음녀들과 간음한 영들이 마치 나의 신부인 양 거들먹거리며 교회와 교단 안에서 안주인 행세를 하는 것을 의미한다. 이 땅에 편만한 종교인들의 무리를 일컫는 것이니라.

그러나 내 아버지의 심판 날에 숨겨지고 감춰진 모든 것이 명백히 드러나리라. 오래 참으시는 내 아버지께서 내 신부의 수가 차기까지 인내하고 기다리신다. 사람들이 더디다고 생각하는 가운데 그때가 도적같이 찾아올 것이다. 그러니 그대는 늘 깨어 있거라.

그대가 처한 이 환난이 그대를 성숙시켜 믿음의 단계를 승격시킬 것이니라. 나의 신부로서 반드시 지나야 할 협곡을 가는 것이니 기뻐하며 기억하여라. 그대의 책과 성경 공부 영상은 영혼 추수를 위한 것이니, 마지막 날에 그대의 상이 되고 의가 될 것이다.

의를 위하여 박해를 받은 나의 신부들은 복이 있다. 그들의 영이 배부를 것이며 천국이 그들의 것이니라.

제시카 《잠근 동산》을 출간하고 처음 핍박의 돌을 맞았을 땐 멍이 들고 아팠습니다. 그런데 자꾸 맞으니, 이제는 견딜 만합니다.

예수님 종교인들이 던지는 돌팔매는 그대를 멍들게 하지 못한다, 알겠느냐? 그들은 그대의 머리카락 하나조차 검거나 희게 못 하느니라. 다만 그대가 마음에 허락한 만큼만 아플 수 있느니라. 나로 인해 그대를 욕하고, 핍박하고, 그대를 거슬러 모든 악한 거짓말을 할 때는 축복이 그대의 머리 위에 임하기 위해 준비되어 간다는 것을 기억하거라.

제시카 제가 어떻게 하기를 원하십니까?

예수님 기뻐하고 즐거워하면 된다. 하늘에서 그대의 상이 클 것이다. 이전 세대에 있던 선지자들도 같은 방식으로 핍박을 당했느니라. 수많은 나의 신부가 세상 사람들이 아닌 종교인들의 핍박으로 피 흘리며 죽어갔지. 가인이 아벨을 돌로 쳐 죽였을 때처럼 땅은 입을 벌려 그 피를 삼켰고…. 지금도 그 사건은 계속되고 있느니라. 종교인들은 원수의 영에 사로잡혀 남을 시샘하고 비방하고 판단하며 격동하는 일에 삼켜진 자들이다. 자신보다 나은 자는 모두 미워하고 정죄하느니라. 마치 그것이 내 아버지를 잘 섬기는 방식이라고 착각한 채 우쭐거리며, 내 신부들의 영이 죽을 때까지 돌팔매질하는 말과 행위를 멈추지 않는다.

나를 죽인 서기관과 바리새인과 대제사장과 장로들이 바로 그런 자들이 아니냐. 그중 권세 없는 자가 누가 있느냐. 그들은 원수의 영에 사로잡혀 격동을 당하고, 또한 다른 자들을 격동시키는 자들이니, 모두 자기 아비가 있는 장소에 갈 것이니라. 뱀의 후손들이니, 소금인 척하나 무덤을 덮은 석회 가루이며, 정의의 막대기인 척하나 연기 나는 부지깽이에 불과하다.

결국 그들이 던지려고 손에 굳게 쥐고 있던 돌들이 돌아와서 그들의 머리를 깨고 부술 것이니라. 그 처참한 광경이 이미 내 눈에 보이건만, 그들은 여전히 제 아비 마귀에게 속고 있구나. 스스로 세운 자기 의가 견고한 진이 되어 마지막 날 화마처럼 그들을 불사를 것이다. 원수의 영은 인간을 토사구팽한다는 것을 잊지 말거라.

그러나 그대는 세상의 소금으로 부름을 받았으니, 그 맛을 잃지 말아라. 제 몸을 녹여 짠맛을 내어 세상을 부패하지 않게 하여라. 소금이 만일 그 맛을 잃으면 무엇으로 짜게 하겠느냐. 짠맛을 잃은 자는 원수의 영에게 사용당한 후에는 아무짝에도 쓸모가 없어진다. 다만 밖에 버려질 뿐이니라.

제시카 　그러면 어떻게 되나이까?

예수님 　사람들에게 짓밟힐 뿐이다. 그러다가 제 아비, 뱀의 후손들이 있는 유황 개천으로 떠내려간다.

제시카 　너무나 무섭습니다.

예수님 　끝까지 믿음을 지키고 나를 따르는 내 신부들은 세상의 빛과 같은 존재다. 그들은 세상을 이긴 자다. 산 위에 있는 동네가 숨겨지지 못한다. 누가 등불을 켜서 바가지 아래에 두겠느냐. 오히려 높은 등경 위에 두어 주변에 있는 내 백성에게 환히 비치게 하지 않겠느냐.

그러니 내 신부는 나로부터 받은 빛을 많은 사람 앞에 비추어라. 낙심하지 말고 끊임없이 착한 행실을 올리거라. 그래야 내 백성이 그것을 보고 하늘에 계신 우리 아버지께 영광을 돌리느니라.

바로 이것이 환난의 협곡을 경유하는 내 신부들에게 당부하는 나의 명령이니라. 알곡과 쭉정이는 강풍이 불 때 나

넌다는 걸 기억해라. 환난의 강풍이 불 때 원수의 영은 자기 후손을 추수하고자 한다. 자기가 있는 영벌의 장소로 데려가기 위함이다. 나는 내 백성을 추수하고자 한다. 내가 있는 영원 천국에서 함께하고자 함이다.

그러니 그대는 협곡을 미끄러지지 말고 잘 가거라, 알겠느냐? 나의 추수하는 타작마당에서 내 신부는 개의치 말고 내 백성의 영혼을 추수하는 일에 충성하여라. 곳간 앞에서 나와 함께 웃을 날을 기다려라.

내가 어찌 내 사랑하는 신부를 실망시키겠느냐. 내가 신부를 위해 예비한 것들은 사람의 생각이나 상상으로는 미치지 못하는 것들이니라.

제시카 주인님, 저를 위해 아무것도 예비하지 않으셔도 됩니다. 저는 당신의 임재 하나로 족합니다. 다만 그 추수 날에 먼지 한 톨의 가치를 지닌 이 여종을 기억하옵소서.

예수님 나의 사랑 나의 어여쁜 자여, 그대의 태생은 흙에서 취함을 입어 천했으나 그대의 죽음은 귀하고 값진 죽음이 될 것이다. 환난과 핍박의 바람이 그대의 속살을 찢을 때, 바람에 날리는 백합화처럼 더욱 진한 향기를 뿜어내거라. 참으로 귀한 자여, 내 모든 것을 쏟아 그대를 사랑한다. 내 친히 그대의 상급이요 방패가 되길 기뻐하노라.

참으로 자태가 고운 나의 신부여, 이제 일어나서 함께 가자꾸나. 굳은 지면이 서서히 녹기 시작할 것이다. 네 손을 이리 다오. 내 손을 잡고 우리 둘만의 깊은 지성소까지 들어오너라. 우리의 비밀한 생수의 우물까지 말이다. 내가 그 우물 덮개를 열어 그 안에 있는 레바논 시내의 원천을 보여주마. 장마철 소나기 이후 빗방울이 달린 초록 풀같이 상큼한 나의 신부여.

제시카 주님, 사랑합니다. 이제는 흔들리지 않겠나이다. 환난 중에 위로해 주셔서 진실로 고맙습니다. 비천한 여종의 감사와 찬미를 받아주옵소서. 오직 당신만이 유일한 신이시고, 강풍의 주인이시며 영광을 올리기에 합당한 하나님이십니다. 아멘. 주 예수여, 어서 오시옵소서. 마라나타!

62 아로새긴 은쟁반에 황금 사과

🌹 생수 우물가의 대화

제시카 주님, 제가 요즘 저소득층에게 나누어 주는 식량 상자를 만들고 나르는 사역을 하다 보니 몸이 정말 힘듭니다. 게다가 기숙사와 의식주를 제공해야 하는 노숙자 사역까지 겸하고 있습니다. 노숙자는 대하기가 편한 사람이 아닙니다. 삶을 까치발로 때우는 사람들이다 보니 조금만 수틀리면 욕하면서 깡통 통조림이나 물건을 집어 던지고 역정을 냅니다. 그들에게서 나는 냄새도 엄청나요.

제가 하는 모든 사역은 종일 사람에 치이고 일에 쫓기는, 몸으로 때우는 일입니다. 그러다 보니 집에 오면 온몸에 진이 빠집니다. 어딘가에 몸을 기대면 피곤해서 졸음만 쏟아집니다. 저도 여느 목사들처럼 설교 준비에만 시간을 들이고 강대상에서 말씀 선포만 하고 싶습니다.

이런 와중에 성경 공부 영상도 찍어야 하고, 집필도 하려니 너무 힘이 듭니다. 주님이 하신 말씀을 잊지 않고 그때마다 하나도 빠짐없이 기록하고 싶은데, 어떻게 하면 좋지요? 집필을 멈춘 지 벌써 수개월이 되었습니다. 거친 세월이 빨리도 갑니다. 주님께 참으로 죄송합니다.

예수님   괜찮다. 마음은 원이로되 육신이 나약하니 어쩌겠느냐.

제시카   제가 나이가 들긴 들었나 봅니다. 케냐로 가기 전에는 이렇게 약골은 아니었습니다. 아마 거기서 몸이 많이 상했나 봅니다. 예전에는 이 정도 노동하는 건 전혀 문제가 되지 않았습니다. 매일 하는 사역을 힘들어했던 기억이 별로 없습니다. 그런데 요즘은 낮이고 밤이고 자꾸만 졸립니다. 주님께 너무 죄송해요.

사실 케냐에서 돌아온 순간부터 단 하루도 몸과 마음이

편하거나 푹 쉬어본 날이 없습니다. 마치 전쟁터 최전방에서 총알받이로 사는 느낌입니다.

예수님 나의 어여쁜 자야.

제시카 네, 주님. 제 눈 밑이 처지고, 볼이 움푹 들어갔는데 어찌 어여쁘다고 하십니까. 당신의 따뜻한 애칭에 이유 없이 서글퍼지고 자꾸 눈물이 납니다. 사실 마음이라도 조금 편해지고 싶습니다.

예수님 **그대는 나에게 영원히 어여쁜 자란다. 그대가 걸친 가죽옷에 마음을 두지 말거라. 나는 아름답게 빚어지고 있는 그대의 영을 본단다.**

제시카 예수님… 제 영조차 볼품이 없습니다. 제 마음이 얼마나 철없고 악한지 잘 아시지 않습니까?

예수님 **그렇지 않다. 그대는 매일 자신의 소욕을 죽이고, 사람들 안에서 나를 찾는 연습을 하고 있으니, 볼품없는 자가 아니다. 찬란한 빛을 뿜어내는 단 하나의 진주 같은 영롱함이 서려 있는 영이다. 내가 너를 이렇게 빚기까지 얼마나 노심초사하며 공을 들였는지 아느냐!**

제시카 제 영이 무식한 중에 처해 있으니 어찌 당신의 마음을 짐작이나 하겠습니까. 삶과 사역과 사람 막대기와 인생 채찍의 징계에 몇 달 동안 쫓기다 보니, 당신과 대화할 짬이 나지를 않아서 그저 죄스러울 따름입니다.

예수님 **나와 대화하지 않아도 된다. 내가 네 마음 안에서 모든**

것을 주시하고 밤낮으로 동행하고 있는데 무슨 말이 필요하겠느냐! 신랑은 신부를 절대 떠나지 않는단다. 그 사실을 기억하여라.

제시카 　주님의 그 말씀이 제게 얼마나 큰 위로가 되는지 모릅니다. 얼마 뒤에 토니와 저는 지방회장을 만나러 가야 합니다. 저희더러 지방회 사무실로 오라는 이메일이 왔었습니다. 임 목사는 몇 달이 지난 지금까지도 저더러 자진 사임하지 않으면 자기가 쫓아내겠다며, 다른 목사들에게 찬동(贊同)을 요구하는 서명을 강요하는 이메일과 전화를 계속해대고 있습니다.

어쩌면 성경 공부 영상을 그만 찍어야 할지도 모릅니다. 지방회장이 오라는 것도 아마 그 일 때문인 것 같습니다. 이제 조금씩 지칩니다.

예수님 　두려우냐?

제시카 　아닙니다. 저는 유명해지는 것도, 재물을 모으는 것도, 이 땅에서 필요한 것에도 아무런 미련이 없습니다. 모든 걸 버리고 나니 마음이 편합니다. 다만 제가 성경 공부 영상 전도를 그만두면 당신을 기쁘시게 하는 일에 누가 될까 봐 우려되고 우울합니다. 마음이 편치 않으니 책을 집필하는 문서 전도 사역도 아예 손을 놓았습니다.

예수님 　그대는 나의 살아 있음을 알고 있다. 두려워하지 말거라. 내가 그대와 항상 함께하지 않았느냐! 우리의 동행은 장차 영원히 지속될 것이다. 소금이 어찌 그 맛을 잃겠느냐! 바로 그것이 나의 불변성을 의미하는 영원한 소금 언약이란다.

제시카   아아… 나의 주인님이시여, 제가 소싯적부터 좋아하는 보석 같은 언약의 말씀으로 이 계집종을 위로하시는군요. 천지가 바뀌고 삼라만상이 변하더라도 저는 당신의 말씀을 믿습니다. 산이 옷을 갈아입어도 산의 뿌리는 여전히 요동하지 않고, 바다가 비로 인해 물을 갈아입어도 바다의 뿌리는 여전히 짠맛을 잃지 않습니다. 당신의 변치 않는 약속이 이와 같을진대 제가 무엇을 두려워하겠습니까.

어리석은 종이 잠시 당신의 위대함과 존엄성을 잊어버렸습니다. 회개합니다. 또한 당신의 귀한 약속이 진심으로 고맙습니다.

예수님   나를 믿고 나의 약속을 믿거라. 나는 만물을 창조하고 그것들을 다스리는 자니라. 나의 허락 없이는 아무도 나의 신부를 건드리지 못하느니라. 누가 내 손 안에 든 황금 사과를 빼앗겠는가.

제시카   제가 황금 사과입니까? 저는 오래되어 수분이 다 빠진, 섬유질만 남아서 쭈글쭈글한 사과입니다. 사람에게서 상처를 많이 받아 벌레 먹은 자국도 군데군데 있습니다.

예수님   하하하… 그 벌레조차도 내가 창조했고, 그 상한 자국도 내가 허락했으니 괜찮다. 너는 나를 늘 웃게 하고 내 마음을 경쾌하게 하는구나. 네 존재만으로도 내 마음이 흡족하단다.

나는 그대에게 금과 은이나 재물을 바라지 않는다. 이 세계와 그 안에 속한 모든 것이 내 것이니 내가 무엇을 원하겠느냐. 사랑하는 내 신부의 임재만이 나를 만족하게 하느니라.

그대 나의 사랑하는 자여, 나를 떠나지 말며, 나를 사모하고, 늘 내 눈앞에 머무르거라. 그것만이 그대의 임무이니라. 너무 많은 것을 하려고 노력하지 말고, 다만 모든 악에서 그대를 잘 보존하거라. 그것으로 충분하다. 또한 그대를 참소하고 괴롭히는 그자를 불쌍히 여기거라.

제시카 그자의 장차 갈 곳을 생각하니, 얼마 전에 그 영혼이 문득 불쌍하다는 생각이 들었습니다.

예수님 타인을 불쌍히 여기는 것이 사랑하는 것보다 더 힘들단다.

제시카 저는 저를 미워하는 자를 사랑하는 것이 더 힘들다고 생각했습니다. 사랑할 수 없는 자를 사랑해야 한다는 사실이 얼마나 힘든지 모르겠습니다.

예수님 인간의 사랑은 상대의 언행에 좌우된다. 주체가 바깥에 있기 때문이다. 반면에 인간의 측은지심은 마음에서 우러나오는 것이다. 주체가 안에 있기 때문이다.

허망한 자로 인해 마음을 상하게 하지 말아라. 마음을 잘 보존해야 성품이 아름답게 빚어진단다. 내 신부는 예쁜

것만 먹고, 예쁜 것만 생각하고, 예쁜 것만 간직하여라. 그대의 영혼육에 더러움을 묻히지 말거라. 알겠느냐?

제시카 제가 그리하겠나이다. 추하고 거친 이 세상에서 반짝거리는 황금 사과같이 잘 보존될 수 있게 저를 도우소서.

예수님 (주님께서는 잠시 침묵을 지키셨다. 주님은 너무나 진실하시고 신실하시기에 그 어떤 허락이나 약속도 함부로 하지 않으신다. 이윽고 주님이 입을 여셨다) **내가 그리하리라. 나의 성령이 아로새긴 은쟁반이 되어 그대를 보존할 것이다. 그대는 장차 경우에 합당한 말을 할 줄 아는 지혜와 지식을 간직한 자가 될 것이다. 경우에 합당한 말은 영의 세계에서 아로새긴 은쟁반에 금 사과 같은 것이다. 내가 이를 이루리라.**

성령 안에서 빛을 잃지 말고 거룩한 거주지에 들어올 때까지 나의 신부답게 이 땅에서 매일 매 순간 최선을 다해 경건하게 살아야 한다. 알겠느냐?

제시카 제가 그리하겠나이다. 우주와 천지를 지으시고 그 위에 거하시는 나의 주인님이시여, 세세 무궁토록 당신의 영광과 권세가 빛을 발할 것입니다.

속히 오셔서 저를 그 거룩한 거주지로 취해 가소서. 아멘. 마라나타!

63 부림절의 그날을 기다리며

🌹 양떼의 발자취 - 간증

'젊은 시절 나이롱 목사일 때는 평안하게 살았는데….'

늙어서 뒤늦게 회개한 나를 주님께서 사용하시니 내 신앙에 얼마나 많은 핍박이 오는지 모른다. 우리의 책 3권과 성경 공부 영상으로 나는 사방 안팎으로 종교인의 적이 되었다. 수년 전에 미국을 떠날 때도 그랬고, 케냐에서도 집필하고, 영상을 찍고, 사역하는 매일의 삶을 살얼음판을 걷듯 조심하며 보냈다. 미국에 돌아오면 숨을 돌리고 휴식할 수 있을 거로 생각했는데 심한 착각이었다.

삶에서, 권력과 직위를 이용해서, 인터넷 사이트나 미디어를 통해서 내게 비판의 화살을 쏘는 자들에게 나는 침묵으로 일관했다. 주님께서 조용히 소리 내지 말고 인내하며 숨어 기다리라고 명하셨기 때문이다. 이는 주님께서 허락하신 순종의 시험이라고 생각한다.

나는 지금 여호와의 저울에 달려 있다. 입을 다물고 묵묵히 나아가는 겸손이 주님께 가장 불쌍히 여김을 받는 길이다. 여기서 선한 일까지 하면 더욱 잘 보일 수 있다고 믿는다. 살면서 주님께 불쌍히 여김을 받고 그분께 잘 보일 수만 있다면, 그보다 더 큰 축복이 무엇이 있겠는가!

물론 그렇게 하지 않고 가만히 있어도 주님의 사랑을 듬뿍 받아

4부 그는 흥하여야 하겠고 나는 쇠하여야 하리라 483

영원한 구원을 이미 이루었다고 믿는 '귀족주의 크리스천'도 있을 것이다. 그러나 남이 뭐라고 하든 내 인생의 주체와 원동력은 주님밖에 없다. 최대한 주님을 기쁘시게 해드리고 싶고, 내가 그분을 미치도록 사랑한다는 걸 보여드리고 싶다.

그래서 토니 목사와 나는 케냐를 떠나왔으나 아무에게도 알리지 않고 자비량으로 아프리카의 고아들을 양육하고 있다. 또한 건축을 마친 빈민굴교회도 최선을 다해 돕고 있다.

'우리의 주님이시여, 보잘것없는 이 여종을 기억해 주소서!'

나는 전문 작가가 아니다. 그냥 목사다. 날개가 꺾여 사회에서 소외된 영혼들과 아프리카 장애 아이들에게 엄마 노릇을 하던 특수 목회자다. 평생 목회라는 한 우물만 열심히 파면서 살았다.

그리고 목회 후반전에 영적인 책 3권을 집필했다. 문서 선교를 목적으로 자비를 들여 《잠근 동산》, 《덮은 우물》, 《봉한 샘》을 출간했다. 그러나 4년간 별로 판매되질 않았다. 게다가 나와 토니 목사는 아프리카 선교사로 자원해서 미국을 떠나려 했기에 팔리지 않는 책을 보관할 장소조차 없었다. 결국 친구 목사의 차고 구석에 책 상자를 쌓아두고 미안한 마음으로 아프리카로 떠났다.

그런데 3년의 선교 사역을 마치고 미국으로 돌아오기 직전에 주님께서 기적을 베풀어주셨다. 갑자기 책들이 판매되기 시작했다고 출판사에서 연락이 온 것이다. 첫 책을 출간하고 4년째 되는 해에 책들이 갑자기 잘 팔리는 건 상식을 벗어난 유례 없는 일이라고 했다. 그것도 기독교 서적 통계로 책 3권이 베스트셀러 1,2,3위에 나란히 오르기 시작했다. 내가 한국에 지인이나 담임하는 교회가 있는 것도 아니고, 아프리카의 가난한 장애 아이들이 한국어로 된 내 책을 사주는 것도 아니었다. 주소도 없는 케냐 외진 시골에서 내 책을 광고한 일도 없었다. 우리 하나님의 은혜가 아니면 있을 수 없는 일이었다.

그러나 주님의 자비하심에 온전한 감사를 채 올리기 전에 그 축복에 맞서서 원수의 영들의 집요한 공격이 시작되었다. 처음에는 케냐에서 미국으로 돌아온 바로 다음 날부터 같은 교단 목사가 나를 목사직에서 쫓아내기 위해 트집을 잡기 시작했다. 이제는 인터넷에서 제각기 떠들어대며 나를 헐뜯고 비방하는 자들도 생겨났다.

나는 침묵하며 그들이 하는 말을 들어보았다. 그런데 그들 중에 내 책을 끝까지 읽은 자는 아무도 없었다. 그저 자기 채널의 조회 수를 올리기 위해 내 책들과 성경 공부 영상을 향해 비소를 머금고 비판의 독화살을 우후죽순으로 쏘아대기 시작했다. 내 책이 팔리지 않았을 때는 내 존재조차 알지 못했던 자들이.

게다가 몇 달 전에는 임 목사가 상소문과 사인을 강요하는 연판장까지 교단의 한인 목사들에게 돌렸다. 모두가 서명하면 총회에 올려 우리를 목사직에서 쫓아내겠다면서, 자기 뒤에 얼마나 엄청난 뒷배가 있는지를 보여주겠다고 하면서…. 그리고 마침내 지방회장 목사가 우리에게 미팅을 요청해 왔다.

나는 밤잠을 설치며 고민했다. 토니 목사와 나는 지방회장에게 모든 사실을 정직하게 말하기로 했다. 같은 한국인으로서 미국인 지방회장 목사에게 털어놓기 수치스러운 일이었지만, 임 목사의 행위에 제동을 걸지 않으면 앞으로 다른 일로 또 트집을 잡을 게 뻔했다. 나는 지방회장에게 아무 설명도 하지 않고, 임 목사가 교단의 다른 한인 목사들에게 돌렸던 상소문을 보여주었다. 지방회장은 사건의 자세한 경위는 잘 모르는 것 같았다.

그는 상소문을 다 읽고 경악을 금치 못했다. 그리고 고개를 설레설레 흔들면서, 임 목사 개인 의견으로 동료 목사를 해코지하기 위해 다른 목사들을 선동하려고 연판장 서명을 강요하고 다니는 짓은 결코 용납할 수 없다고 단호하게 말했다.

그는 미디어 활동은 취미 생활이며 본인 역시 목공예가 취미라고 했다. 또한 자신도 나무를 자를 때 군복이 아닌 티셔츠를 입는다며 나를 위로했다. 그러므로 이른 시일 안에 임 목사를 불러 목회자로서 파렴치한으로 간주한다는 경고 처분을 내리겠다고 했다. 나는 이것으로 임 목사의 상소문 사건은 일단락이 된 줄 알았다.

그러나 그 후로 나는 지방회장에게 요주의 인물이 되어버렸다. 그는 내가 행여 목회와 사역에 들어가는 정성과 시간을 영상 제작이나 책 집필에 쏟아붓지 않을까 하는 노파심이 있는 듯했다.

그러나 실상 성경 공부 영상을 찍는 시간은 1주일 중 길어야 1시간 반이고, 스튜디오에 가거나 영상 제작을 위해 거창한 장비를 설치하는 것도 아니었다. 주일 오후에는 사무실 업무가 없어서 집 뒷마당 담벼락에서 달랑 전화기 하나로 영상을 찍었다. 그리고 영상 편집을 섬겨주는 자매님에게 이메일로 영상을 보내면 끝이었다.

그런데 설상가상으로 어제는 뜬금없이 총회 산하 지방회장으로부터 이메일까지 받았다. 내용인즉 3개월 후에 있을 교단 연중행사인 성탄절 자선냄비 사역이 다가오니 영상 작업을 중지하라는 거였다.

미국 교단에서는 각 목사의 페이스북이나 유튜브 등의 소셜 미디어 활동은 개인의 취미 생활로 간주한다. 즉, 타인을 비방하는 내용이 아니면 취미 생활은 간섭하지 않는 것이 통례다. 더군다나 자선냄비 사역은 겨울에 하는 것이고, 아직 3개월이나 남은 늦여름인데….

친구 목사들에게 수소문해 보니, 한국의 정 목사가 또 총회에 항의해서 집요하게 손을 쓴 사실을 알게 되었다.

'주님, 이 모든 것을 기억해 주옵소서!'

나는 텔레비전을 보지 않는다. 독서, 운동, 요리, 인터넷 쇼핑, 게임, 소셜 미디어 등을 전혀 하지 않는다. 내 유튜브 계정의 성경 공부 영상도 한 번 올리면 보질 않는다. 왜냐하면 목회와 사역으로 바빠서 늘 피곤하고 지쳐 있기 때문이다. 목회와 사역 외에 유일하게 개인적으로 하는 일이라고는 성경 공부 영상 촬영이 전부다. 게다가 요즘은 시간이 너무 없어서 집필까지 손을 놓은 지 몇 달이 되었다. 내 삶이 전쟁터의 폭격 속에 있으니 도저히 책을 기록할 마음의 여유가 생기지 않았다.

그런 내게 지방회장이 보내온 글은 충격적이었다. 그렇다면 목회와 사역 그리고 먹고, 자고, 숨 쉬고, 화장실 가는 일 외에 내게 허락된 일이 없다는 것 아닌가! 공산국가에 사는 것도 아닌데 말이다.

나는 이메일을 읽고 저녁 내내 착잡한 마음으로 기도하다가 잠자리에 들기 전에 토니에게 내 심정을 털어놓았다.

"여보, 당신은 성경 공부 영상에 대해 어떻게 생각하세요?"

토니가 대답했다.

"흠… 당신이 인터넷으로 옷이나 생활용품을 파는 것도 아니고, 자투리 시간에 하나님의 말씀을 전하는 거니 나는 좋아. 내가 보기엔 성경 공부를 통해서 사람들이 회개하고 영적으로 성장하는 열매도 있으니까, 주님께서 기뻐하시는 것 같아."

"여보, 그렇게 말해줘서 고마워요. 그런데 임 목사 사건이 있고 나서 오늘 지방회장으로부터 이메일을 받았어요."

나는 토니에게 당분간 영상을 찍을 수 없는 이유를 설명했다. 당장은 자선냄비 사역을 마칠 때까지 금지하지만, 이 방해 공작이 언제까지 계속될지는 기약이 없었다. 나는 이 일의 배후에 하나님의 말씀 전파를 방해하고자 하는 마귀의 숨은 계략이 있음을 잘 알고 있었다. 내가 말했다.

"여보, 내가 성경 공부 영상을 계속 찍으면 교단 목사직에서 쫓겨날 가능성도 있어요. 우리는 지금 목양관에서 살고 있고, 가구나 살림살이조차 우리 소유가 전혀 없어요. 여기서 나가면 노트북을 비롯해서 교회 차도 반납해야 하니 정말 오갈 데 없는 신세가 되어버려요. 정년퇴직하면 쓰려고 모아둔 돈도 케냐에서 모두 사용해 버렸으니… 어떻게 하지요?"

눈물이 그렁그렁하여 한숨 짓는 내 모습을 한참 동안 말없이 바라보던 토니가 무겁게 입을 열었다.

"하나님의 말씀을 전파하는 일이니 계속 성경 공부 영상을 찍어. 버틸 수 있을 때까지 버텨보고 도저히 못 찍는 상황이 닥치면 그때 나가면 돼. 하나님나라 전파를 위해 교단을 나가야 한다면 나가는 거지. 왕이신 하나님나라는 인간이 만든 교단 권력자 위에 군림하는 거니까."

내 눈을 뚫어지게 바라보며 말하는 토니의 눈에 굳은 결심이 서려 있었다. 저 표정과 어조는 수년 전에 '낮은 곳으로 내려가라'라는 주님의 음성을 내가 알려주어 그가 총회의 높은 직책을 내려놓았던 순간에 나를 바라보던 바로 그 눈빛이었다. 《덮은 우물》19. 20년 동안 앞만 보고 달리던 목회를 내려놓다 참조)

그렇다! 1년 후면, 우리는 정년퇴직을 할 것이다. 퇴직 이후에 《동산의 샘》, 《생수의 우물》, 《레바논의 시내》를 출간하라는 명을 주님께 이미 받았다. 그때는 문서 선교와 영상 선교에 있어서 인간의 압박과 제재를 받지 않아도 되니 빨리 그날이 왔으면 좋겠다. 그때가 나의 부림절이 될 것이다! 그러나 그전에는 남편 목사의 명예퇴직에 누가 되지 않기 위해 바위틈 낭떠러지 은밀한 곳에 숨어 있는 주님의 비둘기가 될 것이다.

나는 주님의 음성을 듣기 전에는 절대로 그분보다 앞서지 않는 연습을 해나갔다. 안팎의 모진 박해 속에서 조금씩 그러나 확실하게 나는 변화되고 있었다.

🌹 생수 우물가의 대화

제시카   예수님, 저는 요즘 모든 것이 너무 힘듭니다. 사람 막대기와 인생 채찍에 치도곤을 당해서 완전히 지쳤습니다.

예수님   **사랑하는 자여, 밭의 곡식이 햇빛과 바람 없이 어떻게 여물겠느냐. 햇볕이 내리쪼여야 단단해지고, 바람에 흔들려야 줄기가 곡식을 튼튼히 지탱할 수 있느니라. 잘 견디거라.** (주님께서는 눈물 고인 측은한 눈길로 나를 바라보셨다)

제시카   목회와 사역, 그리고 저를 판단하고 정죄하는 자들에게 너무 치여서 곧 쓰러질 것만 같아요. 아침 일찍 일어나 교회에 출근해야 하니 성경을 읽을 시간도 없어요. 퇴근하고 돌아오면 발바닥이 아플 정도로 피곤해서 저녁 묵상을 할 여유가 나질 않아요.

아무거나 손에 잡히는 대로 입에 쑤셔 넣어 겨우 허기를 모면하고, 밤중에는 집안 구석 어디서든지 제 등이 벽이나 바닥에 붙으면 혼절하듯 잠이 들어버려요. 그러고는 깜짝 놀라 당신의 이름을 부르며 깨곤 하지요. 매 순간 당신과 동행해야 하는데… 지친 저 자신이 당신 앞에 너무나도 죄송합니다.

예수님   사랑하는 자여, 내가 다 안다. 그대의 곤비함과 영의 황폐함을 모두 안다. 나는 완전한 신이며 완전한 사람이었던 존재다. 그러나 그대는 지금 황폐함 속에서 가는 것이 아니다. 그-대-는 영원히 나의 어여쁜 자이고 나의 은초롱이다. (주님께서는 말 한마디 한마디에 힘을 주어 또박또박 말씀하셨다. 무언가를 강조하실 때는 꼭 그렇게 일러주신다) 흑암 속에 찬란한 빛을 담고 있는 은초롱 말이다. 일곱 번 도가니에서 걸러낸 순은으로 빚어지는 중이다.

가죽옷 안에 갇혀 있는 그대의 영을 생각하면 안쓰러워서 눈물이 나는구나. 그러나 그 가죽옷은 진정한 그대가 아니다. 가죽은 가죽으로 바꿀지니 아담의 죄로 인해 대물림받은 원죄 때문에 그대의 영이 가죽옷 안에 정한 기일 동안만 갇혀 있을 뿐이니라. 우리의 영원한 천국에 비하면 그날은 번개의 섬광처럼 찰나의 순간일 뿐이다. 밤의 한순간에 지나지 않는다. 나의 왕국에서 너와 함께할 날을 나는 기다리고 있단다.

나의 연인, 나의 신부, 내가 아끼고 귀히 여기는 자여. 잘 견디거라. 그대가 생각지 못한 아름답고 좋은 날을 볼 때가 올 것이다. 그때 함께 소리 내어 춤추고 노래하며 웃자꾸나. 그대가 안팎에 적이 있고, 사방에서 욱여쌈을 당하고 있는 것을 안다.

제시카   (바로 그때 나는 깨달았다. 내가 잠시 받는 이 환난이 주님의 영원한 왕국에서 받을 그 영광에 비하면 너무나 보잘것없고 하찮은 사건이라는 사실을. 우리 예수님의 사랑이 내 영안에 버티고 있는데, 내가 두려워할 것이 무엇인가! 문득 담대한 마음이 들었다) 우리의 창조주, 나의 아버지시여, 저는 당신을 위해 생명을 바치겠다고 약속했습니다. 그런데 환경이 어려워지니 잠시 잊고 살았습니다.

당신의 임재는 영원 속에 거하시고 영원 바깥에도 거하십니다. 제 가죽옷에 갇힌 심장 안에 당신께서 계시오니, 이 가죽옷을 벗고 나가는 날, 제가 육체 밖에서 주인님을 만나리이다. 제 짧은 인생의 남은 날 동안, 오직 그 순간만을 사모하고 기다릴 것입니다.

주님을 찬양합니다. 우주와 삼라만상의 대주재이신 여호와여, 이 계집종이 가죽옷을 벗어버리고 궁창의 별과 같이 빛날 그때를 기다려 주옵소서. 제게 귀하디귀하신 당신을 실망시켜 드리지 않겠습니다. 그렇게 살 수 있도록 저를 도우시고 인도하여 주소서.

예수님 **그대는 아름다운 여인임에도 나를 위해 그 아름다움을 버렸다. 그러므로 내가 참 아름다움을 그대에게 덧입혀 줄 것이다. 나의 사랑, 나의 어여쁜 자, 가시나무 사이 백합화 같은 나의 여인아. 내가 너를 영원 천국에서 나를 경배하며, 내 앞에서 나와 함께 웃는 신부로 만들어주마.**

제시카 주인님, 한 줌 흙에 지나지 않는 비천한 종을 돌보아주시니 망극합니다. 이 흙이 분토가 되어서 산산이 부스러져 먼지가 되어 날아가 흔적도 없이 사라질지언정… 오직 당신만을 위해 고군분투하겠습니다. 당신을 향한 경건과 사모함으로 칠흑처럼 검은 세상의 온밤을 지새우겠습니다.

이제 제게는 생명뿐 아니라 스스로조차도 남아 있지 않습니다. 처음부터 모든 것이 당신에게서 창조되어 나왔으니, 결국 당신께로 돌아갈 것입니다.

제게 당신이 가장 필요한 그날, 이 여종의 지구에서의 여정을 기억하소서. 오직 당신만을 바라보는 제 눈의 초점을 기억하소서. 오직 당신의 얼굴만 보라고 하셨으니, 이 땅과 영계에서 제가 그 명에 순종했나이다.

예수님 (주님께서 나의 심령 깊은 곳에서 우러나오는 고백을 들으시더니 그제야 안색이 조금 펴지셨다) **내가 다 보았고 안단다. 내 왼팔에 휘감긴 테필린 가죽 상자 같은 나의 신부야, 내가 네게 한 두루마리의 언약을 기억한다.**

창조주가 피조물을 어찌 기억하지 않겠느냐! 그러나 원수의 품에 안긴 행악하는 자식은 내 기억에서 지워버렸다. 나의 신부는 내 살 중의 살이며 뼈 중의 뼈다. 우리의 후사이며 내 빛의 분신이다.

들어라, 나의 신부야. 나의 마지막 전투의 날이 다가오고 있다. 콘투 스트라들이여, 일어나라! 오른쪽 귓불에 할례를 받아라. 마지막 나팔 소리를 놓치지 않도록 깨어 있어

라. 마지막까지 은초롱을 태울 기름을 준비하여라.

나의 귀한 은초롱 각시야, 힘을 내고 잘 견디거라. 오직 내 눈만 주시하고 한 걸음 한 걸음 전진하며 올라오면 된다. 마음과 영혼을 내게 바쳐라.

들을 귀 있는 자는 들을지어다. 내가 그 협곡의 끝에서 그대를 기다리노라, 나의 신부여.

제시카 만주의 주 되신 나의 주인님이여, 마라나타! 마라나타!

65 주님을 사랑하는 이유가 무엇인가?

🌹 생수 우물가의 대화

나는 오랫동안 차갑고 딱딱한 마룻바닥에 무릎을 꿇고 회개했다. 뜨거운 눈물을 펑펑 흘리고 나니 주님께서 말씀하셨다.

예수님 왜 눈물을 흘리며 통곡하는 것이냐? 내가 그대 안에 있거늘 내가 귀가 없어서 그대를 들을 수 없는 줄 아는 것이냐? 너는 장차 앞날에 대해 한숨 쉴 이유도, 그 누구에게 물을 필요도 없다. 나를 의지하지 않는 것이냐?

제시카　옴마야! 잘못했습니다, 주인님.

예수님　그대는 성경 공부를 통해 내 백성에게 가서 외쳐라!

제시카　제가 무엇을 외치리이까?

예수님　내가 너희를 죽기까지 사랑했다고 외쳐라. 들을 귀 있는 자는 들을 것이다.

가라. 네 하나님인 내가 너와 함께하리라. 내 심정을 네 마음에 담고, 내 말을 네 입에 담고, 내 능력을 네 손과 발에 담으리라. 가거라, 나의 선지자, 나의 신부여!

제시카　제가 이런 곤욕을 치르며 힘든 핍박 속에서 성경 공부를 진행한다는 사실을 아무도 모릅니다. 당신의 명을 따르기 위해 순종하고 있습니다만⋯ 정말 미디어 성경 공부를 계속하리이까?

예수님　아프리카에서 내가 시작을 알렸으니 멈춤도 내가 알릴 것이다. 인간이 시종을 알리는 것이 아니다. 그대는 수한이 차서 내게 올 수도 있고, 내가 먼저 그대를 데리러 갈 수도 있다. 이 세대는 씨가 흙덩이 아래서 썩었고, 창고가 비었고, 곳간이 무너졌으니 이는 곡식이 시들었음이 아니냐. 패역하고 거스르는 이 세대 가운데 과연 몇이나 내 말과 심정을 대언하겠느냐!

가라! 광야에서 외치는 자의 소리가 되어 외쳐라. 내가 그 소리에 내 심정의 뜻의 옷을 입히리라. 시온에서 나팔을 불어 신랑을 그 방에서 나오게 하며, 신부도 그 골방에서 나오게 하여라. 그대의 열매가 나의 열매이고, 나의 열매가 그대의 열매이니라.

영의 학교 성경 공부는 잘 정제된 고급 소금이다. 영의 학교 성경 공부로 말씀의 떡을 빚을 때 거룩한 거주지에서 가져온 영의 소금이 매주 4부대씩이나 들어간다. 이 영의 소금이 사람들의 영에 골고루 뿌려지고 녹아들어 그들을 썩지 않게 한다. 반드시 이에 따른 상이 있으리라. 나의 딸, 귀한 자의 딸아!

제시카 (나는 두렵다. 주님의 상은 늘 핍박이나 박해였기 때문이다. 하지만 그럴 때 내 영이 가장 빠르게 성장했다) 네, 주인님. 당신의 계집종이오니 당신의 명만 따르겠습니다.

예수님 그대는 모두가 할 수 있는 일을 하지 말고, 그대가 아니면 아무도 할 수 없는 일을 하여라.

제시카 미디어 성경 공부는 아무나 할 수 있지 않습니까?

예수님 아니다. 비손 강의 생수를 뿌리는 일이 어떻게 아무나 할 수 있는 일이냐. 그것은 아무나 할 수 없다. 영서의 집필 역시 가장 중요한 임무다. 내가 다음 지시를 할 때까지 불평하지 말고 가거라. 그대, 나를 사랑하느냐?

제시카 네, 주인님.

예수님 왜?

제시카 저를 위해 죽어주셨으니까요. 음… 실상 그건 아닙니다.

주님은 만인을 위해 죽어주셨지요. 오늘은 그 사실이 제 마음에 잘 와닿지 않습니다. 날마다 목회와 노동 사역으로 힘들다 보니 저도 모르게 감사함이 말라버렸습니다. 사람이 마땅히 감사해야 할 때 감사하지 않는 건 죄라고 천사가 알려주었습니다. 또한 마땅히 찬양을 올려야 할 때, 입다물고 있는 것도 죄라고 했습니다. 감사 없이 죄악 가득한 생각으로 말미암아 제 마음이 무뎌졌나 봐요.

예수님 **마음이 무뎌진 이유는 내가 준 많은 축복을 누려서냐?**

제시카 그건 아니에요. 그 모든 것이 없어진다고 해도 괜찮습니다. 처음에는 좀 의아하고 흔들리겠지만, 곧 제자리를 찾을 것 같아요.

예수님 **그렇다면 왜 나를 사랑하느냐?**

제시카 몰라요. 이유가 없어요. 그냥 주님이 좋아요. 당신의 성품, 웃음, 눈물, 기쁨과 분노…. 그냥 다 좋아요. 그냥 사랑해요, 주님! 저는 예수님이 없으면 살 수가 없어요. 살아야 할 이유도 없습니다. 주님도 그러세요?

예수님 **나도 그렇단다.**

제시카 주님은 하나님이신데 왜 저 같은 미물과 마음이 같으신가요?

예수님 **아담은 하와와 떨어질 수 없는 존재이기에 죽음을 선택했다. 나도 내 교회와 떨어질 수 없기에 마른나무에 걸려서 죽기를 선택했지. 나의 피 값으로 교회를 살리려고 말이**

다. 나는 마지막 아담이다. 바로 그것이 신부의 복음의 감추어진 비밀이다.

제시카 주님께 교회가 그렇게 소중한가요?

예수님 **그럼, 그 교회가 바로 너란다.**

제시카 아아… 주인님, 저는 당신 속에서 나왔습니다. 그러니 제가 저를 사랑하듯이 당신을 사랑하는 것이 인지상정임을 이제야 깨달았습니다. 아하! 이제 알았습니다. 저는 당신이기 때문에 사랑합니다.

예수님 **나도 너이기 때문에 사랑한단다. 이유는 없다.**

제시카 저는 주님을 사랑하기에 당신께 누가 되고 싶지 않습니다. 원수의 영 앞에서 저 때문에 당신을 난처하게 만들고 싶지 않아요. 당신께 자랑스러운 존재가 되어드리지 못하는 걸 잘 압니다. 그러나 최소한 사랑하는 주인님께 제 죄나 허물로 인해 수치를 드리고 싶지는 않습니다. 연약하기 짝이 없는 저를 불쌍히 여겨주소서.

예수님 **사랑하는 자여, 내가 지금껏 그리했으니 앞으로도 그리할 것이다. 너는 나고, 내가 너다. 네 안에 내가 존재하고, 내 안에 네가 존재한단다. 네 심장 안에 내가 있고, 내 심장 안에 네가 있단다. 내 신부의 웃음이 나의 웃음이며, 내 신부의 눈물이 바로 나의 눈물이다. 이것을 기억하여라, 나의 어여쁜 자여!**

🌿 양떼의 발자취 - 간증

　성탄절 자선냄비 사역이 끝난 지 1개월 정도 되었다. 우리는 종 치는 사람들의 일정 관리하기, 차로 왕복 데려다주기, 저소득층 아이들에게 장난감 선물하기, 양로원 방문과 성탄 선물 증정까지 겸하느라 눈썹이 날리도록 바빴다. 컴퓨터 통계 실적에 의하면 모든 행사를 하나님의 도움으로 그 어느 때보다 성황리에 잘 마쳤다. 토니와 나는 바쁜 시즌을 보내고 겨우 한숨을 돌리며 평안한 나날을 보내고 있었다. 하지만 환난은 평안할 때 도적처럼 찾아왔다.

　지난주에 지방회장에게서 이메일이 왔다. 그는 노숙자 기숙사에 방문하고 싶다고 했다. 토니와 내가 마지막으로 지방회장을 본 것이 나를 음해하는 임 목사의 상소문 연판장 돌리는 사건으로 만났을 때니, 몇 달 전이었다.

　우리 교회와 노숙자 기숙사는 자동차로 30분 정도 떨어진 거리에 있었다. 우리는 기숙사 식당에서 만나기로 약속했고, 지방회장은 부인과 함께 방문했다. 그들은 잘 정돈된 기숙사를 돌아보며 흡족한 듯 보였다. 다 둘러본 후, 우리 부부와 지방회장 부부는 기숙사 앞에서 기념사진까지 찍고 교회 사무실로 왔다.

사무실 테이블에 마주 앉아 이런저런 대화를 나누는데, 지방회장의 얼굴에 근심이 있어 보였다. 그는 의자를 움직이고 손가락을 돌리는 등 불안한 기색이 역력했다. 눈치 빠른 토니가 먼저 물었다.

"회장님, 오늘 무슨 특별한 업무로 오셨습니까? 혹시 저희에게 할 말이 있으십니까?"

지방회장이 그제야 고개를 끄덕이며 대답했다.

"실은 그렇네. 둘에게 별로 전하고 싶지 않은 소식이 있어서 지금 마음이 편치 않소."

토니가 말했다.

"저희는 괜찮으니 말씀하시길 바랍니다."

지방회장이 뜸을 들이더니 무겁게 입을 뗐다.

"혹시 토니 목사와 제시카 목사는 1년 일찍 조기 정년퇴직을 고려해 본 적이 있소?"

그 말에 나는 가슴이 쿵쾅거리기 시작했다. 토니는 충격을 받았는지 말을 잇지 못했다. 방 안에는 무거운 정적이 흘렀다. 토니는 한참을 침묵하며 자신의 깍지 낀 손만 쳐다보다가 이윽고 입을 열었다.

"아니요. 그런 일은 꿈에도 생각해 본 적이 없습니다. 아시다시피 우리는 1년만 있으면 소위 말하는 '25년 장기 정년퇴직'을 합니다. 그러나 지금 퇴직하면 24년밖에 안 되기에 장기 정년퇴직의 혜택에서 제외됩니다. 그래서 25년을 채우고 명예퇴직하고 싶습니다. 혹시 우리 부부에게 무슨 일이 있습니까?"

지방회장이 난처한 얼굴로 대답했다.

"지금은 아무 설명도 할 수 없는 처지요. 위로부터 절대 말하지 말라는 명령을 받았소. 그러나 윗사람에게서 지시가 내려왔기에 어쩔 수가 없소."

토니가 물었다.

"누가 그 윗사람입니까?"

"정말 미안하오. 이름을 알려줄 수도, 이유를 말할 수도 없는 직위가 높은 자의 강제 지시 사항이요. 그러나 권고 퇴직인 만큼 두 분을 충분히 배려할 것이요. 물론 25년 장기 정년퇴직의 혜택에서는 제외되지만, 우리 교단에서 일반 정년퇴직을 할 때 받는 혜택은 받도록 해줄 것이요. 내가 혜택을 요청했고, 그 윗사람이 약속했소.

만일 그자가 두 분에게 그런 배려마저 거절했다면, 나는 이 퇴직 명령에 동의할 수 없었을 것이오. 사실 목사인 내 양심상 윗사람의 지시에는 동의하지 않지만, 내 직책을 유지하려면 어쩔 수가 없었소. 두 분은 한평생 목회와 사역을 정말 열심히 해온 목사로 교단에서도 평판이 나 있는 사실을 잘 알고 있소. 정말 미안하오."

토니가 다시 물었다.

"우리가 거절하면 어떻게 됩니까?"

"알다시피 우리 교단은 윗사람이 지시를 내리면, 아랫사람은 교단을 떠날 각오가 아니면 이유 불문하고 명령을 따라야만 하지 않소. 나 역시 윗사람의 명령에 복종해야만 내 자리를 유지할 수 있는 처지라오. 정말 미안합니다."

토니가 굳은 표정으로 차분히 물었다.

"잘 알았습니다. 그럼 우리가 어떻게 해야 합니까?"

"자발적으로 조기 정년퇴직하겠다는 의사를 적은 신청 편지를 작성해서 보내주면 되오. 그럼 총회에서 모든 것을 신속하게 진행할 것이오."

토니가 반박했다.

"자발적이지 않지 않습니까?"

"그래도 그렇게 해야만 퇴직 이후의 모든 혜택을 받을 수 있도록 승인해 준다고 했소. 또한 그렇게 하는 것이 두 분에게도 모양새가 좋을 거요."

토니는 입을 굳게 닫았다. 그러고는 고개를 들어 맞은편 벽을 뚫어지게 한참 응시하더니 입을 열었다.

"지방회장님은 목사의 양심을 지키는 사람입니다. 그 점을 존경합니다. 우리가 그렇게 하는 것이 최선이라고 생각하시면 그렇게 하겠습니다."

"될 수 있으면 빨리 신청서를 보내주시오. 이런 명령을 전하는 나역시 너무 힘듭니다."

토니가 동의하자마자 지방회장 부부는 마치 무거운 숙제를 마친듯 허둥지둥 일어났다. 그러고는 형식적인 인사를 하고 서둘러 떠나 버렸다.

얼굴이 하얗게 질려서 덜덜 떨고 있던 나는 남편을 껴안고 울기 시작했다.

"여보, 너무너무 미안해요. 모든 게 저 때문이에요. 저 때문에 당신까지 강제로 권고 퇴직을 당한 거예요. 책을 출간한 것도 미안하고, 성경 공부 영상을 올린 것도 미안해요.

다른 교단의 목사들은 책도 자유롭게 출간하고, 교인들이 예우상 구매도 해준다고 하는데, 왜 저는 그럴 수 없는지 모르겠어요. 다른 교단의 목사들은 주일 예배뿐 아니라 매일 새벽 예배 설교까지도 영상으로 찍어 올린다는데, 왜 저만 이런 핍박을 받을까요. 다른 목사들이 하면 괜찮은 일이 왜 제게는 괜찮지 않은 일이 되는지 이유를 모르겠어요.

아까 지방회장이 언급한 '윗사람'이라는 목사가 누군지 저는 잘 알아요. 그자는 한국의 정 목사가 미국에서 근무할 때 같은 부서에서 함께 오랫동안 일한 친한 동료입니다. 그 둘은 국적은 달라도 죽일 대상은 같은 본디오 빌라도와 대제사장입니다. 한국의 정 목사가 저 같은 졸병 여자 목사 하나 자르려고 인맥과 직위와 권력을 남용해서 이렇게까지 비열하게 굴 줄은 정말 몰랐어요. 정 목사 역시 이번에 정년퇴직을 하니, 이로써 우리의 악연은 끝나겠네요.

교단 내에서 인맥을 이용하여 권력을 휘두르는 자들에게 진저리가 나요. 멀쩡한 교단 이름을 내세워 개인의 종교관을 관철하려고 남에게 못과 망치를 휘두르는 악행이 마치 2천 년 전 우리 주님을 죽인 바리새인, 대제사장과 무엇이 다릅니까. 그러나 주님께서는 감추인 것이 드러나지 않을 것이 없고, 숨은 것이 알려지지 않을 것이 없다고 선포하셨어요."

토니가 나를 다독이며 말해주었다.

"여보, 하나님께서 이 모든 과정을 알고 계셔. 이 사건은 영적 전쟁이야. 우리 교단은 훌륭한 교단이고, 이 일은 정 목사가 배후에서 임목사와 그 윗사람을 이용해서 행한 정치 놀음에 지나지 않아. 인사부장이나 지방회장도 이에 동의할 수 없다고 고백했잖아.

명백한 건, 우리의 책들로 수많은 영혼이 주님께 돌아오는 중이라는 거야. 그 책들은 이런 무수한 박해를 뚫고 나온 영서야. 성경 공부 영상도 마찬가지고. 성경 공부 영상을 통해 전 세계에 흩어진 한인 성도들에게 영적 각성이 일어나고 있어. '회개'와 '성결' 운동이야말로 우리 교단의 창시자가 부르짖던 메시지잖아. 하나님나라를 전파하는 데 핍박이나 박해가 없다면, 그것은 잘 가고 있는 게 아니야. 마귀는 절대로 가만히 있는 자나 자기가 부리는 종을 공격하지 않아. 자기에게 위협이 되는 자를 싫어해서 훼방하지.

그나저나 이제 당신이 해야 할 일이 뭐야? 어제 우리가 죽었다면 오늘 주님 안에서 이전에는 할 수 없었던 그 일을 하면 돼. 여태껏 정 목사 때문에 하지 못했던 일을 이제 시작해도 좋겠어."

내가 말했다.

"제가 정 목사 때문에 하지 못했던 건 《동산의 샘》을 출간하는 일이에요. 그동안 아프리카에서 사역할 때 장애 아이들의 이야기를 틈틈이 집필했고, 탈고를 마친 상태예요. 그러나 정 목사의 해코지가 두려워서 출판사에 보내지 못하고 저장만 해두었어요."

토니가 확신에 찬 표정으로 내게 말했다.

"그래? 그렇다면 내가 오늘 밤 사직서를 작성해서 보낼 테니 당신은 《동산의 샘》 출간 준비를 시작해요. 마귀가 발악할수록 우리는 주님께 더욱 충성을 보여야 하니까."

"왜요?"

"오늘 마귀가 우리에게 한 방 먹였으면 다음에는 우리가 마귀에게 한 방 먹여야 하지 않겠어! 반전의 맛을 보여줘야지!"

나는 남편의 말에 눈물을 닦으면서도 피식 웃음이 났다. 토니가 말을 이었다.

"저번에 출간할 때도 친구에게 돈을 빌려서 했는데 이번에 또 빚을 져야겠네. 그런데 책을 출판할 출판사는 있어?"

나는 서서히 기쁨이 차오르기 시작했다.

"네, 있어요. 케냐에서 사역할 동안에 저를 말없이 참고 기다려준 인내심 많은 편집장님이 한 분 계세요. 죄송해서라도 그 분과 함께 가고 싶어요. 어쩌면 이번에는 자비를 안 들여도 될지 몰라요."

토니가 환한 표정으로 하늘을 올려다보며 외쳤다.

"잘됐네! 할렐루야! 예수님, 영광을 받아주소서!"

그날 밤, 나는 기도했다.

오… 주님, 이날을 반드시 기억해 주세요.
당신의 신부들이 나눈 이 대화를 들어주세요.
우리의 《잠근 동산》, 《덮은 우물》,

《봉한 샘》,《동산의 샘》은

그냥 나온 책이 아니지 않습니까!

한평생 한 우물만 파는 목회를 하다가

정년퇴직을 1년 앞두고 돌연히 쫓겨나는

희생과 아픔의 선지피가 뚝뚝 흐르는 책들입니다.

오늘 주님 앞에서 수십 년 목회 생활을 접으면서

탄생한 책들입니다. 장차 마지막 날에

이 땅의 수많은 목회자 또는 주님의 신부가

주님의 세계인 영의 세계를 전파할 때

견디고 삼켜야 하는 탄압과 박해의 기록들입니다.

암흑 같은 마지막 때에 단단한 종교인들에게

주님께서 다스리시는 영의 세계를 여는

첫 신호탄이 될 책들입니다.

장차 적그리스도의 세상이 도래해서

원수의 영이 교회를 다스릴 때,

수많은 당신의 신부가 회개와 성결의 메시지를 전하다가

대형 교단의 횡포로 쫓겨날 것입니다.

오직 하나님의 말씀만을 따르려 하는 당신의 신부들이

권세를 장악한 극소수의 종교인들로부터 내쳐질 것입니다.

이미 교단의 세력이 교회를 다스리는 세상이 왔습니다.

이 책이 바로 그때를 예비하는 책이 되게 하소서.

쫓겨나고 내쳐진 당신의 신부들의 눈물을
닦아주는 책이 되게 하소서.
믿음의 후배들이 박해받은 믿음의 선진들을
기억하게 하는 책이 되게 하소서.

이 기록이 화석화된 종교인들의 영에
하나님의 살아계심을 알리는
영적 전쟁의 신호탄이 되게 하소서.
이 기록이 주님의 신부의 영에 파장을 일으킬 때
영적 세계의 차원의 문을 여는 자들이 탄생하게 하소서.
세대를 이으며 그리스도의 신부의 영을 깨우는
피 묻은 기록이 되게 하소서.
마귀에게 한 방 날리는 기록이 되게 하소서.
장차 올 영원한 천국의 왕이신 예수님,
전쟁의 신호탄이 쏘아 올려진 이날을 기억하옵소서. 아멘!

나의 기도에 예수님이 말씀으로 응답을 주셨다.

이스라엘아 들으라 너희가 오늘 너희의 대적과 싸우려고 나아왔으니
마음에 겁내지 말며 두려워하지 말며 떨지 말며 그들로 말미암아 놀
라지 말라 너희 하나님 여호와는 너희와 함께 행하시며 너희를 위하
여 너희 적군과 싸우시고 구원하실 것이라 신 20:3,4

예언

너 빛의 자녀여, 너 빛의 신부야.

고개를 낮추고 허리를 굽히고

네 영광의 왕을 맞을지어다.

네 뛰는 붉은 가슴은 나를 향해 피어 있고,

네 푸른 심장은 나를 위해 정결케 되었도다.

세상에 속하지 않은 나의 귀한 자여.

그대는 내 눈에 즐거움이요,

내 마음에 아픔이요, 내 마음에 사모함이요,

내 왕권에 함께할 자요, 내 심장에 각인된 자요,

내 가슴에 파문을 일으키는 자요,

내 심장에 울림을 주는 자요,

내 날개에 바람질을 하는 자요,

내 용감한 화살에 불을 붙이는 자요,

내 눈에 아름다움이라.

내가 너를 귀히 여기고 사랑하며,

인간의 사랑이 아닌 신의 사랑으로

너를 안고 품고 인도하여

내가 있는 곳으로 데려오리라.

세상에 귀 기울이지 말고

어리석은 자의 한탄에 눈길을 주지 말며

내가 임재하는 곳으로

한 발 한 발 거룩한 발을 디디며 내게 오거라.

나의 사랑, 나의 그리움, 나의 사모하는 자여.

나의 신부, 나의 나비, 나의 바람이여.

이제 모든 것이 멈출 때가 오느니라.

그때 내가 너를 껴안으리라.

나의 왼손으로 네 머리를 받치고

나의 오른손으로 너를 안으리라.

나의 사랑, 나의 어여쁜 자야.

이제 일어나 함께 가자.

THE WELL OF LIVING WATERS

성령과 신부가 말씀하시기를 오라 하시는도다

듣는 자도 오라 할 것이요

목마른 자도 올 것이요

또 원하는 자는 값없이

생명수를 받으라 하시더라

계 22:17

생수의 우물

초판 1쇄 발행	2025년 4월 4일
초판 5쇄 발행	2025년 4월 25일

지은이 제시카 윤

펴낸이 여진구
책임편집 김아진 정아혜
편집 이영주 박소영 최현수 구주은 안수경 김도연
책임디자인 마영애 | 노지현 조은혜 정은혜
홍보 · 외서 진효지
마케팅 김상순 강성민 　　　　**마케팅지원** 최영배 정나영
제작 조영석 허병용 　　　　　**경영지원** 김혜경 김경희

303비전성경암송학교 유니게 과정
이슬비전도학교 / 303비전성경암송학교 / 303비전꿈나무장학회

펴낸곳 규장

주소 06770 서울시 서초구 매헌로 16길 20(양재2동) 규장선교센터
전화 02)578-0003　**팩스** 02)578-7332
이메일 kyujang0691@gmail.com　　　　**홈페이지** www.kyujang.com
페이스북 facebook.com/kyujangbook　　　**인스타그램** instagram.com/kyujang_com
카카오스토리 story.kakao.com/kyujangbook
등록번호 1922-2461
since 1978.08.14

책값 뒤표지에 있습니다.
ISBN 979-11-6504-606-4 03230

규 | 장 | 수 | 칙

1. 기도로 기획하고 기도로 제작한다.
2. 오직 그리스도의 성품을 사모하는 독자가 원하고 필요로 하는 책만을 출판한다.
3. 한 활자 한 문장에 온 정성을 쏟는다.
4. 성실과 정확을 생명으로 삼고 일한다.
5. 긍정적이며 적극적인 신앙과 신행일치에의 안내자의 사명을 다한다.
6. 충고와 조언을 항상 감사로 경청한다.
7. 지상목표는 문서선교에 있다.